들어가는 말

한 세상 살아오면서 가장 중요한 기술이 무엇이냐고 누군가 묻는다면 지식, 경제력, 사업능력 이 모든 것을 다 제쳐놓고 망설이지 않고 나는 의사소통능력이라고 말할 수 있습니다. 누군가에게 마음을 전달할 때 그 사람의 가슴을 따뜻하게 할 수 있었는지, 내가 알지 못하는 사이에 누군가에게 상처를 주지 않았을지, 되돌아보면 두려운 것들이 너무 많습니다. 사람들은 각자 자신이 하는 말은 경우에 틀리지 않는 옳은 말을 하고 있다고 믿지만, 그 옳은 말을 어떤 어휘를 선택하고 어떤 표정으로 어떻게 말을 하고 있는지 이 책을 보면서 다시 되돌아보는 시간이 되기를 바라는 마음으로 책을 써 내려갔습니다. 인간은 소통과정에서 상대의 말을 듣는 순간 두뇌에서 활성화되는 영역이 다 다르기 때문에 같은 말을 어떤 사람은 "옳은 말이야"라고 이해하지만, 또 다른 사람은 그 말이 너무 기분 나빠서 그 사람 자체가 싫다고 말합니다. 이것은 개인마다 두뇌의 유형이 달라서 언어정보를 인지하는 뇌선호도의 선택적 인지력과 성장과정에서 습득된 신념, 가치관이 뇌신경세포의 시냅스에 의해 도식화되어 있기 때문에 도저히 그 사람의 말을 이해할 수 없는 것입니다. 그래서 서로를 향해 말이 통하지 않는 사람이라고 단정 짓고 관계가 단절되는 안타까운 일들이 발생합니다.

사람과 사람이 부딪치며 살아가는 세상에서 귀한 관계를 맺을 수 있도록 도와주는 의사소통능력에 대해 나는 어떤 형식의 스타일로 대화를 하고 있는지, 좋은 사람들과 귀한 인연을 맺기 위해서 어떤 노력을 해야 할 것인지에 대해서 고민하는 분들이 이 책을 읽고 자신이 가지고 있는 정보인식능력과 의사소통능력이 성장할 수 있다면, 이 세상이 더 아름다운 세상이 되지 않을까 소망해봅니다. 함께 수고해준 김은주 박사에게도 고마운 마음을 전합니다.

2025년 8월 6일 대표저자 홍춘우 올림.

목차: 1부. 두뇌의 기능과 정보처리 방식

1장 두뇌의 기능과 특성	1. 두뇌의 기능	1) 뇌가소송의 이해
		2) 뇌의 기능분화와 뇌선호도
		3) 좌·우뇌의 특성과 언어정보 처리방식
	2. 인지도식의 이해(26쪽)	1) 도식의 형성과 인지왜곡
		2) 신경세포의 발화순서
		3) 신경전달물질의 이해
	3. 두뇌의 통제조절 능력(52쪽)	1) 자기통제 능력의 이해
		2) 두뇌의 자기조절력
		3) 자기조절 학습자
2장 삼위일체 두뇌모형 (71쪽)	1. 파충류의 뇌 (뇌간)	1) 파충류 뇌의 이해
		2) 뇌간의 기능
		3) 뇌간의 영역별 특성
	2. 포유류의 뇌 (변연계)(78쪽)	1) 시상(Thalamus)
		2) 시상하부(Hypothalamus)
		3) 편도체(Amygdala)
	3. 영장류의 뇌 (대뇌피질)(87쪽)	1) 전두엽(Frontal lobe)
		2) 두정엽(Parietal lobe)
		3) 후두엽(Occipital lobe)
		4) 해마(Hippocampus)
		5) 운동영역(Motor area)
3장 전뇌모델 (103쪽)	1. 전뇌모델 좌뇌의 이해	1) 허만의 연구
		2) 좌상뇌의 특성
		3) 좌하변연계의 특성
	2. 전뇌모델 우뇌의 이해 (110쪽)	1) 우상뇌의 특성
		2) 우하변연계의 특징
		3) 전뇌모델 학습자의 뇌선호도
	3. 전뇌모델의 유형의 학습자 (123쪽)	1) 전뇌모델 유형별 학습자
		2) 두뇌 특성에 따른 선호 학습
		3) 전뇌모델의 자기주도적 학습
		참고문헌

목차: 2부. 두뇌의 언어정보처리 방식과 오감능력

1장 좌우뇌의 특성과 언어정보 처리방식 (145쪽)	1. 두뇌의 언어정보 처리방식	1) 상향식 접근모델 13
		2) 하향식 접근모델
		3) 상호작용식 접근모델
	2. 좌·우뇌의 언어적 특성(155쪽)	1) 언어습득의 결정적 시기
		2) 좌·우뇌의 언어적 특성
		3) 두뇌의 언어영역
	3. 정보처리의 선택적 주의력 (169쪽)	1) 정보처리 주의과정
		2) 선택적 주의력
		3) 주의력 결핍
2장 감각신경계 (181쪽)	1. 오감의 발달과 정보처리 능력	1) 오감의 이해
		2) 오감과 두뇌의 발달
		3) 오감신경계
	2. 오감의 특성 (191)	1) 시각 신경
		2) 청각 신경
		3) 미각 신경
		4) 촉각(체감각) 신경
		5) 후각 신경
	3. 오감과 정서반응 (200쪽)	1) 시각과 정서반응
		2) 후각의 정서반응
		3) 미각의 정서반응
		4) 청각의 정서반응
		5) 촉각의 정서반응
3장 오감 언어의 이해 (210쪽)	1. 시·청각 언어의 이해	1) 시각의 학습능력
		2) 시각적 문해력
		3) 청각언어와 학습능력
	2. 후각과 미각언어의 이해 (219쪽)	1) 후각언어의 이해
		2) 미각언어의 이해
		3) 미각 형용사의 공감각
	3. 촉각과 신체언어의 이해	1) 촉각의 정의
		2) 촉각(체감각)언어의 이해
		3) 신체언어
		참고문헌

목차: 3부. 언어학습 전략

1장 언어학습 (241쪽)	1. 화행이론 (Speech art)	1) 화행이론　13
		2) 언어의 기능
		3) 언어 처리능력
	2. 언어 이해능력 (252쪽)	1) 듣기 기능의 처리방식
		2) 읽기 능력과 전략적 접근
		3) 읽기의 단계별 전략
	3. 언어표현 능력 (264쪽)	1) 탐구적 글쓰기와 표현적 글쓰기
		2) 말하기 능력
		3) 디지털 문해력의 이해
2장 언어학습 전략의 이해 (280쪽)	1. 학습전략	1) 메타인지 전략
		2) 인지적 이해력과 사고력
		3) 학습자의 신념
	2. 보상 전략과 학습동기(290쪽)	1) 학습동기
		2) 주도적 학습기능
		3) 자기조절 학습전략과 구성요소
	3. 보상 전략의 이해(300쪽)	1) 외적 동기(extrinsic motivation)
		2) 내적 동기(intrinsic motivation)
		3) 두뇌의 동기보상 시스템
3장 정의적 전략과 기억학습 전략 (310쪽)	1. 정의적 전략	1) 정의적 요인
		2) 정의적 전략의 방해요인
		3) 정의적 역량
	2. 기억 전략의 이해 (317쪽)	1) 기억과 정서감정
		2) 언어학습과 기억
		3) 기억학습 전략
	3. 작업기억과 언어학습 (324쪽)	1) 작업기억의 이해
		2) 작업기억능력과 언어의 발달
		3) 작업기억의 중앙 집행 장치
		4) 시청각 기억 측정방법
		참고문헌

목차: 4부 의사소통

1장 의사소통의 이해 (347쪽)	1. 의사소통의 정의 14포인트	1) 의사소통 역량과 능력 13
		2) 의사소통의 기술과 유형
		3) 의사소통의 뇌과학적 이해
	2. Satir의 의사소통 (360쪽)	1) 순기능적 의사소통
		2) 역기능적 의사소통
		3) 사티어의 의사소통 유형 설문지
	3. Norton의 의사소통 (370쪽)	1) 언어적 의사소통
		2) 비언어적 의사소통
		3) 의사소통의 관점 맞추기
2장 사회전략적 의사소통 (379쪽)	1. 사회적 의사소통	1) 관계형성과 의사소통
		2) 사회적 관계형성 요인
		3) 갈등의 관점
	2. 사회적 관계와 공감능력 (388쪽)	1) 정서적 공감과 인지적 공감
		2) 사회적 불안
		3) 두뇌와 공감능력
	3. 사회적 기술과 얼굴표정 인식능력 (398쪽)	1) 두뇌의 얼굴표정 인식능력
		2) 신체적·정신적 고통의 지각경로
		3) 사회적 언어능력과 두뇌
3장 문제해결력과 의사소통 (405쪽)	1. 대인 문제해결과 사고능력	1) 인지적 사고력
		2) 반성적 사고력
		3) 문제해결을 위한 대안적 사고력
	2. 창의적 사고와 문제해결능력 (413쪽)	1) 창의적 문제해결력
		2) 수렴적 사고
		3) 확산적 사고
	3. 사회적 기술과 문제해결력 (418쪽)	1) 문제해결을 위한 의사소통
		2) 사회적 기술과 문제 대처전략
		3) 갈등의 해소
		참고문헌

뇌기반 언어학습능력과 의사소통의 이해

홍춘우/김은주

1부. 두뇌의 기능과 정보처리 방식

1장. 두뇌의 기능과 특성

2장. 전뇌모델의 이해

3장. 삼위일체 두뇌 모형

I장 두뇌의 기능과 특성

1. 두뇌의 기능
1) 뇌가소성의 이해
2) 뇌의 기능분화와 뇌선호도
3) 좌·우뇌의 특성과 언어정보 처리방식

2. 인지도식의 이해
1) 도식의 형성과 인지 왜곡
2) 신경세포의 발화 순서
3) 신경전달물질의 이해

3. 두뇌의 통제조절 능력
1) 자기통제 능력의 이해
2) 두뇌의 자기조절력
3) 자기조절 학습자

I. 두뇌의 기능

인간을 인간답게 하는 것은 다른 동물들과 달리 합리적인 사고능력을 갖추고 있어서 문제를 해결하기 위해 서로 양보할 수 있는 마음과, 그 마음을 실천하는 행동양식, 타인의 정서를 공감하고 존중하며 배려하는 언어능력, 그리고 나와 우리를 잊지 않는 기억력 등의 정신적 능력이 있다는 것이다. 이러한 능력들은 다른 동물에게는 없는 인간만의 특별하고 유일한 기능이며, 인간의 두뇌에서 발현된다. 특히 태어나는 순간부터 학습을 시작하고 죽어 눈을 감은 순간까지도 그 기능을 멈추지 않고 학습을 하고 있는 두뇌, 중추신경계 중에서도 가장 발달된 부위이다. 대체적으로 일반 성인의 뇌 무게는 몸무게의 2% 정도에 불과하지만, 신체에너지의 20%를 사용하고 있어서 무게를 대비해서 10배의 에너지를 쓴다는 것은 그만큼 많은 활동을 하고 있다는 증거이다. 이처럼 인간의 두뇌는 신체 중 물질대사가 가장 활발하며, 각 영역들이 과제에 따라 개별적 또는 협동적으로 각종 사고와 행동을 주도하고 있다(백중열, 2018).

인간의 두뇌는 출생 시에는 350g에 불과하지만 생후 1년 만에 1,000g에 도달될 정도로 급격한 발달을 하면서, 1조개의 뇌세포와 140억 개의 신경세포로 구성된 생물학적 존재로 성장하며 고도의 정신활동과 기억의 흔적을 총괄하는 역할을 담당하게 된다. 이 역할들을 담당하는 영역은 크게 감각영역, 운동영역, 연합영역이 주요 기능적 영역들로 구분되고 있다(Mark F. et al., 2009). 감각영역은 뇌의 뒤쪽에 위치하고 있으면서 신체 외부로부터 오는 다양한 감각인 오감 신경계에서 지각하는 정보들을 처리한다. 운동영역은 뇌의 앞쪽과 중앙 부분에 위치하며, 신체의 근육 움직임을 조절하고 실행하는 기능을 담당한다. 그리고 연합영역은 대뇌피질의 가장 넓은 부분을 차지하며, 이 영역은 감각과 운동정보를 통합하여 복잡한 인지기능을 수행할 수 있어서 추론, 계획, 언어 능력, 등의 고등 인지기능을 가능하게 한다. 이 세 영역들은 서로 긴밀하게 연결되어 있으며, 각각의 기능이 조화롭게 작동함으로써 복잡한 인지 활동과 신체 활동을 수행할 수 있는 것이다.

감각영역 (Sensory area)	-주로 뇌의 뒤쪽에 위치한다. -촉각, 온도, 통증 등의 감각 정보를 처리한다. -감각 정보를 해석하고 주변 환경을 이해한다. -이 영역에 문제가 생기면 감각 마비가 발생할 수 있다.
운동영역 (motor area)	-주로 뇌의 앞쪽과 중앙 부분에 위치한다. -신체의 움직임을 조절하고 실행하는 기능을 담당한다. -운동 계획과 근육 조절을 통해 몸을 움직이게 한다. -이 영역에 손상이 생기면 근육 움직임에 필요한 신호가 제대로 전달되지 않아 운동 마비가 발생할 수 있다.
연합영역 (association area)	-두뇌의 여러 부분에 걸쳐 있으며, 주로 대뇌피질의 넓은 부분을 차지한다. -감각과 운동정보를 통합하여 복잡한 인지 기능을 수행한다. -전두엽의 연합영역은 사고, 의지, 정서, 운동 패턴 형성을 담당한다. -두정엽과 후두엽에 걸친 연합영역은 지각, 이해, 인식을 담당한다. -측두엽의 연합영역은 기억을 담당한다. -인간의 지능, 추론, 계획, 언어 능력 등의 고등 인지 기능을 가능하게 한다.

감각신경계에 의해 인지된 정보를 뇌의 각 영역으로 전달하는 뇌신경세포는 약 1000억 개의 신경세포(neuron)와 1조 개의 신경 교세포(gliacell) 그리고 100조 개

의 시냅스(synapse)로 구성된 복잡한 비선형 네트워크로 구성되어 외부로부터 인식된 정보, 경험, 지식, 행동 양식 등을 각각의 카테고리(category)로 범주화하여 저장하고 있다(Ferl & Wallace, 1996). 이것은 뇌신경세포인 뉴런(neuron)의 시냅스와 시냅스의 연결에 의해 구성되는 지식의 덩이로 인간의 신념, 지식, 경험 등이 범주화된 인지도식으로 형성되는 것이다. 이 지식의 덩이를 도식(Schema)이라고 한다.

인지도식의 형성은 감각 신경계에 의해 외부의 자극 또는 정보를 감지하고 뇌신경세포(a brain cell)인 뉴런(neuron)에게 그 정보가 전달되면 뉴런은 인지한 정보를 전기적 전달방법으로 뉴런의 축삭 말단인 시냅스에 도달하게 한다. 시냅스는 신경세포들의 접합 부위로 신경전달물질을 주고받으며 학습 및 기억, 감각, 운동 등이 원활하게 조절되게 하는 뇌기능의 기본단위이다(미래창조과학부, 2016). 시냅스에서는 전기적 전달방식이 아닌 화학적 전달방식으로 정보를 전달하기 때문에, 정보의 형태에 따라 도파민, 세로토닌, 아세틸콜린 등 다양한 종류의 신경전달물질을 분비하는 화학적 정보전달방법에 따라 흥분성 신호를 전달하거나 억제성 신호를 전한다. 이 정보들은 개인의 감정, 행동, 인지 등에 영향을 미치게 되고, 반복적으로 인지된 정보와 감정, 경험들은 도식(Schema)로 범주화되어 개인의 신념, 행동양식, 소통방식 등의 일관성에 영향을 미치게 된다. 시냅스와 시냅스에 의해 연결된 범주화된 정보는 마치 하나의 메모리 카드(memory card)와 같은데, 뇌의 영역별 특성에 따라 구성되는 정보가 다르다.

두뇌는 반복된 학습이나 경험 등에 의해 반복적으로 노출된 정보들은 시냅스의 연결과 공고화 과정을 거쳐서 도식(Schema)로 구조화되어 있기 때문에 의식적인 노력을 하지 않아도 바로 활용할 수 있게 된다. 그러나 한번 공고화된 정보가 영원히 변하지 않은 상태로 저장되는 것이 아니라 시냅스 가소성에 의해 처음 구성되었던 정보를 다시 변화된 환경 또는 정보에 적응할 수 있도록 재구성 할 수 있기 때문에 변화된 환경 또는 정보에 적응할 수 있도록 한다(임미정, 2010). 이처럼 두뇌의 시냅스 가소성 기능 때문에 우리는 자신이 옳다고 생각했던 학습내용을 다시 수정하거나, 학습과정의 단계가 높아지면서 더 심오한 지식을 맞이하게 되었을 때도 이전의 지식과 현재의 지식을 다시 조합하여 재구성할 수 있어서 학습 내용이 계속 발전적으로 성장하게 되는 것이다. 시냅스 가소성의 한 가지 예를 들어보면, 유전적 특성이 거의 비슷한 쌍둥이의 경우에 한 아이가 초등교육을 받기까지 모국에서 살다가 외국으로 입양 간 경우와 모국에서 성장한 아이의 신념, 행동양식, 사고방식 등이 현저히 다른 것은 인간의 두뇌가 자신이 경험했던 환경과 습득된 지식이 새로운 정보에 따라 다시 재공고화 되었다는 것이다. 이것은 인간의 두뇌는 자신이 습득한 정보가 다시 재구성될 수 있다는 이론이 성립한다. 그리고 쌍둥이의 정보 인식능력이 상이하다는 것은, 정보를 우선적으로 선택하는 방법과 지식을 이해하고 사용하는 방식이 달라졌다는 것을 의미한다. 즉, 인간의 두뇌는 유전적 성향보다 반복적인 학습, 경험, 문화적 배경과 같은 환경적 요인에 의해 개인의 행동양식과 사고패턴 그리고 신념체계가 변화 된다. 이처럼 두뇌는 처음 인지하고 습득한 지식이 고정되어 변화되지 않는 것이 아니라, 지속적인 경험과 학습에 따라 정보를 계속 업그레이드(upgrade) 하면서 학습의 단계에 따라 지식을 수정, 또는 보완할 수 있는 능력이 있는 것이다. 이 능력을 뇌가소성 또는 시냅스 가소성이라고 한다. 그래서 시냅스 가소성을 증가시키면 시킬수록 뇌의 기능이 활발해져서 더 많은 것을 기억하게 되어서 뇌의 연상기능과 상황 적응능력, 언어 활용능력 등이 훨씬 원활해지게 된다는 것을 의미한다. 다만 시냅스 가소성에 의해 범주화된 도식(Schema)은 외부 자극을 인지하고 반응하는 방식을 결정하기 때문에, 이미 구조화된 지식과 연결된 방향의 정보를 우선적으로 선택하는 선택적 기능이 있어서 처음 입력된 정보가 잘못된 것이라면 뇌는 계속 그 방향의 정보를 우선적으로 선택하게 된다는 것이다. 그러므로 잘못된 지식과 신념에 고착화되지 않도록 현재 자신의 신념체계와 언어 사용능력에 잘못된 점이 있는지 자신을 돌아보면서 건강한 지식을 쌓을 수 있도록 기억을 재수정하는 작업을 게을리 하지 않아야 한다. 두뇌 기능 중 가장 중요한 역할을 담당하고 있는 기억은 인간관계를 이어가게 하는 큰 힘으로 내가 누구이며, 어디에서 왔는지를 알 수 있게 해줄 뿐만 아니라, 자신이 학습한 지식과 경험한 모든 추억 속의 감정 그리고 사람을 잊지 않게 한다. 이처럼 기억은 자신의 성장과정을 되돌아 볼 수 있는 능력과 학습한 지식들을 저장하고 활용할 수 있도록 하는 대체가 가능하지 않는 능력으로 이 능력들은 마음에서 오는 것이 아니라 두뇌의 정보를 인식하고 저장하는 능력과 함께 그 기억들을 저장할 때 언어적 의미로 저장하고 다시 언어로 인출해서 활용할 수 있는 인간만이 가지고 있는 언어능력 덕분이다. 언어를 활용하는 능력은 과학적 사고, 객관적 사고, 창의적 사고, 순차적 사고와 함께 어휘습득능력, 소통능력, 문제해결능력, 연구학습능력 등의 활동에 필수적인 기능으로 사회적이며 창조적 인간으로 가능하게 하는 다른 동물에게는 없는 특별한 기능이다.

언어 습득의 시기에 대한 대뇌유연설(brain-plastic theory)에 의하면(Penfield & Roberts, 1959), 언어 습득의 결정적 시기는 유아기부터 사춘기 이전까지로 이 시기에 뇌의 가소성이 극대화되어 언어 구조(음운, 문법 등)를 자연스럽게 습득할 수 있다고 보았다. 특히 어린아이는 무의식적이고 간접적인 방법으로 언어를 습득할 수 있어서 즉각적으로 유창한 언어사용이 가능하다고 한다(Halliwell, 1992). 인간의 두뇌는 뇌의 신경가소성이 가장 활발한 시기인 3세에서 6세 시기에 전두엽 부위 신경회로의 발달이 최고도에 이르게 되기 때문에 사고능력과 언어의 습득이 가장 활발하게 일어나는 시기를 맞이하게 된다. 이시기의 아동은 전두엽의 억제와 조절에 대한 실행기능이 발달하면서 수용언어의 발달이 이루어지게 된다고 한다. 그러므로 언어습득의 결정적 시기(critical period)는 아동기인 3-9세가 가장 적절한 시기라고 할 수 있으며, 이 시기에 합리적이며 긍정적 경험에 의한 언어 신경망이 형성되는 것이 개인의 의사소통 역량뿐만 아니라 사회성에도 중요한 영향을 미치게 된다.

인간은 생후 2년까지는 언어를 원활히 사용할 수 있는 능력이 없어서 우뇌의 신체언어를 사용하게 된다. 우뇌가 발달되는(Restak, 2001; 김유미, 2006) 결정적 시기인 4-7세 무렵에 우뇌 영역의 성장이 가장 활발하게 일어나는 고조기를 맞이하게 되며, 좌뇌는 2세 무렵부터 언어를 활용하면서 발달하기 시작하여 7-9세 무렵에 성장의 고조기를 맞이한다. 그래서 이 시기에 학습한 언어사용에 대한 교육이 앞으로의 의사소통 능력에 중요한 영향을 미치게 된다. 그 후 9-12세 무렵에는 좌·우뇌의 정보를 서로 원활하게 교통하도록 하는 뇌량의 발달이 현저하게 나타나서 좌·우뇌의 전문화가 이 시기에 완전히 일어나서(정회경, 2003) 언어 사용의 역량이 급격하게 발달하게 된다.

인간의 두뇌가 발달한다는 것은 신체적인 능력이 성장된다는 것이 아니라 외부 정보에 대한 정보를 언어화하여 저장하고 저장한 정보를 필요시에 언어로 사용할 수 있는 능력이 발달되는 것이다. 그리고 정보가 저장된다는 것은 스키마라 불리는 도식(Schema)이 많이 형성된다는 것으로, 도식은 뉴런(Neuron)과 뉴런의 연결부위인 시냅스에 의해 연결되어 뇌신경망이 활성화 되는 것을 의미한다. 뇌신경망은 뉴런이 특정 정보와 경험에 대해 선택적으로 강화되는 현상이며, 강화된 정보와 정보가 서로 연결되는 고리가 만들어져서 하나의 도식(Schema)인 정보체계로 구성되는 것을 의미한다. 즉, 뉴런의 발화 과정이 반복될수록 발화가 더 용이해지면서 어떤 시점에 이르면 의식적인 활동이 없어도 자동적 발화가 되는 체계가 구성되는 것이다. 특히 언어를 습득하기에 결정적 시기에 다양한 경험과 언어에 노출되거나, 긍정적 언어 사용에 대해 적극적인 지지와 행동에 대한 합리적이고 공감적인 피드백을 받은 경험은 성장 후에도 긍정적이고 적극적인 의사소통을 사용할 수 있는 기초적 도식으로 완성된다.

두뇌가 인간의 정신적인 작용을 일으킨다는 뇌의 기능에 관심을 가지기 시작한 이래로 신경과학자들은 뇌를 구성하는 신경세포의 형태와 기능을 규명하기 위하여 많은 연구 통해 두뇌를 정의하였다. 인간의 가장 특출한 기능은 언어능력과 기억능력, 그리고 정보처리 능력이라고 할 수 있는데 두뇌의 기능에 대한 대표적인 이론은 스페리(Sperry, 1968)의 대뇌 반구 모델(Cerebral Hemispheric Model)과 맥린(MacLean, 1990)의 삼위일체 두뇌모형(Triune Brain Model)이 있다. 스페리의 대뇌 반구 모델은 좌·우반구의 기능이 서로 상이하다는 관점에서 시작되었으며, 그는 좌·우반구의 정보를 서로 연결하는 신경다발인 뇌량이 절단되어 좌·우반구가 분할된 환자를 대상으로 한 실험에서 좌반구와 우반구는 서로 독립적으로 정보를 처리하며 기억한다는 것을 확인하였다. 맥린의 삼위일체 두뇌모형은 뇌간(고피질, 원시인의 뇌)·변연계(구피질, 포유류의 뇌)·대뇌반구(신피질, 영장류의 뇌)를 삼층으로 분류한 이론으로 인간의 두뇌는 제일 먼저 생존본능에 특화된 뇌간의 발달에서 시작되어 감정과 기억의 변연계 그리고 가장 나중에 인지적 사고가 가능한 대뇌피질이 발달되었다고 주장했다. 스페리와 맥린의 연구는 현재까지도 두뇌의 이론을 대표하는 이론이다. 그 후 허만(Herrmann, 1996)은 맥린의 삼위일체 두뇌모형과 스페리의 대뇌 반구모델을 발전시킨 전뇌모델(Whole Brain Model)을 발전시켰다. 그는 두뇌의 수평적 통합과 수직적 통합을 주장하였으며, 수평적 통합은 두뇌의 좌·우반구의 축이며, 수직적 통합은 뇌간, 대뇌변연계, 대뇌피질의 통합을 의미하는 것이다(홍춘우외, 2022). 허만의 이 이론은 좌뇌를 좌상뇌와 좌하변연계로, 우뇌는 우상뇌와 우하변연계로 두뇌를 4분할하여 각각의 영역이 서로 다른 정보처리 능력과 언어구사능력을 가지고 있다는 것을 제시하였다.

1) 뇌가소성(brain plasticity)의 이해

인간의 두뇌는 연령과 시기에 상관없이 일생동안 지속적인 경험을 통해 끊임없이 일정한 수준의 뇌 신경회로의 개조와 재조직이 일어나고 있으며, 이러한 현상을 뇌의 신경가소성(neural plasticity), 시냅스 가소성(synaptic plasticity) 또는 뇌가소성(brain plasticity) 이라고 한다. 뇌가소성은 외부의 자극, 학습, 경험 등에 의해, 발달되며, 학습의 결손 또는 외상적인 뇌손상에 대한 기능도 부분적인 복원과 증강이 가능한 능력이다(Kolb et al., 2003). 인간의 두뇌는 뇌가소성이 얼마나 활발하게 활동하고 있는가에 따라 정보의 처리 양상이 달라지기 때문에 가소성의 활성화는 의식의 확장성을 이끌어내는 내는 동력이 된다. 뇌는 출생 직후와 성장기 동안에 가장 높은 수준의 발전적인 뇌 가소성을 보이게 되지만, 환경과 학습 그리고 노력에 따라 뇌의 구조와 기능이 변화를 보이는 특징이 있어서 성장이 끝났다고 판단하는 시기에도 기능적이고 구조적인 변화를 보일 수 있다(Noble, et al., 2015).

다시 말하면, 외부자극에 의한 두뇌의 기능적 구조와 화학적 구조변화에 의해 신경이 재생성 되거나 구조적으로 재구성되는 것으로(Lamprecht & LeDoux, 2004; 최동일, 2020), 뇌신경세포인 뉴런과 뉴런이 외부 정보와 학습 등의 반복적 자극에 의해 스키마(Schema)가 구조적으로 재구성된다는 것이다.

노블(Noble et al. 2018)과 그의 동료들은 사회경제적 지위가 낮은 사람들이 경험하는 스트레스로 인한 조건들이 뇌신경가소성에 어떤 영향을 미치는지에 대한 뇌 구조 및 기능 변화를 조사한 연구에서 사회경제적 격차가 인간의 뇌와 행동에 미치는 영향을 과학적으로 분석하고 개인이 겪는 어려움을 극복하고 회복력을 발휘하는데 신경가소성의 역할이 있다는 것을 발견하였다.

뇌가소성은 시기에 따라 발달 가소성(developmental plasticity), 적응가소성(adaptive plasticity), 복원가소성(retorative plasticity)으로 구분할 수 있다(윤순

희, 2010). "발달가소성"은 뇌의 발달과정에서 점차 구체적인 기능으로 발달되어 가는 시각, 청각, 언어능력 등에 관여하는 기능이다. 만약 시각 발달의 결정적 시기에 시각 자극을 제공받지 못한다면, 시각 피질의 발달에 문제가 생긴다는 것이며, 언어학습이 시작될 유아기에 언어적 자극이 부족하다면 언어발달에 문제가 생기며, 청각이 발달할 시기에 소리 자극을 제공받지 못할 경우에도 마찬가지로 청각 피질의 발달에 문제가 생기는 것처럼, 이 기능들이 발달하는 결정적 시기에 충분한 정보와 자극이 제공될 경우에는 두뇌의 기능들이 발달하는 뇌신경가소성이 활발하게 활성화된다는 의미의 발달가소성이다. "적응가소성"은 뇌가 특정한 경험이나 자극을 받을 때 실패와 성공을 반복하면서 점차적으로 학습해 가는 가소성으로, 특정한 경험이나 자극 또는 반복적인 학습에 따라 뉴런의 활동이 증가하고 강화되는 시냅스가소성(Synaptic Plasticity)을 의미한다. 그리고 "복원가소성"은 특정 기능을 담당했던 뇌 부위가 손상된 후 기능적 회복을 동반한 뇌조직의 재활성화가 일어나는 것으로 손상된 부분의 기능을 말한다. 이와 같이 뇌는 스스로 재생할 수 있는 능력을 가지고 있어서 어느 한쪽 뇌의 영역이 손상된 경우에도 시간이 지나면서 점차적으로 손상되지 않은 영역에서 손상된 영역의 역할을 대신 수행하는 현상이 일어나기도 한다. 이것은 뇌의 신경계가 환경 변화와 경험, 주변 자극의 영향에 의해 구조와 기능을 바꾸는 현상(Lamprecht & LeDoux, 2004) 즉, 뇌신경 회로의 동기화를 유발하여 궁극적으로는 손상된 뇌의 기능을 손상되지 않은 쪽 영역에서 효율적으로 적응할 수 있게 되었다는 것을 의미한다. 그래서 특정 기능을 담당했던 뇌의 부위가 환경에 의해 다른 기능도 담당하게 되는 것을 말한다. 한 가지 예로, 뇌졸중 환자의 운동 기능 회복에 대한 연구에서 손상된 병변의 반대 측 운동영역에서 뇌기능의 활성화가 관찰되었다고 한다(박윤희, 2009). 그리고 서울대 치의학대학원과 한양대 의과대학의 공동연구에서는 인간 중간엽 줄기세포에서 분화된 유도 성상교세포가 뇌경색 후 유전자의 조작이 없이도 신경가소성을 증강시킬 수 있다는 것을 발견하였다(Chang et al, 2024). 성상교세포(별아교세포)는 정보의 전달기능에는 직접 관여하지 않지만, 뇌신경세포의 생존과 기능에 필요한 뇌 조직 환경을 조성하는데 매우 중요한 세포로 신경세포인 뉴런에게 영양을 공급하여 뉴런이 건강하게 활동할 수 있게 하는 교세포이다(Jenson, 2007; 정종진 역). 이처럼 사람의 두뇌는 회복력이 강해서 스스로 또는 운동, 치료와 같은 외부 요인에 의해 기능적으로 재구성 할 수 있는 능력을 가지고 있으며, 이것이 뇌가소성(brain plasticity)의 기능 중 복원가소성이라고 한다. 또 다른 연구에서도 뇌질환으로 인한 인지기능 장애 이후의 회복과정과 관련된 연구에서 뇌가소성 조절을 통해 인지기능 회복을 촉진할 수 있다는 것이 증명되었는데, 이 경우에는 뇌졸중으로 인한 만성 브로카 실어증 환자에게 비침습적 '경두개 직류자극'이 언어기능 향상에 효과적임을 확인하였다(교육과학기술부, 2012). 경두개 자극술(transcranial stimulation)은 뇌의 특정 부위에 전기적 자극을 주어 뇌 기능을 조절하거나 치료하는 방법으로 피부에 직접적인 상처를 내지 않고 뇌에 자극을 주는 경두개 직류 자극(tDCS)과 자기 자극(rTMS)이 대표적인 예이다. 이것은 비침습적 뇌자극을 이용하여 뇌신경의 기능적, 구조적 변화 과정에 적극적으로 개입하여 피험자의 상태에 따라 뇌가소성을 조절할 수 있다는 임상적 근거를 마련했다고 할 수 있다(Priori, 2003; 김윤환, 2011). 그 후 경두개직류 자극을 사용한 뇌 자극에서 일차운동피질의 운동 수행력이 향상되었으며 질환의 상태에 따라 피질의 영역별 연결성, 뇌 반응의 가소성 그리고 인지기능 피질의 흥분성에 관한 연구에서 효과를 보았다(김윤환, 2011).

이와 같이 두뇌의 내·외부에서 직접적인 자극 또는 학습, 훈련, 운동 등에 의해 뇌의 구조적 기능적 변화를 일으키는 뇌가소성이 발현될 수 있다는 것이 증명되었다. 그러나 외부의 자극이 반드시 순기능으로 작용해서 뇌가소성이 발현된다고는 할 수 없으니 개인에 따라 그 편차가 있을 수 있다.

2) 뇌의 기능분화와 뇌선호도

두뇌의 기능분화(lateralization) 이론은 스페리(Sperry, 1968)의 대뇌 반구 모델(Cerebral Hemispheric Model)로, 좌·우반구가 각각 서로 다른 기능적 특징을 가지고 있다는 이론이다. 심리학자들은 뇌의 기능 분화가 환경 혹은 문화적인 배경에 따라 영향을 받으며 항상 일정하게 나타나는 것이 아니고 개인마다 차이가 있을 수 있다고 하였다.

테일러(Teyler, 1977)가 제시한 뇌의 기능분화 이론에 의하면, 좌반구와 우반구는 뇌량이라는 신경섬유다발로 연결되어 있으며, 출생 초기에는 기능적으로 우뇌 선호 특성을 보이는 것으로 알려져 있다. 신생아의 경우에는 언어를 구성해서 언어를 이끌어 낼 수 없기 때문에 우뇌 특성을 보이게 되지만, 2세를 전후해서 언어와 문장의 이해가 이루어지면서 뇌의 기능분화 현상이 적극적으로 이루어지기 시작한다는 것이다(김해정, 2017). 그 후 개인의 두뇌는 점차적으로 좌·우뇌 중 어느 한쪽의 우세 선호현상이 일어나는데, 성장과정의 양육환경과 양육자, 가족, 친구, 선생님 등 주변인들과의 상호작용을 통해 점진적으로 출생 초기 우뇌 선호현상을 벗어나면서 그 특징이 뚜렷하게 상이해지기 시작한다고 한다. 이 시기에 좌·우뇌는 같은 상황과 같은 정보를 두고도 서로 다른 형태의 정보를 우선적으로 인지하게 되며, 인지한 정보를 뇌량의 신경섬유다발을 통해 1초에 수만 번의 상호교류를 하면서 서로 정보를 교환하고 있음에도 개인에 따라 자신이 선호하는 쪽의 정보를 더 많이 의식하게 된다고 한다(Teyler, 1977). 예를 들면, 최초로 인식하고 이해한 후 잠시 후에 결이 다른 정보를 인식하고 자신의 최초 정보를 보완하거나 수정하는 경우가 있는데, 이 때 최초로 인지한 정보 유형이 바로 자신이 선호하는 뇌의 유형이다. 그러나 개인에 따라서는 최초 정보를 보완, 수정하는 것을 거부하는 경우가 있어서 아주 강력하게 자신의 우세 두뇌의 정보를 신뢰하고 고집함으로써 한쪽으로 치우치는 신념 또는 편협한 사고를 보이게 되는 경우도 있다.

　인간의 뇌선호도는 의사소통에서 매우 중요한 요인이며, 개인이 갖는 지각 및 판단과 관련된 지적 성향에도 영향을 미치게 되어서 정서인지능력, 조절능력, 문제해결능력 등에서 차이를 나타내면서 개인의 어휘 선택을 위한 기능에 큰 영향을 미치게 된다. 이러한 뇌선호도는 개인이 물려받은 유전적 특성에 따라 그 기능이 확정되어 있는 것만은 아니다. 양육환경, 반복된 경험과 학습, 건강한 자극의 운동 결과에 따라 수정 또는 보완되기 때문에 정보를 인식하는 우세적인 선호도도 충분히 바뀌거나 보완될 수 있는 것이다. 즉, 똑같은 상황에서 같은 관점을 바라보면서도 소통을 위한 어휘의 선택이 다르다는 것은 개인의 정보처리방식에서 사용하는 '뇌선호도'가 다르다는 것이 증명된다.

　스페리와 메이어(Sperry & Myers, 1958)는 동물실험 연구를 통해서 뇌량이 제거되었거나 손상되었을 경우에는 좌·우뇌는 서로 정보를 교환하지 못하고 각각 독립된 뇌로서 활동을 한다는 것을 밝혀내었다. 스페리(Sperry, 1958)는 뇌량이 좌·우반구 간의 정보 전달에 중요한 역할을 한다는 가설을 검증하기 위해서 원숭이를 대상으로 실험한 결과 뇌량이 절단된 원숭이의 경우 각 반구가 독립적으로 정보를 처리하는 능력이 보였는데, 학습된 정보가 다른 쪽 반구로 전달되지 않을 경우 기억과 학습 능력이 크게 저하되는 결과를 확인하였으며, 한쪽 눈으로 학습한 시각 정보가 반대쪽 뇌반구로 전달되지 못한다는 것도 확인하였다. 그리고 인간을 대상으로 한 분할 뇌(split-brain) 연구에서는, 간질치료를 위한 뇌수술을 통해 간질병 환자를 대상으로 통제 불가능한 간질 발작을 억제하기 위해 뇌량을 절제해서 신체의 한쪽에만 발작을 국한 시키는 실험도 성공을 하였다(Bogen & Vogel, 1962). 이 실험은 뇌량의 정보 교환을 차단하여 간질의 발작이 한 쪽 뇌에서 다른 쪽으로 퍼지는 것을 방지하기 위해 한 부분을 절제함으로서 발작을 조절하려는 시도로, 수술을 받은 환자들 중에는 수술 후 간질 발작이 현저히 감소하거나 완전히 멈춘 결과가 나타났다고 한다(Bogen & Vogel, 1962). 그러나 이러한 뇌량 절제술은 효과적인 경우도 있지만 언어 능력의 변화나 인지기능의 일부 손상도 발생할 수 있다는 한계점이 있다.

그 후 스프링거와 도이치(Springer & Deutsch, 1985)는 동물이 아닌 인간 뇌의 한 쪽이 손상된 '분할 뇌' 환자의 경우를 연구하였는데, 오른 손에 있는 물건의 이름과 그 모양을 묘사할 수 있었지만 왼 손에 있는 물건을 보고는 아무 것도 말하지 못했다는 것을 밝혀냈다(Sperry, 1958). 이 실험에서 오른손에 쥐어진 연필은 알아맞힐 수 있었지만 왼손에 쥐어진 연필은 짐작만 할 뿐 말로 표현하지 못했다고 하는데, 이것은 오른손과 왼손에 있는 연필의 정보를 뇌량에 의해 서로 정보를 교환하지 못하고 있기 때문으로 오른손을 관장하는 좌뇌에는 언어뇌가 있어서 표현에 어려움이 없었지만, 거꾸로 왼손을 관장하는 우뇌에는 언어 중추가 없으므로, 오른손의 물건을 짐작하고 언어로 표현하는 것에 어려움을 느끼게 된다는 경우이다. 즉, 우뇌가 손상되고 좌뇌가 손상되지 않았을 경우에는 물건의 이름 등을 정확히 표현할 수 있었지만, 좌뇌가 손상된 경우에는 언어를 관장하는 영역의 손상으로 인해 물건의 이름을 표현하는 데 어려움을 느끼게 되었다는 것이다. 이처럼 인간의 두뇌는 시력과 상관이 없이 좌우뇌가 서로 반대편의 정보를 인식하고 있다는 것을 알 수 있다.

그리고 또 다른 연구 실험에서는 좌뇌의 손상으로 언어능력이 상실되었지만, 반작용에 의해 오히려 청각이 예민해져서 새소리 같은 자연음에 대한 지각이 더 뚜렷하게 인식되었다고 한다(Luria, 1966). 대부분 자연음과 같은 소리에는 우뇌가 반응을 하고 있다고 보는데, 한쪽 뇌의 기능이 소실되면서 다른 쪽 뇌의 기능이 상대적으로 더 발달하는 뇌가소성인 복원가소성 현상이 나타나는 것과 같다. 그리고 뇌손상 환자들을 대상으로 한 은유적 의미를 나타내는 그림 이해 과제에서는 우뇌 손상 환자들은 좌뇌 손상 환자들보다 사전적인 의미의 그림을 선택하였지만, 특정 상황을 표현하는 표현능력이 요구되는 그림 과제에 대해서, 이해부족과 해석능력이 떨어졌다고 한다

(Winner & Gardner, 1977). 이것은 우뇌 손상 환자들이 담화수준(discourse level)에서는 어려움을 보이지만, 사전적인 의미의 단어를 파악하는 능력은 남아있다는 것을 의미한다. 다만 은유를 처리하는 과정 자체가 어려워서 비유적 표현, 은유적 표현의 함축적인 의미를 파악하고 해석하는 것에는 어려움을 겪게 된다는 연구와 동일하다(Brookshire & McNeil, 2014). 그러나 일상생활에서 주로 언어의 형태로 표현되는 은유적 사고는 좌반구에서만 관련이 있는 것이 아니라 그 관련성이 조금 약하지만 우반구에도 적용 가능한 다양한 의미를 가동시켜서 각종 추론을 시도하기도 한다(양다인, 2012). 이처럼 좌뇌가 손상된 환자의 경우에는 언어능력이 저하되어 담화능력이 떨어지고 논리적인 사고도 어려워졌으며, 우뇌가 손상된 환자는 공간 감각이 떨어지고 창의적 사고와 추론능력이 어려워졌다고 한다.

레비와 스페리(Levy, et al, 1972)는 좌우반구를 분리한 수술을 받은 환자들을 대상으로 연구에서 시각적 자극검사, 양안 자극 등의 실험을 실시하였다. 시각적 자극검사에서는 순간노출기를 사용하여 환자의 정면에 놓인 스크린의 중앙을 기준으로 왼쪽과 오른쪽에 각각 다른 시각적 정보를 제시하였더니, 오른쪽의 자극정보는 좌측 뇌로 전달되며, 왼쪽 시각 정보는 오른쪽으로 전달되는 것을 알 수 있었다. 양안 자극은 연구자들이 왼쪽 눈에는 얼굴의 왼쪽 부분, 오른쪽 눈에는 얼굴의 오른쪽 부분을 동시에 보여주었는데, 정상적인 상태라면 두 이미지가 합쳐져서 하나의 완전한 얼굴로 인식되지만, 뇌량이 분리된 상태에서는 각각의 반구가 독립적으로 시각 정보를 처리하고 있어서 환자들은 두 개의 분리된 이미지를 별개의 것으로 인식하거나, 때로는 혼합된 형태의 이미지로 인식하게 되어 새로운 형태의 얼굴로 보이게 되었다고 한다. 그리고 또 다른 연구에서, 정상인들을 대상으로 한 청각자극 검사를 하기 위해서 양쪽 귀에 동시에 자극을 준 후 그 숫자를 기억해서 똑같은 순서대로 쓰기를 요청하였더니, 정상인의 경우에는 오른쪽 귀에 제시된 숫자를 더욱 정확하게 반응하였으며, 좌뇌에 손상을 입은 환자는 우뇌에 손상을 입은 환자보다 더 나쁜 청취율을 보였다고 한다. 이러한 실험들은 스페리와 메이어(Sperry & Myers, 1958), 스프링거와 도이치(Springer & Deutsch, 1985), 루리아(Luria, 1966) 등의 여러 연구자들에 의해 연구되었으며, 결과적으로 이 이론은 뇌량이 좌우 뇌반구의 정보 통합과 전달에 중요한 역할을 하고 있다는 것에 대한 이해를 확장시켰다.

3) 좌·우뇌의 특성과 언어정보 처리방식

인간 두뇌의 무게는 체중의 약 2% 정도이지만 실제로 '뇌'의 에너지 사용량은 신체 에너지의 약 20%를 사용하면서 인간의 몸과 정신을 주장한다고 알려져 있다. 히포그라테스(B. C. 460-379)는 인간의 정신과 육체를 유기적으로 연결하는 능력과 감각 그리고 인간의 지능이 뇌로부터 시작된다는 것을 주장하였으며, 인간의 모든 의식과 지식의 습득, 감정, 욕구 등의 발현은 뇌의 형성과 발달에서 비롯되고 있다는 것이다. 특히 어린 시절 경험한 기억과 학습 등이 인생을 좌우할 만큼 중요하다고 할 정도로 좌·우뇌의 기능에 큰 영향을 끼치게 된다.

두뇌의 기능적 특성에 대한 연구에서 좌뇌는 논리적, 분석적, 어휘력, 숫자 등의 지각능력(허근, 2014)과 관련이 있기 때문에 학업성취에 높은 상관관계를 갖고 있으며(고영희, 1989), 뿐만 아니라 언어적 정보학습에도 익숙하기 때문에 언어를 부호화하고 해독하는데 효율적인 능력이 있다고 한다. 특히 사물을 인식할 때는 인식한 정보를 언어화 시키므로 언어적 정보학습에 익숙하며, 언어적인 자료를 잘 기억해서 대화를 할 때는 단어를 다양하게 사용하는 문장 조성능력과 이해능력도 갖추고 있다. 그리고 좌뇌가 문제 상황에서 대처하는 방법을 보면, 체계적인 방법으로 문제를 파악하고 실제적, 합리적, 논리적인 생각과 사고를 통해 해결방안을 제시하는 능력과(김명준, 2002), 감정을 잘 억제하고 조절하는 이성적 성향 그리고 새로운 것을 창조하려고 하기 보다는 기존의 것을 발전시키려고 하는 것과 사실적이고 현실적인 것을 선호하는 특성을 보이고 있다. 그래서 좌뇌 성향의 학습자에게 부족한 창의성은 우뇌의 특성이므로 창의성을 보완하기 위해서는 우뇌를 활성화시키는 훈련을 할 필요가 있다.

송연자(2004)는 토랜스(Torrance, 1979)의 인지모형을 토대로 강호감(1991)이 연구한 훈련 모형을 도입하여 좌뇌에게 부족한 우반구 훈련 모형을 제시하였다. 훈련 내용은 도형·기호 등의 시각적 매체들을 사용하며, 가능한 한 심상(image)을 통해 학습하도록 한다. 그리고 설명은 언어적 전달보다는 신체적 동작을 통해 표현하도록 하며, 문제의 접근은 다양한 각도로 접근하도록 하고, 하나의 답이 아닌 융통성 있는 답이 나오는 질문을 자주한다. 그리고 직접 눈으로 보고 관찰할 수 없는 지식을 전달할 때는 배경음악을 깔고 눈을 감고 상상하도록 하는 훈련들이 좌뇌에 부족한 우뇌를 활성화 시킬 수 있는 훈련방법이라고 한다.

또 다른 우뇌의 특성은 시각 및 공간적 정보를 선호하며 직관적이고 종합적으로 정보를 처리하기 때문에(조윤형, 조영호, 양회창, 2005), 리듬, 상상력, 공간지각, 색상 등의 능력에 관여하고(허근, 2014), 비언어적, 미술적, 회화적, 기하학적, 유추적인 기능을 담당하고 있다고 한다. 특히 타인의 정서를 인식하고 배려하며 효율적으로 처리할 수 있는 특성이 있어서 대인관계 능력이 우수할 뿐만 아니라 소통능력도 우수하기 때문에 비언어적인 표현과 감정표현, 유머를 잘 활용하여 우호적 관계를 형성하는 능력이 특별하다. 그리고 학습능력에서는 공간적, 시각적 과정을 통한 학습과 활동적인 학습에 익숙하며, 새로운 사실에 대한 호기심과 상상적 능력을 발휘하는 학습을 선호한다(김명준, 2003). 호기심과 상상력은 문제를 해결하고자 할 때 창의적인 아이디어를 도출할 수 있어서 문제의 발견, 문제의 실천과정에서 큰 영향을 주는 기능이다. 우뇌는 인간이 출생 후 2년 동안은 우뇌만 발달하는 발달적 특징을 가지고 있어서 이시기에는 좌뇌와 달리 언어, 인지 등의 소통방식이 아닌 촉감, 냄새, 소리, 자세, 몸짓, 눈맞춤 등의 신체적인 방법으로 의사소통을 한다(Schore, 2019).

좌뇌의 특성	논리적 비평적 분석적 사실적 수리적 합리적 수렴적 언어적 구조적 통제적 조직적	-신체의 우측을 통제한다. -언어 학습에 익숙, 언어를 해석, 구조화, 의미를 파악한다. -일의 순서를 계획 한쪽에 치우치지 않는 사고능력이 있다. -모호한 사실과 현상을 구체적인 절차와 시간에 따라 정형화 하는 구조적 사고 기능이 있다. -직선적, 순차적: 숫자, 낱말을 순차적으로 외운다. -정량적 사실에 입각하여 복잡한 문제를 분석한다. -단계적 논리적 분석을 통해 해결책을 제시한다. -정서를 인지하고 통제하며, 주체적이다. -직관, 느낌보다 논리, 사실적 자료를 사용한다. -비판적인 분석이 성향과 권위주의적이다. -의사결정과정에서 감정에 거의 흔들리지 않는다. -이성적이고 성취 지향적이어서 성과 위주의 성향이다. -기술적이며, 과학적 요소에 대한 이해가 뛰어나다. -숫자와 통계 자료에 익숙해서 재정적 분석이 뛰어나다. -논리적 추리를 통한 학습, 수학학습에 익숙하다. -구조적이며 이론적인 틀에 초점을 맞추는 경향이 있다. -계획된 시간표대로 일하며, 언제나 같은 방식에 따른다. -책의 이론에 의존하고 안전우선주의 이다. -조직적·순차적·계획적·통제된 사고패턴을 가지고 있다. -목적달성을 극대화한다. -전통적이고 관료적인 리더십을 제공하며 신뢰성이 있다. -사람의 이름을 잘 기억한다.

그리고 우뇌의 대뇌피질 영역은 어린 시절에 결정적으로 발달하므로, 이 시절 주양육자와의 건강한 애착 형성은 전 생애 동안 지속되는 대인관계를 위한 신경생물학적 기초를 형성하게 된다(Schore, 2019; 장미경 외, 2023). 또한 우뇌는 감정과 직관을 처리하는 무의식적인 정보처리 능력과 관련이 있으며, 인간관계와 사회적 연결성을 중요시하기 때문에 가까운 사람과의 감정이나 기억 등을 무의식적으로 의식화하는데 관여를 하게 된다(Schore, 2019). 이러한 특성에 의해 우뇌형의 개인은 가족, 지인 등의 감정을 무비판적으로 공감하는 경우가 많아서 무의식적으로 그 감정에 동화되어, 특정 상황을 판단하거나 어떤 개인에 대한 감정이 자신의 주관적 사고와 감정이 아니라 지인과 동일한 감정으로 동조하게 되는 현상도 나타난다.

좌·우뇌는 각기 한 상황을 인식하면서도 서로 다르게 정보를 인식하고 해석하기 때문에 언어를 해석하고 구조화하는 문제에서 좌뇌는 언어의 구조화, 낱말의 의미 파악, 계산, 숫자, 낱말을 순차적으로 외우기와 같은 항목에서 더 우세 성향을 보였다. 그러나 얼굴을 기억하기, 자연음과 멜로디 인지하기, 위치 찾기, 시각적 형태 파악하기와 같이 포괄적이고 덜 구조화된 기능에서는 좌뇌 보다 우뇌가 우세했다고 한다(정제동, 2002). 그리고 언어 표현 능력을 검증한 연구에서 어느 한 쪽의 뇌가 손상되었을 경우, 좌뇌의 손상은 언어능력이 상실되어 실어증이 나타나지만, 우뇌가 손상되었을 경우에는 지각이나 주의 집중력에 문제가 생겨서 비언어적인 사건에 대한 기억력과 감정의 표현, 길을 찾는 등의 공간 능력이 현저하게 감소된다고 하였다(Springer & Deutsch, 1985). 이렇듯 좌뇌와 우뇌의 특성이 각각 다르다고 하여도 어느 한 쪽 뇌가 더 우세하다고 표현할 수 없으며 상호 통합하여 보완을 할 때 더 효율적이며 지적인 능력을 나타낼 수 있는 것이다. 정보의 통합은 좌뇌와 우뇌를 연결하는 뇌량에 의해 이루어진다.

좌뇌와 우뇌를 연결하는 신경다발인 뇌량(corpus callosum)은 청소년기를 지나면서 가장 활발하게 두꺼워지지만 이후에도 더 굵어질 수 있다고 한다(Giedd et al., 1999). 뇌량이 두꺼워진다는 것은 정보를 더 많이, 더 빠른 속도로 교환할 수 있는 능력을 갖추게 된다는 것을 의미하는 것이다. 예를 들면, 전기의 속도와 강도가 전선의 굵기에 비례한다는 것을 들 수 있다. 3KW 전기 사용량의 전선 굵기와 100KW의 전선 굵기가 다르다는 것이다. 전선의 굵기가 가늘면 큰 용량의 전기를 빠르게 통과시킬 수 없는 것과 같다.

미국의 생리심리학자 스페리(Sperry)는 인간이 정보를 지각하고 처리하는 방식에서 좌뇌와 우뇌가 서로 다른 종류의 정보를 인지하고 있다는 것을 발견하고, 뇌의 분할된 기능으로 대뇌 반구 모델 이론을 처음으로 제시하여 1981년 노벨 의학상을 수상하였다. 스페리에 의하면 우측 뇌는 시각적 정보처리와 공간 인식에 더 특화되어 있으며, 좌측 뇌는 언어 처리에 특화되어서 서로 각각의 기능을 분담하면서 고차적인 인지기능을 한다는 것을 증명하였다. 그의 대뇌반구모델(CHM) 이론은 오늘날까지 많은 분야에서 응용되고 있다. 스페리의 대뇌반구 이론은 뇌세포가 시각적 자극을 받는 과정에서 좌·우뇌는 서로 상반된 정보처리 체계를 사용하여 서로 다른 유형의 사고를 한다는 것을 발견한 후(Gazzaniga et al. 2002), 뇌의 좌우반구를 연결하는 뇌량이 절단된 환자들의 뇌 활동을 관찰한 결과 각 반구가 독립적으로 기능하고 있다는 것을 확인하였다. 스페리의 대뇌반구모델 이론은 좌반구는 언어적, 분석적, 논리적 사고는 우반구는 시각적, 공간적, 직관적 사고를 담당한다고 한다.

학습행동에서 가장 많이 사용되는 시각적 정보처리에 대한 좌·우뇌의 특성을 살펴보면, 우뇌는 공간적, 예술적 정보를 더 빠르게 인지하며, 직관력, 상상력, 창의적 사고를 위한 인지활동이 활발하지만, 좌뇌는 우뇌에 비해 좀 더 세심한 분석적 사고, 논리적 사고, 언어적 사고를 담당하고 있어서 우측 뇌의 시각 정보처리 방식보다 차이가 나지만 이 두 기능은 서로 조합되어 정보를 인식하는 '통합 뇌' 형식으로 처리된다고 한다(Garrett, 1978). 정보통합기능의 예를 들면, 글쓰기에서 우뇌의 상상력은 좌뇌의 글을 쓰는 능력에 의해 발현된다. 즉, 좌측 뇌는 같은 상황에서 사실적 개념을 인지한 글을 작성한다면, 우뇌는 좌뇌의 사실적 개념의 글을 모티브로 창의적 상상력을 발휘하면서 일반적인 개념이 아닌 정서, 감정과 같은 명시적이지 않은 특정한 정보를 인지하면서 글을 완성시키는 능력이 있다는 것이다. 우뇌의 상상력은 창의적 사고를 촉발시키기 때문에 일상생활에서 뿐만 아니라 의사소통능력과 문제 상황에서 당면하고 있는 여러 가지 문제를 해결하고 그 분야에 필요한 사고를 적용시키는 중요한 가치를 갖는다. 이렇듯 좌·우뇌는 각각 정보를 이해하고 처리하는 기능이 달라서 같은 상황을 동시에 인지하였지만 지각한 세부내용은 서로 다르다는 것을 알 수 있다. 이처럼 같은 상황을 바라보면서 전혀 다른 방향으로 지각한 정보를 언어로 표출하기 위해서는, 뇌량에 의해 서로 지각한 정보를 빠르게 교환하고, 사고하며, 판단하는 과정을 거친 후에 비로소 언어로 인출되는 것이다. 만약 좌·우로 분할된 뇌가 각각의 특성만을 고집하며 행동하려고 한다면 인간이 하는 모든 일에 혼란만 가중될 것이다. 좌우뇌가 협업한다는 한 가지 예로, 어떤 상황을 보고 순간적인 판단을 한 개인이 잠시 후에 아!! 하면서 다른 쪽 면의 상황을 인지하고 자신의 생각을 바로 잡는 것은 바로 자신의 뇌가 우선 성향 즉, 좌뇌와 우뇌 중 선호도가 강한 쪽에 의해 먼저 정보를 지각한 후 뇌량의 교환에 따라 다른 쪽 뇌의 정보를 순서적으로 인지하고 생각을 정리하는 것이다. 좌·우뇌의 협업 과정은 인식된 정보를 뇌량의 신경다발을 통해 1초에 수만 번의 교류를 하며 정보를 주고받기 때문에 인간으로 하여금 그 정보의 다양성을 인식할 수 있게 하고 있지만, 좌·우뇌의 정보가 균등하게 1대1의 비율로 통합되는 것이 아니라 우세한 쪽 뇌의 정보를 더 많이 사용하게 되는 과정을 거치게 된다. 만약 우측 뇌에서 보내온 정보를 더 선호하는 개인의 경우와 좌측 뇌에서 보내온 정보를 더 선호하는 개인이 서로 한 가지 주제를 놓고 토론하고 있다면, 자신에게 우세한 뇌 성향에 따라 주제를 이해하는 관점과 접근방법이 서로 다를 뿐만 아니라 표현하는 언어의 선택에서도 분명한 차이를 보이게 될 것이다. 개인의 표현방식과 행동은 뇌 신경계의 정보처리 방식과 우세 뇌선호도에 따라서 수행하는 방식으로 실행되기 때문에 의사소통에서 목적과 주제가 동일할지라도 개인에 따라 각기 다른 세분화된 방식으로 의견을 창출하게 되고, 행동의 수행도 발전적으로 특화될 수 있음을 의미한다. 이러한 우세정보처리 방식을 '뇌선호도'라고 한다(Knolle, & Gwany, 1987). 그러므로 뇌선호도는 개인이 좌뇌와 우뇌 중 어떤 뇌를 더 많이 사용하는지에 대한 기능적 차이라고 할 수 있어서 좌뇌 우선 선호도와 우뇌 우선 선호도의 개인의 경우 정보처리 방식이 달라서 사고방식, 행동양식, 언어 표현력 등이 모두 다르게 수행되는 것이다. 이러한 수행능력은 훈련에 의해 충분히 보완할 수 있다.

우뇌의 특성

우뇌의 특성	공간적 시각적 직관적 통합적 개념적 은유적 지각적 감성적 창의적 예술적 인간적 영적	-신체의 좌측을 통제한다. -위치 찾기, 시각적 형태를 파악을 잘한다. -직관적 판단에 의해 문제를 해결한다. -유머스러우며 개방적 의사소통과 얼굴을 잘 기억한다. -긍정적 사고로 자신을 동기화하는 능력이 있다. -추론에 의거한 정보탐색과 의사소통 능력이 있다. -팀 지향적이고 친근하며 우호적이다 -상상, 호기심, 충동적, 모험적 성향이 있다. -사람과의 관계 지향적, 감각적, 감정적이며 음악적이다. -대화를 좋아하고 설득력이 있다. -직관적 판단에 의해 문제를 해결한다. -솔직한 감정표현, 자기노출을 잘한다. -감정이입을 통한 대인관계를 다루는 능력이 있다. -시간 감각에 유연하다. -기분에 민감하고 이야기하기를 좋아한다.

	-비언어적인 신호를 잘 감지하고 이해한다. -그룹 활동을 선호한다. -타인의 생각과 감정에 관심을 둔다. -느낌 지향적·가치주도형이며 강력한 리더십을 제공한다. -때로 무모하고 비현실적이며 엉뚱하고 몽상가 적이다. -동시적 사고기능에 의해 일을 능률적으로 진행한다. -지각적이고 감각적인 능력이 있다. -감성적, 호기심, 상상력이 풍부하다. -새로운 사실을 발견하는 창의적 사고능력이 있다. -자연음, 멜로디 인지하는 능력이 있다.

좌우뇌의 기능 중 재미있는 눈동자에 대한 연구가 있는데, 인간이 어떤 문제의 과제를 해결 하는 동안 눈동자의 움직임을 관찰하였더니 문제를 해결하는 동안 양쪽 눈동자를 오른쪽 또는 왼쪽으로 치켜 올리고 있었는데 이 것은 개인의 인지적 특성과 관련이 있다는 것이다(Day, 1964). 언어적 질문에서는 피험자의 눈동자 64%가 오른쪽으로 움직였으며, 공간적 질문에서는 피험자의 31%만 오른쪽으로 움직였다고 한다(장현국, 2003). 이것은 언어적 질문에서는 좌뇌가 활성화되고 있으며, 공간적 질문에서는 좌뇌의 활성화 정도가 낮은 것으로, 오히려 우뇌가 활성화되고 있다는 것을 의미한다. 데이(Day, 1964)는 그의 논문 "눈동자의 움직임과 두뇌 영역 간의 관계"에서 눈동자의 움직임은 주의력, 사고, 불안 등과 관련이 있으며, 이 때 특정 두뇌 영역이 활성화되는데 눈동자의 움직임이 빠를수록 해당 두뇌 영역의 활성화가 더욱 강하게 일어난다고 주장하였다. 데이의 논문은 눈동자의 움직임과 두뇌 영역간의 관계를 처음 제시한 것으로, 이후의 연구들에 큰 영향을 미치게 되었다.

눈 움직임과 두뇌영역에 대한 설명은 아래 표로 정리하였다.

눈 움직임과 두뇌 영역

좌측 전두엽	주의력과 관련이 있으며, 눈동자가 오른쪽으로 움직일 때 활성화
우측 후두엽	시각정보와 관련이 있으며, 눈동자가 왼쪽으로 움직일 때 활성화
중앙 측두엽	사고와 관련이 있으며, 눈동자가 위쪽으로 움직일 때 활성화
좌측 두정엽	공간 인식과 관련이 있으며, 눈동자가 아래쪽으로 움직일 때 활성화

2. 인지도식의 이해

인지도식(cognitive schema)이란 외부자극 또는 학습에 의해 지식을 습득하는 과정에서 발화된 신경세포(neuron)가 시냅스(synapse)를 통해 다른 신경세포와의 정보 전달과정에서 서로 연결되어 형성되는 지식의 사전과 같다. 도식(schema)은 인간의 기억 속에 저장된 경험과 지식 등의 데이터를 효율적으로 관리하기 위한 의미 규칙에 의해 모여진 지식 정보의 집합체이다. 이 도식에 의해 개인의 개성, 신념, 사고, 지식, 언어구성, 행동 등이 일관성 있게 표현될 수 있는 것이다. 이를테면 컴퓨터의 데이터베이스의 구조와 같아서 자주 사용하는 언어와 정보 등은 상위에 노출되기 있기 때문에 의식적인 생각을 하지 않아도 바로 인지하고 표현하며 행동할 수 있는 것이다.

도식의 구조화를 알기 위해서는 행동주의 심리학의 대표적 학자인 왓슨(J. B. Watson 1878-1958, 1913)과 스키너(B. F. Skinner, 1953)의 이론을 살펴볼 필요가 있다. 왓슨은 인간은 선천적 능력에 따라 개인의 차이가 있음을 인정하지만, 학습은 반사적인 행동의 습득으로 이루어지기 때문에 환경적 요인과 자극에 따라 인간의 행동이 학습된다고 주장하였다. 그는 학습은 의식 또는 마음이 어떤 행동이나 활동을 한 이후에 또다시 반복하면서 발생되는 것이지만, 이 학습에 의해 심리적 변화가 일어나면 다음 행동에 영향을 미치게 되고 이러한 행동이 반복적으로 일어나면, 두뇌는 이 정보를 자동적으로 인식하고 인출할 수 있는 도식으로 범주화 되는 것이다. 왓슨은 그 사람이 밖으로 드러내고 있는 행동을 촉발시키는 구체적인 자극을 알아내면 그 행동의 이유를 설명할 수 있으며, 특정한 조건에서 어떻게 행동할 것인가를 정확하게 예측할 수 있다고 하였다(임규형, 임웅, 2013). 즉, 모든 행동 특히 일관성 있게 나타나는 언어와 사고방식 그리고 행동양식은 그 행동을 일으키는 근본적인 자극은 두뇌의 도식으로 내재되어 있어서, 개인의 사고방식을 자극하는 정보를 탐색할 수 있다면 그 사람의 사고방식과 소통방식 그리고 행동양식을 재수정할 수 있는 길이 생긴다는 것이다.

이 후 왓슨의 이론을 이어 받아 발전시킨 행동주의 심리학자인 스키너(Skinner, 1969)의 조작적 조건화(operant conditioning) 이론은 인간의 모든 행동은 자극(stimulus)과 반응(response)의 법칙에 의해 형성되며, 그 행동에 따른 결과가 긍정적이면 행동의 빈도가 증가하거나 현재 수준을 유지하려 하고 행동에 따른 결과가 부정적이면 행동의 빈도가 감소한다고 하였다. 결과적으로 행동의 빈도가 증가하는 것에 의해 두뇌는 이것을 필요한 정보로 인식하고 도식으로 형성하는 것이다. 스키너는 비둘기를 가지고 실험을 하였는데, 실험실 상황에서 전기 자극이 있는 단추는 피하고 먹이가 나오는 단추를 누르면 먹이를 획득하도록 하는 학습과정을 진행하였더니 비둘기는 반복적인 학습을 통해 전기자극이 있는 단추를 피하고 먹이가 나오는 단추를 누를 수 있었다고 한다. 이 비둘기는 전기자극에 대한 반복적인 학습을 통해 어떤 단추를 누르는 것이 긍정적 결과를 가져왔다는 것을 깨달았기 때문에 이 행동을 반복할 수 있었으며, 이와 같은 과정을 통해 어떤 행동이 긍정적 결과를 가져왔다는 도식(Schema)이 형성된 것이다. 스키너는 이 실험을 자극(stimulus)에 대한 반응(response)을 이해한 결과적 행동이라고 이해하였다. 그는 강화의 조건을 분석한 이론에서 대부분의 인간은 충동보다 외적 자극에 의해 행동이 동기화 된다고 보았다. 즉, 스키너는 행동에 대한 보상(reinforcement)과 처벌(punishment)에 의해서 인간의 행동이 강화되며, 보상과 처벌로 인한 자극에 의해 반응의 빈도수가 증가되면 습관화가 이루어져서 그 행동이 강화된다는 것이다. 이와 같이 사람의 행동이 자극(stimulus)에 대한 반응(response)으로부터 시작되며, 잘못된 반응에 대해서는 시행착오를 거치지만 이러한 시행착오 과정을 통해 행동의 강화(reinforcement)가 일어나고 이것이 습관화(habit of formation)가 된다는 것이다. 습관화된 강화 행동은 뇌 신경세포인 뉴런(Neuron)의 시냅스 연결에 의해서 도식화(Schematization)가 이루어지며 도식화된 행동은 사람이 어떤 상황에서 반응하기 위해 생각의 과정을 거치는 것이 아니라 무의식적 반응으로 대응할 수 있게 된다. 이렇게 무의식적 반응으로 나타나는 행동은 자극(S)에 따른 반사적 반응(R)에 의한 행동이 습관화가 이루어진 것으로 이것을 도식화된 것이라고 한다(Skinner, 1969).

의사소통도 마찬가지로 표현할 수 있는 많은 언어 지식들은 그 언어를 사용한 경험으로부터 얻어진 정보들이 반복적인 사용에 의해 강화의 과정을 거치면서 지식들이 공고화된다. 공고화된 언어 정보들은 단단한 정보로 구조화되어 입력되며 후에는 습관화가 되어 이를 자유자재로 활용할 수 있는 언어적 정보의 도식화가 진행된다. 이처럼 인간이 자유자재로 사용하는 의사소통능력은 일련의 습관화로부터 이루어진 것이므로 올바른 의사소통능력을 갖추기 위해서는 언어를 바르게 사용하는 습관화가 중요하다. 특히 타인의 언어를 잘 경청하며 존중하는 능력을 기를 수 있는 시기인 아동기에 잘못된 태도와 잘못된 언어 사용에 대해서 양육자의 반응이 정말 중요하다. 만약 아동이 부정적인 언어를 사용하고 있어도 무조건적인 관용을 베풀었거나, 반대로 아동이 잘못한 일에 대해 부정적 언어의 질책 또는 공포감을 느끼는 처벌(punishment)을 받았을 경우에는 자신이 사용한 언어의 잘못된 사용법이 무엇인지를 정확하게 인지하지 못하고 다만 잘못된 피드백에 대한 공포, 불안, 분노의 감정만 기억하게 되어 원활한 의사소통 능력이 억제 될 뿐만 아니라 소통자체에 대한 부정적 편견을 가지게 된다. 그러나 반대로 잘못된 언어의 사용에 대한 양육자의 긍정적이고 합리적인 피드백은 재수정된 언어의 습관화로 이루어져서 그 언어가 강화되기 때문에 성인이 되어서도 올바르게 사용하게 되는 것이다.

그러므로 언어를 배우는 결정적 시기에 긍정적 언어 사용으로 인해 정신적, 물질적 보상(reinforcement)을 받았을 경우에는 이 단어에 대한 긍정 인식의 효과로 연습과 반복이라는 과정을 거치게 되면서 자연적 습관화가 이루어져서 사용 언어가 긍정도식으로 형성된다. 스키너(1969)는 긍정 강화나 처벌에 있어서 시간을 중요하게 인식하였으며, 행동의 발생 후 즉각적인 보상이나 처벌이 이루어질 때가 지연된 강화보다 더 효율적이라고 하였다. 특히 강화의 원칙이 잘 적용되는 아동기에 긍정적 결과의 보상을 체험하는 경우, 그 행위를 반복하여 사용하고자 하는 심리가 있어서 더 효과적인 긍정도식을 형성할 수 있다는 것이다. 이처럼 모든 말과 행동은 그 이후에 따르는 긍정강화 또는 부정강화에 따라 강화되거나 소멸되면서 개인의 습관화를 이루게 된다. 특히 부정적 강화(negative reinforcement)의 하위체계는 도피(escape)와 회피(avoidance)로 분류 되고 있어서(Domjan, 1998), 잘못 사용된 언어에 대한 감당하기 어려운 수치심, 공포심, 불안 등과 같은 부정적 강화를 받았을 경우, 이에 의한 도식의 형성은 쉽게 고쳐지지 않는 의사소통방식으로 고착화 되어서 대인관계와 사회생활에서 회피성향 또는 도피를 선택하는 등의 어려움을 겪게 된다. 그러므로 자신의 방식이 왜? 어떤 형태로 잘못 사용되고 있는지에 대한 지각이 이루어진 후 잘못된 도식을 재구성 하는 노력을 하지 않는다면 대인간 의사소통에서 자신감이 낮아져서 소통을 회피하거나 도피적 행동 또는 반대로 공격적인 소통경향을 보이게 된다. 그러므로 의사소통에서 정확하게 자기주장을 하는 것에 어려움을 느끼고 타인의 의견에 맹목적인 순응을 하거나 문제 상황에서 도피를 선택하는 등의 행동 또는 공격적인 언어사용 패턴을 보이고 있다면, 자신의 언어습관과 대처행동에 대한 면밀한 검토가 필요하다. 무엇 때문에 자신이 옳다고 생각하는 바를 주장하지 못하는지? 어떠한 두려운 경험 있었는지를 탐색함으로써 아동기에 부정 강화된 언어습관과 행동을 통제하거나 수정하여야 한다. 그러나 개인에 따라서는 유년기 언어사용에 대해 부정적 강화로 인한 도피와 회피 성향을 나타내기도 하지만, 반대로 부정적 피드백을 받았던 언어의 사용을 회피하는 것이 아니라 오히려 공격적으로 사용하는 경우도 있다면, 그 시기 부정 강화로 인한 내면의 분노가 성인기에 발현되고 있다는 것을 알 수 있다. 그러므로 아동의 언어학습을 지도하는 부모 또는 교사 등은 부정강화를 사용해야 하는 경우에도 아동이 이해할 수 있는 눈높이에 맞는 언어를 선택해서 심리적 불안이 조성되지 않도록 각별한 주의가 필요하다.

l) 도식(스키마; Schema)의 형성과 인지왜곡

인간의 인지구조에 대해서 바틀렛(Bartlett, 1932)은 '기억과 회상의 연구'의 논문을 통해, 도식은 인간이 여러 가지 복잡한 상황과 새로운 상황에 잘 대처하며 대응할 수 있도록 그 방향성(orientation)을 제시해 주는 배경지식과 지식체계의 역할을 한다고 보았다. 이 이론은 피아제(Piaget)에 의해서 보편적 인지구조(general cognitive structure)라는 개념으로 도식(schema)의 개념을 확장시켰다. 피아제(Piaget, 1952)는 인지발달 이론에서 그는 스키마(도식;Schema)를 핵심 개념으로 이해하면서 인지구조를 형성하는 감각운동도식(sensory-motor schema), 상징도식(symbolic schema), 조작도식(operative schema)이 인간의 인지 구조를 형성하고 있다고 보았다. 그는 도식의 형성체계는 새로운 정보 또는 경험에 대한 동화와 조절 그리고 평형화의 과정을 통해 기존의 도식을 수정하고 새로운 도식을 만들어 적응해 가는 과정이라고 하였다. 감각운동 도식은 출생 직후부터 약 2세까지로 이 시기에는 언어능력이 없는 감각과 운동능력을 통해 외부를 탐색하게 된다고 한다. 그 다음 상징도식은 약2세부터 7세까지로 이 시기에는 언어능력과 상징적 사고가 발달되며, 조작도식은 약7세에서 11세까지로 사물이나 상황에 대해 논리적 사고와 타인의 관점을 이해할 수 있다고 한다.

피아제의 인지도식

감각운동 도식 (sensory-motor schema)	-출생 직후부터 약 2세까지 주로 감각과 운동 능력을 통해 세상을 탐색한다. -이 시기의 아기들은 대상영속성을 획득하여 물체가 눈에 보이지 않아도 계속 존재한다는 사실을 이해한다.
상징 도식 (symbolic schema)	-약 2세부터 7세까지(전조작기) -언어 능력과 상징적 사고가 급격히 발달한다. -가상 놀이를 통해 상징적 사고를 시작한다. -상징적 사고와 자기중심적 사고가 두드러진다.
조작 도식 (operative schema)	-7세~11세까지(구체적 조작기) 12세 이상(형식적 조작기) -실제 사물이나 상황에 대해 논리적으로 생각할 수 있게 되며, 보존개념을 이해한다. -논리적 사고와 타인 관점 이해가 가능해 지며 상황 변화에 따른 감정의 변화를 이해하고 타인의 감정을 고려할 수 있게 된다.

스키마(Schema)의 형성 즉, 도식의 형성은 뇌의 뇌신경세포 말단에 위치한 시냅스(synapse)가 다른 신경 세포에 화학적 방법으로 정보를 전달을 하는 과정을 통해 서로 연결되는 구조이다. 연결된 구조들은 유사한 정보들을 묶어서 하나의 범주로 분류하게 되며 그 정보들 중에서 공통적인 요소와 개념을 추출하여 한 카테고리로 만든다. 예를 들어, 배와 사과, 딸기, 수박을 연결하여 식물이라는 범주를 만들고 또 그 안에서 배와 사과는 과일나무로 딸기와 수박은 초본식물로 분류하여 지식의 구조를 만드는 것이다. 이렇게 저장된 정보들은 즉각적인 사용이 가능하게 구조화되어 뇌에 각인되는데 만약 새로운 정보인 '배, 복숭아, 감'을 인식할 때는 기존의 구조인 과일나무의 스키마에 연결된다. 즉, 과일나무를 질문하면 바로 기존의 정보와 새로운 정보가 합류된 답이 정확하게 인출되게 되는 것이다.

이처럼 도식은 인간의 기억 속에 저장되어 있는 지식의 구조로 인지적 능력, 배경지식, 언어지식, 사회·문화적 맥락, 추론, 평가 등 개인이 살아가면서 습득하는 정보, 학습된 지식, 감정의 이해도 등 모든 정보들이 범주화 되어 있는 지식 창고라고 할 수 있다. 특히 피아제는 동화, 조절, 평형화 이론을 주장하였는데, 동화(assimilation)는 새로운 현상을 기존의 도식에 맞춰 이해하려고 하는 것이며, 조절은(accommodation) 기존의 도식을 수정하는 것으로 외부 실제와의 일관성을 위해 내부 구조를 바꾸는 것 그리고 평형화(equilibration)는 동화와 조절이 인지적 균형을 이루게 하는 것이라는 이론이다.

그리고 베를린(Berlyne, 1960)은 그의 논문 "Conflict, Arousal, and Curiosity"에서 갈등, 각성, 호기심 간의 관계를 탐구하면서 어떤 정보에 대해 자신이 알고 있던 정보의 불일치 정도가 높아질 경우 심각한 심적 갈등이 야기될 수 있다고 하였다. 이렇게 자신이 이미 알고 있던 정보와 불일치하는 정보는 자신의 도식으로는 이해할 수 없으므로, 이럴 경우 그 정보를 이해하고자 하는 노력에 의해 강한 스트레스를 경험하게 된다. 그래서 학습한 효과가 떨어지거나 회피하고자 하는 현상이 나타나게 된다고 한다. 그러나 불일치에 대한 갈등은 부정적 기능만 있는 것이 아니라 순기능적 기능도 있다. 갈등에 의한 각성은 신체적 정신적으로 활성화된 상태를 나타내기 때문에 과제에 대한 주의력과 집중력을 향상시키게 되며, 갈등 속에서 일어난 각성에 의해 새로운 지식에 대한 호기심이 발생하게 되므로 정보의 불일치로 인한 갈등상황을 잘 이겨낼 경우 오히려 자신의 도식을 보완하거나 수정할 수 있는 긍정적 요인으로 발전할 수 있어서 더 풍부한 지식의 습득이 이루어지게 된다.

피아제의 인지발달 이론	
동화 (Assimilation)	-이미 알고 있던 인지 구조에 새로운 정보를 이해하고 새로운 경험을 받아들이는 것 -새로운 정보가 기존의 인지 구조에 적합할 때 가능함
조절 (Accommodation)	-새로운 정보가 기존의 인지 구조와 맞지 않을 때, 기존의 인지구조를 수정, 보완하거나 새로운 도식을 만들어내는 과정이다. -기존의 방식으로 이해할 수 없는 새로운 경험을 만났을 때 인지 구조를 재구조화 한다.
평형화 (Equilibration)	-동화와 조절이 균형을 이루면서 인지 발달이 이루어진다. -새로운 정보를 효과적으로 처리하고 기존의 구조를 최적화 한다. -인지적 갈등을 해결하면서 더 복잡한 인지 활동을 할 수 있다.

이처럼 스키마(도식)은 언제든 새로운 경험에 의해 수정되는 유기적인 구조로서 같은 사건과 사물에 대해 그 당시의 환경, 감정 등에 따라 다르게 인지하고 변화될 수 있으므로, 부정적 감정 또는 정보를 기억하고 있는 스키마를 긍정적 구조로 수정이 가능한 것이다. 그러나 저장되지 않은 새로운 정보를 처음 접했을 때는 바로 도식에

결합되지는 않으며 반복적인 학습 또는 꼭 필요한 정보라고 그 정보의 필요성을 인지할 경우에 도식의 재구조화가 진행된다. 이렇게 범주화된 정보들은 단기기억 또는 장기기억으로 해마와 각 피질 영역에 저장되어 작업 기억력에 의해 실행되는 것이다.

Berlyne의 학습과 성장의 촉진 요소	
갈등	-두 가지 이상의 목표나 욕구가 충돌하는 상황이다. -갈등은 개인의 심리적 안정성과 행동에 영향을 미친다.
각성	-신체적, 정신적으로 활성화된 상태이다. -각성은 주의력과 집중력을 향상시키고 행동을 촉진한다. -과도한 각성은 불안감과 스트레스를 유발한다.
호기심	-각성이 증가해서 새로운 것을 알고자 하는 욕구가 발생한다. -새로운 경험을 추구하고 문제를 해결하는 데 도움을 준다.

그러므로 두뇌의 정보체계를 우리는 도식인 스키마(Schema)가 형성되었다고 하는데 얼마나 도식이 많이 형성되어 있느냐에 따라서 개인이 가지고 있는 정보의 양과 사물을 인지하는 속도가 빠르게 된다. 예를 들면, 뇌라는 나라에 도식이라는 각 지역의 특성과 필요에 맞는 지식창고가 건축되고, 지식창고와 지식창고 사이를 연결한 도로가 건설된 것이다. 지식창고로 연결되는 도로는 뉴런과 뉴런 사이에 있는 시냅스의 연결에 의해 형성되는데, 형성된 고속도로에 의해 언제든지 원하는 지식정보가 있는 곳으로 빠른 시간에 도착할 수 있다. 그러므로 이렇게 공고화된 도식이 얼마나 많이 잘 형성되어 있느냐에 따라서 정보와 지식의 양이 많아지며, 새로운 정보를 인지할 때 즉각적으로 추상적 개념을 설정하는 속도가 빠르게 된다. 이것은 컴퓨터의 저장 용량처럼 킬로바이트에서 메가바이트, 기가바이트, 테라바이트, 페타바이트 처럼 바이트(byte)의 크기가 커질수록 정보를 저장할 수 있는 용량이 늘어나며 용량이 많을수록 빠른 정보검색이 가능한 것과 같은 이치이다. 정보를 저장할 수 있는 용량이 늘어난다

는 것은 시냅스의 수가 증가하면서 도식(스키마)의 구성이 풍부해지기 때문이다. 그러나 학습과정에서 형성되는 도식은 꾸준한 연습과 노력을 통해 형성될 수 있지만, 한번 생성된 도식도 자주 사용하지 않으면 소멸되거나 퇴행 현상을 보이게 된다. 특히 나이가 들면서 사회 활동과 지식 연구가 줄어들거나 제약된 생활환경 속에서 단편적인 정보들만 습득하고 사용하게 되면 기존에 저장되어 있던 다양한 개념들과 지식들을 분류하고 저장하고 있던 도식은 점차적으로 소멸하게 된다. 이것은 사용되지 않는 도식의 퇴행 현상으로 정보를 인출해 내는 속도가 느려지면서 빨리 기억해 내지 못하게 된 것이다. 즉, 시냅스의 감소로 이어져서 자연스럽게 소멸되면서 기억과 인지기능 그리고 감각정보를 지각하는 능력이 느려지거나 인지부조화 같은 차이를 생기게 한다.

(l) 인지왜곡과 역기능적 인지 척도

인지의 왜곡 현상은 사물과 상황을 보고 인식하는 정보처리 과정에서 보편적, 객관적, 긍정적 인지를 상실하고 부정적으로 지각 하는 인지 도식에 의해 오류가 발생된다. 왜곡된 사고를 만들어 내는 인지도식은 사건의 의미를 해석하기위한 정보처리 과정에서 어떤 현상에 대해 부편적이고 합리적인 해석을 하는 것이 아니라 충분하고 적절한 증거가 없음에도 자의적이고 주관적인 추론에 의해서 자동적으로 왜곡된 사고를 만들어 내는 반복적인 행동에 의해 그 사람의 신념으로 굳어지게 된다. 백(Back, 1972; 원호택 역, 2005; 김춘경 외, 2018)에 의하면, 굳어진 신념은 자의적 추론(arbitrary inference), 선택적 추상화(selective abstraction), 과잉 일반화(over generalization), 극대화·극소화(magnification and minimization), 개인화

(personalization), 양극적 사고(absolutistic) 등과 같은 사고 패턴을 보이게 된다. 이러한 왜곡된 사고 패턴은 신념의 오류로 나타나게 되어서 사회적 편향과 부정적 자기현상이 일어나게 되고 이로 인하여 의사소통에서도 타인의 의견을 존중하지 못하는 역기능적 의사소통 성향을 나타내게 된다. 특히 인지 왜곡의 형태는 학습된 무기력이 생기며, 무기력은 우울증의 원인으로 발현될 수 있다고 한다(Seligman, 1975; 윤진, 조긍호 역, 1990).

인지적 오류	의미
자의적 추론 (arbitrary inference)	증거가 없거나 그것에 대치되는 정보가 있음에도 불구하고 오류적 결론을 이끌어 내는 것
선택적 추상화 (selective abstraction)	많은 특성들은 무시하고 경험한 단편적 특성에만 기초를 두어 전체 경험을 개념화 하는 것
과잉 일반화 (over generalization)	한 가지 혹은 그 이상의 특수한 정보들을 조합하여 개념화된 법칙이나 결론을, 전혀 다른 상황에 적용하는 패턴을 말한다.
극대화 · 극소화 (magnification & minimization)	사건의 중요성이나 정도를 심하게 왜곡하여 부정적 의미를 과장하거나 긍정적 의미를 축소하는 경향을 말한다.
개인화 (personalization)	결론을 낼 실제적인 기초가 없음에도 외부사건을 자신과 관련시킨다.
양극적 사고 (absolutistic)	모든 경험을 양극단의 범주 중 하나로 절대적이고 이분적인 사고. 예) 완벽하지 않은 것은 결함투성이며 순결하지 않으면 불결하고 성자가 아니면 죄인이라고 판단한다.

홍춘우 외 (2022)

역기능적 인지기능을 보이는 개인의 경우에는 부적응적 인지, 공격적 행동, 사회적 불안, 문제해결 상황의 결함, 학습된 무기력, 자기비난 등을 나타낼 수 있어서 특히 자아존중감과 깊은 연관성을 보이게 된다. 특히 청소년기에는 자신의 외모에 대한 신체인지 왜곡이 나타나게 되어 자신의 외모를 비하하기 때문에 자신의 외모에 대한 왜곡된 인식은 청소년 시기에 긍정적인 자아개념 형성에 부정적 영향을 미치게 되어 자신을 지나치게 과소평가 하는 인지적 왜곡이 일어날 수 있다. 인지왜곡에 의해 형성된 왜곡된 신념은 대인기피 증상이 발현되며 지나치게 비판적이고 적대적인 언어를 사용하게 되는 현상이 나타나서 타인은 물론 자신을 존중하는 긍정적인 언어 사용의 부족함이 나타난다. 청소년 시기에 가장 민감한 외모와 환경조건에 의해 일어나는 왜곡된 신념은 자신의 모습 그대로가 가장 아름답고 특색이 있다는 것을 인지할 수 있도록 자신감을 부여해 주는 것이 필요하다.

청소년의 인지왜곡을 확인하기 위서 개발된 역기능적 인지도식 척도(Dysfunctional Schemas Questionnaire: DSQ)는 청소년의 인지 왜곡에 의해 경험하게 되는 우울, 불안 그리고 공격성 집단을 선별하기 위해 개발되었다(Leung & Poon, 2001; 김정은, 2008).

아래의 역기능적 인지도식 척도는 김지은이 2007년에 발표한 척도 22문항 중 12, 16, 20, 21, 22번 이외의 17문항은 수정하였으며, 8문항은 새로 보완하였다. 이 질문지는 각 문항 당 점수를 부여하고 아래 점수표에 의해 개인의 역기능적 인지도식이 '매우 그렇다'와 '전혀 그렇지 않다'로 이해할 수 있다. 문항을 체크할 때는 전혀 그렇지 않다 1, 어느 정도 그렇다 2, 보통이다 3, 거의 그렇다 4, 매우 그렇다 5점을 주고 각각의 총점을 기록하여 자신의 역기능적 성향을 이해하고 이에 따른 자신의 정보인식능력을 수정, 보완 또는 강점으로 더 개발시킬 수 있도록 해야 한다.

역기능적 인지도식의 성향이 매우 높을 경우 120점에서 150점이 나오며, 거의 그렇다는 90점에서 120점, 보통이다는 70점에서 90점, 어느 정도 그렇다는 40점에서 70점이고 전혀 그렇지 않다는 10점에서 40점 사이의 범주에 있을 것이다.

전혀 그렇지 않다. 10-40	어느 정도 그렇다 40-70	보통이다. 70-70	거의 그렇다 90-120	매우 그렇다 120-150
1	2	3	4	5

한국판 청소년용 역기능적 인지도식 척도

번호	문항	1	2	3	4	5
1	내가 행복해지기 위해서 꼭 사회적으로 성공해야 한다.					
2	나는 조직 안에서 꼭 인정을 받아야 내 가치를 느끼게 된다.					
3	나의 잘못한 일이 알려지면 사람들이 나를 쓸모없는 사람이라고 조롱할 것이라고 생각한다.					
4	나는 항상 타인이 나를 어떻게 평가하는지 신경을 쓰고 있다.					
5	나를 좋아하는 친구라면 무조건 내 의견에 동조할 것이라고 생각한다.					
6	나는 사회적으로 성공했다고 인정받을 때 비로소 가치 있는 사람이라고 생각한다.					
7	나는 내가 잘할 수 있는 일이 별로 없다고 생각한다.					
8	나는 문제가 생겼을 때 혼자서는 어떻게 해야 할지 몰라서 무기력하다.					
9	낯선 환경과 사람은 일단 위험하다고 의심하고 본다.					
10	실패에 대한 불안감 때문에 자신 있게 일을 할 수 없다.					
11	나는 긍정적인 면보다 부정적인 면을 먼저 생각한다.					

12	나는 큰 재난(천재, 범죄, 돈 문제, 질병)이 수시로 나한테 닥칠 것 같이 느껴진다.					
13	대부분의 사람들이 나를 비난하고 있다고 생각한다.					
14	나는 큰 문제가 없어도 항상 걱정을 많이하는 편이다.					
15	내가 강해지지 않으면 누군가 나를 해칠 것이라고 생각한다.					
16	만약 내가 먼저 상대방을 제압하지 않는다면 상대방이 나를 무시할 것이다.					
17	나는 내가 필요에 따라 하는 거짓말은 당연하다고 생각한다.					
18	나는 항상 손해를 보는 일이 많아서 먼저 내 몫을 찾을 권리를 주장해야 한다.					
19	나는 원하는 것은 무슨 수를 써서라도 얻어야 한다.					
20	대부분의 사람들은 자신의 이익만을 추구한다.					
21	나는 주변 사람들의 진정한 의도를 의심한다.					
22	대부분의 사람들은 진실하지 못하며 가식적이다.					
23	나는 대인관계는 비즈니스 측면이 강하다고 생각한다.					
24	나는 남보다 능력이 부족하다고 생각한다.					
25	나는 대부분의 일을 남들보다 잘한다고 생각하는데 남들의 평가는 부정적이다.					
26	대부분의 실패한 일은 내 잘못이 아니라고 생각한다.					
27	내가 자신이 없다는 것을 남들이 눈치 채지 못하게 해야 한다.					
28	나는 남들보다 매력적이지 않다고 생각한다.					
29	나는 왜 남들보다 잘할 수 있는 일이 하나도 없는지 속상하다.					
30	친구가 입은 옷이 멋있어서 따라 샀는데 왜 나는 어울리지 않고 촌스러운지 모르겠다.					

2) 신경세포(Neuron)의 발화순서

인간의 신념과 행동 패턴 등은 개인이 가지고 있는 도식에 의해 일관성을 띄우게 된다. 이 도식이 형성되기 까지 뇌신경세포(neuron)인 뉴런의 활동이 필요하다. 뉴런은 하나의 핵을 가지고 있으며 신경세포체를 둘러싸고 있는 나뭇가지처럼 뻗은 축삭돌기와 가지 돌기를 가지고 있다. 뉴런이 정보를 전달하는 방법은 전기적 방식과 화학적 방식을 모두 활용하고 있는데, 전기적 전달방식은 외부의 자극을 감지한 감각신경에 의해 뉴런의 수상돌기가 감지된 정보를 다른 뉴런에게 전달하기 위해 축삭의 랑비에 결절을 뛰어 넘는 전기적 방식으로 축삭말단의 시냅스까지 정보를 전달한다. 그 직후에 일어나는 화학적 방식은 신경전달 물질이 축삭말단의 시냅스에서 접속되는 뒤의 뉴런 시냅스로 전달되는 화학적 방식이다.

신경전달물질은 기억 및 신체 자극의 정보를 전달하는 화학적 물질로 주의력, 단기기억, 사회적 인식의 통제를 담당하는 기능이 있으며, 신경세포를 활성화시키는 흥분성 신호의 전달물질과 흥분성 신호의 활성을 억제하는 억제성으로 나뉘기도 한다. 예를 들어, 게임에서 승리를 해서 기쁨을 만끽하고 있거나 게임에서 이기고자 하는 욕구가 강할 때에는 도파민이라는 흥분성 신경전달물질이 분비되어 교감신경의 활성화가 이루어진다. 그러나 과도한 흥분을 억제하고 신경계의 안정을 유지하기 위해서는 대표적인 억제성 신경전달물질인 가바(GABA)가 활성화 되어(노도영 외, 2023) 부교감신경을 활성화 시켜서 신경계의 길항작용이 이루어지면 과 활성화된 교감신경을 안정시키게 되는 것이다. 이와 같은 길항작용은 교감신경과 부교감신경의 반대되는 작용을 활용하여 신체의 균형을 유지시키는 방식으로, 교감신경이 활성화 될 때는 심박수가 높아지는데 지나치게 높아진 심박수를 조절하기 위해서 부교감신경이 활성화되는 조절 방식이다. 이 두 신경계는 서로 반대되는 신경전달물질에 반응함으로써 신체의 다양한 기능을 조절하고 균형을 맞추게 된다.

뉴런의 정보체계를 다시 정리하자면, 인간의 최초 정보체계는 인체의 감각세포인 오감에 의해 인지되는데 흔히 우리가 말하는 시각, 청각, 후각, 미각, 촉각을 말한다. 오감에 의해 감지된 정보로 인해 뉴런은 그 자극에 반응하는 하나의 신호를 발생하고 뉴런이 다른 뉴런에게 신호를 전달하기 위해서는 랑비에결절(Ranvier's node)과 결절 사이를 뛰어 넘는 방법의 전기적 신호를 사용하여 신경세포 말단(축삭말단)의 시냅스에 도달하게 된다. 이 시냅스를 '전 시냅스'라고 하며, '전 시냅스'에서 정보의 종류에 따라 화학적 전달방법인 신경전달물질을 분비하여 '후 시냅스'로 정보를 전달한다. 그러므로 신경전달물질의 전달과정은 '전 시냅스'의 시냅스 소낭(시냅스의 안쪽에 신경전달물질을 분사하는 작은 소낭)에서 감정, 행동 기능 등의 두뇌활동을 매개하는 화학물질을 뒤쪽 '후 시냅스' 간극으로 분비하는 과정을 거치게 되는 것이다(미래창조과학부, 2014). 이처럼 신경전달물질을 전달 받은 '후 시냅스'는 다시 또 다른 뉴런에게 정보를 전달하고 전달 받은 뉴런은 같은 과정을 거쳐 다른 신경세포에게로 정보를 전달하면서 우리의 뇌는 이 정보들 중 비슷한 항목, 연결이 가능한 정보들끼리 서로 결합하는 도식을 형성하게 된다. 도식을 형성하는데 가장 중요한 역할을 담당하는 시냅스는 자극에 반응하여 생성되는 흥분을 다른 뉴런으로 전달해주는 기능적 최소 단위이며(정다빈, 2022), 최소단위의 뉴런이 모여 도식으로 범주화 되는 것이다.

신경세포

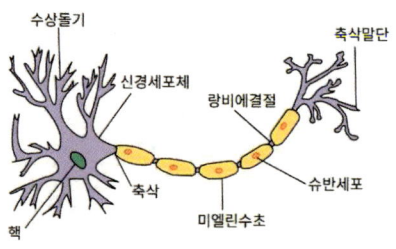

출처: namu.wike/w/뉴런

결론적으로 개인의 지식과 정보가 얼마나 충분한가는 뇌신경세포의 구성이 시냅스에 의해 촘촘하게 잘 연결되어 있는가에 달려있다. 시냅스는 평생에 걸쳐서 형성되는 시냅스는 가소성의 성질을 가지고 있기 때문에 적절한 운동, 자극, 학습 등의 생활습관에 따라 강화되거나 반대로 소실될 수 있다. 그러므로 시냅스 가소성을 발현시키기 위해서는 다양한 자극을 경험하는 것과 스트레스를 완화시키기 위한 명상 등의 운동 기법과 적절한 수면, 음식 등에 주의를 기울일 필요가 있다.

(I) 시냅스(Synapse)

인간은 2-3세에 이미 시냅스의 수가 성인수준으로 발달되기 시작하며, 약 1000조개의 시냅스가 존재한다고 한다. 그 후 성장과정에서 불필요한 시냅스는 제거되기 때문에 개인에 따라 시냅스의 형성과 밀도는 두뇌의 각 영역마다 비율이 다르다고 한다(Goswami, 2004). 뇌신경세포인 뉴런(neuron)이 정보를 전달하는 과정을 이해하기 위해서는 시냅스(Synapse)의 변화를 이해하여야 한다. 시냅스(synaptic)는 두 신경세포 간 신호전달이 일어나는 연결부위로 시냅스 전 신경세포에 전기적 흥분이 도달되면 시냅스 소낭(synaptic vesicle)에서 신경전달 물질을 분비하는데 이 물질이 시냅스 후 세포의 이동통로를 열어 연결된 세포에서도 전기적 신호를 발생시킨다(미래창조과학부, 2013). 그리고 시냅스는 학습 또는 경험을 통해 얻어진 지식을 저장하기 위해서 그 구조와 기능을 변화시킬 수 있는데 이러한 변화 현상을 '시냅스 가소성(Synapse plasticity)'이라고 한다. 시냅스 가소성은 크게 장기강화(long-term potentiation)와 장기억압(long-term depression) 기능이 있어서 시냅스 전 신경세포(neuron)에서 분비되는 신경전달물질의 양이 증가하거나, 시냅스 후 신경세포 수용체의 수가 증가 또는 감소하는 등의 변화로 인해 발생한다(Dong et al, 2009). 뇌의 성장 또는 지식의 확장은 뇌신경세포인 뉴런(neuron)의 수가 많아지는 것이 아니라 시냅스의 수가 증가하는 것이다. 시냅스가 많아질수록 뇌의 무게는 늘어나서 정보의 전달과 수용이라는 목적을 용이하게 진행시킬 수 있다. 즉, 인간이 인지한 정보를 저장하는 정보의 양이 늘어나는 것은 뇌세포(neuron)의 수가 많아지는 것이 아니라, 시냅스가 양적으로 성장하는 것이다. 뇌세포인 뉴런과 뉴런이 연합하기 위한 시냅스의 증가에 따라 도식의 형성되고, 도식이 많이 형성되었다는 것은 개인의 지식과 경험의 내용이 풍부해졌다는 것이다.

인간의 두뇌는 정보를 종합해서 상황을 판단하고 이 정보들을 저장하는 능력이 있으며, 필요할 때에 언어로 인출할 수 있는데 이러한 일련의 작용들이 바로 외부환경 또는 학습과정에서 감지된 정보를 신경세포(neuron)가 시냅스(synapse)를 통해 다른 신경세포로 신호를 전달하는 과정에서 관련이 있는 정보들을 범주화하고 공고화 하여 도식으로 형성하는 기능을 통해 지식의 덩이가 만들어지고 있다는 것이다. 지식의 덩이인 도식이 많이 형성되었다면, 문제 상황에 대처할 수 있는 능력, 연산능력, 언어 산출 능력 등이 높아지는 것을 의미한다. 그러므로 도식은 지식의 기억창고라고 할 수 있다.

전·후 시냅스의 신경전달 물질 분사

출처: https://www.jnuri.net/news/article.html?no=32659

기억의 저장 장소에 대해 리처드 세먼(Richard Semon)이 제시한 "엔그램(engram)" 가설과 도널드 헵(Donald O. Hebb)이 제시한 "기억은 신경세포의 시냅스에 저장되며, 학습에 의한 시냅스의 변화가 기억의 물리적 실체"라는 학설이 가장 유력하게 받아들여지고 있다(과학기술통신부, 2018). 기억을 저장하는데 활용되는 특정한 세포에 대해 토네가와(Tonegawa)와 그의 동료들은(2015) 기억을 저장하는 물리적 증거인 엔그램 세포(memory engram)가 특정한 경험이나 학습에 대한 기억이 뇌에 저장된 정보의 물리적, 화학적 흔적이라고 주장하면서, 엔그램 세포가 정보를 기억하고 저장하는 데 중요한 역할을 한다는 것을 입증하였다. 엔그램 세포는 기억을 저장하는 뇌의 신경세포를 지칭한 것이다. 엔그램 세포가 특정 기억의 흔적이라면 도식(schema)은 인간의 기억 속에 저장된 지식의 구조이기 때문에 엔그램 세포가 기억하고 저장하려는 경험과 지식, 일반적인 개념 등의 습득된 정보를 바탕으로 도식이 형성된다고 할 수 있으며, 다양한 상황에 따라 행동 또는 언어활동에 영향을 미치게 된다. 즉, 도식은 개인의 일관성 있는 처리방식으로 기억을 조직화하고 해석하는 인지적 활동이라고 할 수 있다.

캐나다의 신경심리학자 브렌다 밀러(Brenda Milner)는 기억상실증 환자의 뇌를 연구하던 중 환자의 좌측 해마(hippocampus)의 일부가 손상되었음에도 불구하고 과거의 일을 기억하고 있다는 것을 알게 되면서, 기억이 해마뿐만 아니라 뇌의 특정 부위에 저장된다는 것을 알게 되었다(Brenda Milner & Squire, 1995). 예를 들면, 시각적 기억은 해마뿐만 아니라 시각피질에도 저장되고, 청각적 기억은 청각피질에도 저장된다는 것이다. 서울대학교 강봉수 교수팀은 생쥐의 해마에 공포기억을 학습시켜 시냅스들을 분석한 결과 기억 저장 세포들 사이에서 시냅스의 수상돌기 가시의 밀도와 크기가 증가했다는 것을 관찰하였다. 한마디로 기억을 저장하는 시냅스를 찾아낸 것이다. 이러한 변화들은 공포기억이 강할수록 커지는 것이 관찰되었으며, 이 연구는 기억 저장 시냅스들이 구조적, 기능적으로 강화되는 것을 확인하여 1947년 캐나다의 심리학자인 도널드 헵이 기억의 본질에 관하여 통찰하였던 가설을 세계 최초로 증명한 것이다(미래창조과학부, 2018).

(2) 교세포(Glial cells)

인간의 두뇌는 뇌신경계를 구성하는 뉴런(neuron)과 교세포로 이루어져 있다. 교세포는 정보의 전달기능에는 관여하지는 않지만, 신경세포가 기능을 수행하는데 결정적인 영향을 미치기 때문에 만약 교세포가 없다면 신경세포의 존재 가능성이 없다고 할 수 있다. 즉, 교세포는 신경세포처럼 정보를 전달하기 위한 전기적·화학적 신호체계는 없지만, 신경 전달 물질의 합성, 방출 및 흡수에 중요한 역할을 하며, 신경세포를 보호하고 영양을 공급하는 기능이 있다(Watkins et al., 2005; 여지희, 2020). 그리고 교세포는 손상 시 회복되지 않는 뉴런과 달리, 증식을 통한 재생이 가능하기 때문에 세포 스스로의 회복이 가능하다고 한다(교육과학기술부, 2009).

교세포는 성상세포라고도 하는 별아교세포(Astrocyte)와 희소돌기교세포(oligodendrocyte), 뇌실막세포(상의세포, ependymal cell), 미세교세포(Microglia)로 분류된다. 교세포는 뇌신경계의 구조와 기능 그리고 신경세포의 생존과 발달에 필요한 영양분을 공급하고, 신경세포의 손상을 수리하거나 예방하며, 뉴런이 활동을 조절하는 등의 중요한 역할을 한다. 특히 별아교세포(성상세포)는 뇌의 발생 과정뿐만 아니라 정상적인 뇌활동을 유지하는 데 필수적인 역할을 하는데, 뉴런에서 분비된 신경전달물질을 적절하게 제거하거나 뇌 내의 이온농도를 조절하면서 뉴런의 활성을 보조하는 역할과, 시냅스 숫자의 조절, 시냅스 형성, 시냅스 가소성 및 시냅스 기능에 이르기까지 다양한 기능을 발휘한다고 알려져 있다(Hormer & Palmer, 2003; 민주옥,

2015).

호머와 팔머(Hormer & Palmer, 2003)의 연구에 의하면, 별아교세포는 밤에도 활동하면서 뇌의 항상성을 유지하는데 중요한 ATP(아데노신)를 생산하여 뇌의 대사물질을 처리하며, 신경세포의 활성을 조절하는 등의 역할을 한다고 하였다. ATP(아데노신)는 모든 생물의 세포 내에 존재하는 에너지 통화 분자이며 근육수축, 신경전달, 세포호흡, 물질합성 등 다양한 생명 활동에 필요한 에너지를 공급하는 역할을 한다. 특히 산소와 원자로 만들어진 작용기인 인산기가 아데노신(ATP)과 결합하여 아데노신의 활성화와 비활성화를 반복하면서 뇌의 대사를 처리하며 세포의 성장과 사멸을 적정 수준으로 조절하게 한다고 한다(미래창조과학부, 2013). 즉, 아데노신은 별아교세포의 에너지를 효율적으로 지원하는 핵심 분자로 두뇌가 밤에도 활동하며 뇌세포의 기능 유지에 핵심적인 역할을 할 수 있도록 돕는 원동력이라고 할 수 있다.

뇌신경 교세포의 종류

성상세포 (Astrocyte)	별 모양의 세포로 신경세포에게 영양분을 공급, 노폐물을 제거, 혈관의 손상을 복구한다.
희소돌기교세포 (oligodendrocyte)	뉴런의 축삭을 여러 번 감싸서 수초를 형성한다. 수초는 정보의 전달 속도를 높인다.
상의세포, (ependymal cell)	뇌실과 척수 중심관의 내부 표면을 덮고 있다. 뇌척수액의 생성과 분비, 뇌실 내의 이물질을 제거한다.
미세교세포 (Microglia)	신경계의 면역세포로, 뇌와 척수에서 손상된 신경세포나 이물질 등을 제거하고, 발달과 유지에도 관여한다.

그리고 별아교세포는 개인이 과한 흥분상황에 처해서 흥분성 신경전달물질인 글루탐산(Glutamate)이 과량 분비되었을 때 글루탐산을 글루타민(glutamine)으로 전환

시켜 다시 뉴런에게 공급하기도 한다. 글루탐산은 흥분성 신경전달물질로 학습, 기억, 감정조절 등에 관여하며, 글루타민은 신체의 여러 생리적 과정에 참여하는데 특히 스트레스 상황에서 중요한 역할을 한다. 즉, 글루탐산의 과량분비로 인해 교감신경계의 활성화가 높아졌을 때 글루타민에 의해 안정적인 신경상태로 돌아올 수 있도록 길항작용을 하게 된다는 것이다.

3) 신경전달물질의 이해

신경전달물질은 인간의 정보전달 활동의 근간이 되는 특정 신호가 한 신경세포에서 다른 신경세포로 전달되는 과정에서 나타나는 화학적 물질로 신경세포들 간의 다양한 상호작용에 의해 일어나는 감정, 행동, 기억 등을 발현시키며, 억제성과 흥분성으로 분류된다. 포유동물들의 대부분은 신경세포의 말단부에 있는 신경 접합부 시냅스에서 정보의 종류에 따라 신경전달물질을 방출하는 화학적 정보전달방식을 고수하고 있다. 신경세포의 정보전달 형식은 전기적 전달방식과 화학적 전달방식이 있는데, 특별히 화학적 전달 방식은 몸집이 크고 구조가 복잡한 척추동물의 신경계에서 진화되어왔다. 그 이유는 화학식 전달방법이 더 정교하고 신속하게 정보에 대한 기억, 감정, 사고, 운동의 기능, 대처행동, 욕구충족, 도전의지 등의 감정전달에 용이하기 때문이다.

신경전달물질 몇 가지를 살펴보면, 뇌의 기능수행에 안정적 기여를 하는 가바(GABA)는 중추신경계에서 매우 중요한 억제성 신경전달물질로 스트레스 해소, 기억력 증진, 혈압 강하, 우울증 완화, 치매 예방 및 불면 등에 효과가 있으며, 뉴런의 발생을 조절하는 인자로서 내분비(endocrine)와 외분비(exocrine) 기능의 조절 및 폴리아민(polyamine)이나 세포 증식의 조절, 면역 반응 등에 관여하는 것으로 알려져 있다(민주옥, 2015). 폴리아민은 여러 가지 기능이 있지만, 세포의 신호 전달과 대사 과정에도 영향을 미치는 기능이 있다고 한다. 만약 GABA의 신호전달체계에 결함이 생기는 경우에는 간질, 발작, 경련 등 각종 신경질환을 유발한다고 한다(교육과학기술부, 2009). 엔도르핀(endorphin)의 기능은 통증 완화와 기쁨 등 정적 강화를 촉진하는 행복 물질로 알려져 있으며, 운동, 웃음, 사랑 등의 긍정적 감정을 느낄 때 분비량이 증가하고 지속시간이 긴 행복감을 제공하지만, 반대로 스트레스 우울증 등의 부정적 감정을 느낄 때는 분비량이 감소된다(위키백과). 그리고 도파민과 같은 쾌감도 동반하지만 도파민보다 훨씬 강력한 환희와 같은 것이어서 중독 성향이 아주 강하며(이시형, 2019), 힘든 운동을 지속하는 사람들의 경우, 모르핀과 유사한 중독이 있는 엔도르핀의 강력한 진통 호르몬의 분비로 힘든 고통을 극복하며 운동을 지속하는 운동 중독에 걸리기도 한다고 한다(손영석, 2014). 즉, 통증에 대한 민감성을 감소시키며, 감정을 고양시키고, 희열감을 얻게 하는 중독성 행동 성향이 나타난다는 것이다(유기성, 2006). 그러나 적절한 엔도르핀은 스트레스를 해소하는 효과가 있어서 과도한 학습활동에서 겪는 스트레스에 도움이 되며, 코미디 등 웃음이 많은 시각적 이미지를 볼 때는 엔도르핀과 NK세포(Natural Killer cell)가 증가되어 우울증을 덜어주고 기분이 좋아지며, 운동효과가 있다는 연구도 있다(김형종, 2020). NK세포는 면역계의 균형을 유지시키는 선천 면역을 담당하는 중요한 세포이다.

옥시토신은 사회적 행동과 모성본능에 관여하며, 스트레스 반응을 조절하여서 편안한 감정과 친밀감, 애정을 느끼게 해준다. 여성을 포함한 포유류에서는 출산 후 일정 기간 동안 옥시토신이 활발하게 분비되는데, 이 호르몬은 연인간의 애착이나 돌봄 뿐 아니라 사회적 유대 활동에도 중요한 역할을 하며, 부교감 신경계를 자극하여 심신의 안정과 회복을 경쟁할 때는 교감 신경계가 활성화되어 목표 달성을 효율적으로 수행하도록 돕는다(박수룡, 2021). 그리고 누군가와 슬픈 영화를 함께 볼 때는 옥시토신의 증가율이 47% 상승하였으며 이로 인해서 상대방에 대한 호감도가 올라갈 뿐만 아니라 안타까운 일에 기부할 확률도 높아졌다고 한다(김형종, 2020). 특히 옥시토신은 스트레스로 인해 손상된 해마의 시냅스를 회복시켜서 외상후 스트레스장애로 인한 인지장애 극복 효능도 있음이 알려졌다(미래창조과학부, 2015).

세로토닌은 강한 쾌감의 중독성과는 다른 기분과 감정을 조절하는 기쁨, 흥분 등에 관여하는 중추신경계의 억제성 신경전달물질로, 감각 인식, 조절, 학습, 기억 등의 시냅스 활동들을 조절하고 균형을 맞추는 역할을 한다(이상복 외, ``2010). 만약 세로토닌이 균형을 잃으면 우울증, 공포심, 공격행동, 섭식문제, 수면문제, 통각조절 문제 등의 증상이 생길 수 있으며(김혜진, 2006), 세로토닌과 도파민은 개인의 행동과 정서에 영향을 미친다는 점에서 서로 상호작용을 하고 있다(박금주, 2018). 세로토닌의 다양한 기능은 학습과 기억, 집중력 등의 인지기능과 정신적 신체적 건강에 매우 중요한 역할을 하기 때문에 세로토닌의 균형을 유지하기 위해서 규칙적인 운동, 충분한 햇빛 노출, 건강한 식습관, 명상 및 요가와 같은 스트레스 관리법이 도움이 될 수 있다.

도파민은 흥분성 신경전달물질로, 스트레스에 민감하게 반응하고 교감 신경을 활성화시키는 카테콜아민(Catecholamine) 함량의 절반이 도파민임이 확인되면서 도파민의 중요성이 대두되고 있다. 카테콜아민은 에피네프린, 노르에피네프린, 도파민 등이 포함되어 있으며, 부신수질에서 분비되는 신경전달물질이자 호르몬으로 스트레스 상황에서 분비량이 증가하여 호흡과 근육을 긴장시켜서 질병을 유발할 수 있다. 그러나 적절한 양의 카테콜아민은 신체의 활동을 촉진하고 스트레스를 해소하는데 도움을 준다고 한다(세브란스 병원 건강정보). 특히 신경세포의 발달과 분화, 생존에 꼭 필요한 요소이며 교감신경계가 활성화될 때 이들의 기능조절에 관여하는데, 뇌 속의 도파민은 주로 수의적인 동작기능, 인식, 능력, 식사 및 음료섭취 행위, 신경계 대사산물의 조절 및 선택적 주의력 등의 많은 기능과 행동에 영향을 미친다(박금주, 2018). 만약 도파민이 과다 분비 된다면, 시간, 장소와 상황에 맞지 않는 병적인 언행, 환각 등이 나타나는 정신분열증이 생길 수 있다. 그러나 과소 분비로 부족현상이 발생하면 몸의 제어가 어려워지거나 결단력이 없어지며 파킨슨병도 유발할 수 있다고 한다(오공천, 2019). 파킨슨병은 중뇌 흑질에 존재하는 도파민 신경세포의 선택적인 파괴에 의해 각종 운동장애를 일으키는 뇌신경퇴행성질환으로 도파민 신경세포를 이식하였을 때 회복된다는 연구도 있다(교육과학기술부, 2010).

신경전달물질은 크게 아민(Amines), 아미노산(Amino Acids), 펩타이드(Peptide)와 호르몬(Hormones)으로 나눌 수 있다. 아민은 생체 내에서 중요한 신경 전달 물질로 신경 신호의 전달과 호르몬 분비 조절, 그리고 기분조절 등에 관여하는 흥분성인, 아세틸콜린, 노르에피네프린, 도파민과 억제성인 세로토닌 등이 있다. 아미노산은 에너지 대사, 불안, 긴장, 경련을 진정시키는 등의 기능이 있으며, 흥분성의 글루타민산과 억제성의 가바(GABA)가 있다. 펩타이드는 흥분성의 엔돌핀, 다이놀핀 등이 있으며, 세포의 신호 전달, 세포 성장 및 분화, 효소의 활성화 등의 다양한 생리적 과정에 관여를 한다. 호르몬은 대사, 생식, 스트레스 반응 등의 다양한 생리적 과정을 조절하는 옥시토신, 코르티솔, 아드레날린 등으로 신체의 항상성을 유지하고 생리적 반응을 조절하는데 기여를 한다. 이와 같이 아민, 아미노산, 호르몬은 각각 독특한 구조와 기능을 가지고 있지만, 서로 상호작용하면서 신체의 항상성을 유지하고 다양한 생리적 반응을 조절하는데 기여를 하고 있다.

신경전달물질의 특성은 아래 표로 정리하였다.

신경전달물질의 특성

구분	물질명	존재부위	특성
아민	도파민 (dopamine)	중뇌신경계(흥분성) (선조체, 측좌핵)	동기, 의욕, 창조성, 주의, 학습, 충동적, 의식적 행동을 조절
	노르에피네피린	자율신경계(흥분성) (교감신경, 중뇌신경계)	분노, 경계, 각성, 식욕, 폭력, 파괴, 심근의 수축
	아세틸콜린 (acetylcoline)	자율신경계(흥분성) (부교감신경, 중뇌신경계),	기억, 학습, 수면, 근육의 자극, 간, 소화액 분비
	세로토닌 (serotonin)	중뇌신경계(억제성) 봉선핵,	정서, 수면, 기억, 식욕조절, 흥분성 도파민 활동억제
아미노산	글루타민산 (Glutamate)	중뇌신경계(흥분성)	기억, 장기기억 뉴런의 결속, 학습,
	가바 (GABA)	중뇌신경계(억제성) (시상하부),	불안, 긴장, 경련진정
펩타이드	엔돌핀 (endorphin)	뇌내	마약, 통증억제, 기억력 강화 면역력과 인내력 향상
	다이놀핀 (dynorphin)	중추신경계(흥분성) (편도체, 중뇌, 시상하부)	진통효과, 신경활성 증폭
호르몬	옥시토신 (Oxytocin)	시상하부	애착, 공감, 정서적, 사회적, 도덕적, 공격적 행동을 억제
	코르티솔 (Cortisol)	시상하부	우울, 면역력 저하

3. 두뇌의 통제조절 능력

1) 자기통제 능력의 이해

스키너는 조작적 조건화 원칙을 자기통제에 대한 접근으로 이해하였다. 통제란 일정한 방침이나 목적에 따라 행위를 제한하거나 제약함을 뜻하는 것으로(두산백과사전), 행동의 기능이 되는 변인을 조작하고자 할 때에 나타나며 내부적인 힘보다 외부의 변인들에 의해 조작되어지는 과정이라고 한다. 즉, 개인 스스로의 결정과 판단에 의한 조절이 아니라 외부의 힘에 의해 어쩔 수 없이 순응하게 되는 것을 통제라고 보는 것이다. 통제는 외부적 통제와 개인의 깨달음에 따라 의도적으로 통제하는 조절로 나눌 수 있는데, 의도적 통제인 조절은 자신의 감정이 고조된 상태에서도 외부적인 상황을 고려하여 감정을 통제하거나 조절할 수 있는 힘으로, 자신의 의지나 의도한대로 목표를 달성하기 위해 상황이나 행동을 조절하고 집중할 수 있는 능력을 말한다. 그러므로 외부적 통제력과 달리 내부적 조절력은 자신의 감정, 생각, 행동 등 내부적인 요소를 스스로 진단하고 자신의 의지에 따라 통제하거나 조절하는 가장 긍정적인 능력이라고 할 수 있다. 인지심리학적 관점에서 보는 자기조절은 자신이 생각하는 목표와 의도대로 외부의 환경 변화를 유도하거나 자기신념에 배치되지 않는 범위 내에서 목표 지향적으로 자기통제를 하거나 조절하는 과정이라고 한다(Fiske & Tayor, 1991). 좁은 의미의 자기조절은 개인이 처한 상황에서 적응력과 융통성을 발휘하여 외부 자극에 대처하는 자신의 사고(인지), 정서, 행동을 다루는 능력이며, 넓은 의미에서는 자신에게 주어진 한정적인 자원들을 활용하여 목표하는 삶의 방향을 향해 지속적으로 나아갈 수 있는 능력이라고 할 수 있다(장원재, 2022).

토렌스와 모호니(Thorensen & Mahoney)에 의하면 자기통제란 직접적인 외적 억제가 비교적 부재하는 가운데서도 개인이 전에 했던 불합리한 행동들을 줄이고 새로 선택한 유용한 행동들을 증가시키는 경우를 말하는 것으로, 자신이 인지한 정서와 행동을 원하는 대로 조절할 수 있음을 의미하는 것이다(신동명, 2006). 톰슨(Thompson, 1994)은 자기조절을 사회적 상황에서 자극으로부터 융통성 있게 조절하는 능력이라고 하였으며, 피아제(Piaget, 1964)는 자기생각과 행동을 변화시키고 통제하는 능동적인 기능인 평형화(equilibration)라고 하였다. 평형화는 동화(assimilation)와 조절(accommodation) 사이의 균형을 유지할 수 있는 힘으로, 만약 평형화가 이루어지지 않는다면 인지적 불균형(cognitive disequilibrium) 또는 갈등상태에 처한다고 하였다. 그리고 비고스키(Vygotsky, 1978)는 자기조절은 의식의 발달과 사고에 대한 사고를 말하는 상위인지의 발달과 관련되어 있어서 정신활동에 대한 자각 또는 자신의 사고에 대한 사고로써 반성적 사고와 자기 조절적 사고를 의미한다고 주장하였다. 특히 자기조절 능력의 발달은 사회성 발달에도 영향을 미치는데, 자신에게 처한 환경의 요구에 적절한 대처를 할 수 있으며, 상황적 요구에 따라 시작하거나 적절히 멈출 수 있는 능력으로 언어활동 또는 신체활동의 강도와 지속성을 조절할 수 있다고 한다(Kopp, 1989).

자기통제 능력에 대해서 학자들마다 그 형성되는 시기가 다르다고 주장하지만 일반적인 범죄 이론 연구에서는, 자기통제능력은 초기 아동기에 형성되기 시작하며 8-10세에 이미 공고화되어 평생 지속된다고 주장하였다(Gottfredson & Hirschi, 1990). 버크(Berk, 2006)는 아동의 발달 이론에서 자신의 욕구를 통제할 수 있는 시기가 언어를 사용하여 자신의 감정을 표현할 수 있는 시기인 생후 12-18개월 사이에 형성되기 시작한다고 하였다. 이 시기에 양육자의 명령과 지시에 잘 순종하며 정해진 규범을 지키는 행동은 자신의 내부에서 발현되는 욕구를 통제할 수 있는 힘이 형성된다고 한다. 이 이론에 근거하면 언어가 발달되는 2세 경부터 자기주장을 제법 정확히 표현할 수 있으므로, 초기 아동기에 이미 자기통제 능력이 형성된다고 볼 수 있다. 결과적으로 양육자의 의사소통 방식이 아동이 자신의 욕구와 감정을 통제하는 힘을 기를 수 있는 능력에 지대한 영향을 미친다고 판단한 것이다.

자기통제와 조절능력 즉, 의도적인 통제 능력이 강한 사람은 어떤 상황 또는 문제를 대하는 자세에서 서두르지 않고 심사숙고 하는 능력이 있다. 특히 어떤 선택의 상황에서 기다릴 필요가 없이 즉각적으로 얻어지는 만족감보다는 더 지연되더라도 장기적으로는 더 낳은 목표 달성을 위해 현재의 즉각적인 욕구를 지연하는 쪽으로 선택할 수 있는 힘이라고 했다. 욕구를 지연하는 쪽으로 선택하는 사람은 자신의 목표가 달성되어 충분히 만족할 수 있을 때까지 기다릴 수 있는 인내력을 지니고 있으며, 이러한 능력들은 문제해결 능력, 계획능력 등을 나타내는 인지적 요소와 자기점검, 자기평가, 자기 강화 등의 행동 수행적 요소가 결합되어 있다고 한다(Kendal & Wilcox, 1979). 그러나 의도적인 자기통제가 낮은 사람은 충동적이며, 주변의 자극에 인내하지 못하고 즉각적인 반응을 하면서, 지금 바로 여기에서 자신의 욕구를 충족시키려고 하기 때문에(Grasmick, 1993), 공격적인 대인관계 패턴을 보이며 정서의 조절, 문제해결능력, 의사소통 능력에서도 적응적이지 못해서 원만한 대인관계와 긍정적 사회 적응력이 떨어지는 경우가 많다.

그러므로 자신을 의도적으로 통제하는 조절력은 외부로부터 가해지는 행동통제나 사회적 상황의 요구에 순응 또는 적응할 것인가를 스스로 결정하고 자신의 욕구에 부합하지 않은 경우에도 합리적인 쪽으로 마음과 행동을 지연하고 조절 할 수 있다. 이렇듯 욕구를 지연하는 쪽으로 선택하는 사람은 자신의 목표가 느리게 달성되어도 조급함으로 실수를 범하지 않고 충분히 자신의 목표를 달성할 수 있을 때까지 기다릴 수 있다. 그러므로 자기통제란 순응과는 다른 것으로 순응은 자신의 생각이나 욕구와 달리 상황의 변화나 주위 환경에 잘 맞추어 대응하는 것이지만, 자기통제는 어떤 자극이나 영향을 받는 환경에서도 자신의 뜻과 목표에 반해 순응하는 것이 아니라, 그 상황을 다시 판단하고 스스로 자신의 판단에 의해 언어와 행동을 자신의 의지대로 통제하거나 조절하는 행위를 말하는 것이다.

2) 두뇌의 자기조절력

콥(Kopp, 1982)은 자기 조절력이 자기 통제력보다 한 단계 더 발달된 상위의 개념이라고 하였다. 자기조절은 외부적 요인에 의해서가 아닌 자신의 내적인 기준에 따라 자발적으로 계획하고 행동하는 고등 정신 기능으로, 자아통제력과 불가분의 관계를 맺고 있어서 자신이 처한 환경과 상황에 따라 언어적, 신체적 활동의 강도와 빈도를 유연하게 조절할 수 있다는 것이다. 이러한 능력은 자신의 목적 달성과 사회적 관계, 정의 등을 위해 자신의 언어와 행동을 지연시킬 수 있는 힘을 갖출 수 있으며 의식의 발달과 사고에 대한 사고를 말하는 상위인지능력(메타인지)과 관련되어 있어서 정신 활동에 대한 자각 또는 자신의 사고에 대한 반성적 사고와 자기 조절적 사고를 의미한다고 한다(Vygotsky, 1978). 특히 자기조절능력의 발달은 사회성 발달과 의사소통 능력에도 영향을 미치는데, 자신에게 처한 환경의 요구에 적절한 대처를 할 수 있으며, 상황적 요구에 따라 시작하거나 적절히 멈출 수 있는 능력이 있어서 언어활동 또는 신체활동의 강도와 지속성을 조절할 수 있다(Kopp, 1989).

개인의 자기 조절력에 대한 두뇌활동의 변화를 연구한 대표적인 검사방법으로는, 기능적 자기공명 영상장치(fNIRS)와, 뇌자도 측정 장치(MEG), 뇌전도 측정 장치(EEG), PET(양전자 방출 단층 촬영장치) 등이 있지만, 이 중에 기능적 자기공명 영상장치(fNIRS)는 교육용 신경과학 연구에서 두뇌의 활성 변화를 조사하기 위해 가장 적절하게 사용되는 도구로 산소포화도 변화를 측정하여 뇌의 활성영역을 파악할 수 있는 장치이다(황나래, 2021). 두뇌활동의 변화를 연구한 대표적인 검사방법인 기능적 자기공명 영상장치(fNIRS)는 인간의 뇌가 외부의 자극을 받으면 신경 활성이 유발되어 ATP(Adenosine Triphosphate) 소비량이 증가하는 것을 영상으로 확인할 수 있다. ATP는 아데닌

(Adenine)이라는 염기와 리보스(Ribose)라는 당, 그리고 세 개의 인산(Phosphate) 그룹으로 이루어져 있어서 세포의 에너지를 저장하고 운반하는 분자이다. ATP의 활성화가 일어나면 에너지를 방출하여 다양한 생화학 반응을 일으키는데 이때 에너지 사용으로 부족한 포도당과 산소가 공급되기 위해서 두뇌의 혈류량과 산소 대사량이 변화하기 때문에, fNIRS는 이 변화를 측정하고 분석하여 자기조절과 관련된 두뇌영역의 활성화를 특정 하는 영상기술이다(Bunce et al., 2006).

자기 조절의 각 단계별 두뇌의 활성화와 관련된 fNIRS 영상을 측정한 결과, 자기조절의 1단계 실험에서는 유의미한 영역이 나타나지 않았다. 그러나 2-4단계로 올리면서 실험한 결과는 거의 모든 단계에서 공통적으로 계획의 수립, 의사결정, 문제해결 등의 복잡한 인지 과정에 관여하는 전전두피질(Frontal Pole Cortex)과 행동을 계획하고 충동적인 행동을 억제하면서 상황에 따라 적절한 행동을 선택하도록 하는 안와전두피질(Orbitofrontal Cortex)에서 유의미한 차이를 보였다고 한다. 그리고 4단계에서는 행동 조정, 작업 기억, 추론 및 결정과정에 관여하는 우측 복외측 전전두엽피질(Ventral Lateral Prefrontal cortex)에서도 유의미한 활성화를 보였다고 한다(황나래, 2021). 우측 복외측 전전두엽피질은 전두엽의 오른쪽 바깥쪽에 위치해 있으며, 행동을 계획하고 조절하는 억할을 남낭하고 있다. 안와전두피질은 전두엽의 하부에 위치하고 있으며, 보상과 처벌에 대한 정보를 처리하고 의사결정에 관여를 하고 있다. 이와 같이 학습과정에서 필요한 자기조절 능력은 보편적으로 좌측 전두엽에서 관여할 것이라는 편견과 달리 깊은 조절 단계에 들어갈 때에는 우측 전두엽도 함께 활성화 된다는 것이다. 이것은 학습에 대한 동기와 학습한 내용의 기억을 이끌고 가는 작업기억 그리고 한 가지 문제를 추론하여 정답을 만들어가는 인지과정에서 좌뇌와 우뇌의 추론능력이 함께 협업한다는 것을 알 수 있다.

자기조절 능력 발달에 관한 연구들을 더 살펴보면 대부분 취학 전 아동 시기에 현저하게 발달되기 시작한다고 하였다. 학습은 양육과정에서 양육자로부터 진행되는 학습을 제외하고 공교육 학습인 유치원에서부터 대학 그리고 노인 대학에 이르기까지 참여할 수 있는데, 학습동기가 굴곡 없이 진행되는 것은 쉽지 않다. 때로는 가정환경 또는 다른 이유에 의해 심리적 어려움을 겪게 되기 때문에 학습에 참여하는 인내력도 필요한 것이다. 이 때 어떠한 어려움을 겪고 있을지라도 학습에 참여하고자 자신의 내·외부적인 문제를 조절하는 힘인 인내력의 필요성이 대두되는 것이다. 인내력은 어떠한 어려움을 겪고 있을지라도 학습에 참여하기 위해서 자신의 내·외부적인 문제를 조절하고 견디는 힘이다. 그러나 이 능력은 저절로 발달되는 것이 아니라 환경적 요인과 긍정적 경험 그리고 의사소통의 방식이 가장 중요한 영향을 준다. 특히 양육자와 가족 그리고 교사와의 상호작용에 의해 가장 크게 영향을 받게 되는데, 성장기의 어린아이들은 부모나 가까운 가족들의 훈육과 교육 그리고 행동과 의사소통의 방법 등을 모방하면서 발달되기 때문이다.

그러므로 아동의 행동이 긍정적일 때 즉시적 피드백을 제공하는 확실한 보상을 제공하면 그 행동이 지속되면서 습관화로 이루어지고 뇌는 이것을 부호화하여 인지도식으로 구조화 한다. 이렇게 구조화된 도식은 개인이 불확실한 상황에서 요구되는 인내력과 문제 상황에 처했을 때 자신의 욕구 또는 분노상황을 통제하고 조절할 수 있는 자기조절 능력의 발달에 큰 영향을 미치게 될 것이다. 아동의 경우 부모의 양육태도가 긍정적일 때 습득한 신념들은 언어, 행동, 인지, 정서 및 사회성 등의 발달에 큰 영향을 미치면서 자기조절 능력의 향상이 높아진다.

3) 자기조절 학습자

자기조절은 자신이 의도한 목표를 달성하기 위해서 동기통제, 정서통제, 자기결정, 자기이완 등 자기(self)와 조화를 이루는 전략들을 선택하여 사용하며 목표의 수행을 촉진하는 심리적 기제들을 의미한다(황운영, 2021). 목표를 달성하기 위한 전략적 사고와 행동을 지속할 수 있는 힘은 포기하고 싶은 마음을 억제하는 '의지'를 필요로 한다.

자기조절 능력이 우월한 개인의 경우 의사소통 방식을 살펴보면, 소통을 위한 어휘를 선택할 때 주제를 감안하여 보다 합리적이고 객관적이면서도 정서적 감각의 언어도 적절하게 포함하여 사용할 수 있는 인지능력을 갖추게 된다. 인지적 자기조절 소통 방식은 외부 또는 타인이 주는 자극을 합리적이며 분석적인 태도로 이해할 수 있을 뿐만 아니라 타인의 언어 속에 숨겨진 감정적 표현까지도 이해할 수 있다. 이러한 자기조절 능력을 갖추고 있는 개인은 의사소통에서 타인의 감정에 이입되지는 않지만, 그 감정과 정서를 이해하고 배려하는 모습을 보이게 된다. 그러므로 인지적·정서적 자기조절 의사소통 방식을 인지·정서적 자기조절 소통방식이라고 한다. 즉, 자신의 욕구 또는 목적 달성만을 위한 소통을 하는 것이 아니라 타인의 감정, 욕구, 목적을 이해하면서도 타인의 감정과 그 욕구에 이입되지는 않지만, 서로의 목적에 대한 합의점을 찾아가는 소통방식을 수행하게 된다. 이러한 능력들은 대인과의 의사소통 상황에서 감정에 노출되어 자제가 필요한 상황에 처했을 때에도 타인의 자극에 즉각적이고 비이성적인 반응을 자제하고 본래의 자신을 잃지 않는 의지로, 자신의 정서를 조절할 뿐만 아니라 감정을 절제하는 언어를 사용할 수 있는 능력을 갖추게 되는 것이다. 이렇듯 자기조절 능력은 효과적인 의사소통의 능력을 증진시키는 중요한 역량으로, 상대방과의 대화에서 일어나는 감정적 역동을 잘 조절하고 통제할 수 있는 힘을 지니고 있어서 사회적 관계를 단절하지 않고 지속적인 소통을 유지할 수 있도록 하는 기본적인 소양이다. 이러한 소양은 소통의 과정에서 뜻하지 않게 일어나는 감정적 상황에서도 감정을 조절할 수 있을 뿐만 아니라 주의를 전환시킬 수 있는 능력도 함께 지닐 수 있다. 그래서 대인의사소통 상황에서 감정에 노출되어 자제가 필요한 상황에 처했을 때에도 타인의 자극에 즉각적인 판단과 비이성적인 반응을 자제하면서 본래의 자신을 잃지 않는 의지를 사용할 수 있어서 자신의 정서를 조절할 뿐만 아니라 언어의 사용을 감정적으로 대처하지 않고 인지적으로 조절할 수 있는 능력을 갖추게 되는 것이다.

　　자기조절 능력이 뛰어난 개인의 의사소통 방식을 살펴보면 소통을 위한 어휘를 선택할 때 주제를 감안하여 보다 합리적이고 객관적이면서도 정서적 감각의 언어도 적절하게 포함하여 사용할 수 있는 인지능력을 갖추고 있다. 인지적 자기조절 소통방식은 외부 또는 타인이 주는 자극을 합리적이며 분석적인 태도로 이해할 수 있으며, 자신의 욕구 또는 목적 달성만을 위한 소통을 하는 것이 아니라 타인의 욕구와 목적을 이해하면서 서로의 합의점을 찾아가는 소통방식을 수행하게 된다. 특히 소통의 과정에서 타인의 언어를 이해하고 공감할 수 있는 능력을 기르기 위한 잠깐의 자기조절은 대화자들 간의 감정 교감을 통해 신뢰가 형성될 수 있도록 하므로 긍정적인 대화를 할 수 있도록 한다. 이렇듯 자기의 생각과 감정을 보류하고 타인의 마음과 의도를 파악하는 능력은 자기조절 과정에서 실시간으로 활성화되는 인지적 활동이라고 할 수 있다. 이러한 활동은 전전두엽의 활동으로, 모든 정보를 합리적·객관적으로 판단할 뿐만 아니라 변연계의 편도체에서 인지한 부정적 감정인 힘들다고 생각하는 모든 핑계들을 합리적으로 대처하도록 명령을 내려서 학습 또는 의사소통의 진행을 돕는다.

그러므로 자기조절 능력은 환경과 상황에 따라 충동적인 욕구가 발생하였을 때 이를 적절히 억제하면서도 원래의 목적을 향한 의지를 멈추지 않고 지속할 수 있는 힘으로, 외부의 영향력과 압력에도 굴하지 않고 자신의 내적 규준에 따라 도전하거나 멈춤을 의지대로 할 수 있는 능력이라고 정의할 수 있다. 이러한 능력은 의사소통의 과정에서도 적절한 멈춤과 대화를 지속할 수 있는 힘을 기르게 한다.

자기조절력의 정의

Piaget(1964)	자신의 생각과 행동을 변화시키고 통제하는 능동적인 평형화이다.
Vygotsky(1978)	자신의 사고에 대한 반성적 사고와 자기 조절적 사고를 의미한다.
Kopp(1982)	내적 기준에 따라 계획하고 행동하는 고등정신기능이다. 상황적 요구에 따라 시작하거나 멈출 수 있는 능력이다.
fiske &Tayor (1991)	자신의 목표와 의도대로 환경의 변화를 유도한다. 목표 지향적으로 자신을 통제하거나 조절하는 과정이다.
Thompson	외부자극으로부터 사고, 가정, 행동을 융통성 있게 조절하는

(1994)	능력이다.
Zimmerman (1986)	학습과정에 상위 인지적, 동기적, 행동적으로 적극적으로 학습에 참여하는 자를 말한다.
장원재(2022)	외부 자극에 대처하는 인지, 정서, 행동을 다루는 능력과 한정적인 자원들을 활용하여 목표하는 삶의 방향을 향해 지속적으로 나아갈 수 있는 능력이다.

(1) 자기조절 학습자

자기조절 학습 전략을 사용하는 학습자의 경우 자기 자신을 학습에 용이하게 적응시킬 수 있도록 학습 자료를 지각한 후 자료를 파악하고, 분석하며, 학습의 목표를 설정하고 속도를 조절하면서 (Bandura, 1986) 초인지적, 동기적, 행동적 측면을 고려하는 능력을 통해 학습자가 더욱 자율적이고 능동적으로 학습에 참여할 수 있도록 하는 힘이다 (Zimmerman & Martinez-Pons, 1986). 자기조절 능력이 높은 학습자는 학습 목표의 설정, 학습계획의 수립, 전략 실행, 자기 평가 그리고 교사의 피드백을 수용할 수 있으며, 스스로에게 학습의 동기를 부여하고 이를 유지시킬 수 있는 능력을 갖추게 된다. 그러므로 자기조절 학습자는 학습하고자 하는 과제의 정보 기억, 획득, 재생 등의 인지적 과정과 감정상태를 관리하기 위한 정의적 전략과 학습의 동기를 유지하는 동기화 전략 등을 함께 사용하고 있다(김동일, 2005).

아래의 자기조절학습 능력 측정 설문지는 양명희(2000)의 검사지를 그 의미에서 벗어나지 않는 한도에서 문항을 수정하였다. 자기조절학습의 하위 요인 문항별 구성은 인지전략, 동기조절, 행동조절의 영역으로 구성되었으며, 인지조절 .88, 동기조절 .93, 행동조절 .88로 검사 내용의 일관성 신뢰도가 비교적 높게 나타났다(김신희, 2012). 검사의 총 개수가 매우 그렇다, 대체로 그렇다, 라는 점수가 나오면 자기조절학습자로서의 성향이 매우 높은 것이라고 할 수 있다. 그리고 세부적인 분석은 아래의 요인별 구성 번호에 해당하는 문항을 참조할 필요가 있다.

자기조절학습 하위 요인별 문항 구성

인지조절	인지전략의 사용	시연	6, 11, 18, 21
		정교화	1, 4, 7, 12, 15, 19, 22
		조직화	3, 5, 8, 13, 23, 27
	메타인지 전략의 사용	계획	2, 9, 16, 24
		점검	17, 20, 25
		조절	10, 14, 26
동기조절	숙달목적 지향성		28, 31, 34, 39, 41, 43, 47
	자아 효능감		29, 32, 35, 37, 40, 42, 44, 46, 48, 51, 53
	성취 가치		30, 33, 36, 38, 45, 49, 50, 52, 54
행동조절	행동 통제		57, 60, 65, 66, 69, 75, 76*, 77*, 78*, 79*, 80*, 81*, 82*, 83*
	학업시간의 관리		55, 58, 61, 63, 73
	도움 구하기		56, 59, 62, 64, 67, 68, 70, 71, 72, 74, 84

자기조절학습 설문지

아래 문항에서 자신에게 해당하는 정도의 번호에 (V)표를 하십시오.

번호	문항	전혀 그렇지 않다	대체로 그렇지 않다	보통이다	대체로 그렇다	매우 그렇다
1	중요한 개념이 있으면 쉬운 말로 풀어본다.					
2	공부시작 전 무엇을, 어떻게 공부할지 미리 계획을 세워본다.					
3	주제에 대해 미리 생각을 정리해 본다.					
4	중요하고 어려운 개념을 내 말로 바꾸어 본다.					
5	내용이 복잡할 때는 도표를 그리거나 요약해 본다.					
6	노트나 교과서를 소리 내서 외운다.					
7	새로운 내용을 배울 때는 내용과 관련된 상황을 미리 상상해보며 이해한다.					
8	공부한 내용은 내 방식대로 정리해 놓는다.					
9	공부를 시작하기 전 어떻게 공부할지 미리 생각한다.					
10	책을 읽다가 시간이 모자라면 중요한 부분만 찾아서 읽는다.					
11	공부할 때 될 수 있으면 많은 내용을 기억하려고 노력한다.					
12	학습내용을 실생활과 관련지어 공부한다.					
13	공부할 때 중요한 내용을 따로 정리한다.					
14	책을 읽을 때 시간이 부족하게 되면 중요하지 않은 부분은 건너뛴다.					
15	새로운 개념을 배울 때는 이해하기 쉽도록 구체적인 예를 떠올려본다.					
16	무엇부터 공부할 것인지 순서를 정한 후에 시작한다.					

17	공부하는 도중 내용을 잘 이해하고 있는지 스스로에게 질문 해보곤 한다.					
18	공부할 때 교과서, 노트를 읽고 또 읽는다.					
19	어떤 주제를 공부할 때 내가 지금까지 알고 있는 것과 관련성을 찾아본다.					
20	공부에 집중하다가도 잠깐 멈추어서 현재 내용이 무엇인지 스스로에게 물어볼 때가 있다.					
21	공부를 할 때 될 수 있는 한 많이 외우려 한다.					
22	교과서나 참고서를 읽을 때는 읽고 있는 내용을 이미 알고 있는 내용과 관련지어 공부한다.					
23	공부를 할 때 개념들을 모아서 나름대로 관계를 정립해 본다.					
24	공부시작 전에 공부할 분량을 미리 정한다.					
25	공부하는 도중에 내용을 확실히 이해하고 있는지 점검해 본다.					
26	나는 시험공부를 하다가 시간이 모자라게 되면 중요한 부분만 찾아서 한다.					
27	국사나 사회(세계사)를 공부할 때는 연대별로 묶어서 공부한다.					
28	새로운 지식이나 기술을 익히는 그 자체를 중요하게 생각한다.					
29	우리 반 친구들에 비해 공부를 잘 할 수 있다.					
30	학교공부는 나에게 중요한 의미를 지닌다.					
31	성적을 잘 받는 것 보다 내용을 잘 익히는 것이 더 중요하다고 생각한다.					
32	수업시간에 선생님께서 가르쳐 주시는 내용을 모두 이해할 수 있다.					
33	학교에서 배우는 내용들이 중요하다고 생각한다.					
34	내용을 그냥 외우기보다는 내용을 깊이 이해하는 데 중점을 둔다.					
35	나는 앞으로도 공부를 잘 할 것이다.					
36	공부는 내 인생의 중요한 목표이다.					

37	나는 우리 반의 다른 학생들에 비해 우수한 학생이다.					
38	학교생활은 내가 성장해 나가는데 중요한 역할을 할 것이라고 생각한다.					
39	새로운 것을 알았을 때 뿌듯함을 느낀다.					
40	수업시간에 주어지는 문제나 과제를 모두 잘 풀 수 있다.					
41	실수를 하더라도 무엇인가를 배울 수 있는 어려운 내용을 좋아한다.					
42	나는 앞으로 좋은 성적을 올릴 수 있을 것이다.					
43	쉬운 문제보다는 어려운 문제를 푸는 것이 더 재미있다.					
44	우리 반의 다른 친구들과 비교할 때 나의 공부 방법은 효과적이고 뛰어난 편이다.					
45	나는 학교공부가 재미있다.					
46	우리 반의 다른 친구들과 비교해 볼 교과 내용을 많이 알고 있다.					
47	많은 노력을 들이더라도 무엇인가를 새로이 배울 수 있는 것을 좋아한다.					
48	앞으로 수업시간에 배우는 모든 내용을 다 잘 이해할 수 있을 것이다.					
49	학교생활이 나의 미래에 상당한 역할을 할 것이다.					
50	학교공부는 내가 미래의 직업을 선택하는데 커다란 역할을 할 것이다.					
51	아무리 열심히 해도 공부를 잘 하기는 어렵다.					
52	학교에서 배우는 내용이 살아가는데 유용할 것이다.					
53	나는 선생님의 인정을 받고 있다.					
54	학교생활이 앞으로 사회생활을 하는데 도움이 될 것이다.					
55	나는 몇 시간 동안, 얼마나 공부할 것인지 목표					

	를 분명히 한 다음에 공부를 시작한다.					
56	내가 잘 모르는 내용이 있으면 도서관 등에서 다른 자료들을 찾아본다.					
57	나는 공부를 하고자 결심하면 곧 실천하는 편이다.					
58	나는 효율적으로 공부하기 위해 시간시간 계획을 세워 공부한다.					
59	내가 잘 모르는 내용이 있으면 아는 사람에게 물어본다.					
60	나는 마음먹은 공부는 곧장 실천하는 경우가 많다.					
61	공부가 가장 잘 되는 시간은 비워놓고 그 시간에 나는 공부만 한다.					
62	학교공부에 도움이 필요하면 자발적으로 학원에 다니거나 과외를 한다.					
63	나는 효과적으로 공부하기 위해 공부시간을 확실히 정해둔다.					
64	이해하지 못하는 것이 있으면 선생님께 여쭈어 본다.					
65	공부가 지루하고 재미없더라도 끝까지 다해놓고 논다.					
66	하던 공부를 끝낼 때까지는 거기에 집중한다.					
67	시험공부를 할 때 친구들로부터 시험에 대한 여러 정보를 구하려고 노력한다.					
68	수업 중에 모르는 것이 있으면 선생님께 질문을 한다.					
69	나는 공부가 지루해도 계획한 것은 마친다.					
70	나는 시험에 나올만한 것을 잘 아는 친구가 있으면 물어보거나 같이 공부한다.					
71	공부를 하다가 모르는 부분이 생기면 다른 사람에게 도움을 청한다.					
72	모르는 단어가 있으면 사전을 찾아본다.					
73	시험 전에 계획을 세우고 그에 따라 공부한다.					
74	모르는 것이 생기면 백과사전을 찾아본다.					

75	숙제를 정해진 시간까지 다 끝내 놓는다.					
76	공부하고 싶은 마음이 들어도 시작하기가 어렵다.					
77	노는 것을 그만두지 못해 공부를 시작하기가 어렵다.					
78	공부를 하려면 쓸데없는 생각 때문에 집중을 못한다.					
79	나는 무엇부터 공부할지 결정하기가 어렵다.					
80	친구들이 놀자고 하면 공부를 지속하기가 어렵다.					
81	친구들이 시끄럽게 굴어도 공부에 집중할 수 있다.					
82	공부할 때 가족이 TV를 보면 공부를 계속하기가 어려워진다.					
83	오락을 하면 숙제를 할 수 없다는 것을 알면서도 오락을 한다.					
84	숙제나 공부를 하다가 잘 모르는 내용이 있으면 컴퓨터 통신이나 인터넷을 찾아본다.					

2장 삼위일체 두뇌모형

1. 파충류의 뇌(뇌간)

    1) 파충류뇌의 이해

    2) 뇌간의 기능

    3) 뇌간의 영역별 특성

2. 포유류의 뇌(변연계)

    1) 시상(Thalamus)

    2) 시상하부(Hypothalamus)

    3) 편도체(Amygdaloid body)

    4) 해마(Hippocampus)

3. 영장류의 뇌(대뇌피질)

    1) 전두엽의 영역별 기능

    2) 두정엽(Parietal lobe)

    3) 후두엽(Occipital lobe)

    4) 측두엽(Temporal lobe)

    5) 운동영역(motor area)

I. 파충류의 뇌(뇌간)

　　맥린(MacLean, 1990)이 제시한 인간의 진화학적 이론 관점에서 발전된 두뇌의 순서에 따라 세 가지 뇌로 구분하는 '삼위일체 뇌(Triune brain)'의 이론은 이 삼층의 뇌가 서로 다른 기능을 수행한다고 하였다. 그의 저서 "The Triune Brain in Evolution"에서 뇌는 진화되는 각 단계에서 더 오래된 뇌의 부분이 사라지지 않고 새로운 기능을 가진 층이 추가되는 방식으로 뇌가 진화되어 왔다고 주장하면서 인간의 두뇌가 '파충류의 뇌(Reptilian brain)' 수준에서 '포유류 뇌(Mammalian brain)' 수준으로 진화하였고 지금의 '영장류의 뇌'인 '대뇌신피질(Neocortex)'로 발전하였다는 두뇌의 진화론을 제시하였다. 그러나 맥린에 의해 제시된 이 삼위일체 뇌의 가설은 일부 집단에서 비판의 대상이 되기도 하였다(Cesario, et al, 2020). 그러나 여전히 일부 학자들은 신피질의 고급 인지와, 변연계의 사회적이고 양육적인 행동, 그리고 파충류의 뇌가 가지고 있는 생존 본능적인 행동들이 여전히 뇌 구조의 일반적인 개념으로 남아 있다고 주장하고 있다(Smith, 2010). 이처럼 삼위일체 뇌의 가설에 대한 비판적 이론들이 있음에도 불구하고 인간의 뇌를 더 정확히 정의한 이론적 배경에 대한 정의가 없는 한 삼위일체 뇌의 가설을 연구하는 것은 매우 흥미로운 전개가 될 것이다.

삼위일체 뇌

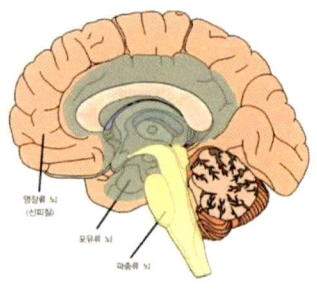

(그림 출처: Bernard & Nicole, 2007/2010;정승윤, 2020)

1) 파충류 뇌의 이해

'파충류의 뇌' 또는 '원시인의 뇌'라고 불리는 뇌간(brain stem; 뇌줄기)은 뇌의 진화과정에서 가장 먼저 발달하였다고 하며, 인간이 출생 시에 이미 충분히 성숙하여서 뇌신경세포의 수초화도 어느 정도 진행되었다고 한다(Eliot, 2000; 안승철 역, 2004). 뇌간의 위치는 뇌의 가장 깊숙한 하부에 자리하고 뇌의 한가운데 위치하며, 소뇌 앞쪽과 사이뇌(diencephalon; 간뇌)의 위쪽이며, 아래쪽으로는 척수와 연결되어 뇌와 척수를 연결하는 중요한 역할을 한다. 뇌간은 가장 윗부분부터 중뇌(midbrain), 다리뇌(pons; 교뇌, 뇌교), 숨뇌(연수; medulla)로 구성되어 있으며, 학자에 따라 사이뇌를 포함시키기도 한다. 뇌간의 기능은 인간 생존에 가장 중요한 호흡조절과 체온조절, 심장박동조절, 삼키기, 기침 구토 등의 반사작용을 조절하는 등 생존과 직결된 기능과 관련된 본능적인 반응에 관여를 한다(이재신, 2014). 무엇보다도 뇌간은 인간이 살아있다고 느낄 수 있도록 의식을 유지시키기 때문에 '의식의 보루' 또는 '생명의 근원 자리'라고 부르며(한국뇌과학연구원, 2016), 기저핵(basal ganglia)에 의해 시상, 대뇌피질과 근골격근 운동을 조절하는 소뇌(cerbellum)와도 연결되어 있다. 그리고 신체평형, 자세의 조절, 운동조절에 관여하는 신경계로써 반사적 근운동이나 수의적 근운동과 관련된 섬세한 조절기능을 담당하고 있어서 복잡한 움직임이나 미세한 동작을 수행하기도 하지만, 반복적인 연습과정을 통해 정교화를 목적으로 하는 감독 학습(Supervised learning)에도 관여할 것이라고 주장하는 학자들도 있다(Doya, 2000). 소뇌의 위치는 뇌간의 꼬리 쪽 부분인 연수, 교뇌, 중간뇌와 연결되어 있으며, 이곳에 손상이 생길 경우에는 신체의 균형을 이루는 자세에 어려움이 나타나 앉기, 서기 등 균형능력에 문제가 생기는데 이것은 뇌간과 소뇌가 균형기능 유지에 중요한 역할을 담당하기 때문이다(이재준, 2014).

그리고 기저핵(basal ganglia)은 수의운동조절, 절차상학습, 이갈기와 같은 습관, 눈의 움직임, 인식, 감정을 포함한 많은 기능들과 관련되어 있다(대한의협 의학용어 사전). 특히 자세 변경, 움직임과 균형 유지에 관여하고 있어서 수의(의도된) 운동을 부드럽게 할 수 있도록 한다. 운동 조절뿐만 아니라 인지 및 감정 조절에도 영향을 미칠 수 있다.

2) 뇌간의 기능

척수의 상층을 둘러싸고 있는 뇌간(brain stem)은 기본적인 생존기능을 담당하고 있어서 신체의 상태에 관한 말초 신경의 정보가 모여서 중추로 전달되는 길목이다. 뇌간은 외부로부터 들어오는 정보들 중 개인의 생존에 관련된 정보에 관해서 본능적인 반응을 하기 때문에 안전, 위협, 위험, 등의 신호에 대해 생각하고 판단하는 과정을 거치지 않고 본능적으로 알아차리고 대처행동을 한다. 그러므로 위험, 위협 등의 상황에서 이성적 판단을 거치는 시간을 필요로 하지 않고 즉시적이며 본능적으로 반응할 수 있는 것이다. 특히 공포는 투쟁-도피(fight-flight)반응, 방어적 반응, 능동적 대처 반응 등으로 분류되며(Cannon, 1929), 활동, 에너지 소비, 위험을 통제하는 요인에 대한 환경에 관여하는 측면도 포함한다. 그러므로 뇌간에 의해 감지된 생존본능은 대뇌피질 전전두엽의 합리적인 결정과 통제를 받기까지의 시간을 무시하고 무의식의 통제를 받기 때문에 원초적인 생존본능에 빠르게 반응할 수 있는 것이다. 언어능력이 없는 뇌간은 생명에 위협을 주는 현상들에 대해 항상 경계태세를 갖추고 있어서 생존본능에 반응할 때는 대뇌피질과 대뇌변연계로 들어가는 인지적 사고의 입력을 차단하고 본능에 충실한 행동을 한다(임채성, 2005).

그리고 뇌간 속의 망상체계(Reticular Activating system; RAS)를 주목할 필요가 있다. 망상체는 변연계의 시상(thalamus)과 주를 이루어 모든 감각정보를 받아들이고 선별하여 우리의 각성 수준을 조절한다(김유미, 2002). 이 기능에 의해 인간이 일상생활에서 크게 지장을 받지 않고 무의식적으로 각성 수준을 조절할 수 있어서 선택적 주의력을 발휘할 수 있는 것이다. 이렇듯 뇌간은 인간 생존에 필수적인 기능을 담당하며 청각 및 평형감각을 조절하는 등 생존 유지와 직결되는 기능이기 때문에 만약 이 부분이 손상될 경우에는 생명에 지장을 초래할 수 있다. 뇌간의 주요 구조는 중간뇌, 다리뇌(교뇌, Pons), 숨뇌(연수, Medulla Oblongata)로 구성되어 있다.

3) 뇌간의 영역별 특성

뇌간은 크게 중간뇌(Midbrain) 다리뇌(교뇌; Pontine) 숨뇌(연수, Medulla

oblongata)로 구성되어 있다.

(1) 중간뇌(Midbrain)

　　뇌의 한가운데 자리하고 있어서 '가운데 골' 또는 중뇌라고 부르며 좌우 대뇌 반구 사이에 끼어 있는 줄기 모양을 구성하고 있다. 위로는 사이뇌와 연결되고 뇌간의 가운데인 다리뇌로 이어지며, 무의식적인 반사운동의 중추로 자율신경계의 조절, 체온과 혈당 등을 조절한다. 그리고 중간뇌의 앞부분에 위치한 대뇌각은 상행성과 하행성 흥분을 전달하는 기능이 있으며, 뒷부분에 위치한 사구체는 청각과 시각에 대한 반사중추기능이 있어서 시각 및 청각 신호의 전달과 반사를 담당한다(서울아산병원).

　　또한 중뇌는 파킨슨병과 관련이 있는 도파민 신경세포와 GABA 신경세포가 대부분을 차지하고 있다. 중뇌의 도파민 신경세포는 운동, 감정을 조절하는 생리적인 역할을 하며, 이 세포가 기능을 하지 못하거나 퇴화되면 다양한 신경장애가 발생한다. 중뇌에 대한 연구들을 보면 배아줄기세포를 중뇌 도파민 신경세로로 직접 분화시켜서 파킨슨병 등의 세포 이식을 위한 세포 공급원이 될 수 있다는 연구와(김은희, 2017), 중뇌의 발달과정에서 도파민 및 GABA 신경세포에 관한 연구 등 중뇌의 도파민 신경세포에 관한 활용에 대한 연구, 그리고 도파민성 신경세포의 선택적 사멸에 의해 안정 떨림, 경직, 운동 조절, 자세 불안정 등의 행동 장애를 유발하는 파킨슨병과의 연관성 등에 대한 연구가 주를 이루고 있는데, 이와 같은 현상은 중뇌의 도파민 신경세포가 두뇌의 운동조절, 동기부여 행동, 그리고 기억 강화를 조절하는 기능에 관여하고 있기 때문인 것으로 판단된다(복유진, 2011). 신경전달물질인 GABA는 억제성의 성질을 가지고 있어서 도파민에 의해 과 흥분될 경우 가바의 성질이 이를 적절히 억제하는 기능을 한다.

　　뇌간의 중간뇌는 인간의 생존본능의 원천이므로 위협적 상황에 노출될 때 효율적으로 위험을 피하고 생존 가능성을 극대화하기 위한 방어 행동을 할 수 있어서 위험을 인지하는 순간 도전할 것인지 회피할 것인지를 직감적으로 상황을 판단하고 행동에 옮길 수 있다(LeDoux, 2001). 그래서 상황을 합리적으로 생각하고 판단하는 인지적인 사고가 배제되고 본능적인 행동으로 돌입하게 되는 것이다. 이와 같이 본능적으로 도전 회피를 선택하는 행동은 의사소통의 특성에도 반영되므로, 작은 비판이나 감정적 단어에도 도전적인 성향을 나타내거나 자기에 대한 비판에도 못들은 척 순응하는 행동을 보이게 된다. 개인에 따라 방어적이고 비판적인 시각으로 소통언어를 해석하고 이에 대처하는 언어를 사용하는 사람들은 객관적이고 합리적인 전두엽의 간섭을 받는 시간을 가지고 이 소통의 의미를 이해한 후에 반응할 수 있도록 하는 훈련이 필요하다.

중간뇌(Midbrain)의 기능	
위치	-뇌간의 상단에 위치하며, 사이뇌와 다리뇌 사이에 자리잡고 있다.
주요 기능	-대뇌에서 내려오는 운동 신호를 소뇌로 전달하여 정밀한 운동을 가능케 한다. -눈의 움직임과 청각 정보를 처리하는 신경핵이 포함되어 있어서 시각 및 청각 반응을 조절한다. -심박수 호흡 등 자율신경기능을 조절하는 역할도 일부 담당한다.
구조	-앞쪽의 대뇌각(Cerebral peduncle)과 뒤쪽의 중뇌 덮개(Tectum)로 나뉜다.

(2) 다리뇌(교뇌)

　　다리뇌는 뇌간(뇌줄기)의 중간 부분의 앞으로 튀어나온 부위로 중간뇌와 숨뇌 사이에 위치하고 소뇌를 좌·우로 연결하는 섬유 다발에 의해 뇌간의 다른 부분보다 튀어나와 있으며, 대뇌피질과 소뇌를 연결하는 신경섬유의 통로로 신경정보의 전달 경로이다(서울아산병원). 그리고 소뇌와 대뇌 사이의 정보 전달을 중계하며, 숨뇌와 함께 호흡 조절을 하는 호흡 중추의 역할과 자율신경계 조절에도 관여를 하고 있다. 특히 12쌍의 뇌신경 중 4쌍의 뇌신경이 얼굴과 뇌로 들어오는데 이 뇌신경들은 운동신경과 관련이 있어서, 호흡조절, 불수의적 행동의 조절, 얼굴 표정, 저작(씹기), 삼킴, 타액 및 눈물 분비와 같은 운동기능에 관여하는 신경이라서 운동신경과 감각 및 운동정보를 중계하는 곳이다. 다리뇌(교뇌)의 손상이 있는 경우의 연구에서는 안면마비, 이상감각 등 뇌신경감각에 이상이 있는 연구들이 주를 이루고 있다.

다리뇌(Pons: 교뇌)의 기능	
위치	중간뇌와 숨뇌 사이에 위치하는 뇌간의 중간 부분이다.
주요 기능	-대뇌와 소뇌 사이의 정보를 중계한다. -호흡 중추의 역할을 하여 호흡 리듬을 조절한다. -감각 및 운동 정보를 중계하며, 5-8번 뇌신경이 다니뇌에 관련이 되어 있다. -양쪽 귀에서 들리는 소리의 시간차와 강도를 비교하여 소리의 방향을 인식하는 능형체가 위치해 있다.

(3) 숨뇌(연수, Medulla oblongata)

　　뇌간의 가장 하단에 위치하고 있으며 척수와 연결되어 있는 숨뇌는 호흡, 심박동, 혈압 등 생명에 직접적인 영향을 미치는 자율신경 조절의 핵심 중추이다. 인간의 생명 신호인 호흡은 숨뇌(연수)에 있는 호흡중추의 지배를 받고 있으며, 가쪽 숨뇌 부위의 신경망들은 인두 및 후두의 수축을 조절하고 40쌍이 넘는 연하 관련 근육들을 조율하여 음식덩이가 자연스럽게 식도로 이동할 수 있도록 도와준다(Martin & Sessle, 1993; 손영수외, 2022). 또한 감각 정보의 중계와 처리를 통해 몸의 상태를 모니터링하고, 척수와의 직접적인 연결을 통해 하부 신경계와 소통하며, 뇌의 다른 부분과도 광범위한 신경 네트워크를 형성한다. 만약 숨뇌에 이상이 생길 경우에는 감각 결손, 운동실조, 현기증 및 '호너 증후군(Horner's syndrome)' 등의 증상이 다양하게 발생한다. '호너 증후군'은 교감신경계의 일부인 눈의 교감신경이 손상되어 발생하는 증상으로 양쪽 눈의 눈동자 크기가 달라지는 동공부동 증상과 눈동자가 작아지는 축동 증상 그리고 눈꺼풀 처짐, 결막충혈 등의 증상이 발생한다. 이와 같은 증상들은 뇌간이 얼마나 중요한 인간의 생명 줄기인지를 알려주는 대표적인 증상들이라고 할 수 있다. 또한 호흡, 소화기관, 심박수 등 무의식적 운동에 영향을 미치는 미주신경(vagus nerve)은 숨뇌에서 시작하며, 극심한 신체적 또는 정신적 긴장 등 스트레스에 의한 과도한 자극은 일시적으로 의식을 잃고 실신하게 한다고 한다(N 의학정보, 서울대학교병원). 그리고 위험 상황에서 투쟁-도피(flight or fight)를 선택하는 반응 또는 사회적 반응에 관여하는 이 특성은 포유류와 인간에게서 발견되는 증상이다(Porges, 2007). 이처럼 숨뇌(연수)는 인간의 일상생활을 유지하는 운동과 생명을 유지시키는 내장 운동기능, 호흡 등의 모든 영역에 영향을 미치고 있으며, 인간의 사회적 대처행동 그리고 미주신경의 시작점으로 인간의 정신적, 육체적 스트레스에 관여하고 있다. 미주신경은 10번째 뇌신경으로 중추신경계의 신경회로와 뇌간 사이에서 인터페이스로 핵심적인 역할을 한다. 미주신경에 전기자극을 가할 경우 구심성 신경회로를 통해 청반으로부터 노르에피네프린 신경전달물질과 솔기핵으로부터 세로토닌 방출에 영향을 미치게 된다(최은미, 2024). 노르에피네프린은 주로 집행기능인 인지기능, 주의력 강화, 장기기억과 작업기억의 강화, 입력에 대한 반응 강화 등에 관여 한다(나무위키). 그리고 세로토닌의 효과에 대한 연구들은 대부분 우울증, 통증 등의 효과에 대해 집중되고 있었다.

숨뇌(Medulla Oblongata: 연수)의 기능	
위치	-뇌간의 가장 아래쪽에 위치하며 척수와 연결되어 있다.
기능	-자율 신경 조절, 특히 호흡, 혈압, 소화 등의 생명유지 기능을 조절한다. -감각 및 운동 정보의 중계 역할을 하며, 호흡 리듬을 조절한다. -소뇌와 대뇌 사이의 정보 전달에 중요한 역할을 한다. -척수와 직접적인 연결을 통해 하부 신경계와 소통하며, 광범위한 신경 네트워크를 형성한다.

2. 포유류의 뇌(변연계)

포유류의 뇌는 뇌간에 이어 두 번째로 발달되었다고 가정되며, 대뇌변연계(Limbic system)를 지칭하는 용어이다. 맥린(MacLean, 1990)에 의해 포유류의 뇌로 명명된 변연계(Limbic system)는 감정과 본능의 원천으로, 개인의 감정적 경험을 기억하며, 일의 동기 부여, 행동을 조절하는 등의 기능을 뇌의 여러 영역들과 협력적으로 작용하는 중추적 역할을 담당한다. 변연계 조직의 위치는 뇌간의 상부를 형성하거나 뇌량의 주변에 해당하고 대뇌피질 아래에 위치하며, 대뇌피질의 정보들과 연결시켜 감각정보와 신체내부 상태에 관한 정서정보들을 처리한다. 변연계의 주요 구성은 기저핵(basal ganglia), 해마(hippocampus), 편도체(amygdala), 시상(thalamus), 시상하부(hypothalamus), 대상회(Cingulate gyrus) 등으로 구성되어 있다.

골먼(Goleman, 1995)에 의하면, 변연계는 감각기관을 통해 뇌로 전달되는 정보를 항상 점검하고 과거의 경험과 비교하여 뇌가 받는 정보를 적절한 유형으로 변환시키는 문지기의 역할을 함으로써 감정의 스위치 혹은 감정정보의 여과장치라고 주장했다. 또한 인간의 생존에 필수적인 기능인 수면과 각성을 포함한 신체의 하루 주기 신호를 발생시키며, 생식 기능에 관여하고 체내의 리듬과 항상성 유지에도 중요한 역할을 담당한다고 한다(한승희 외, 2020). 이처럼 변연계의 모든 기관들은 서로 유기적으로 협력하면서 인간의 감정, 감각정보, 기억 등 생존에 필요한 중요한 기능들을 수행하고 있다.

변연계의 특징들을 살펴보면 정서, 수면, 호르몬, 성욕, 후각들에 관여하며, 대상회, 해마, 편도체, 시상하부를 주요 영역으로 표시하지만, 전전두엽과 항시 감정 정보를 공유하면서 정서적 측면의 판단뿐만 아니라 인지적 측면의 판단도 함께 병행하고 있다. 그러나 개인에 따라 전전두엽의 간섭을 거절하고 정서적 측면의 감정에 충실한 경우도 있어서 이 경우에는 객관적이고 이성적인 사고와 행동을 수행하는데 미흡하게 된다.

변연계의 기능	
변연계	정서를 처리하는 부위, 시상, 시상하부, 편도, 해마와 연결된 조직이다.
편도	해마의 끝에 위치하고 있으며, 불안, 분노, 공포와 같은 강력한

	정서를 처리한다. 불확실성이나 위험을 느끼면 활성화 된다.
해마	기억을 인출하는 데 중요한 역할을 담당한다.
시상	감각신경계를 통해 유입되는 정보를 처리하는 대뇌피질의 중계자 역할을 한다. 후각 정보를 제외한 정보는 먼저 시상에 모인다.
시상하부	시상의 아래에 위치하며 내적 정서 등의 마음에 관여한다.

1) 시상(Thalamus)

다수의 핵으로 구성되어 있는 시상은 회질과 백질이 섞여 있어 경계가 모호하다. 시상은 대뇌피질과 피질하 구조물의 주요 영역들과 연결되어서 신경 신호를 대뇌피질로 주고 다시 전달 받는 영역이다(구윤정, 2013). 그리고 감각-운동기능, 수면 상태뿐만 아니라 삽화기억, 주의집중, 작업기억, 정보처리 속도와 같은 고위 인지기능에 중요한 역할을 한다(이정환 외 2020). 특히 의식적인 경험과 무의식적인 경험을 구분할 수 있어서 의식적으로 인식되는 정보는 대뇌피질로 전달하고, 무의식적으로 처리되는 정보는 시상하부나 뇌간 등으로 전달한다. 이처럼 시상은 감각신경에 의해 인지한 정보들의 종합 터미널 중계소와 같아서 감각신경계를 통해 들어오는 오감각 중 후각을 제외한 모든 감각 정보들을 처리하여 대뇌피질의 각 영역으로 전달하는 기능이 있는 곳이다 (Jensen, 2007; 정종진 역). 인간이 다른 동물과 다르게 상황 대처능력과 정보처리 능력이 우월한 것은, 정보를 점검하고 적절한 유형으로 변환시키는 시상(Thalamus)의 중계역할이 크다고 할 수 있다.

시상의 기능	-다수의 핵으로 구성되어 있으며, 경계가 모호하다. -대뇌피질의 영역들과 신경 신호를 주고 받는 영역이다. -감각·신경운동기능, 수면, 가성상태, 삽화기어, 주의집중, 작업기억, 정보처리 속도와 같은 고위 인지기능에서 중요한 역할을 한다. -의식적 기억과 무의식적 기억을 구분할 수 있다. -후각을 제외한 정보의 중계소이다.

2) 시상하부(Hypothalamus)

시상의 아래에 위치하는 시상하부는 자율신경계의 최고의 중추로 각종 호르몬의 분비와 자율신경계의 활성을 조절하는 것에 관여하는데, 사람을 포함한 포유류에서 에너지 섭취와 소모를 조절하는 중추기관으로 체중조절과(박체범, 2022) 마음, 정서, 내적 요구 및 본능 행동의 프로그램 등 감정과 관련된 뇌의 활동에 관여한다(Gloor, et, al., 1997; 정다빈, 2022). 그리고 체온, 식욕, 성욕, 수면-각성주기, 스트레스 반응 등 교감신경계가 활성화되는 스트레스 반응의 기전으로도 알려져 있어서 (Arancibia et al., 1983), 내적 감정 반응에 의해 일어나는 스트레스로 의해 신체적 반응을 일으키는데 관여 한다.

스트레스의 조절은 시상하부-뇌하수체-부신 축(HPA axis)에서 감정을 조절하는데 만약 이 조절 축에 이상이 생기면 폭력, 자살, 살인 등의 충동성 심리적 문제가 나타날 수 있어서 무의식적으로 표출하는 본능과 같은 일차적 감정에 관여를 한다. 그리고 식욕중추와 수면, 각성을 위한 생체 시계와 안정적으로 체온을 유지하는 항상성 등과 관련된 중요한 신경전달물질이 분비되기도 한다(mann, 2018). 많은 학자들은 시상하부의 궁상핵(arcuate nucleus)이 식욕조절의 중추로, 음식 섭취의 증가 또는 감소시키는 과식증 또는 섭식장애 등의 신호에 대한 연구를 진행 하고 있다. 이처럼 대뇌피질의 각 영역으로 정보를 전달하는 시상은 시상하부에서 호르몬의 분비를 통해 감정, 인지, 행동 등을 조절하는 데 중요한 역할을 한다. 특히 스트레스 반응을 조절하고 있기 때문에, 유아, 아동, 청소년기 등 생애초기에 경험하는 스트레스는 시상하부에서 신경전달물질인 세로토닌, 도파민, 글루타메이트 등의 변화를 주게 되어 감정장애질환 및 행동의 변화에 영향을 주게 된다는 것이다(Taylor, 2010). 정리하자면, 시상하부는 다른 피질의 정보들과 연합하여 감정 정보들을 처리하는 본능의 원천으로 뇌하수체 조절, 자율신경 조절, 체온조절 및 음식 섭취와 수분대사 조절, 행동과 정서를 조절하며(한국해부생리학교수협회, 2017), 개인의 정서, 기분, 감정, 걱정들에 의한 행동적 반응과 수면, 호르몬, 성욕구 그리고 몸의 체온조절과 배고픔, 갈증, 수면 등의 활동을 조절하는 역할을 하지만, 반드시 신피질(대뇌피질)과 연관되어야만 기능을 발휘할 수 있다는 특징이 있다. 신피질은 대뇌피질 부위의 표층을 형성하고 있는 회백질로 감각과 운동신경을 조절하는 영역이다.

시상하부	-자율신경계의 최고의 중추이다. -에너지 섭취와 소모를 조절해서 체중조절에 관여하는 중추기관이다. -감정 정보를 처리하는 본능의 원천이다.. -스트레스로 인한 교감신경계의 활성화와 관련이 있다. -이상이 생기면 폭력, 자살, 살인 등의 충동적 심리적 문제가 생긴다. -어린 시절 경험한 강한 스트레스는 신경전달물질에 변화를 준다. -반드시 신피질과 연관되어야만 기능을 발휘할 수 있다.

3) 편도체(Amygdala)

　　변연계의 편도체는 정서적 사건과 관련된 기억의 형성 및 저장에 중요한 역할을 수행하는 뇌의 핵심적인 영역으로 알려져 있으며, 특히 공포와 분노 같은 감정의 처리와 기억의 처리를 하며, 위협적 상황이거나 스트레스 유발 사건 등의 위협을 민감하게 감지하며 그 상황에 대해 자동적으로 반응을 한다(김경민 외, 2014). 이 민감성은 스스로에 대한 심리적 불확실성 또는 사회적 위협을 조망할 때와 공포와 불안감정이 더 증가할 때 활성화된다. 그리고 편도체는 부정적 감정과 공포 경험에 대한 기억을 저장하는 기능뿐만 아니라 다른 뇌 부위에 공포기억이 저장되는 과정과 그 기억을 인출하는 역할(정지운 외, 2008)을 하며, 두려움으로 인한 공격성에도 관여를 한다. 편도체에 대한 연구에서 편도체를 제거한 쥐는 공격성과 두려움이 사라졌기 때문에 고양이를 두려워하지 않았다고 한다(Blanchard, 1972; 한정수, 1992).

　　그리고 편도체는 감지된 시·청각 정보의 정서적 단서를 지각할 수 있는 능력이 포함되어 있어서 만약 편도체가 손상이 되면 청각과 시각 자극에 포함된 정서적인 단서를 인지하는 능력이 손상되기 때문에 정서적 정보처리에 문제가 생겨서 정서학습능력이 떨어지게 된다(노은경, 2015). 성인들 중에서 보통의 지능을 가지고 있으며 양쪽 편도체가 손상된 환자에게 사진을 제시한 연구에서, 제시된 사진 속 얼굴의 모습을 보고 환자들은 행복, 슬픔, 혐오의 사진은 정상적으로 분류했지만 두려운 표정이나 화난 표정 사진은 잘 분류하지 못했다고 한다(Bear, et al; 노은경, 2015). 이러한 현상은 편도체가 공포, 분노, 위협적 상황 등에 관여하고 있다는 것을 증명하는 연구가 될 수 있다.

　　인간의 정서와 기억의 원천이라고 하는 편도체에 대한 연구들을 살펴보면, 정서적 변인에 대한 연구와 주요 우울장애 환자들의 뇌영상을 살펴본 연구가 주를 이루고 있는데 우울증 환자들의 편도체(amygdala), 해마(hippocampus), 안와전두피질(orbital prefrontal cortex), 아래띠이랑(inferior anterior cingulate) 영역들의 부피가 감소되었다고 한다(권영준, 이정환, 2021). (띠이랑은 대뇌반구 안쪽 면에서 뇌들보를 둘러싸고 있는 둥글고 긴 이랑을 말한다). 이 영역들의 감소는 정서를 통제하고 조절하는 기능이 약화되고 있다는 것을 의미한다.

이처럼 편도체는 공포, 위협, 불안 감정 등의 상황에서 더 빠르게 활성화되고 있어서 긍정적 정서보다 부정적 정서에 더 강한 활성화 현상을 보인다는 것을 알 수 있다.

편도체	-공포와 분노, 위협상황과 같은 상황에서 더 활성화가 된다. -정서와 기억의 원천이다. -공포경험과 기억을 저장, 인출하는 기능이 있다. -긍정적 정서보다 부정적 정서에 더 강하게 활성화가 된다. -손상되면 시청각 자극에 포함된 정서적 단서를 인지하지 못한다. -정서학습능력이 떨어진다. -두려움이나 화난 표정 사진을 잘 분류하지 못한다.

4) 해마(Hippocampus)

해마는 학습과 기억의 저장 및 재생이 일어나는 영역이며 성체 뇌영역 중 신경발생(neurogenesis)이 일어나는 곳이며 변연계의 일부로 뇌의 안쪽 깊은 곳에 위치해 있는데 사람의 새끼손가락만한 크기의 좌우 한 쌍의 모양이 바다에 사는 해마와 닮아있다고 하여서 붙여진 이름이다. 특히 기억 형성에 중요한 역할을 하는데 단기기억을 장기기억으로 전환해서 보관하며, 공간 내에서 위치와 방향을 기억하는 공간기억, 학습기억, 서술기억의 저장과 인출을 담당하고 있다. 특히 시공간 기억을 올바르게 인식하는 시공간 기억력, 시공간 지남력, 감각 통합능력, 정보 및 집중력의 공고화 등 학습과 기억기능에도 관여를 하고 있는데, 이 이론을 확인하기 위해서 쥐를 대상으로 한 실험에서 사물의 위치와 관계된 기억이 뇌의 해마에 저장된다는 것이 밝혀졌다(이정환, 2015). 또한 중격-해마체계(septo-hippocampal system)를 통해 계획과 검토 등 실행기능에 관여를 하는데(Gray, 1982; 심민영, 2009), 중격(septum)은 뇌의 중심부에 위치하며 뇌의 구조들을 분리하는 막으로, 뇌의 내부를 보호하고 신경세포의 이동 통로 역할과 뇌의 발달에 중요한 역할을 한다. 특히 중격-해마체계는 감정, 동기부여와 기억 형성에 깊이 관여하며, 행동 억제체계에 영향을 미치는 시스템으로, 행동억제체계는 개인이 부정적인 결과를 예상할 때 경험하는 스트레스나 불안 등의 감정을 처리하며(Gray, 1990), 위치는 측두엽 안쪽에 위치하고 편도체와 직접 연결되기 때문에 정서적 기억의 획득, 통합 및 인출을 촉진시키는 상호작용에 관여를 한다(심민영, 2009).

해마의 크기는 대뇌피질에 비해 크기가 훨씬 작지만 학습과 기억에 대단히 중요한 역할을 수행한다. 그 구조를 살펴보면, 정보를 처음으로 받아들이는 치아이랑(dentate gyrus)과 기억이 형성되고 입력된 정보를 가공하여 출력하며 기억을 검색하고 통합하는데 관여를 하는 본해마(hippocampus proper), 그리고 해마의 감각과 운동신경을 조절하는 신피질(neocortex)을 연결하는 경로이며 정보의 출구 역할을 하는 해마이행부(subiculum)로 구성되어 있다. 해마이행부는 입력된 정보를 가공하여 출력하는 역할과 뇌의 다른 영역과의 연결을 통해 정보를 전달한다. 치아이랑에서는 기억의 형성과 관련된 신경 발생이 일생을 거쳐 계속되는데 새로운 세포의 증식과 분화 그리고 신경가소성의 진행에 관여를 하고 있다(이효철, 김현태, 2012). 그리고 치아이랑에서 새롭게 증식된 신경세포의 상당부분은 분화되지 못하고 2-4주내에 사멸되지만, 분화된 미성숙 신경세포(immature neuron)들은 성숙한 신경세포로 발달되는 과정에서 축삭(axon) 및 수상돌기(dendrite)의 길이를 연장시켜 완전한 시냅스를 형성하게 된다(이효철, 김현태, 2012). 시냅스는 신경세포와 신경세포 간의 연결고리로, 시냅스의 연결에 따라 새로운 신경회로망이 증가되는 것이다. 새로운 신경회로망이 증가된다는 것은 새로운 기억 정보를 저장할 수 있는 용량이 늘어난다고 할 수 있다. 즉, 새로운 신경망에 의해 증가된 학습기억, 또는 경험기억들은 인간이 살아가면서 각각의 환경, 상황, 조건에 적응할 수 있는 능력이 늘어난다는 것을 의미한다. 해마의 건강에 치명적인 원인을 제공하는 것은 수면의 질이라고 하는데, 스트레스, 긴장, 우울 분노 등으로 인한 불면증은 해마 능력의 저하를 가져와서(김성은, 2016) 기억과 관련된 해마의 능력이 손상된다. 해마가 손상 또는 제거가 되면 더 이상 새로운 기억을 저장할 수 없게 되어서 시간적, 공간적 위치를 포함하는 상이한 맥락을 구별하지는 못하지만, 독립적인 자극과 강화의 연합을 요구하는 학습이나 기억에서는 해마의 손상이 별다른 영향을 주지 않았다고 한다(Wiener at al. 1989; 신범, 1998). 이것은 기억이 모두 해마에만 저장되는 것이 아니라 대뇌 각 영역의 뇌신경세포에도 기억이 존재한다는 것을 증명한다. 손상된 해마를 회복시키기 위해서는 규칙적인 운동이 해마의 신경세포 증식을 가져올 수 있으며, 특히 달리기, 수영 훈련 등의 운동이 뇌신경세포를 증가시키기 때문에 뇌의 노화 상태나 퇴행성 뇌질환에서는 운동이 신경세포의 생성 및 신경 가소성 개선에 긍정적인 영향을 미친다는 연구가 있다(이효철, 김현태; 2012). 그리고 해마 시냅스를 높은 주파의 자기장으로 자극하였더니 시냅스의 전달 효율이 상승되었으며, 이 현상은 자극이 끝난 이후에도 장시간 지속 되었다고 한다. 이러한 시냅스 효율이 장기적으로 지속된다는 현상을 장기증강(Long Term Potentiation)이라고 하는데, 뇌의 해마에서는 특정 자극이 지속적이고 반복적으로 계속되면 시냅스 가소성이 일어나게 되고 그 자극에 대한 정보가 장기기억으로 바뀌게 된다(이준희, 2016). 이와 같이 해마는 뇌의 인지체계와 연결되어 있어서 새로운 정보를 저장하고 이전에 저장된 정보를 불러오는 역할을 하고 있다.

해마	-기억형성에 중요한 역할을 한다. -단기기억을 장기기억으로 전환하여 보관한다. -공각기억, 학습기억, 서술기억의 저장과 인출을 담당한다. -시공간 기억력, 감각 통합능력, 정보 및 집중력이 있다. -정서기억의 획득, 통합, 인출을 촉진시키는 상호작용에 관여를 한다. -손상되면 시간적, 공간적 위치를 구별하지 못한다. -손상되어도 학습이나 기억에서는 별다른 영향을 주지 않는다. -제거된다면 더 이상 새로운 기억을 저장할 수 없게 된다.

3. 영장류의 뇌(대뇌 피질)

대뇌피질은 140억 개 정도의 신경세포와 모세혈관으로 이루어진 주름 모양이며, 주름의 두께는 2-4mm 정도이고 뉴런(neuron)이라고 부르는 뇌신경세포들의 집합체이다. 그리고 대뇌피질의 피질주름(gyrification)은 신경섬유가 촘촘히 연결된 부분으로 섬유장력(fiber tension)에 의해 이랑(gyri)을 형성하는데 장력이 약하게 연결된 부분은 사이가 멀어져서 고랑(sulci) 이라고 한다(이준용 외, 2017). 뇌의 발달과정에서 가장 늦게 발달되었다는 대뇌피질(cerebral cortex)은 부위에 따라 감각, 운동, 언어 기능과 같은 여러 가지 기능을 수행한다. 인간의 고등 인지 기능과 언어, 판단력 등 객관적이거나 합리적인 사고를 담당하며 있으며 전두엽, 두정엽, 측두엽, 후두엽으로 구성되어 있다(권민정, 2014). 영역별 구분으로는 운동영역, 전운동영역, 감각영역, 체성감각 연합영역, 운동성 언어중추, 감각성 언어중추, 시각영역, 청각영역, 연합영역으로 구분할 수 있다.

맥린에 의해 영장류의 뇌라고 명명된 대뇌신피질(neo-cortex)은 두뇌의 진화과정에서 가장 마지막 단계에서 발달하였다고 한다. '영장류의 뇌'라고 지칭된 대뇌 신피질(이하 대뇌피질)은 모든 생물 중에서 인간이 가장 잘 발달되어 있다. 만약 대뇌피질이 현재의 인간처럼 활성화되고 있지 않았다면 인간은 하급 동물과 다를 바가 없는 것이다. 영장류인 인간의 신체 움직임과 생각, 감정을 조절하는 영역인 대뇌피질은 감각, 사고, 기억, 언어 등의 고등신경 활동(higher nervous activity)을 주관하는(Latash, 2007) 사령탑인 동시에 인지적 정보처리와 운동계획 그리고 인간의 의지에 의해 조정되며 움직일 수 있는 '수의운동'에 관여하는 최고중추이다. 그리고 대뇌피질의 감각기능인 시각, 청각, 촉각(체성감각), 후각, 미각 등의 감각기능에 의해 운동, 판단, 기억, 정보의 가공, 언어 등 다양한 기능을 수행할 수 있어서 인간이 말하고 듣고, 보는 동시에 운동도 할 수 있는 능력이 가능하게 하는 인간의 고차원적인 사고작용과 매우 깊은 관련이 있다(과학기술정보통신부, 2019).

가장 최근까지 진화된 대뇌피질은 해부학적으로 대뇌반구의 특징적인 구(sulcus)나 열(fissure)을 경계로 하여 각 대뇌엽이 있는 부위의 두개골(skull) 이름을 따라 네 개의 엽인 전두엽(frontal lobe), 측두엽(temporal lobe), 두정엽(parietal lobe), 후두엽(occipital lobe)으로 구분하여 명명되어 있다.(Kandel & Schwartz, 2000; 장덕찬, 2010). 네 엽들은 동일한 특성의 세포로 이루어져 있으며 구조적 보편성을 가지고 있지만, 각각의 영역이 구별되어 각기 다른 대뇌피질 외부의 연결 회로망을 가지고 있다(과학기술정보통신부, 2019). 즉, 네 엽들은 서로 다른 외부 연결망에 의해 취득하는 정보가 서로 다르다는 것이다. 그러나 모든 영역들은 각기 다른 정보를 인지하지만, 그 정보들은 서로 공유되어서 각 영역에서 인지된 정보가 통합되어 정확한 분석을 할 수 있도록 협력하기 때문에 인간이 상황에 따른 빠른 대처행동을 할 수 있는 것이다.

대뇌피질은 종주구·세로홈(longitudinal groove)에 의해 흔히 우리가 알고 있는 좌뇌와 우뇌로 나누어져 있다. 구조적으로는 좌·우뇌의 정보를 서로 연결해 주는 신경다발인 뇌량(corpus callosum)에 의해 상호 연결되어 있으며, 서로 다른 방식의 사고를 한다. 뇌량은 좌·우반구의 정보를 서로 다른 한 쪽으로 이동되는 통로 역할을 하고 있다(Myers & Sperry, 1958). 뇌량에 의해 연결된 좌·우반구는 기능적으로 상이한 감정과 지적 정보를 서로 연결하여 통합하는데, 지적 영역 중에서 언어능력과 공간능력의 개인차와 어느 한 손이 다른 손보다 기능이 더 우세한 현상을 나타내는 비대칭성을 나타낸다(박창균, 2001). 또한 우반구와 좌반구는 각각 반대쪽 신체의 감각과 운동과정을 지배하는데 아직까지 정확한 이유는 밝혀지지 않았지만 몸에서 뇌로, 뇌에서 몸으로 가는 정보는 대부분 가는 도중에 왼쪽과 오른쪽 뇌의 정보가 서로 바뀌어 전달된다. 그러므로 왼쪽 손과 발의 운동은 오른쪽 대뇌 반구의 지배를 받게 되며 오른쪽 손과 발의 운동은 왼쪽 대뇌반구의 지배를 받게 된다.

(I) 전전두엽(prefrontal area)

전두엽의 영역 중 전전두엽은 인간의 사고와 행동조절 등을 집행하는 중요한 신경중추로, 작업기억 능력에 내재된 정보를 조작하여 환경에 대한 반응을 적절히 억제하거나 조절하면서, 사회적으로 적합한 방식의 행동계획과 개념형성 능력에 관여하는 최고위 수준의 정신기능을 집행한다. 인간이 느끼는 여러 가지 감정 중에 특히 행복한 감정을 느낄 때는 우측 전전두엽이 활성화된다. 전두엽의 앞부분을 덮고 있는 전전두엽(prefrontal area)은 사람의 생존본능과 성격 등에 관여하고 있으며, 원하는 목표를 달성하고 문제를 해결하기 위해 일의 계획, 사고의 표현, 의사결정, 사회적 행동 조율, 언어의 조율 등 생각하는 것과 생각한 것을 행동과 서로 어울리게 조율하고 통제하는 인지능력이 있다. 그리고 운동기능과 동기유발, 호기심, 공격성, 분위기 등의 조절 중추가 위치하고 있으며, 운동영역 안에는 본인의 의지대로 움직일 수 있는 수의운동(Voluntary Movement)과 본인의 의지와 상관없이 생명을 이어가기 위한 불수의 운동을 자동적으로 조절하는 기능도 위치하고 있다(김윤정, 2017). 불수의 운동은 인간이 스스로 조절하게 된다면 생존에 위험을 초래할 수 있는 심장박동, 내장운동 등 생존과 관련된 운동을 말한다. 만일 전전두엽 피질에 문제가 생긴다면, 판단력 장애, 충동적인 행동, 집중력장애, 혼란, 경험에 의한 학습 능력의 장애, 시간관리장애, 무감각과 같은 증상들이 일어나게 된다.

전전두엽의 영역을 다시 구분하여 보면 크게 배외측 피질(dorsolateral cortex), 복내측 피질(ventromedial cortex), 안와전두 피질(orbital cortex)로 분류할 수 있다(Romine & Reynolds, 2004). 전전두엽의 가장 바깥쪽에 자리한 배외측 피질(dorsolateral cortex)은 작업기억, 개념형성 능력 및 추론 능력, 행동을 지각하고 통합하는 능력, 목표를 세우고 계획하고 조직하여 복잡한 문제를 해결하는 능력 등을 담당한다(Quintana & Fuster, 1999). 또한 기억, 동기, 공감 능력에 관여하고 있어서 특별한 일을 회상하고 평가할 때는 외측 부분이 더 많이 활성화가 된다고 한다. 복내측 피질(Ventromedial Prefrontal Cortex)은 자동화된 반응의 억제와 새로운 학습을 위한 반응의 선택에 관여하며(백현주, 2019), 정서적 함의를 띤 내적정보를 내면의 성찰로 접근할 수 있게 하고. 부정적 감정 발생 등 감정의 조절에 관여한다(정다빈, 2022). 그리고 전전두엽의 앞 아래쪽 부위인 안와전두피질(Orbitofrontal Cortex)은 보상평가와 사회적 의사소통에 관여하며, 정서적 의사결정 및 충동조절, 공격성 조절 등 사회적 행동을 조절하는데 관여를 한다. 특히 정서적 의사결정 및 충동의 조절에 관여하고 있어서(Pandya & Yterian, 1988; 백현주, 2019), 감정적 혹은 정서적 정보들을 상황에 맞게 조절하여 사회적으로 적절하고 필요한 행동을 수행하도록 하는 기능을 담당하고 있다.

영역구분	전전두엽
배외측 전전두엽	작업기억 능력, 행동의 계획 및 조직화, 개념형성 능력
복내측 전전두엽	자동화된 반응의 억제, 새로운 학습을 위한 반응의 선택, 사회적 서열 행동
안와 전두엽	정서적 의사결정 및 충동조절

그리고 전전두엽을 포함한 확장된 변연계의 구성은 감정과 느낌을 인지적 측면과 정서적 측면의 판단을 함께 생성하고 처리하며, 개인의 내적동기와 연관된 정보를 조절하는 역할을 하고 있다. 만약 이 부위가 손상된 경우에는 자신의 행동에 대한 책임감이 없어지며, 감정을 억제하지 못하여 충동적인 성향이 나타나기 때문에 타인의 감정을 공감하지 못하며 사회 부적응적 행동을 하게 된다(정희정, 이영민, 2013). 그러므로 전전두엽의 기능은 정서적 의사결정, 공격성의 조절, 부정적 감정의 조절과 학습능력의 관리 등 다양한 분야에서 작용하고 있는 것을 알 수 있다.

전전두엽은 개인의 언어학습 또는 과제학습에 있어서 매우 중요한 영향을 미치지만, 감각정보를 조절하고 처리하며 주의집중과 정보의 전환에 관여하기 위해서는 전대상회와의 연결이 중요하다. 전대상회는 배외측 전전두피질과 서로 교차 활동하면서 정보를 서로 공유하는 상호작용을 통해 추론과 유사한 고도의 복잡한 과제의 주요 정보를 선별하기 위해서 선별적 주의에 집중하며, 결정하고 행동하는 기능이 있다(Shen et al., 2020).

최근 경북과학기술원이 제출한 연구 논문에서 전전두엽이 사회적 서열 행동에 관여한다는 이론을 제시하였다. 집단생활을 하는 다양한 종에서 공통적으로 관찰되는 사회적 서열 행동은 개체의 생존과 번식에 중요한 영향을 끼친다고 하였다. 특히 주목할 것은 전전두엽의 출력 신경회로망들 중에서 이기는 행동을 하는 mPFC-NAc 회로망과, 지는 행동을 하는 mPFC-VTA 회로망이 있다는 것을 발견하였다(최태용, 2023). 이것은 전전두엽의 판단에 의해 자신이 어떤 행동을 하는 것이 사회적 집단생활에서 유익할 것이라는 것을 판단하는 능력이다. 그러나 사회적 서열행동에 관여하는 것은 전전두엽뿐만 아니라 다양한 뇌 영역에서도 서열 형성에 관여할 것이라고 하는 연구도 있다(최태용, 2023).

사회적 서열행동에 관여하는 이 두 회로망들은 서로 상호작용을 하며, 보상과 관련된 행동을 조절하는데 mPFC-NAc 회로망이 활성화될 때는 보상에 대한 기대감이 높아지고, mPFC-VTA 회로망이 활성화될 때는 보상을 받았을 때의 쾌감이 강화된다. 이 두 회로망에 의해 보상에 대한 기대로 인한 행동 조절과, 보상을 받았을 때의 쾌감에 의한 행동 조절이 가능하다는 것이다. 이것은 자신의 사회적 행동이 주는 행위에 의해 받는 인정 등의 기대와 기쁨이 사회적 서열행동에 관여할 것으로 판단된다.

그러나 중독과 같은 보상 관련 질환에서는 두 회로망이 비정상적으로 작동하기 때문에 mPFC-NAc 회로망이 과도하게 활성화되어 보상에 대한 기대감이 높아질 때는 mPFC-VTA 회로망이 억제되어 보상을 받았을 때의 쾌감이 감소하므로 계속 보상에 대한 기대감으로 인한 연속적 행동에 의해 중독현상이 일어나는 것이다. 즉, 목표를 달성한 후 받을 것이라고 예상되는 쾌감에 의한 기대감 보다는 현재 받고 있는 보상에 대한 쾌감을 멈추지 못하고 지속적으로 받고자 하는 기대에 따라 행동을 하기 때문에 보상에 대한 욕구의 지속에 의해 게임, 약물중독 등의 중독현상이 일어나는 것이다.

mPFC-NAc 회로망	-이기는 행동에 관여한다. -NCA는 보상과 쾌락의 중추이다. -도파민 수용체가 많이 분포해 있다. -보상에 대한 기대감을 조절한다. -보상을 받았을 때 쾌감을 강화한다.
mPFC-VTA 회로망	-지는 행동에 관여한다. -VTA는 도파민 신경 세포들이 모여 있는 곳이다. -스트레스나 불안감을 완화하는 데 도움이 된다.

2) 두정엽(Parietal lobe)

두정엽은 대뇌피질의 중심 고랑 바로 뒤편에 위치하며, 체성감각피질과 측두엽, 전두엽 등의 피질영역으로부터 다양한 정보를 입력 받고 있기 때문에 이 정보들 간의 연합이 이루어지는 장소이다(Kolb & Walkey, 1987; 심범, 1998). 특히 감각적 공간 속에서 대상들의 위치와 환경에 대한 내적인 "공간표상(egocentric representation)"을 유지시키는 데에 중요한 역할을 한다. 공간표상 능력은 주변 환경을 이해하고 탐색하며, 주변의 움직임, 길을 찾는 능력 등에 영향을 미치게 된다. 인간은 시각을 통해 인지된 대상의 움직임과 외부로부터 오는 다른 정보들을 조합하는 기능을 통해 인체의 각 부위별 운동과, 촉각, 공간감각 등을 지각하면서 주변 상황을 이해할 수 있기 때문에 공간표상능력은 매우 중요한 기능이다. 그리고 공간표상능력은 무엇보다도 시각(visual), 청각(tactile), 촉각(tactile)과 같은 감각정보를 입수하여 운동정보를 출력하는데 핵심적인 역할을 하기 때문에 팔, 손, 또는 눈 운동을 통제할 수 있는 고차원적인 운동통제 능력도 있다(Behrmann et al., 2004; 장덕찬, 2010).

두정엽의 기능 중 정서기억(emotional memory)을 처리하고 장기 기억으로 저장하는 중요한 기능도 있어서 의사소통에서 경험한 개인의 정서기억에 관여를 하며, 이 정서기억은 그 사람의 사고와 신념이 되어서 추론능력과 언어를 선택하고 구사하는 능력에 큰 영향을 미치게 된다. 최근 한국뇌과학연구원(2018)에서 fMRI를 사용하여 지능 검사를 하였더니 추론 능력에 관한 문제를 풀 때 후두정엽의 특정 부위가 뚜렷하게 활성화 되었다고 한다. 이것은 사고 및 인식 기능 중에서도 수학이나 물리학에 필요한 입체, 공간적 사고와 인식 기능, 계산 및 연상기능 등을 수행하는데 관여하고 있다는 것을 의미한다. 두정엽은 여섯 살 이후에 본격적으로 발달하기 때문에 이 시기부터 수학 학습에 대한 이론을 이해할 수 있다고 한다. 만약 두정엽의 기능이 저하되면 언어장애를 유발하여 말을 이해하기는 하지만 유창성은 떨어지기 때문에 두정엽의 기능저하를 테스트할 때, 이름 말하기, 따라 말하기, 노래 부르기 등에서 장애가 관찰된다고 한다(노지훈 외, 2004). 그리고 외부에서 들어오는 체감각 정보의 입력이 중단되기 때문에 그에 따라 자신의 몸에 대한 정보 입력이 중지되면서 피부를 통해 분리 되었던 나와 내가 아닌 것들의 구분이 사라지게 되어 나라는 존재감도 사라진다고 한다(한국뇌과학연구원, 2018). 두정엽을 활성화시키기 위해서는 어려서부터 블록 맞추기, 퍼즐 게임, 도형 맞추기, 관련 숫자 및 언어 맞추기를 하는 것이 도움이 되며, 무엇보다도 양육자인 부모와 가족들과 함께하는 긍정 경험이 중요하다.

두정엽의 기능은 아래 표로 정리하였다.

두정엽의 기능

기능	-추론능력이 있다. -언어를 선택하고 구사하는 능력이 있다. -계산 및 연산기능이 있다. -피질 영역으로부터 다양한 정보들을 입력받아 연합한다. -공간 표상을 유지시킨다. -인체의 각 부위별 운동과 촉각, 공간 감각을 지각한다. -손의 촉각을 이용하여 물체를 구별할 수 있다. -주변 환경을 이해하고 탐색하는 공간 지각능력이 있다. -정서기억을 처리하고 장기기억에 관여한다.
손상	-언어의 이해력이 떨어진다. -몸에 대한 정보입력이 중지되며 손, 팔, 눈의 운동이 통제된다.

3) 후두엽(Occipital lobe)

후두엽은 대뇌피질의 4엽 중에서 가장 작은 엽으로 뇌의 뒷부분에 있으며, 이 영역은 시각중추가 있어서 시각 자극을 처리한다. 시각처리기능은 일상생활에서 가장 중요한 부분으로 물체의 색깔, 형태의 움직임, 풍경의 지각 등의 정보와, 물체의 움직임과 방향 등을 인식하며 행동의 방향 등을 예측할 수 있을 뿐만 아니라 사람 개개인의 다른 얼굴들을 알아보며, 그 얼굴들의 표정을 해석하거나 글자나 기호를 인식하며 그 의미를 파악할 수 있는 기능도 있다(문소영, 2008). 이러한 기능은 눈을 통해 입력된 정보의 기본적인 물체의 위치, 모양, 크기, 색상 등 시각적 특성을 1차 시각영역에서 처리하며, 2차 시각영역과 시각연합영역에서는 1차 시각적 정보를 바탕으로 물체 간의 관계와 움직임을 추적하는 등의 판단과 결정을 내리는데 관여한다. 언어학습에 있어서 시각정보가 중요한 것은 사진, 그림, 만화, 도표, 그래프, 개념도, 표, 얼굴표정 등과 같은 자료가 주는 정보를 분석하고 통합하여 이 정보를 언어로 산출할 수 있어야 하기 때문이다.

만약 후두엽이 손상된다면 손상된 위치에 따라 물체를 보아도 그것이 무엇인지 인지하지 못하는 시야 장애가 생겨서 사람이나 사물을 인식하는데 어려움을 겪게 된다. 예를 들어 우반구의 일차시각피질에 광범위한 손상을 입으면 좌측 시야를 볼 수 없는 반맹이 생긴다. 이런 경우 눈, 동공반사 그리고 일부 안구운동은 정상적으로 가능하지만 형태 지각을 할 수 없어서, 물체의 크기와 실제 움직임 상태가 다르게 보이며 색깔이 변해 보이거나 한 물체가 여러 물체로 보이는 착시가 유발될 수 있다고 한다(서울대학교 의과대학, 2014).

후두엽의 기능

기능	-시각처리 기능: 물체의 색깔, 형태의 움직임, 풍경의 지각 -물체의 움직임과 방향을 인식하고 행동의 방향을 예측 -얼굴을 알아보고 그 표정을 해석 -글자나 기호를 인식하고 의미를 파악 -시각자료가 주는 정보를 분석하고 통합 -분석된 정보를 언어로 구조화
손상	-안구운동은 정상이지만 시야장애가 생긴다. -물체의 크기와 움직임, 색깔의 상태가 다르게 보인다. -착시 현상이 유발된다. -우측시각피질에 손상을 입으면 좌측 시야를 볼 수 없다.

4) 측두엽(Temporal lobe)

측두엽은 대뇌의 좌우 관자놀이 주변에 자리하고 있으며 전두엽 다음으로 넓은 면적을 차지하고 있다. 측두엽의 피질하구조로는 변연계(limbic lobe), 편도(amygdala), 해마(hippocampus) 등이 포함되며 뇌 전역과 연결되어 있다. 측두엽의 기능은 소리를 인식하는 청각 능력에 특성화 되어 있어서 언어의 이해 능력과 음악적 능력, 그리고 시각 능력과 연합하여 얼굴과 물체를 인식하기와 인지기능, 장기기억의 일부를 관리하는 기능이 있다. 측두엽의 내측은 장기기억을 부호화(encoding)하고 저장(storage)하며 인출(retrieval)하는 등의 중요한 역할을 하며, 단기기억의 일부도 관여하고 있다고 한다(장덕찬, 2010). 그리고 무엇보다도 언어를 담당하는 베르니케 영역을 포함하고 있어서 청신경을 통해 들어오는 소리의 의미를 파악할 수 있다. 언어를 표현하고 소리로 인출하는 기능은 전두엽의 브로카 영역(Broca's area)이지만, 그 언어의 의미를 이해하고 문장을 구성하는 능력은 측두엽의 베르니케 영역(Wernicke's area)이다. 인간의 의사소통 영역을 지배하는 언어중추인 베르니케 영역은 언어를 이해하는데 필수적인 영역으로 이 영역에 손상을 입으면 말의 소리는 유창하게 하지만, 주제의 의미를 이해하지 못하고 의미가 없는 말을 하며, 타인의 말의 요지를 알아듣지 못할 뿐만 아니라 의미 없는 말을 유창하게 하는 수용언어상실증(sensory aphasia) 증상이 나타난다. 즉, 타인의 언어를 이해하지 못하게 되므로 주제나 요점과는 전혀 관계가 없는 말을 두서없이 하게 되는 것이다.

그리고 측두엽은 감각 자극이 신경계에 들어왔을 때 외부의 자극을 인식하고 분류하여 기억하기 쉽도록 정보를 암호화하여 수 주 동안 기억할 수 있는 능력이 있다. 이러한 기능은 인식과 기억에 매우 중요할 뿐만 아니라 상황에 따른 판단이 필요할 때 사물과 사람의 특징을 재빨리 파악하는 주의력인 집중력과 관련이 있다. 이러한 능력들은 의사소통에서 상대방의 목소리와 음성을 처리하고 해석하는 능력과 정서적 정보처리 능력 그리고 중요한 기억을 관리하고 장기기억(long-term memory)에 저장할 수 있다. 측두엽의 이러한 기능은, 의사소통 상황에서 사람의 목소리와 그 목소리에 실린 감정과 상황 등을 빠르게 파악할 수 있도록 시각적 정보와 청각적 정보를 이해하는 능력이 있기 때문이다. 그리고 이해한 정보는 그 개인에 대해 인식된 하나의 배경지식으로 사용할 수 있어서 의사소통능력을 향상시키는데 중요한 영향을 미치고 있다. 또한 우반구의 측두엽도 의사소통에 주로 관여하는 것으로 알려져 있으며 음악적 이해, 언어의 이해, 얼굴과 물체의 인식, 인지 기능 등의 역할을 담당하고 있다고 한다.

그러나 측두엽이 손상된다면 여러 가지 장애가 발생하는데 장·단기 기억장애, 독서 장애, 대화 중 올바른 언어 선택의 장애, 사회규범을 이해하지 못하는 이해 장애 때문에 분노의 폭발과 같은 많은 부분에서 문제를 일으키게 된다. 그리고 새로운 지식을 저장할 수도 없고 지난 수 주간의 경험들을 기억할 수가 없다. 이처럼 측두엽은 의사소통에서 가장 중요한 역할을 담당하고 있는 영역이라고 할 수 있다.

측두엽의 기능

전체	-언어정보, 사회적 규범 습득, -청각정보처리, 시각적 정보를 활용하여 사물을 인지, -그 사물의 이름을 떠올림, 특징을 파악하는 주의력 -학습한 정보를 암호화하여 저장		
외측 측두엽	-기억, 정서, 청각, 언어(베르니케영역)	우측 측두엽	-의사소통, 언어 -음악적 능력, 음악분석, 얼굴과 물체를 인식 -인지기능, 장기기억의 일부를 관리
손상	-장·단기 기억 저하, 인지기능 저하, 치매 -독서 장애, 의사소통 장애, 사회규범 장애, -분노, 도덕성, 종교성 등의 장애		

5) 운동영역(motor area)

신체운동은 인간의 평생 건강을 좌우할 뿐만 아니라 뇌의 신경계를 성숙하게 하고 인지능력을 발달시키면서 인지적, 사회적, 정서적 각 영역에서 상호 작용을 통해 운동-지각능력을 확장시키며 모세혈관과 골격 및 근육을 발달시킨다(김성재 외, 2007). 특히 유아기에는 몸을 움직이는 운동에 의해 자신의 신체 감각을 지각하며, 이 행동은 세상과의 소통을 시작하게 되는 것을 의미하며 그 후 인지, 정서, 사회적 발달이 이루어지게 된다. 그러므로 건강한 신체 활동은 한 인간으로 성장하기 위한 가장 기본적인 요건이 된다. 이처럼 인간의 생존에 가장 기본적인 운동 영역은 전두엽의 일차운동영역(primary motor area), 전운동영역(pre-motor area), 전두안구운동영역(frontal motor eye), 운동언어영역(motor speech area) 그리고 전두연합영역(frontal association area) 등이 있다.

일차운동영역(primary motor area)은 모든 대뇌피질 중에서 가장 두꺼운 피질을 갖고 있으며 수의운동(voluntary movement)을 담당하는 피라미드로 신경로(pyramidal tracts)가 있다. 이 신경로는 인간이 신체의 어떤 부분을 움직이고자 할 때 원하고 생각하는 의지대로 정교하게 움직일 수 있도록 하는 수의 운동기능의 중추적 역할을 담당하는 곳이다(Conway et al., 1995). 수의운동은 자신이 원하는 운동을 실행하려고 할 때 그 의지가 근육으로 전달되어 숙련된 미세 운동과 동작을 할 수 있도록 해준다. 예를 들면, 걷기, 달리기, 물건을 집는 손동작 등 정확하고 세밀한 운동에 필요한 근육을 조절할 수 있다. 이와 같이 인간은 자신의 의지대로 움직일 수 있는 수의운동에 의해 특정한 근육을 자유롭게 수축하거나 이완할 수 있어서 다른 동물에 비해 훨씬 정교한 활동을 할 수 있다(서덕남, 2006). 특히 걷기, 먹기, 씹기, 손가락, 발가락 움직임 등을 미세하게 조절할 수 있으며, 다른 동물들과 달리 숙련된 손 기술이 발달되었다.

전운동영역(pre-motor area)은 대뇌외측표면에 위치하며 무의식적 운동 및 긴장을 지배하고, 감각자극에 따른 운동에 관여하는데, 시각, 체감각, 청각 자극에 반응을 보이며 운동을 계획하고 실행으로 옮기는 단계에서 몸의 위치, 목표 조정, 적절한 시간을 조절하는 등의 중요한 역할을 한다. 그리고 감각자극에 따른 운동(sensory guided movement) 기능 이외에 뇌의 각 부분을 총괄하는 CEO 역할과 다양한 형태의 단기기억 그리고 정서조절에도 관여한다.

전두안구운동영역은 물체의 움직임을 추적 하는 것과 같은 안구(눈)의 수의성 연동운동을 조절하는 작용을 한다. 만약 이 부분에 손상이 일어나면 손상된 눈 쪽으로 편위(deviation)가 생긴다. 편위는 양쪽 눈의 정렬이 어긋나는 상태로 두 개의 상이 겹쳐 보이는 복시(diplopia) 현상이 나타나기 때문에 시각적 혼란으로 인해 집중력이 떨어져서 눈의 피로로 인한 스트레스가 발생하며 한쪽 눈으로만 보려고 해서 자세가 비뚤어질 수 있는 현상이 나타난다. 운동언어영역(motor speech area)은 브로카 영역(Broca's area)으로 이 부분이 손상되면 말은 알아들을 수 있으나 언어구사에 대한 운동의 잠재기억의 소실로 언어를 구사할 수 없다. 그리고 전두연합영역(frontal association area)은 목적 지향적 계획의 구성과 판단, 충동 조절, 기억, 추리력, 지각력, 연상과 회상 실행기능 그리고 표정 등의 중요한 기능을 담당하며, 손상이 되면 불안정, 산만, 최신기억장애와 과거 경험을 이용하는 능력의 소실 등이 나타난다(서덕남, 2006).

모든 운동영역들은 일차체감각영역 및 시상의 저밀도 세포대(cell sparse zone)에서 구심섬유를 통해 정보를 받는 것으로 알려져 있다(이원택, 2008). 구심성 신경섬유(Afferent Fiber)란 말초 신경계에서 수용된 감각 통증, 촉각 감각정보 등을 중추신경계에 전달하는 역할과 척수 반사와 같은 빠른 반사작용을 하는 신경섬유를 말한다. 반대로 원심성 신경섬유는 중추신경계에서 말초로 내려가는 신경이다.

두뇌의 운동영역을 활성화시키기 위한 손운동에 대한 연구에서, 생활에서 잘 사용하는 우성 손과 비우성 손을 테스트하기 위해서 연속 반응 과제를 내고 반복적인 훈련을 시킨 결과 운동 반응 시간의 변화와 이에 따른 뇌 활성화 정도가 뚜렷이 나타나면서 일차운동영역을 비롯한 전운동영역, 운동보조영역, 두정엽에서 활성화를 보였고 훈련 후에는 이 영역들 모두에서 감소된 활성도를 보였다고 한다. 특히 우성 손보다 비우성 손에서 양측 대뇌반구 좌·우뇌 영역 모두에서 활성화되는 양상을 보였다고 한다(최종원, 2017). 그러나 운동은 기존에 늘 무의식적으로 하는 운동이 아닌 새로운 운동을 할 때 두뇌에 미치는 영향이 더 크다고 한다.

한 연구에서도 익숙하지 않은 운동을 한 후 운동영역을 관찰하였더니 시냅스의 수가 대조군보다 훨씬 더 많이 활성화되고 있다는 것이 보고되었다(조주연, 1998). 특히 새로운 자극의 반복적 사용으로 인해 구심성 신경섬유인 오름섬유(climbing fiber)의 수와 별아교 세포(stellate cell)의 수가 유의하게 증가하였다고 한다(김식현, 2000). 이 연구에 의하면 시냅스가 정교화 되기 위해서는 뉴런에 새로운 자극과 반복적인 사용이 있어야 한다고 한다(조주연, 1998).

그러므로 훈련되어 자주 쓰는 손보다 자주 사용하지 않는 쪽의 손을 운동하였을 때 뇌 활성화 정도가 더 뚜렷하게 나타난다는 것이므로, 언어학습에서도 새로운 것을 배울 때 더 뇌가 활성화 되면서 뇌의 균형적인 발달이 이루어질 것이라고 판단된다. 그러므로 효과적인 의사소통을 위해서는 늘 사용하는 문장, 단어 등만 사용할 것이 아니라 새로운 단어의 사용을 늘리고 문장을 더 자세하게 구성하는 등의 노력을 한다면 우리의 뇌는 그 모든 것들을 지식으로 범주화하여 소통과정에서 의식적인 노력이 없이도 자연스럽게 효과적인 단어와 문장을 사용할 수 있다.

두뇌의 운동영역에 대한 기능과 특성은 아래 표로 정리하였다.

두뇌의 운동영역

전운동 영역	-눈으로 본 물체를 향해 손을 뻗는 등의 동작을 계획하고 실행한다. -소뇌와 상호작용하여 몸의 자세와 균형을 유지하는데 관여한다. -뇌간, 척수 등과 몸의 내부 기관의 움직임을 조절하는데 관여한다.
운동영역	-주로 골격근의 움직임을 조절하며, 수의적 운동을 담당한다. -운동 계획과 실행을 돕는 역할을 한다.

3장 전뇌모델

1. 전뇌모델의 이해
1) 전뇌모델 유형별 학습자
2) 두뇌 특성에 따른 선호 학습
3) 전뇌모델의 자기주도적 학습

2. 전뇌모델 유형과 학습 스타일
1) 전뇌모델 유형별 학습자
2) 두뇌 특성에 따른 선호 학습
3) 전뇌모델의 자기주도적 학습

3. 사회적 기술과 얼굴표정 인식능력
1) 두뇌의 얼굴표정 인식능력
2) 신체적·정신적 고통의 지각경로
3) 사회적 언어능력과 두뇌

I. 전뇌모델의 이해

1) 허만(Ned Herrmann)의 연구

인간의 뇌 기능의 분화와 관련된 연구가 시작되면서 초창기의 허만(Ned Herrmann, 1996)은 Sperry의 좌·우뇌 모형에 영향을 받고 있었지만, 자신이 연구하는 두뇌의 범주에 맞지 않는 부분들을 발견한 후, 스페리(Spery)의 대뇌반구 이론과 인간의 두뇌는 뇌간, 변연계, 대뇌피질의 3층으로 이루어져 있고 주어진 과제에 따라 개별 혹은 상호적으로 작용한다는 맥린(MacLean, 1990)의 삼위일체 모형을 더해서, 정서와 기억의 기능을 가지고 있는 대뇌변연계(limbic system)에 대한 관점을 추가한 전뇌이론을 발표 하였다. 맥린(LacLean)의 삼위일체 두뇌이론 중에서 변연계의 이론을 접목하고, 스페리의 좌우반구 이론을 통합한 다음 두뇌를 상하좌우로 4분면 하였다. 이 후 허만(Herrmann, 1996)은 수만 건의 연구를 통해 언어능력이 없는 뇌간을 제외하고 인간의 정신 활동과 직접적으로 연관된 변연계와 대뇌피질을 좌우 반구의 특성과 결합하여 4분할 모형으로 구성하여 인간특성을 분류하고(김명준, 2003), 좌상뇌, 우상뇌, 좌하변연계, 우하변연계의 4가지 모델로 세분화하여 전뇌모형(Whole Brain Model)을 제시하였다(김경용, 2001; 안은호, 2013).

그의 전뇌 모델은 인간의 두뇌를 주요 영역별로 구분하고 각 영역이 특정한 사고방식과 역할을 담당한다는 것을 구체화하였다. 전뇌모형의 4가지 모델은 활동하는 방법에 따라 각각 고유의 언어, 가치, 정보의 인식방법이 다르며, 각각의 영역에 따라 인지 선호도가 다르다는 것이 나타났다. 허만의 이론에서 맥린이 제시한 삼위일체 뇌 중에서 뇌간의 영역을 제외한 이유는 뇌간은 언어적 기능이 없고 생존본능적인 기능에 특화되어 있기 때문이다.

허만은 전뇌 모델을 연구하면서 좌뇌와 우뇌 한쪽 면이 극도로 발달된 두 그룹에게 특별한 과제를 주었더니 좌뇌형의 그룹은 제시된 시간 안에 구두점까지 완벽한 보고서를 제출하였으나 창의력이 없었고, 우뇌형의 그룹은 제시된 시간을 지키지도 않았고, 보고서도 제대로 되어 있지 않았으며, 과제를 이해하고 해답을 제시하려고 한 것이 아니라 과제의 의미에 대해 철학적인 논의를 하고 있었다고 한다. 두 그룹 모두 제출자의 의도에 맞지 않아서, 그 후 좌뇌형과 우뇌형의 사람들을 섞은 그룹으로 나누어 다시 과제를 제출하라고 하였더니 만족한 보고서가 완성되었다고 한다(안은호, 2013). 그러므로 4분할 뇌의 특성은 어느 한쪽이 더 우월하다고 할 수 없으며, 각 영역이 과제 또는 문제의 해결을 위해 서로 협업하는 것이 중요하다는 것을 알 수 있었다.

2) 좌상뇌의 특징

좌반구의 위쪽 영역인 좌상뇌는 논리적이고 분석적이며 정량적인 사고를 중시하기 때문에 세부 사항을 중요시 하며, 언어와 숫자를 다루는 체계적인 능력이 뛰어나서 문제 해결능력과 계획의 수립에 강점을 보이고 있다. 또한 언어학습과 의사소통능력에서의 좌상뇌는 즐겨 보는 TV 프로그램이나, 영화, 시, 연극, 책, 노래나 예술작업에서 논리적 추론에 근거한 비평적 글을 쓰는 활동을 즐긴다고 한다(유리나, 2009).

특히 좌뇌는 과학자 유형으로 논리적, 분석적, 수학적, 기술적 사고를 담당하고 있으며, 이에 따라 좌상뇌(the upper left cerebral) 성향의 특성은 전형적인 좌뇌 성향을 나타내고 있으며, 변연계의 정서적 감성은 부족하지만 자신의 정서를 인지하고 통제하는 능력은 강하다. 그러나 타인의 정서를 존중하고 배려하는 것에는 미흡하기 때문에 자기 주체적 정서 성향을 보이게 된다. 또한 감정이나 직관에 의존하지 않고 논리적 분석적, 사실에 입각하여 복잡한 문제해결에 효율적인 사고 기능이 있어서(김명준, 2002) 학습의 진척이 없어 포기하고 싶을 때에도 그 감정을 통제하고 목표를 향해 도전하는 정신이 매우 강하다. 선호하는 과제는 과학적이고 기술적이며 숫자와 통계자료를 선호하는 특성을 보이며 현실을 모니터링하고 분석하는 능력이 우월하다. 그래서 의사소통 과정에서도 사실적 논리에 근거한 소통 기능을 선호하기 때문에 추상적인 설명이나 객관성이 나타나지 않는 피드백은 신뢰하지 않으며, 논리적이고 합리적인 의사소통 성향을 보인다. 그리고 애매한 사실과 현상을 구체적인 절차와 시간에 따라 정형화하는 기능을 담당하고 있다.

좌상뇌의 학습능력	-지식과 정보 찾기: 도서관 검색한다. -유용한 정보를 제공하는 강의 청취한다. -예제와 답을 분석하고 정답을 확인한다. -가설을 세우고 그것의 진위 검증한다. -미래의 가능성보다 실체와 현재를 다룬다. -영화, 시, 연극, 책, 노래나 예술작업에서 논리적 추론에 근거한 비평쓰기

허만은 자신이 분할한 뇌 영역별 기능적 특징을 제시하였는데, 일반적인 묘사어와 심리 기능적 특성, 전형적인 관용어 사용 등의 특성으로 설명하고 있다. 그 중 좌상뇌의 기능적 특성으로는 문제해결력, 분석적인 성향, 통계적인 능력, 기술적인 능력, 과학적인 능력, 금전적인 능력으로 구성되어 있으며, 이 특성들은 과제 또는 문제 해결력에 뛰어나며 금전적 인식능력인 숫자 능력이 우수하므로 경영능력이 우수하다고 보

앞다. 그러나 이와 같은 능력이 있음에도 불구하고 대인관계에서의 좌상뇌에 대한 평가는 비판적인 시각이 많다. 계산기, 감정이 없음, 책임을 지지 않음, 쌀쌀한 사람이라는 평가에서 보듯 과업을 해결하고 목표를 달성하는 능력은 뛰어나지만 상대적으로 함께 일하는 팀원에게 책임을 전가하거나 능력이 미치지 못할 경우에는 큰 고민 없이 제외시키는 결단력을 보이고 있다고 볼 수 있다. 또한 언어의 창의성에 따른 두뇌 성향의 연구에서는 좌상뇌 학습자의 경우 다른 유형의 학습자에 비해 창의성이 떨어지는 것으로 나타났다고 한다(김형재 외, 2017).

좌상뇌의 특징

좌상뇌 (이성적 자아) 구조적 통제적 계획적 조직적 순차적	-비판적 시각 -문제해결을 위한 분석적, 통계적, 기술적 접근을 한다. -과학적이며 급진적이고 권위주의적이다. -현실을 모니터링하고 분석하는 것에 익숙하다. -모호한 사실과 현상을 구체적인 절차에 따라 계획을 한다. -시간에 따라 정형화 하는 구조적 사고기능이 있다. -구조적이며 이론적인 틀에 초점을 맞추는 경향이 있다. -정량적 사실에 입각하여 복잡한 문제를 분석한다. -단계적 논리적 분석을 통해 해결책을 제시 한다. -정서를 인지하고 통제하며, 주체적이다. -직관, 느낌보다 논리, 사실적 자료를 사용한다. -문제를 비판적 시각으로 보면 원인을 찾는다. -의사결정과정에서 감정에 거의 흔들리지 않는다. -성취 지향적이어서 성과 위주의 성향을 보인다. -기술적이며, 과학적 요소에 대한 이해가 뛰어나다. -숫자와 통계 자료에 익숙해서 재정적 분석이 뛰어나다. -감정의 변화가 없고 개인적 성향으로 친절하지 않다.

3) 좌하변연계의 특성

　　좌하뇌라고도 불리는 좌하변연계(the lower left limbic)는 좌뇌와 변연계의 특성을 통합한 것으로 '보존적 자아'라는 명칭을 갖고 있는 유형이며, 좌뇌의 객관적이고 순차적인 특성과 함께 타인의 정서와 자신의 정서를 잘 인지하고 조절할 수 있는 능력이 포함되어 있다. 문제를 해결하기 위한 접근 방법으로는 통제적, 보수적, 계획적, 조직적, 순차적 사고기능을 발휘하여 일을 진척시키는 능력과 함께 감정과 직관을 사용하며, 일관된 사고와 관리 및 전술적 계획, 절차, 조직적인 형태, 상황 유지 등을 담당하는 특성이 있다(Herrmann, 1996; 김용익, 2010). 특히 좌하변연계 성향의 개인의 경우 학습 목표를 세우면 목적 달성을 위해 몰입하고, 계획에 따라 교과서를 충실하게 공부하는 장점과 학업에 임할 때에 이론적인 틀에 초점을 맞추는 성향이 있어서 무엇보다도 기본 개념에 충실한 학습의 성향을 보이고 있다. 특히 이 유형의 개인은 임기응변보다는 학습된 지식의 응용사례를 찾아내고 반복학습에 의해 새로운 사례를 정립하는 것을 좋아하며, 컴퓨터 사용을 즐겨한다. 이러한 성향은 창의성에 초점을 맞추는 것보다 현재에 집중하는 충실한 모습이라고 생각된다.

-임기응변보다 주어진 지침을 철저하게 따르기
-교육용 소프트웨어를 가지고 컴퓨터 이용하기
-학습된 지식의 응용사례를 찾아내기
=빈번한 반복연습에 의해 새로운 기술을 연습하기

　　그리고 언어의 유창성에 대한 연구에서는 좌하변연계 유형의 개인이 좌상뇌보다 높았으며, 우상뇌와는 미세한 차이로 낮았다는 연구 결과가 나왔다. 이것은 같은 좌뇌 성향이면서도 변연계의 정서적 접근이 상대방의 감정적 변화를 잘 인지하면서 소통을 하는 성향과 무관하지 않을 것이다.

좌하변연계의 특성

좌하 변연계 (보존적 자아) 구조적 통제적 계획자 조정자 기술자 조직적 순차적	-상세하며 구조적이고 견실하다. -모호한 사실과 현상을 구체적인 절차와 시간에 따라 정형화 하는 구조적 사고 기능이 있다. -타인의 정서와 의사를 인지하는 능력이 있다. -의사소통 능력이 뛰어나다. -목적달성을 극대화한다. -추론에 의거한 구체적인 정보탐색 능력이 있다. -조직적·순차적·계획적이며 통제된 사고패턴을 보인다. -구조적이며 이론적인 틀에 초점을 맞추는 경향이 있다. -계획된 시간표에 의해 일하며, 언제나 같은 방식에 따른다. -책의 이론에 의존하고 안전우선주의 이다. -전통적이고 관료적인 리더십을 제공하며 신뢰성이 있다. -과제를 잘 정리하며 체계화 한다.

2. 전뇌모델 우뇌의 이해

1) 우상뇌의 특성

우상뇌(the upper right cerebral)는 우반구 대뇌피질의 기질적 특징을 나타내고 있어서 '실험적 자아' 유형으로 불린다. 때로는 무모하지만 가능성을 탐지하면 빠르게 적응하며, 직관적이고 전체를 보는 능력이 있어서 작은 단서도 놓치지 않고 통합적인 판단을 내리는 능력이 있다. 우상뇌의 개인은 사업가, 예술가, 탐험가, 극작가 성향을 나타내고 있어서 어떤 문제나 이슈에 대하여 국부적이 아닌 큰 윤곽을 보려고 하며, 팀 지향적이어서 혼자서 문제를 해결하는 것 보다는 팀원과 함께 과제를 할 때 더 빛나고 효율적인 능력을 나타낸다. 학습유형은 시각적 자료를 좋아하고, 새로운 주제에 대하여 자세한 것 대신에 큰 그림이나 문맥을 찾으며 그룹단위 학습에서는 활동적이며, 주도권을 잡는 것을 좋아한다고 한다(유리나, 2009).

-새로운 주제에 대하여 자세한 것 대신에 큰 그림이나 문맥을 찾는다.
-학습 과정에서는 주도권을 잡고 활동적으로 참여한다.
-강의에서 시각자료를 이용한다.
-정답 없는 문제는 한 가지 모범답안을 제시하려고 하지 않고 추측 가능한 여러 가지 답을 찾아낸다.

그리고 유머를 잘 사용하는 등 유창한 언어사용능력과 개방적인 의사소통을 선호하며, 전뇌모델의 4가지 유형의 학습자들 중에서 가장 뛰어난 언어의 유창성을 보였다고 한다(김형재 외, 2017). 뛰어난 의사소통 능력은 팀 안에서도 리더로서의 역할을 담당하며, 리더로서 문제를 해결할 때에는 직관적인 판단능력에 의해 때로는 무모하고

비현실적이라는 평을 듣기도 하지만, 긍정적인 사고로 자신을 동기화하는 특성이 있어서 의사결정이 필요할 결정적 순간에는 절차에 구애받지 않고 직관적이며 풍부한 상상력을 바탕으로 자신의 직관에 따라 움직이는 성향이 강하다(김경용, 2001). 이러한 사고의 유형들은 유전적 특성과 함께 후천적인 경험에 의해서도 형성되기 때문에(Herrmann, 1996), 성장과정에서 반복적인 노출과 훈련에 따라 유전적인 성향이 더 강해지기도 하고 부족했던 부분의 보완이 이루어지는 뇌가소성에 의해 충분히 부정적 특성은 보완되고 강점은 더 강화되는 성향으로 변화될 수 있다.

우상뇌의 특성

우상뇌 (실험적 자아) 직관적 시각적 통합적 예술적 개념적 공간적 은유적	-팀 지향적이고 친근하며 우호적이다. -유머스러우며 개방적 의사소통을 한다. -직관적이고 상상력이 풍부하다. -감정이입을 통한 대인관계를 다루는 능력이 있다. -긍정적 사고로 자신을 동기화하는 능력이 있다. -단서를 놓치지 않고 통합적인 판단을 내린다. -상상, 호기심, 충동적, 모험적 성향이다. -직관에 따라 즉석에서 결정을 내린다. -투입을 달리하여 동시에 진행시킨다. -강력한 리더십을 제공한다. -때로 무모하고 비현실적이며 미숙하다. -엉뚱하고 몽상가적이다. -동시적 사고기능에 의해 일을 능률적으로 진행한다. -변화에 빠르게 적응하며, 가능성을 탐지하면, 변화를 주도 -새로운 사상을 전파한다. -새롭고 혁신적인 가능성을 인정한다. -직관적인, 전체적인 특성이 있다. -미래를 직시하고 전체를 보는 능력자이다. -문제를 전체적으로 바라보며 창의적인 해결책을 제시한다.

2) 우하변연계(right half limbic system)의 특징

마지막으로 우하변연계(right half limbic system)는 우상뇌와 달리 그동안 좌·우뇌의 이론에서 소외되었던 변연계(Limbic system)의 정서적 기능이 강조되었다. 좌하변연계의 특성에서 우뇌 성향의 변연계 특성이 가미되었기 때문에 좀 더 정서적인 특성을 보이고 있다. 따라서 우하변연계는 '감성적 자아'를 가지고 있어서 감정에 민감하고 직관적 판단과 추론에 의거한 구체적인 정보탐색을 통해 과제를 해결하고자 한다. 특히 시각적, 통합적, 예술적, 동시적 사고기능을 담당하며 미래를 직시하고 전체를 보는 능력이 있다(김명준, 2003). 전형적인 특성으로는 문제해결을 위해 접근할 때는 팀 협력과 발전을 중요시하며, 상호 작용과 직관적 판단을 통한 문제해결 방법을 선호한다. 그러나 팀원과의 갈등 상황이 발생하면 과업을 우선시하기 보다는 먼저 갈등 상황을 해결하고자 하기 때문에 과업에 몰두하기 힘들지만 자신의 감정을 숨기지 않고 솔직하게 표현 할 수 있는 특징이 있다. 그리고 다른 사람의 말을 경청하여 영감이나 아이디어를 공유하거나 책의 서문을 읽어 저자의 목적에 대한 실마리를 얻으며, 다른 사람을 가르치기를 즐겨하기 때문에 대부분의 시간을 다른 사람의 이야기를 경청하는 것에 시간을 할애한다고 한다(유리나, 2009).

허만은 수많은 연구를 통해 전뇌모델의 전체적인 특성을 구분하였지만, 남·여의 차이에 대한 특성 차이를 구분하지는 못했다. 그동안 보편적으로 알려졌던 남성과 여성의 두뇌활용을 비교한 연구들은 대부분 남성보다는 여성의 경우 생물학적으로 좌반구의 측두엽이 남자에 비해서 더 길기 때문에 언어의 능력이 남자보다 더 발달되었다고 보는 주장이 있었으며(박창균, 2001), 남성은 시·공간적 능력이 여성보다 더 우세하다고 하였다. 즉, 언어적 능력은 여성이 우월하다고 하는

데, 이것은 언어뇌가 있는 좌뇌의 활성화와 함께 말의 소리를 듣고 그 의미를 이해하는 측두엽의 발달에 의한 것으로 여성이 더 타인의 말을 잘 알아듣고 경청하며 공감하는 능력과 자신의 감정도 잘 전달하는 능력이 발달하였기 때문이다. 말의 의미를 잘 알아듣는 것은 좌뇌 측두엽의 베르니케 영역이며, 그 의미를 말로 표현하는 소리의 영역은 좌뇌의 브로카 영역이기 때문이다. 그리고 남성의 시·공간능력은 오히려 우뇌의 성향에 더 가깝다는 것을 알 수 있으므로 이 이론은 일반적으로 알려진 남자는 좌뇌 성향일 것이며, 여자는 우뇌 성향일 것이라는 보편적 의식에 반한다. 그러므로 남자와 여자의 차이로 두뇌의 특성을 구별할 수는 없으며, 개인의 유전적 특성과 후천적인 환경적 특성에 따라 그 차이가 있다는 것을 알 수 있다.

우하변연계의 특성

우하 변연계 (감성적 자아) 인간적 감정적 표현적 감각적 음악적 영적 독서가 대인관계를 중시	-추론에 의거한 구체적인 정보탐색과 의사소통을 한다. -사람과의 관계 지향적, 타인의 생각과 감정에 관심을 둔다. -대화를 좋아하고 설득력이 있어서 환심을 얻는다. -새로운 것, 새로운 아이디어를 시도한다. -가치를 고려한다. -갈등관계 시 감정에 영향을 받는다. -직관적 판단에 의해 문제를 해결한다. -감정이입, 솔직한 감정표현, 자기노출을 한다. -감정적인 요소들을 잘 인지하고 이해한다. -기분에 민감하고 이야기하기를 좋아한다 -비언어적인 신호를 잘 감지하고 이해한다. -우호집단을 형성하는 그룹 활동을 선호한다. -느낌 지향적이고 가치주도형이지만, 시간 감각에 유연하다. -원인을 비언어적 신호로 바꿔 찾아낸다.

Herrmann(1996); 홍춘우 외(2022)

3) 전뇌모델 학습자의 뇌선호도

사람은 두뇌의 유형에 따라 자신이 선호하는 사고 유형에 따라 문제의 해결 방법, 창의성, 의사소통 유형 등이 달라진다. 허만(Herrmann)은 두뇌가 활동하는 방법에 따라 그 영역이 특화된다는 사실을 알게 되었으며, 스페리(Sperry, 1995)가 제안한 좌·우반구의 영역의 특성, 그리고 맥린의 삼위일체두뇌 모형의 영역들이 모두 보편적이며 일률적인 성향을 보이는 것이 아니라 그 중 한 부분의 영역 특성이 뚜렷하게 우세현상을 보인다는 것을 알게 되었다. 학자들은 개인의 특화된 영역 특성에 따라 좌뇌와 우뇌 또는 4분할 뇌의 특성 중 우세하게 발달한 뇌가 개인의 흥미, 선호, 동기유발, 행동양식을 지배한다는 것을 이해하였으며(김경용, 2001), 이러한 지배력이 바로 뇌의 우성사고 유형이며 뇌선호도의 특성이라는 것을 이해하였다.

아래의 검사지는 허만(Herrmann)의 전뇌모형을 한국적 상황에 맞춰 개발한 HBDI(Herrmann Brain Dominance Instrument) 것으로 두뇌의 선호도 정도를 점수화(profile scores) 하였지만 정신적 신호를 보여주는 것이지 능력을 보여주는 것은 아니다. 이 검사는 두뇌 각 영역의 특징을 기반으로 좌상뇌는 A(fAct), 좌하변연계는 O(fOrm), 우상뇌는 U(fUture) 그리고 우하변연계는 E(fEel)로 표현하였다(손승우, 2016).

HBDI(Herrmann Brain Dominance Instrument)는 개인의 사고스타일 선호의 위치를 나타내주며(김경용, 2001), 두뇌의 선호정도를 점수화(profile scores)하였다(손승우, 2016). 이 검사는 개인의 언어학습 선호도에 대한 지표로도 사용될 수 있다.

다음의 설문지 문항을 읽고 항목별 점수를 아래 채점표에 기입하도록 하여 가장 높은 점수가 나온 것이 본인의 우세 두뇌유형이며, 가장 낮은 점수가 기록된 것이 자신의 열성 두뇌유형이다.

HBDI 두뇌선호도 검사 항목

A. 명사적 접근

*다음에 제시되어 있는 명사를 읽고 자신의 일반적인 특성과 관계된 항목의 번호에 체크하세요.

①매우 그렇다 ②그렇다 ③보통이다 ④아니다 ⑤전혀 아니다

명사	매우 그렇다	그렇다	보통이다	아니다	전혀 아니다
1. 사색적					
2. 계획적					
3. 대인관계					
4. 논리적					
5. 음악 감상					
6. 시각에 민감					
7. 분석적					
8. 표현적					
9. 숫자계산					
10. 감정억제					
11. 상상력 풍부					
12. 감정적					
13. 체계적 절차					

14. 직관적					
15. 순서지킴					
16. 비평적					
17. 전체파악					
18. 기계에 친숙					
19. 인기가 많음					
20. 끈기					
21. 현실 감각					
22. 충동적					
23. 자기표현					
24. 남 돕기					
25. 시간약속					
26. 사람 얼굴 기억					
27. 이론적					
28. 꼼꼼함					

B. 형용사적 접근

*다음에 제시되어 있는 형용사를 읽고 자신의 일반적인 특성과 관계된 항목의 번호에 체크하세요.

①매우그렇다 ②그렇다 ③보통이다 ④아니다 ⑤전혀 아니다

형용사	매우 그렇다	그렇다	보통이다	아니다	전혀 아니다

29. 순차적인					
30. 전체적인					
31. 분석적인					
32. 계획적인					
33. 통제적인					
34. 감정적인					
35. 비평적인					
36. 상상적인					
37. 시간에 민감한					
38. 타인에 민감한					
39. 논리적인					
40. 가르치는 것을 좋아하는					
41. 언어적인					
42. 시각적인					
43. 예술적인					
44. 수리적인					
45. 조직적인					
46. 보수적인					
47. 혁신적인					
48. 이론적인					
49. 실험적인					
50. 직관적인					

51. 끈기 있는					
52. 호기심 많은					
53. 음악적인					
54. 표현적인					
55. 대인 관계적인					
56. 사실적인					
57. 정신적인					
58. 자기주장이 강한					

아래의 표는 각 사분면의 특성을 서술한 것으로 손승우(2016)가 기록한 이론을 그 의미에서 벗어나지 않도록 수정하거나 보완하였다.

C. 문장적 접근

*다음에 제시되어 있는 문장을 읽고 자신의 일반적인 특성과 관계된 항목의 번호에 체크하세요.

①매우그렇다 ②그렇다 ③보통이다 ④아니다 ⑤전혀 아니다

	①	②	③	④	⑤
59. 자신의 의견을 말할 때 논리가 없는 사람을 보면 화가 난다.	①	②	③	④	⑤
60. 나의 생각과 기존의 개념을 통합할 수 있다.					
61. 나는 뚜렷한 명령 체계를 가지고 있는 곳에서 일하고 싶다.					
62 회사 생활에서 가장 중요한 것은 동료들과의 관계이다.					
63 다른 사람이 설명해주지 않아도 척 보면 아는 순간이 많다.					

64. 정리 정돈을 잘하여 필요할 때 항상 꺼내어 쓸 수 있다.				
65. 정확한 증거가 없는 판단은 무의미하다고 생각한다.				
66. 나는 내 생각을 동료들 앞에서 말하는 것에 대하여 별다른 거리낌이 없다.				
67. 나는 정이 많다는 소리를 자주 듣는다.				
68. 나는 어려운 일도 포기하지 않고 열심히 한다.				
69. 토론 중에 상대방의 허점을 잡아내어 비판을 한다.				
70. 나는 직관적으로 문제를 해결하려 한다.				
71. 자원하여 동료들을 돕는다.				
72. 나는 자료의 세밀한 부분까지 자세히 검토한다.				
73. 나는 언쟁에 있어서는 누구에게도 뒤지지 않는다.				
74. 아이들과 보내는 시간이 즐겁다.				
75. 나는 색채나 시각적 디자인에 민감한 편이다.				
76. 코믹 영화를 볼 때는 잘 웃고, 슬픈 영화를 볼 때 잘 운다.				
77. 프레젠테이션을 할 때, 시각적인 효과를 중시한다.				
78. 다른 사람이 의견을 말할 때는 틀린 부분이 무엇인가를 먼저 생각하는 편이다.				
79. 나는 말을 할 때 얼굴 표정이나 몸짓 등을 많이 사용한다.				
80. 나는 유행을 앞서 간다.				
81. 통계적인 보고서를 잘 해석한다.				
82. 하루에 한 번 정도는 기발한 생각을 한다.				
83. 나는 다른 사람의 기쁨이나 슬픔을 쉽게 느낀다.				

84. 어떤 문제를 해결할 때 철저하게 조사하여 결론을 내린다.					
85. 나는 여러 사람들이 낸 아이디어를 종합하는 데 뛰어난 능력이 있다.					
86. 필요하거나 모자란 수량을 빠르고 정확하게 파악할 수 있다.					
87. 규칙을 벗어난 행동은 하지 않는다.					
88. 직관적인 판단보다 이성적인 판단을 선호한다.					
89. 나는 아무리 결말이 궁금해도 처음부터 책을 읽는 편이다.					
90. 필요한 것들은 사전에 미리 준비해 둔다.					
91. 업무에 대한 정의를 내리고 실험하게 한다.					
92. 나는 계산이 빠른 편이다.					
93. 다른 사람을 가르치는 것을 좋아한다.					
94. 내가 알고 있는 것을 설명해 주는 것은 언제나 즐거운 일이다.					
95. 혼자 있을 때 생각이 많은 편이다.					
96. 나는 어떤 일이나 사물, 현상 등을 분석하는 능력이 뛰어나다.					
97. 나는 예술 작품에 관심이 많다.					
98. 나는 정보를 한 번에 한 가지씩 검토하는 경향이 있다.					
99. 나는 노래하는 것을 좋아한다.					
100. 나는 여러 가지 예를 보고, 거기서 하나의 개념을 도출할 수 있다.					
101. 자주 사용하는 기계의 작동 원리에 대해 알고 있다.					
102. 나는 어떤 일을 시작 할 때 계획을 먼저 짜고					

그것에 따라 맞추어 간다.					
103. 길을 가다가 신기한 것을 보면 멈춰 서서 한참을 본다.					
104. 문제를 해결할 때 먼저 철저하게 분석을 하는 편이다.					
105. 음악을 들으면서 일하는 것을 좋아한다.					
106. 어떤 일을 해나가는 데는 나만의 방식이 있고 그것을 바꾸려 하지 않는 편이다.					
107. 나는 무슨 일이 있어도 일을 끝까지 한다.					
108. 나는 신문을 볼 때, 경제면을 가장 먼저 본다.					
109. 동료들 사이에 분쟁이 있으면 나서서 해결하려고 한다.					
110. 그림이나 도형의 입체감을 잘 떠올릴 수 있다.					
111. 새로운 방식을 접하기보다는 내가 늘 하던 방식을 선호한다.					
112. 나는 대화 시에 상대방의 감정을 배려하는 편이다.					
113. 계획한 것은 반드시 실행한다.					
114. 나는 작은 것에 신경 쓰기보다는 전체적인 큰 그림을 보려한다.					
115. 식구 중 누군가 아프면 간호를 도맡는다.					
116. 공상하는 것을 좋아하고 즐긴다.					
117. 나는 약속 시간을 잘 지킨다.					
118. 어떤 문제에 대한 해결책을 빨리 발견하는 편이다.					

손승우(2016)

점수를 모두 더하여 아래 표에 기록한다. 가장 높은 점수가 자신의 우세 두뇌유형이며, 가장 낮은 점수가 열성 두뇌유형이다.

HBDI 두뇌선호도 검사 항목별 점수 계산표

항목	두뇌선호도 점수				항목	두뇌선호도 점수				항목	두뇌선호도 점수				항목	두뇌선호도 점수			
	A	O	E	U		A	O	E	U		A	O	E	U		A	O	E	U
1					31					61					91				
2					32					62					92				
3					33					63					93				
4					34					64					94				
5					35					65					95				
6					36					66					96				
7					37					67					97				
8					38					68					98				
9					39					69					99				
10					40					70					100				
11					41					71					101				
12					42					72					102				
13					43					73					103				
14					44					74					104				
15					45					75					105				
16					46					76					106				
17					47					77					107				
18					48					78					108				
19					49					79					109				
20					50					80					110				
21					51					81					111				
22					52					82					112				
23					53					83					113				
24					54					84					114				
25					55					85					115				
26					56					86					116				
27					57					87					117				
28					58					88					118				
29					59					89									
30					60					90									

두뇌유형	A(좌상뇌)	O(좌하뇌)	E(우하뇌)	U(우상뇌)
점수				

3. 전뇌모델 유형의 학습자

허만의 전뇌 이론은 개인의 인지적 사고방식과 본능적 사고방식을 구분하여 개인의 행동에 대한 이해와 예측을 가능하게 한다(홍춘우 외, 2022). 인지적 사고방식은 모든 상황을 통합하여 이성적 판단을 내리는 전두엽의 기능으로, 제공된 정보의 객관성과 명확성을 논리적으로 먼저 분석한 후 자신의 배경지식과 사실에 근거하여 판단을 내리고자 한다. 그리고 순서에 따라 상황에 접근하려고 하며, 주관적인 감정이나 편견을 배제하고 오직 사실에 근거하는 추론을 통해 합리적이고 객관적인 아이디어를 도출하는 능력이 있다. 그러나 이 방식은 위협적이고 긴급한 상황에서 대처하는 행동이나 의사결정이 늦어지는 경향이 있다.

인지적 사고방식	-명확한 논리와 합리적인 근거에 기반 하는 사고방식이다. -데이터, 사실, 증거 등을 중시하며 감정에 휘둘리지 않는다. -문제를 분석하고 순서에 따라 접근한다. -주관적인 감정이나 편견을 배제하고, 사실에 근거하여 판단한다. -복잡한 문제를 체계적으로 접근하고 해결한다. -초기 단계에서 많은 준비와 분석이 필요해서 시간이 걸린다.

본능적 사고방식은 인간의 생물학적 본능인 뇌간(brain stem)의 생존본능 그리고 변연계의 감정적 대응과 연관된 사고방식을 기반으로 판단하기 때문에 문제 상황에서 인지적 판단을 기다리지 않고 직감적인 판단을 할 수 있어서 신속한 의사결정이 가능하며 복잡한 문제에 빠르게 대처할 수 있다. 그러나 본능적 사고방식은 자신의 감정이나 개인적인 취향이 판단에 영향을 미치기 때문에 편견이나 고정관념에 빠질 가능성이 높아서 객관성이 떨어질 수 있다. 이처럼 인간은 인지적 사고와 본능적 사고방식 모두를 지니고 있으며, 상황에 따라 적절한 사고방식을 선택하게 된다.

그러므로 본능적 사고방식은 긴급한 상황 또는 빠른 결정을 내려야 할 때 효과적이지만 장기적인 계획이나 복잡한 문제 해결 상황에서는 객관적인 검증 과정이 부족하여 잘못된 판단을 내릴 수 있다. 인지적 사고방식과 본능적 사고방식은 서로 상이하지만, 상황에 따라 적절히 조화롭게 사용하는 것을 통해 보다 균형 잡힌 사고와 결정을 내릴 수 있다.

본능적 사고방식	-명확한 논리적 근거보다 본능적인 느낌이나 감각에 따른다. -즉각적인 직감에 따라 사고하고 행동을 한다. -언어외의 비언어적 신호나 감정을 중요하게 여긴다. -과거의 경험이나 기억을 결합하여 문제를 해결한다. -감정이나 개인적인 취향이 판단에 영향을 미친다. -신속한 의사결정이 가능하다. -복잡한 문제 상황에서 쉽게 접근할 수 있다. -직감에 의지하기 때문에 결과가 예측 불가능하다. -개인의 편견이나 고정관념이 영향을 미칠 수 있다. -논리적인 검증 과정이 부족해서 잘못된 판단을 내릴 수 있다.

l) 전뇌모델 유형별 학습자

전뇌모델에서 개인의 학습스타일을 살피기 위해 문장의 내용에 어떻게 반응하는지에 대한 자극검사를 시도한 김명준(2003)의 논문에서 보면, 좌상뇌의 개인이 문장에 반응할 때 형용사를 사용하는 감정단어에 큰 흥미를 보이지 않았으나 문장검사에서는 오히려 높은 반응을 보였다고 하였다. 이것은 정확한 것을 선호하는 좌뇌 성향에 기인하는 것으로 의사결정시에 느낌과 직관보다는 논리를 사용하기를 원하는 기질과 관련이 있다. 좌하변연계 성향 개인의 경우에는 문장자극에 대한 선호도가 가장 높았지만 단어자극과 형용사 자극에서도 높은 수치를 보여주고 있는데 이것은 계획적이고 순차적인 성향에 따라 세심하고 탐색적이며 합리적인 성향과 관련이 있다. 우하변연계의 경우에는 형용사와 문장 자극에 반응이 높은 것으로 나타났는데 우하뇌의 성향이 타인에 대한 높은 관심과 호기심 그리고 능숙한 언어 표현력을 지니고 있으므로 이러한 학습 성향에 기인할 것이다. 그리고 우상뇌의 경우에는 문장과 형용사 자극에서 가장 높은 반응을 보였지만 단어자극에는 모든 두뇌 성향의 사람들보다 가장 낮은 점수를 나타내었다. 이것은 상황에 대한 사고 판단이 논리와 분석에 의거하는 것보다 시각적이고 예술적이며, 느낌 그리고 직감 등의 특성을 가지고 판단을 하는 성향에 기인된 것으로 보인다(홍춘우 외, 2022).

전뇌모델의 언어학습 스타일과 우성사고 즉 정보를 인식하는 좌·우뇌 중 우세 능력이 있는 영역이 학습정보를 우선적으로 먼저 선택하는 뇌선호도를 확인할 수 있는 두뇌우성사고 설문지는 허만의 이론을 기본으로 안은호가 연구한 설문지를 인용하여 14, 15번을 추가하였다. 아래 문제를 체크하여 자신의 제1 성향과 제2 성향을 분석한 후 부족한 부분에 대한 이해도를 높이고, 부족한 부분의 학습을 극복할 수 있는 전략을 세울 수 있으며, 동시에 강점은 더 증가시켜서 학습 목표를 달성하기에 무리하지 않은 계획을 세울 수 있을 것이다. 가장 높은 점수가 학습할 때의 두뇌 우성유형이며, 가장 낮은 점수가 열성유형이다.

전뇌모델 우성사고유형 학습 측정 설문지는 아래 표로 정리하였다.

전뇌모델 우성사고유형 학습 측정 설문지

(Herrmann Brain Dominance Instrument; 지배뇌 측정)

1. 나는 학습을 시작하는 과정에서 다음과 같은 역할을 선호한다.	a. 데이터와 정보를 살펴본다. b. 체계적으로 해답과 대안을 찾는다. c. 다음 사람들의 의견을 듣고 아이디어와 직관력을 공유한다. d. 세밀한 부분보다 전체 그림과 내용을 본다.
2. 숙제를 하는 경우에 나는~	a. 상세한 것 보다 전체 틀에서 정보를 논리적으로 정리한다. b. 숙제를 세밀, 깔끔, 성실하게 처리한다. c. 이유를 묻고 각각의 의미를 살펴보며, 자신에게 학습 동기를 부여한다. d. 학습을 보다 흥미롭게 만들기 위해 활발하게 주도권을 잡고 일한다.
3. 새로운 자료를 공부하는 경우에 당신이 선호하는 것은?	a. 정보를 주는 강의를 듣는다. b. 결점과 단점을 찾아내기 위해 이론과 절차를 검증한다. c. 목적에 맞는 단서를 찾아내기 위해 서문을 읽는다. d. 묘사를 해보고 만일 이러하면 어떤 일이 일어날까를 생각한다.
4. 나는 이런 것을 좋아한다.	a. 교재를 읽는 것을 좋아한다. b. 실험을 단계별로 하는 것을 좋아한다. c. 말하고 관찰하고, 검증하고, 듣는 것을 좋아한다. d. 말보다는 시각자료를 이용한다.
5. 새로운 자료를 공부하는 데 있어서 나는 다음을 선호한다.	a. 예제문제와 해답을 분석한다. b. 실험결과에 대한 순차적인 보고서를 쓴다. c. 만져보고 관찰하여 바로 해보는 학습을 좋아한다. d. 예가 없는 문제를 골라 몇 가지 예를 찾는다.
6. 문제를 풀 때와 풀고 나서 나는~	a. 아이디어들을 이성적으로 생각해 본다. b. 배운 지식들의 실제 활용을 생각해 본다. 이론은 충분하지 않다고 생각한다. c. 그룹으로 탐구하는 기회와 그룹 토의하는 것을 활용한다. d. 문제의 독특함과 그 해결책이 탁월함을 음미한다.
7. 나는 이런 것을	a. 과학적인 방법을 가지고 연구한다.

선호한다.	b. 예제 소프트웨어를 가지고 컴퓨터를 활용한다. c. 그룹으로 공부하는 기회와 그룹 토의하는 것을 활용한다. d. 다양한 아이디어를 받아들이는 브레인스토밍 세션을 주도한다.
8. 프로젝트를 추진함에 있어 내가 선호하는 것은?	a. 가설을 설정하고, 옳고 그름을 검증한다. b. 프로젝트와 추진일정을 설계하고 주어진 일정에 맞추어 일을 추진한다. c. 실험에 관찰한 바를 철저하게 기록한다. d. 아이디어와 그 가능성에 대해 설명한다.
9. 나는 흔히 다음과 같은 방법으로서 새로운 아이디어를 흡수한다.	a. 완벽한 상황에 적용해서 b. 주도면밀한 분석을 집중해서 수행함으로 c. 다른 아이디어와 비교 분석해서 d. 현재 또는 미래의 활동과 연계해서
10. 스스로 학습자료를 읽을 때 다음에 집중한다.	a. 정보로부터 추출한 아이디어 b. 정보에 의해 지지되는 새로운 발견의 진실 c. 추천이 되어 있는지의 여부 d. 결론과 경험의 상관관계
11 사람들이 토론하는 경우에 나는 이런 편을 선호한다.	a. 사실과 논리에 입각한 아이디어를 제시하는 편 b. 논쟁을 가장 강력하게 단순하게 표현하는 법 c. 자신의 개인적인 의견을 반영하는 편 d. 앞으로의 일로 전체 그림을 그려주는 편
12. 새로운 선택을 하는 경우에 대부분 다음에 근거한다.	a. 미래의 가능성보다는 실제와 현재의 상황 b. 세밀하고 완벽한 연구 결과 c. 사람들과의 대화 d. 직감
13. 문제를 분석할 때 다음과 같이 하는 경향이 있다.	a. 문제를 좀 더 확장된 이론으로 연결하려고 한다. b. 문제를 해결하는 가장 최적의 절차를 찾는다. c. 다른 사람들이 이 문제를 어떻게 해결했는지 상상해 본다. d. 문제의 독특함과 해결책이 탁월함을 음미한다.
14. 과목을 선택할 때 나는	a. 부족한 과목을 더 많이 해야 한다고 생각한다. b. 잘하는 것과 부족한 것의 비율을 맞추려고 생각한다.

	c, 친한 친구가 선택하는 과목을 따라서 한다. d, 내가 잘한다고 생각하는 것을 먼저 선택한다.
15. 어려운 과제를 할 때 나는	a. 이해한 내용을 다시 복기하고 참고서를 보며 스스로 해결하려고 한다. b, 이해가 되지 않는 부분은 선생님께 다시 질문한다. c, 친구의 노트를 활용한다. d, 포괄적인 내용을 이해하고 있기 때문에 괜찮다고 생각한다.

안은호(2013)에서 보완

아래 칸에 합산된 점수를 채워서 가장 높은 점수가 자신의 우성유형이며 가장 낮은 점수가 열성유형이다.

a=좌상뇌, b=좌하변연계, c=우하변연계, d=우상뇌이다.

a: 좌상뇌	b: 좌하변연계	c: 우하변연계	d: 우상뇌

2) 두뇌 특성에 따른 선호학습

좌·우뇌의 특성의 학습자와 삼위일체모델 특성의 학습자 그리고 전뇌모델 유형별 학습자의 학습스타일과 선호 과목은 모두 다르다. 스페리(Sperry,)는 두뇌의 좌반구와 우반구가 기능상으로 각기 한쪽으로 치우친 비대칭성의 특징을 가지고 있다고 주장하였으며, 이러한 편재화(lateralization) 현상에 의해 언어능력, 공간능력 등의 기능에 개인차가 있으며, 학습 스타일과 문제의 접근적 방법, 전형적인 관용구와 부정적 측면 등이 모두 다르기 때문에 어느 한 손이 다른 손보다 기능이 더 우세한 현상 등으로 나타난다고 하였다(Hopeman & Davidson, 1994).

좌·우뇌 성향을 지닌 학습자가 선호하는 과목을 보면, 좌뇌 성향의 학습자는 영어, 사회, 수학, 과학에서 더 흥미를 느꼈으며, 우뇌 성향의 학습자는 음악, 공예, 미술, 문학창작 과목에서 더 성적이 좋았다. 이처럼 좌뇌와 우뇌 성향의 학습자들이 선호 하는 여가활동의 선호도는 상이하였다. 허만(herrmann)은 스페리의 생물학적 뇌에 대한 관점을 생물학적 관점이 아닌 뇌의 사고기능과 연관해서 관심을 갖게 되었다. 그는 스페리의 좌·우뇌의 기능에서 감정 정보를 받아들이고 이 정보를 분류하여 대뇌로 전달하는 기능에 의해 정확한 사고와 정서적 인지능력이 나타나도록 하는 변연계의 특성이 보완되어야 한다고 판단하였다(Herrmann, 1996). 그에 의하면, 좌뇌에 속하고 분석적 사고를 하는 좌상뇌의 사고 특성은 자료 분석, 위험평가, 통계, 예산 부분에서 우월한 특성을 보이며, 의사소통을 할 때는 분석적이며, 논리와 추론에 근거한 소통방식을 한다고 판단하였다. 특히 좌상뇌 특성의 개인은 물질적, 학구적, 권위적인 특성에 따라 성취 지향적이며 성과위주의 성향을 가지고 있다고도 주장하였다(임인정, 2010).

영역		선호도
선호과목	좌뇌	영어, 사회, 수학, 과학
	우뇌	음악, 공예, 미술, 문학창작
여가 활동	좌뇌	뜨개질, 수집, 카드놀이, 독서, 글쓰기, 웅변
	우뇌	낚시, 그림 그리기, 여행, 운동경기 관람, 축구, 악기 연주

김명준(2003)

학습영역에서의 특성도 좌상뇌, 좌하변연계, 우상뇌, 우하변연계 성향 학습자의 특성이 모두 달랐다. 학습과정에서 좌상뇌 성향의 학습자는 시각적 정보보다 청각적 정보에 더 빠르게 접근하였으며, 학습 시 답을 먼저 구하려고 하는 것이 아닌 그 문제의 개념을 이해하려고 하였다. 좌하변연계(좌하뇌) 성향의 학습자는 학습에 임하기 전에 먼저 학습에 대한 계획을 세우고, 과제를 제출할 때 시일이 다소 경과하더라도 정확한 결과물을 제출하는 것에 더 중점을 두었다. 우상뇌 학습자는 청각정보보다 시각정보에 대한 이해력이 더 좋았으며 사실을 배우는 것이 개념을 배우는 것 보다 더 쉽다는 반응이었다. 그리고 우하변연계(우하뇌) 학습자는 혼자서 공부하는 환경보다 팀으로 함께 하는 것을 더 선호하였다(김명준, 2003).

두뇌 영역	학습 유형
좌상뇌	-시각정보보다 청각정보에 더 익숙하다. -언어적, 계열적, 논리적, 분석적인 방법으로 과제를 해결한다. -과제를 제출할 때 마감시간을 지킨다. -사실보다 현재 상황이 일어난 원인, 개념에 더 관심이 있다. -과제를 사실에 기초한 자료로 작성한다. -숫자, 통계 과목에 더 우수하다.
좌하 변연계	-학습 목표를 세우고 계획을 짠다. -시일이 걸려도 정확한 결과물을 제출하고자 한다. -평소 자료를 잘 정리해 놓는다. -잘 정리된 환경에서 공부하는 것을 선호한다. -순서에 입각한 체계적인 절차에 따른 학습을 한다. -팀원이 놓친 잘못된 자료를 잘 찾아낸다.
우상뇌	-청각정보보다 시각 정보를 더 잘 기억한다.

	-시각적 교제를 사용하는 수업이 더 좋다.
	-공간 지각력이 좋아서 도형의 입체감을 잘 이해한다.
	-시·공간적, 직관적 능력에 의해 과제의 전체적 맥락을 본다.
	-개념에 집중하는 것 보다 사실을 배우는 것이 더 좋다. (예: 문제의 개념보다 답을 찾아가는 것이 더 좋다.)
	-과제의 객관적 해답보다 창의적인 해답을 제출한다.
우하 변연계	-팀 과제에서 내가 해답을 주장하기보다 대세를 따른다.
	-문제를 어떻게 해결하는지 그 방법에 관심이 많다.
	-혼자서 공부하는 것 보다 동료들과 함께 하는 공부가 더 좋다.
	-음악적 감각이 있으며, 감정적인 표현에 능숙하다.

김명준(2003)에서 수정 보완

김대용(2008)의 연구에서는 스페리의 반구모형인 좌뇌와 우뇌를 기점으로 하는 삼위일체 두뇌모형의 대뇌피질, 변연계, 뇌간의 성향과 허만의 전뇌모형의 좌상뇌, 좌하변연계, 우상뇌, 우하변연계의 기능과 특성을 모두 정리하였다.

구분	반구 모형	삼위일체모형		전뇌모형	
성향 구분	좌뇌	대뇌 피질	정신기능 목적지향적 창조적 개념적	좌상뇌	논리적 사고 실증적, 이성적, 비판적 분석적, 권위주의
		변연계	감정처리 신체균형조절 감정의 전이	좌하 변연계	계획적, 순서적 사실의 조직화 기술에 치중 자료 수집적 보수적인 통제된, 명확한

우뇌	대뇌 피질	위의 좌측 대뇌피질과 동일하다.	우하 변연계	정서적, 감각적, 직관적 음악적, 사교적, 상징적 사람 지향적
	변연계	위의 좌측 대뇌변연계와 동일	우상뇌	시각화, 개념화, 직관적 동시적, 종합적, 예술적

김대용(2008)

3) 전뇌모델의 자기주도적 학습

　　학습자가 자율적으로 학습을 수행한다는 관점에서 자율학습, 자기계획 학습, 자기규제 학습 등의 용어로 사용되는 자기주도 학습(self-directed learning)은, 타인의 도움 없이 자기 스스로 학습 목표를 설정하고, 효율적인 학습전략을 사용하며 학습 결과를 스스로 평가하는(Knowles, 1975) 메타인지 능력을 요구하고 있다. 즉, 자기주도 학습은 학습자로 하여금 학습상황에서 강제적으로 요구되는 학습상황이 아닌 스스로의 선택에 의해 학업을 진행하는 능동적인 학습모델이다. 그러므로 자신의 학습 수준을 스스로 진단할 수 있으며, 목표를 설정하고, 학습에 필요한 인적, 물적 자원을 확보하는 능력과, 적절한 학습전략을 선택하여 실행한 후에 학습결과에 대해서도 스스로 평가해서 학습과정에서 나타나는 문제를 탐색하고 해결할 수 있는 전체적인 능력이 요구하게 된다.

　　자기주도 학습자의 특성은, 학습기회에 대한 개방성과 효율적이고 독립적인 학습자로서의 자아개념, 학습에 대한 솔선수범과 독립심, 자신의 학습에 대한 책임감, 학습에 대한 애정과 열정, 미래지향적인 자기이해, 창의성, 기본 학습 기능과 문제해결

기능을 사용하는 특성이 있다(Guglielmino, 1992). 그리고 학습을 이끌어 나가는 능동적인 힘을 지속시키기 위해서는 학습목표를 향한 지향성과 목표를 달성할 수 있다는 자기효능감이 무엇보다도 중요한 요인으로 작동한다. 학습에서 자기효능감이란 연구자마다 다양하게 이루어지고 있으며 보편적으로 개인이 어떤 특정 목표를 성취하기 위하여 필요한 행동을 조직하고 실행하는 자신의 능력에 대한 믿음을 말한다(Bandura, 1986).

자기주도 학습자의 관점은 학자에 따라 변화되어 왔으며 학습자에 의해 관리되는 학습과정에 대한 초점(Knowles, 1975)에서 시작하여 학습자의 자기주도성에 관점을 두면서 개인의 인지적, 정서적 특성에 초점을 두었다(Oddi, 1985). 그 후 학습자의 내적 특성과 환경과의 상호작용 측면을 통합한 통합적 자기주도 학습에 관심을 두게 되었다(Hiemstra, & Brockett, 2012). 자기주도 학습의 진행을 위한 주요 구성요소들에 대해서는 학습 노트의 관리, 일상의 생활시간과 학습시간의 효율적인 관리, 그리고 학습목표를 성취하고자 하는 내·외적 학습 동기 등이 필요하다고 한다(조순오, 2022).

자기주도 학습의 구성요인에 대한 여러 학자들의 연구에서 공통적으로 나타나는 것은 시간관리의 중요성과 이 학습을 해야 하는 분명한 학습동기, 학습한 내용을 잘 정리한 노트관리, 문제를 포기하지 않고 해결하는 과제해결 능력 등이 주요한 요인들로 제시되고 있었다. 그 외 학습 환경조성, 시험 치기, 자기 점검, 집중력 향상 등이 있지만 더 중요한 것은 허만의 전뇌모델에 의거한 학습 성향을 인지하고 자신의 장점은 더 살리고 단점은 보완할 수 있도록 자기점검, 자기인식의 중요성이 대두되고 있다. 또한 자신의 정보인식 모델을 탐색한다면 허만의 학습 스타일과 함께 학습자 자신의 학업 유형을 이해할 수 있기 때문에 더 긍정적이며 집중적으로 자기주도 학습에 임할 수 있을 것으로 판단된다.

자기주도 학습자의 구성요소

학습에서의 자기주도성 관점	학습자의 자기주도성 관점	통합적 자기주도적 관점
학습자에 의해 관리되는 학습과정에 초점	개인의 인지적/정서적 특성에 초점	학습자의 내적 특성과 환경과의 상호작용 측면을 통합

출처: 이민영(2018)

그 외 많은 학자들이 주장한 자기주도 학습의 주요 이론들은 아래 표로 정리하였다.

자기주도 학습의 구성요인

학자	구성요인
Brown(1954)	노트 관리, 시간 관리, 읽기, 학습 동기, 학습조직
Brown(1981)	노트 관리, 시간 관리, 읽기, 시험 치기, 기억술, 집중력 향상, 학습 동기, 보고서 작성, 구두 표현
Jackson(1974)	노트 관리, 시간 관리, 읽기, 시험 치기, 학습조직, 학습 공간
Michael(1985)	학습 불안, 학습 동기, 학습 환경 조성, 도움 구하기
Weinstein (1987)	시간 관리, 시험 치기, 집중력 향상, 학습 태도, 학습 동기, 학습 환경 조성, 정보처리
Rhody(1993)	학습 동기, 학습 태도, 시간 관리, 학습 불안, 집중력 향상 정보처리, 시험 치기
Dimon(1994)	일기, 시간 관리, 노트관리, 수업청취, 시험치기, 과제해결
Kimes(1998)	노트 관리, 시간 관리, 자기 점검, 과제해결
Sakelaris(1988)	조직화, 시간 관리, 자기 점검, 과제해결
Rush(2000)	노트 관리, 참고문헌 활용, 조직하기, 시간 관리, 읽기, 학습관리

조준호(2021)

1부 참고문헌

(1989). Piaget의 인지발달과 뇌반구의 인지기능 분화와의 관련. 아주대학교 논문집, 11, 141-174.
교육과학기술부(2009). 뇌 행동이상과 시냅스 가소성 연구.
과학기술정보통신부(2019). 대뇌피질 신경회로의 기능적 다양성 및 발달기전 규명을 통한 뇌기능 이상 해법 도출.
과학기술통신통신부(2019). 뇌에서 기억이 저장되는 장소규명: 70여 년 전 제안된 헵의 기억 학설, 최초로 증명되다.
과학기술정보통신부(2019). 대뇌피질 신경회로의 기능적 다양성 및 발달기전 규명을 통한 뇌기능 이상 해법 도출.
구윤정(2013). 대뇌 피질 세포 구조 지도와 확산 텐서 기술을 이용한 시상 분할. 한양대학교 의생명공학전문대학원 석사학위논문.
권민정(2013). 과학영재의 뇌 활용 성향과 다중지능, 과학 창의적 문제해결력 간의 관계 분석. 이화여자대학교 석사학위논문.
권영준, 이정환(2021). 노인 아임상 우울군에서 편도체 세부영역 부피의 특징. 정신병리학, 25(2).
김경민, 김민경, 이상혁(2014). 불안 관련 장애의 신경생물학적 이해. 생물정신의학, 21(4).
김경용(2001). 두뇌지배(Brain Dominance)와 직무의 적합성이 직무만족에 미치는 영향에 관한 연구: Herrmann의 전뇌모형(Whole Brain Model)을 중심으로. 한양대학교 대학원 석사학위 논문.
김경년(2019).   , 연하, 미각 연구, 학문연구의 동향과 쟁점, 9, 153-179.
김동일(2005). 학업상담을 위한 학습전략 프로그램. 서울: 학지사
김명준(2003). 개인의 뇌 활용성향 측정도구의 개발 및 적용: 학습스타일과의 관계. 광운대학교 박사학위논문.
김성은(2016). 화재진압 소방관과 건강한 일반인의 혜마 체적 비교. 이화여자대학교 석사학위논문.
김성재(2007). 발달적 게임과 교육체조를 통합한 유아동작교육활동의 적용효과. 중앙대학교 박사학위논문.
김용익(2010). 교육대학교 학생의 두뇌우성사고 유형 분석과 실과교육에의 시사. 한국실과교육학회지, 23(2), 97-116.
김유미(2002). 두뇌를 알고 가르치자, 학지사.
김유미(2006). 뇌 발달 접근에서 본 유아교육의 방향
김윤정(2017). 심리운동 적용이 지적장애 아동의 뇌파 및 행동에 미치는 영향. 한신대학교 박사학위논문.
김윤환(2011). 경두개직류자극이 외상성 척수손상모델의 기능회복과 신경가소성에 미치는 효과, 동신대학교 박사학위논문.
김은희(2017). 인간배아줄기세포에서 증식 가능한 중뇌 신경줄기세포로 분화유도: 중뇌 도파민신경세포 관련된 질병 연구를 위한 세포 시스템. 한양대학교 의생명공학전문 대학원 석사학위논문.
김정은(2008). 한국판 청소년용 역기능적 인지도식 척도(K-DSQ)의 타당화 연구. 숙명여자대학교 석사학위논문.
김춘경, 이수연, 이윤주, 정종진, 최웅용(2018). 상담의 이론과 실제 (2)판. 서울: 학지사.
김혜정(2017). 숲 체험활동에 대한 유아정서의 뇌파활성도 및 좌우뇌 선호도 분석. 경성대학교 석사학위논문.
김형재, 한혜정, 이순애 (2017). 명화를 활용한 스토리텔링 인성교육 프로그램이 예비유아교사의 인성 및 창의적 인성에 미치는 영향. 미래유아교육학회지, 24(3), 25-54.
김형종(2020). 시각적 이미지와 영화가 신경전달물질과 인간행동에 미치는 영향. 한국방송통신대학교 석사학위논문.
김형재, 한혜정, 이순에(2017). 명화를 활용한 스토리텔링 인성교육 프로그램이 예비유아교사의 인성 및 창의적 인성에 미치는 영향. 미래유아교육학회지, 24(3), 25-54.

, 이창준, 고우현, 정은지 (2023). IBS, 뇌 인지 기능의 핵심물질 '가바(GABA)'의 조절과 기능 원리 총망라한 지침서 제작. 대전, 기초과학연구원.

노은경(2015). 정서 유형의 구성 요소에 대한 뇌과학적 이해. 서울교육대학교 석사학위논문.

미래창조과학부(2013). 세포의 자살을 막아 암세포를 키우는 원인을 규명.

미래창조과학부(2014). 신경전달물질 분석시스템 개발, 보톡스 대체물 발굴 기대: 효모를 이용한 인간 신경세포 신호전달 모방, 신경전달 물질 이해에 기여.

미래창조과학부(2015). 우울증 치료 및 외상후 스트레스 인지장애 극복가능성 열려.

미래창조과학부(2016). 흥분성 시냅스 발달에 관여하는 접착단백질 작동 원리 규명: 자폐 관련 뇌질환 연구의 새로운 실마리 제공.

민주옥(2015). 다중벽 탄소나노튜브 (MW-CNTs)에 의한 생쥐 대뇌피질 별아교세포의 가바(GABA)의 분포 및 형태-기능학적 변화, 단국대학 석사학위논문.

박금주(2018). 음악줄넘기 운동이 ADHD 아동의 신경전달물질 및 뇌파에 미치는 영향. 숭실대학교 박사학위논문.

박체범(2022). 시상하부 소교세포의 Progranulin 결핍이 전신 당대사와 비만 발생에 미치는 영향. 울산대학교 석사학위논문.

박수룡(2021). 뇌 과학으로 보는 가정 문화. (월간)국회도서관, 58(4) 통권 490호, 14-17.

박창균(2001). 개인의 두뇌활용유형과 직업선호의 관계에 관한 연구. 한양대학교대학원 석사학위논문.

복유진(2011). LPS에 의한 중뇌 도파민성 신경세포 사멸 동물 모델에서 Capsaicin의 신경 세포 보호작용. 아주대학교 박사학위논문.

문소영(2008). 후두엽. 대한치매학회, Vol.7 s26-s29.

백현주(2019). 유아 전두엽 기능 발달의 영향요인: 부모의 양육행동, 부모-자녀 의사소통, 책 읽어주기 상호작용을 중심으로. 성균관대학교 박사학위논문.

서울대학교 국어연구소(2014, 761).

신동명(2006). 자기통제훈련이 초등학생의 주의집중과 학습동기 및 자기존중감에 미치는 영향. 한국교원대학교 석사학위논문.

손승우(2016). 디자인 사고유형 분석에 관한 연구: 네드허먼 이론을 중심으로. 한양대학교대학원 석사학위논문

손영석(2013). 웨이트트레이닝 중독수준과 신체적 자기개념 및 행복감의 관계. 인하대학교 석사학위논문.

손영수, 민경철, 우희순(2022). 발렌버그 증후군 환자에게 적용한 구강운동촉진기술과 신경근전기자극치료 효과: 단일 사례연구. 재활치료과학, 11(4), 69-83.

심민영(2009). 정신과 약물 복용력이 없는 주의력결핍과잉행동장애 아동의 해마 부피 증가. 서울대학교 박사학위논문.

송연자(2004). 유아의 통합적 창의성 증진 프로그램의 효과. 국민대학교 박사학위논문.

안은호(2013). 전뇌기반 팀의 프로젝트 학습이 초등정보영재의 자기주도적 학습 능력 신장에 미치는 효과. 한국교원대학교 석사학위논문.

양다인(2012). 뇌손상 환자의 은유이해: 지각적 은유와 심리적 은유를 중심으로. 단국대학교 석사학위논문.

양명희(2005). 실업계 고등학생의 학업관련 심리적 특성 탐색: 자기조절학습 수준과 자아개념 구조를 중심으로. 한국청소년연구, 16(2) 통권 42호, 235-262.

여태수(2024). Macroscopic brain dynamics beyond contralateral primary motor cortex for movement prediction. 서울대학교 대학원 석사학위논문.

오공천(2019). 구금 스트레스 후 생쥐 해마에서 신경전달물질 분석. 신한대학교 석사학위논문.

유기성(2006). 운동중독 및 생활만족도의 인과 관계. 인하대학교 박사학위논문.

윤순희(2010). 뇌가소성 원리를 기초로 한 게슈탈트 통합예술치료가 뇌종양 환자의 인지·정서에 미치는 영향. 원광대학교 석사

이동일(2020). Dual-eGRASP 기술을 이용한 해마 및 편도에서의 기억 저장 시냅스 연구. 서울대학교 박사학위논문.
이시형(2019). 100세 시대의 삶을 위한 21세기 행복 습관: 세로토닌의 힘. 7. 한국한센복지협회, 436, 30-33.
이원택(2008). 의학신경해부학. 서울: 고려의학.
이재신(2014). 뇌간 및 소뇌 뇌졸중환자에서 보행관련 활동청가척도로서의 한글판 버그균형검사. 인하대학교 석사학위논문.
이준용, 한규만, 원은수, 이민수, 함병주(2017). 제1형 양극성장애 환자에서 대뇌피질 주름 패턴의 변형:Local Gyrification Index 분석. 생물정신의학, 27(4), 225-234.
이정환(2015). 알코올 의존 환자에서 관찰되는 해마의 각 세부 영역별 구조적 변화. 충북대학교 석사학위논문.
이정환, 정승원, 박혜미, 주가원, 손정우, 신철진, 이상익, 김시경(2020). 알코올 의존 환자에서 시상 세부영역들의 위축. 생물치료정신의학, 26(3), 생물치료정신의학.
이준희(2016). 의·심리학 관점에서 신경 행동적 분석: 주의력결핍 과잉행동장애에 적용한 신경피드백 효과와 기유형에 따른 신경피드백 분석. 경상대학교 박사학위논문.
임규홍, 임웅(2013). 교육심리학, 학지사.
임미정(2010). 고동감각인지 현상 발현에 따른 두뇌 영역별 활성뇌파의 변화. 국제뇌교육종합대학원 대학교 석사학위논문.
임인정(2010). 전문계 고등학교에서 창의적인 사고과정을 통한 아이디어 발상교육에 관한 연구. 석사학위논문, 국민대학교.
임채성(2005). 뇌 기능에 기초한 과학 교수학습: 뇌기능과 학교 과학의 정의적·심체적·인지적 영역의 연계적 통합 모형. 초등과학교육 제24권 1호, 86-101.
이효철, 김현태(2012). 규칙적인 운동이 성인 백서 해마 치상회에서 신경세포의 Dendritic Lengths 및 Synapsin I 수준에 미치는 영향. 체육과학연구 23(4), 776-784.
장덕찬(2010). 시각 및 촉각 정보처리를 요구하는 구조화된 손가락 운동이 대뇌피질의 활성화 패턴에 미치는 영향. 계명대학교 대학원 박사학위논문.
장미경, 앨런 쇼어, 이세화, 이여름, 김소명, 권미라(2023). 모래놀이치료에서 치료자-내담자 우뇌간(inter-brains) 동시화(synchronization)현상에 대한 fNIRS 하이퍼스캐닝 연구. 한국임상모래놀이치료학회, 14(1), 17-44.
장원재(2022). 대학생이 지각하는 부모양육태도와 자기조절간의 관계: 조절초점의 매개효과와 성별 차이의 조절효과. 단국대학교 박사학위논문.
장현국(2003). 창의성 차원으로서의 유창성 및 독창과 우뇌 성향과의 관계. 광운대학교 박사학위논문.
정다빈(2022). 전신용 자기공명영상장치를 이용한 60대 대뇌의 T1, T2, PD 이완 시간 분석: 해마, 대뇌 부챗살, 측두엽 회백질, 시상, 뇌척수액. 을지대학교 석사학위논문.
장은혜(2009). 시청각 '공포' 동영상 자극이 뇌활동과 말초신경계 반응에 미치는 효과. 충남대학교 박사학위논문.
정제동(2002). 뇌의 기능분화와 창의성 인지양식과의 관계. 충남대학교 석사학위논문.
정지운, 임형문, 김문수(2008). 편도체 불활성화가 능동회피학습에서 습득된 조건공포의 표현과 능동회피반응의 수행에 미치는 영향. 한국심리학회지, 20(4), 303-320. 식, 연하, 미각 연구, 학문연구의 동향과 쟁점, 9, 153-179.
정희경(2003). 좌우뇌기능분화와 좌우뇌선호도가 MBTI 심리유형에 미치는 영향. 연세대학교 석사학위논문.
정희정, 이영민(2013). 이차성 조증과 전두피질하회로. 노인정신의학, 17(2), 56-60.
조순오(2022). 온라인 학습코칭이 대학생의 자기주도학습 능력, 시간 관리 행동, 자기효능감에 미치는 효과. 평택대학교 박사학위논문.
조윤형, 조영호, 양희창(2005), 개인의 가치성향과 두뇌활용 유형과의 관계에 관한 연구. 인사·조직연구, 13(3), 73-98.
최은미(2024). 비침습적 미주신경 자극이 뇌전증성 발작에 미치는 영향. 순천향대학교 석사학위논문.

(2023). 사회적 서열 행동에 관여하는 전전두엽 출력 신경회로망들의 작동 기전 연구. 대구경북과학기술원.

추향임(2023). 노인의 전전두엽 및 후두엽 뇌파 지표와 주관적 기억감퇴, 우울과의 관계. 국제뇌교육종합대학원대학교 박사학위논문.

허근(2014). 양뇌활용 초등영어 수업모형 개발 및 수업모형의 효과에 관한 연구. 교육과학연구, 45(4), 187-209.

한국뇌과학연구원(2016). 의식의 뿌리, 생명의 근원 뇌간. 브레인, 59, 24-27.

한국해부생리학회(2017). 생리학 5th ed. 정담미디어, 5(2), 88-129.

한승희, 남현서, 정인체, 김미경, 한인식, 선승호(2020). 시상 및 시상하부 뇌경색 후에 수면과다와 기억력 장애가 발생한 환자의 증례보고. 대한한방내과학회지 제41권 2호, 159-165.

홍춘우, 이규수, 김명란, (2022). 뇌기반 상담의 이해. 한국두뇌심리교육연구소

황나래(2021). 유전 개념 학습에서 나타나는 자기조절 단계별 두뇌 활성의 규명-fNIRS 연구. 한국교원대학교 대학원 석사학위논문.

황운영(2021). 한국판 청소년 자기조절 척도(ASRI)의 번안 및 타당화 연구. 서울불교대학원대학교 석사학위논문.

Arancibia S., Tapia-Arancibia L., Assenmacher I. & Astier H. I. (1983). *Direct evidence of short-term cold-induced TRH release in the median eminence of unanesthetized rats.* Neuroendocrinology, 37, 225.

Bear, M. F., Connors. B. W., & Paradiso M. A. (2007). *Neuroscience: exploring the brain, 3rd.* Lippincott Williams & Wilkins, Philadelphia.

Baker, L., & Brown, A. L. (1984). Developing clinical problem solving skills: New York: Longman.

Bartlett, F. C. (1932). Remembering: *A Study in Experimental and Social Psychology.* New York: Macmillan.

Berlyne, D. E. (1960). *Conflict, arousal, and curiosity.* New York : McGraw-Hill.

Blanchard, D. C., & Blanchard, R. J. (1972). *Innate and conditioned reactions to threat in rats with amygdaloid lesions.* Journal of Comparative and Physiological psychology, 81, 281-290.

Bogen, J. E., & Vogel, P. J. (1962). *Cerebral Commissurotomy: A Second Case Report.* Bull. Los Angeles neruological Society, 27; 169-172.

Bunce, S. C., Izzetoglu, M., Izzetoglu, K., Onaral, B., & Pourrezaei, K. (2006). *Functional near-infrared spectroscopy.* IEEE engineering in medicine and biology magazine, 25(4), 54-62.

Brandura, A. (1986). *Self-efficacy mechanism in human agency.* American Psychologist, 37(2), 122-147.

Brookshire, R. H., & McNeil, M. R. (2014). *Introduction to neurogenic communication disorders.* Elsevier Health Sciences.

Brown (1977). *Knowing when, where, and how to remember: A problem of metacognition.* Instructional Psychology, New York: Erlbaum.

Cannon, W. B. (1929). *Organization for physiological homeostasis.* Physiological Reviews, ((3), 399-431.

Cesario, Joseph; Johnson, David J.; Eisthen, Heather L. (2020). Your Brain Is Not an Onion With a Tiny Reptile Inside. Current Direction in Psychological Science. 29(3), 255-260.

Chang, M. S., Koh, S. H., Kim, J. I., Ryu, Y. J., Lee, M. J. & Eun, J. L. (2024). *Neuroplasticity enhancement of induced glial progenitor cells derived fro human mesenchymal stem cells for recovery of stroke sequelae.* Molecular Therapy, DOI: {insert DOI here}

Day, M. E. (1964). *An eye movement phenomenon related to attention, thought and anxiety.* Perceptual and Motor Skills, 433-445.

Dong H, W. Swanson LW, Chen L, Fanselow MS. Toga AW(2009). *Genomic-anatomic evidence for distinct functional domains in hippocampal fied CA1.* Proceedings of the National Academy of Sciences 106:11794-11799,

Domjan, M. (1998). *The Principles of Learning and Behavior.* Pacific Grove: Brooks/Cole Publishing Company.

Doya, K. (2000). *Complementary roles of basal ganglia and cerebellum in learning and motor control.* Current Opinion in Neurobiology, 10(6), 732-739.

Eliot L. (2000). *What's Going on in there?*.   (역), (2004), 서울: 궁리출판사.

Ferl, R. J. & Wallace, R. A. (1996). *Biology: the realm of life.* Harper Colins College Publishers, 809-822.

Fiske, S. T., & Taylor, S. E. (1991). *Social Cognition.* New York: Mcgraw-Hill Book Company.

Flavell, J. H. (1977). *Cognitive development. Englewood Cliffs.* New Jerscy: Prentice-Hall.

Fuster, J. M.(1989). *The prefrontal cortes; Anatomy, physiology, and neuropsychology of the frontal lobe.* Raven Press, New York.

Garrett, S. Y. (1978). *Putting our whole brain to use: A Fresh look at the creative process.* The Journal of Creative Behavior. 10(4), 239-240.

Gazzainga, M. S., Ivry, R. B., & Mangun, G. R. (2002). *Fundamentals of Cognitive Neruoscience.* 2nd ed, W.W. Norton.

Gloor, P., & Alan H. Guberman. (1997). *The temporal lobe & limbic system.* Canadian Medical Association. Journal 157(11). 1957.

Goleman, D. (1995). *Emotional intelligence.* New York: Bantam Books. (황태호 옮김, 《감성지능(상, 하)》. 비전코리아, 1997).

Gottfredson, M. R. & Hirschi, T. (1990). *A general theory of crime. Palo Alto.* CA: Stanford University Press.

Gray, J. A. (1982). *On mapping anxiety.* Behavioral and Brain Sciences. 5(3), 506-534.

Gray, J. A. (1990). *Brain system that mediate both emotion and cognition.* Cognition and Emotion, 4(3), 269-288.

Guglielmino, M. (1978). *Development of the self-directed learning readiness scale.* Doctoral Dissertation. University of Gerorgia. Dissertation Abstracts international 38, 6467A.

Halliwell, S. (1992). *Teaching English in the Primary Clsssroom*. Longman.

Hermann, N. (1996), *The whole brain business book*. NY: McGraw-Hill.

Hiemstra, R., & Brockett, R. G. (2012). *Reframing the meaning of self-directed learning: an updated model*. Proceedings of the 54th Annual Adult Education Research Conference, Saratoga Spring, 45, 155-161.

Hopman, M. J., & Davidson, R. J. (1994). *How and why do the two cerebral hemispheres interact?*. Psychological Bulletin, 116, 195-219.

Hormer, P. J., & Palmer, T. D. (2003). *New roles for astrocytes: The nightlife of an 'astrocyte'*. La vida local. Trends Neruosci., 26, 597-603.

Incisa, D. R. A., & Milner, B. (1993). *Strategic search and retrieval inhibition : the role of the frontal lobes*. Neuropsychologia, 31, 503-524.

Jensen, E. (2007). *Introduction to brain-compatible learning*. Corwin Press. (역, 〈뇌 기반 교육의 원리〉. 서울: 학지사, 2010).

Kandel, E., & Schwartz, J. H. (2000). *Principles of science*. New York: Hc Graw Hill.

Kendall, P. C., & Wilcox, L. E. (1979). *Self-control in children: Development of a rating scale*. Journal of Consulting and Clinical Psychology. 47, 1020-1029.

Knolle, L., Gorden, H. W., & Gwany, D. (1987), Relationship between performance and preference measure of cognitive laterality. Psycological Report. 61. 215-223.

Knowles, M. S (1975). *Self-directed learning: A guide for learners and teachers*. Chicago: Follett Pub. Co.

Kolb, B., Gibb, R., Robinson, T. E. (2003). *Brain Plasticity and behavior*. Current Directionsin Psychological Science, 12(1), 1-5.

Kopp, C. B. (1989). *Regulation of distress and negative emotions: A developmental view*. Developmental Psychology, 25, 343-353.

Lamprecht, R., & LeDoux, J. (2004). *Strucvtural plasticity and memory*. Nature reviews Neuroscience 5, 45-54.

Ledoux, J. E. (2000). *Emotion Circuits in the brain*. Annual Revison of Neurosciences, 23, 155-184.

Leung, P. W. L., & poon, M. W. L. (2001). *Dysfunctional schemas and conqnitive distortion in psychopathology:A test of the specificity hypothesis*. Journal of Child Psychology and Psychiatry, 42(6), 755-765.

Latash, M. L. (2007). Neurophysiological basis of movement. Illinois; Human Kinetics.

Levy, J., Trevarthen, C., & Sperry, R. (1972). *Perception of Bilateral Chimeric Figures Following Hemisphric Deconnexion*. Brain, 95: 61-78.

LeDoux, J. E. (2007). *The amygdala*. Current biology, 17(20), 868-874.

Luria, A. R. (1966). *Human Brain and Psychological Processes*. New York: Hrper & Row.

MecLean. P. D. (1990). *The triun brain in evolution: Role in pleocerebral functions*. New York: Plenum.

MacLean, P. D., (1969). *Psychosomatic disease and the visceral brain: recent developments bearing on the Papez theory of emotion. Psychosomatic Medicine 11, no. 6: 338-353.

Mann. J. John(2018). *Neuropsychological Dysfunction in Depressed Suicide Attempters Department of Neuroscience*. New York Stat had a major depressive episode.

MecLean. P. D.(1990). *The triune brain in evolution: Role in pleocerebral functions*. New York: Plenum.

Mark, F. B., Barry W. C., & Micharl A. P. (2009). *Neuroscience: Exploring the Grain*. Pearson.

Martin RE, Sessle BJ (1993). *The role of the cerebral cortes in swallowing*. Dysphagia. 8(3) 195-202.

Oddi, L. F. (1984). *Development of an instrument to measure self-directed continuing learning*. Unpublished doctoral dissertation, Northern Illinois University.

OECD (2013). *PISA 2015 Draft Collaborative problem solving Framework*. Paris: OECD.

Pandya, D, N., & Yterian, E. H. (1988). *Comparison of prefrontal architecture and connections*. In Roberts, A. C., Robbins, T. W., et al, The prefrontal cortex: Executive and cognitive functions. London: Oxford Unversity Press. 51-66.

Penfield, W. G., & Roberts, L. (1959). Speech and Brain-Mechanisms. Princeton, NJ: Princeton University Press.

Piaget, J. (1952). Oringns of Intelligence in Children. New York: International University Press.

Piaget, J. (1964). *PART I: Congnitive Development in Children: Piaget Development and Learning*. Journal of Research in Science Teaching, 2(3), 176-186.

Piaget, J. (1964). *Development and learning*. In R. Ripple & V. Rockcastle(Eds). Piaget

Porges, S. W. (2007). *The polyvagal perspective*. Biological psychology, 74(2), 116-143.

Priori A. (2003). *Brain polarization in humans: a reappraisal of an old tool for prolonged non-invasive modulation of brain excitability*. Clin Neurophysiol, 114; 589-595.

Quintana, J., & Fuster. J. M. (1999). *From perception to action: temporal integrative functions of prefrontal and parietal neurons*. Cerebra Cortex, 9(3), 213-221.

Restak, R. (2001). *The secret life of the brain*. NY: The Dana Press & The Joseph Henry Press.

Rizzolatti, G., Fadiga, L. (1996). *Premotor Cortex and the Recognition of Moer Actions*. Cognition Brain Research 3(2) 131-141.

Seligman, M, E. (1976). *Helplessness-on depression* development and death.   , 조긍호 역(1990). 무기력의 심리: 우울증, 발달과정 및 죽음에 대하여, 서울: 탐구당.

Schore, A. N. (2019). Right brain psychotherapy. Norton.

Shen, K. k., Welton, T., Lyon, M., McCorkindale, A. N., Sutherland, G. T., Burnham, S., Fripp, J., Martins, R., & Grieve, S. M. (2020). *Structural core of the executive control network: A high angular resolution diffusion MRI study*. Human Brain Mapping, 41(5), 1226.

Skinner, B. F (1953). *Science and human behavior*. Somon and Shcuster.

Smith, C. U. M. (2010). *The Triune Brain in Antiquity: Plato, Aristotle, Erasistratus*. Jounal of the History of the Neurosciences, 19(1), 1-14.

Sperry, R. W. (1958). *Corpus callosum, and interhemispheric transfer in the monkey(Macaca mulata).* Anatomical Record, 13(4).

Sperry, R. W. (1982). *Some effects of disconnection the cerebral hermispheres.* Science, 217, 1223-1226.

Sperry, R. W. (1995). *The riddle of consciousness and the changing science worldview.* Jounal of Humanistic Psychology, 35(1), 7-33.

Thompson, R. A. (1994). *Emotion regulation: A theme in search of definition.* Monographs of the Society for Research in Child Development, 59(2-3), 25-52.

Taylor, S. E. (2010). *Mechanisms linking early life stress to adult health outcomes.* Proc Nail Acad Sci USA, 107, 8507-8512.

Zimmerman, B. J., & Martinez-Pons, M. (1986). *Development of a structures interview for assessing student use of self-regulated learning strategies.* American Educational Research Journal, 23(4), 614-628.

2부. 두뇌의 언어정보 처리 방식과 오감능력

1장 좌우뇌의 특성과 언어정보 처리 방식

2장 감각 신경계

3장 오감과 정서반응

1장 좌우뇌의 특성과 언어정보 처리방식

1. 두뇌의 언어정보 처리 모델
1) 상향식 접근 모델
2) 하향식 접근모델
3) 주의력 결핍

2. 좌·우뇌의 언어적 특성
1) 언어습득의 결정적 시기
2) 좌·우뇌의 언어적 특성
3) 두뇌의 언어영역

3. 정보처리의 선택적 주의력
1) 정보처리 주의과정
2) 선택적 주의력
3) 주의력 결핍

I. 두뇌의 언어정보 처리 방식

언어를 습득하는 방법에는 두 가지 구어 발달 모델로 상향식 모델과 하향식 모델로 분류되고 있었으나(Rumelhart, 1977). 기존의 상·하향식 모델의 한계점을 주목하여 발전적 모델인 양방향식 모델이 제시되면서 두 유형의 장·단점들을 상호 보완하였다. 구조주의 언어학에서 처음으로 제시된 상향식 처리 모형은 글을 읽거나 문장을 이해하는 과정에서 읽기자료를 이해하기 위해서 가장 작은 단위인 단어, 구, 절, 문장 등으로 옮겨간다는 이론으로, 가장 작은 단위인 단어를 이해한 후 점점 큰 단위로 옮겨가면서 전체 내용의 의미를 이해하는 것이라고 한다(Gough, 1972). 즉, 단순한 것에서 구조화된 문장으로 언어를 이해하는 방법으로 언어학습의 초보자, 어린이들에게 적합한 모델이다.

1)상향식 접근모델(bottom up approach model)

상향식 접근모델의 언어학습 기능은 '파충류의 뇌'라고 지칭되는 뇌간의 직감적인 본능과 변연계의 정서와 감정언어에 빠르게 반응하는 특성으로 접근할 수 있다. 뇌간은 대뇌피질과 달라서 문장의 의미를 이해하고 분석하는 특성은 없으나 단편적 정보와 감정 언어에 반응하는 속도가 매우 빠르다. 맥린(MacLean)이 제시한 삼위일체 뇌 모형 중에서 가장 아래에 자리하고 있는 뇌간은, 인간의 두뇌에서 가장 먼저 발달하였다고 한다. 감정과 본능의 원천이며 본능적인 욕구에 따라 행동하기 때문에 감각정보들이 시상을 거쳐 대뇌피질로 전달되기까지의 시간이 단축되는 장점이 있는 반면에, 전체적인 정보를 통합해서 판단을 내리는 하향식 접근방식과 달리 전체의 의미를 이해하기 위해 분석하고 판단하는 과정이 생략되며, 본능적인 감각과 짧은 정보에 우선적으로 반응하는 성향이 있다. 이처럼 상향식 정보처리 방식은 파충류의 뇌라고 알려져 있는 뇌간의 본능적인 감각과 대뇌변연계의 정서와 관련된 감정적 반응과 느낌 그리고 행동 등에 우선적으로 반응하는 특성에 따라 소통과정에서도 언어를 선택하는 기능이 객관적이고 합리적인 문장을 선택하는 것이 아니라 단편적인 단어, 특히 감정언어에 반응하는 속도가 빠른 것이다. 이처럼 반응의 속도가 빠른 것은 전두엽에서 소통을 위한 구체적인 목표와 의미를 먼저 인지하고 합리적인 사고를 한 후에 언어를 선택하는 하향식 모델에 비해 상향식 모델은 감각적, 본능적, 직감적 반응에 의해 언어를 선택하기 때문에 인지적 판단보다 본능적 반응의 속도가 우선되기 때문이다. 이러한 특성에 의해 상향식 언어처리 모델은 먼저 목적을 나타내는 간단한 단어를 우선 인식한 다음 어려운 어휘로 옮겨가는 방식이다. 즉, 어휘의 의미 확인, 통사적 결합, 문자적 의미의 이해를 하는 과정을 생략하고 간단한 단어를 먼저 이해한 후에 전체적인 내용을 이해하려고 하는 것이다. 그래서 문장의 길이가 길지 않은 간단한 단어에 먼저 초점을 맞추고 이를 독해한 후에 문장 전체의 의미를 이해하는 것으로 단편적인 면에 집중하기 때문에 상대적으로 높은 이해능력을 요구하지 않아서 초기학습자들이 언어를 학습할 때 큰 문제없이 학습에 임할 수 있다. 이 모델의 장점은 언어 형태에 초점을 두고 음조, 새로운 음, 비슷한 음, 어휘와 구, 문법 형태 등의 구조 체계와 같은 세부 사항을 청취할 때 문장의 전체적인 의미를 이해하는 것이 아니라 선택적 듣기를 한다고 한다(Peterson, 1991). 이 모델의 장점은 언어의 외현적이고 명시적인 지식을 반복적으로 습득하지 않아도 시간이 지남에 따라 자연적으로 언어의 명시적 기술을 학습할 수 있다고 한다. 즉, 문장을 많이 듣는 것과 실제로 소통을 통해 많이 사용해 보는 방법으로, 상위의 일반적 지식보다 하위수준의 선험지식(배경지식)을 통해 언어체계로 들어오는 학습 방법이며 자료 지향적(data-driven) 과정이다. 크라센(Krashen, 1982)

은 자연적으로 습득된 지식은 구체적인 언어의 형식지도가 필요하지 않다고 하였다. 그래서 초기 학습자들에게는 하향식 접근방식보다 더 쉽게 언어학습에 접근할 수 있는 모델이다. 그러나 상향식의 언어 시스템은 단어를 이해하지 못하면 더 이상 진행되기 힘들기 때문에 글자의 단어 형태와 기능에 중심을 두게 된다(황은창, 2011). 이것은 마치 어린아이가 '까까' '까까'를 외치는 것은 먹을 것을 주세요라는 문장을 표현하는 단어의 형태와 같다. 그런데 엄마가 대답하는 말이 "까까? 이것만 끝내고"라고 말을 하였다면, 이 말의 전체적인 맥락은 지금 하고 있는 일을 끝날 때까지 기다리면 일을 마치고 '까까'를 준다는 뜻이지만 아이는 '기다려'라는 의미를 이해하려는 노력을 하지 않고 자기 요구에 부합한 '까까'라는 한 가지 단어에 집착하며 지금 바로 준다고 했는데 기다리고 있다고 생각하며 왜 까까를 빨리 가져오지 않는지 엄마의 행동을 이해하지 못한다. 이처럼 상향식 접근 방식은 단편적인 단어의 의미를 파악하는 능력은 빠르지만 전제적인 맥락을 이해하기까지는 시간이 걸린다. 그 이유는 인간의 두뇌에서 감각적으로 순간 판단력이 빠른 뇌간은 논리적이고 합리적으로 판단하는 것은 아니며. 언어능력이 없으므로 자신이 원하는 것에 우선적으로 집착하게 되는 것과 그 의미가 같다. 특히 어린 유아의 경우에는 아직 대뇌피질의 완성도가 미흡하므로 아직 논리적인 판단을 하는 대화를 하는 것이 아니라 본능적 욕구에 따라 소통을 하기 때문이다.

결론적으로, 상향식 모델은 의사소통 상황에서 언어의 전체적인 의미를 이해하기 위해서 자신의 배경지식을 적극적으로 사용하여 그 의미나 개념을 인지하고 이해하는 과정을 거치는 것이 아니라, 일단 본인이 지금 당장 필요하다고 요구되는 단편적인 목표에 집중한다. 예를 들면, 이야기의 앞과 뒤 맥락을 이어서 이해하는 것이 아니라 지금 현재에 집중하는 것이다. 그러므로 상향식 정보처리 모델을 활용하고 있는 개인은 문제의 부분적인 것에 관점을 두기 때문에 문제적 상황에서 임기응변에 능하고 판단이 빠를 수는 있으나, 전체적인 이해능력이 느려질 수 있기 때문에 때로는 전체적이 의미를 이해하지 못해서 언성을 높이고 흥분하는 성향이 나타날 수 있다. 그러나 성인임에도 의사소통 방법을 상향식 모델을 활용하고 있다면, 전제척인 문맥을 논리적인 전개 방식으로 이해하고 표현하지 못하면서 특정 단어의 의미 등 단편적 정보에 먼저 집중하게 되는 오류를 겪게 된다. 만약 의사소통 과정에서 상향식 접근법을 활용하고 있는 개인이라면, 단편적인 판단을 잠시 보류하고 소통과정에서 나타난 전체 문맥들을 자신이 습득한 모든 정보들과 통합하고 이를 분석하는 인지적 사고를 활용하여 보다 큰 틀에 관점을 두고 대화에 임하는 노력이 필요 할 것이다.

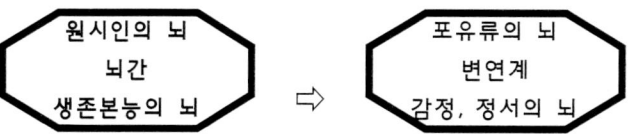

파충류의 뇌인 뇌간은 인간의 생존본능과 종족보존에 관여하기 때문에 직감적이고 본능적이며, 욕구에 반하며, 변연계는 합리적 판단을 내리는 것 보다 현재의 감정에 충실하게 반응한다.

2) 하향식 접근모델(top-down approach model)

인간은 의사소통 상황에서 외부의 정보를 입력하기 위해서 청각과 시각정보를 언어정보로 변환시키는데, 이 때는 하향식 정보처리 방식을 사용한다. 하향식 방법은 입력된 소리의 음성, 단어, 구문, 문장의 순서를 자신의 배경지식에 통합하여 그 의미를 해독하는 과정을 거치는 방식이다(박규정, 2012). 이때 입력된 지식은 언어로 사용가능한 구체적인 절차적 기술로 바뀌게 되는데 이 과정이 바로 하향식 접근방식이라고 한다. 이 방식은 시각 또는 청각정보의 세부적인 의미를 파악하려고 노력하며 혹시 이해가 되지 않는 부분들은 자신의 배경지식에 접근하여 그 문제를 추론하고 수정과 재수정을 반복하면서 정보를 온전히 이해하는 방식이다. 즉, 하향식 정보처리 방식은 감각신경을 통해 감지된 언어정보를 이전에 인지되어 저장된 정보들과 연합하여 사고하는 과정을 거치기 때문에 인지된 언어 정보를 이성 뇌인 전두엽에서 그 의미를 이해하기 위해 문맥을 전체적으로 통합하고 분석한 다음 비로소 전달하고자 하는 언어를 문장으로 구성하여 표출하거나 행동적으로 반응하도록 하는 것이다. 이것은 한 사안에 대해 여러 가지 정보들을 조합하거나 자신의 경험에 대비하여 새로운 시선으로 정리하면서 객관적이고 타당하다는 판단 하에 소리 언어나 행동으로 자신의 생각을 나타내는 방법이다.

굿맨(Goodman, 1970)은 읽기를 사고와 언어 간의 상호 작용을 포함한 '심리언어학적 추측 게임(psycholinguistic guessing game)'으로 주장했다. 추측 게임이란, 독자가 선택적으로 추출해낸 자료를 토대로 자신의 언어지식을 사용하여 의미를 부여하거나 문법적 구조를 예측한다는 것이다(문수정, 2008). 굿맨의 이 이론은 인지구조 안에 저장된 개인의 경험과 지식을 이용하여 언어를 예측하고 적극적으로 의미를 재구성하는 하향식 처리 모형은 과정과 같다. 그래서 주제의 전체적 의미와 화자의 의도를 이해하기 위해 개인이 가지고 있던 배경지식을 활용하여 정보의 세부적인 내용을 해석을 하는 고차원의 사고가 필요하다는 것이다. 그러므로 하향식 정보처리 방식에서는 개인의 인지능력과 추론능력, 정보의 재구성 능력 그리고 기억 속에 저장된 선행지식 등과의 교류작용에 의해서 구어의 발달이 이루어지게 된다.

하향식 언어학습모델은 단어(word), 구(phrase), 절(syntactic) 사이의 완결된 의미와 의존 관계 전체를 이해하는 학습모델이기 때문에 학습의 순서는 언어의 규칙과 패턴사용하기, 어휘 분석, 특정 정보 찾기 등의 순서로 시작된다(Brown, 2007). 브라운은 언어의 하향식 접근 방법이 글의 목적을 확인하기, 의도를 파악하기 위해 추측하기, 함축적 의미 구별하기 등이라고 주장하였다. 존 브랜스포드와 린다 존슨(Bransford, & Johnson, 1972)은 이해에 필요한 문맥의 단서, 의미를 자신의 선행 지식에 의존하여 의미를 다시 추론하고 예측하면서 주제의 모호함을 이해하려는 것이기 때문에 텍스트의 표면적 의미를 수용하는 것이 아니라 배경지식을 기반으로 의미를 형성해 나가는 과정이라고 하였다. 그래서 하향식 언어정보 처리접근법을 활용하고 있는 개인은 단어의 의미가 모호하거나 정확하게 인식하지 못하였을 때에도 자신이 지니고 있는 선행지식과의 적극적인 교류과정을 통해 가정 또는 추측을 사용하여 그 의미의 모호함을 해결할 수 있다는 것이다. 그러므로 하향식 모델을 사용하는 개인은 효과적인 의사소통을 위해서 먼저 선행지식의 필요성을 인식하고 소통의 주제가 되는 이론적 배경과 상대방의 문화적 배경 등의 정보를 다양하게 선행학습 한다면 소통과정에서 서로에 대한 이해의 폭이 넓어질 것이다. 특히 상향식 접근법을 활용하고 있는 개인과 소통하는 상황이라면, 나타난 전체 문맥들을 자신의 지식에 기반 하여 해석한 것만 주장하는 것보다는 상향식 대화법을 활용하는 개인이 전달하고자 하는 대화의 의미를 이해한 다음 자신이 정리한 의미를 쉽게 설명하는 노력을 한다면 인지적인 측면과 감각적이고 직감적인 측면이 서로 조화를 누릴 수 있을 것이다.

　　담화의 하향적 처리를 주장하는 연구자들은, 언어교육 현장에서 일반적으로 상향식 접근을 취하고 있다는 점을 비판한다. 그들은 상향식 접근이 언어가 되는 맥락과 상황을 고려하기보다는 고립된 문장 차원에서 발음, 어휘, 문법을 다룬다고 보면서 문법 능력을 제대로 갖추지 못한 상태의 학습자가 담화 수준에서 언어를 배우기란 쉽지 않다고 본 것이다. 즉, 상향식 학습 방법은 문장의 전체 능력에 주의를 집중하는 것이 아니라 단편적이고 기초적인 문법에 주의를 집중시키기 때문에 문맥의 전체적인 의미를 깨닫지 못한다는 것이다. 그러나 최초의 학습자인 영아, 유아 그리고 초등학교 초급의 수준을 가지고 있는 학습자들 또는 모국어가 아닌 외국어를 처음 접하는 학습자의 경우에는 단어의 의미에 먼저 집중하게 되고 그 후에 문맥을 이해하는 능력이 생기기 때문에 꼭 이 수준에서 하향식 언어학습 방법을 고집할 필요는 없다. 초기학습자들은 의사소통의 담화가 구현되는 형식인 어휘와 문법을 하나씩 배워 점진적으로 향상될 수 있다고 보기 때문이다. 그리고 상향식 언어학습 접근법이 자료 지향적이라고 한다면, 하향식 언어학습 접근법은 개념 지향적 과정이라고 할 수 있다. 그래서 하향식 정보처리모델의 학습자는 학습과정에서 정보의 정확도와 객관적이며 명확한 추론을 내리기 위해 자료에 근거한 인지적 사고를 하게 된다. 그리고 상향식 모델의 학습자가 때로 특정 학습과정에서 묵시적 기억 속에 존재하고 있던 공포와 직면하게 되는 상황에 처하게 되면, 과거의 기억이 인출되면서 본능적으로 반응하고 두려워하는 행동을 보이게 된다. 이때 감정과 신체 반응에서 벗어나려면 상향식 모델을 거부하고 하향식(top-down) 모델이 개입할 수 있는 훈련이 필요하다. 우리의 뇌는 위기상황이라고 판단할 경우 본능적 감각에 따라 움직이려고 하는데, 이때 하향식 모델인 이성적 판단과 정서조절 기능에 의해 현재상황을 극복하도록 하여야 한다. 이처럼 하향식 정보처리 방식은 상향식 학습자가 경험했던 비인지적 공포 감정을 현재는 위험하지 않다는 것을 깨닫게 할 수 있으므로 무의식적이고 본능적인 정서반응과 신체반응을 조절하거나 통제하는 역할에 관여를 한다. 이 방식은 의사소통 상황에서 화자가 감정에 격해져서 과격한 언어 또는 비난과 위협적 소통 방식을 사용하려고 할 때에도 전두엽의 간섭을 받아 본능적인 감정과 행동을 통제하고 조절할 수 있도록 하는 접근 방법이다.

그러므로 상향식 모델과 하향식 모델 중 어느 것에 우선순위를 둘 수는 없지만, 상황에 따라 본능적 직감이 필요한 경우가 있으며 때에 따라 신중하고 정확한 판단이 필요할 때가 있다. 그러므로 개인에 따라 사용하고 있는 정보처리 방식이 다르다는 것과 과제 또는 문제해결을 과정에서의 어휘 선택과 판단능력 등의 주된 관점이 다를 수 있다는 것을 서로 이해하고 보완한다면 문제의 해결이 더 쉽고 긍정적 성과를 얻을 수 있을 것이다.

하향식 정보전달 방식은 대뇌피질의 객관적이고 순차적인 방식을 선택
하고 있다. 그래서 뇌간의 생존본능을 판단하기에는 시간이 걸린다.

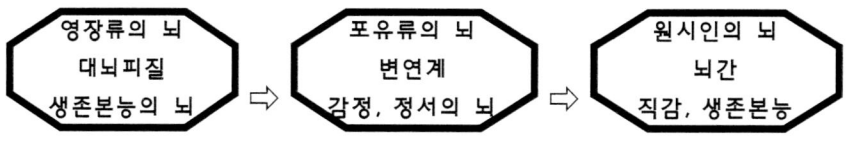

3) 상호작용 접근모델(interactive approach model)

효율적인 의사소통을 진행하기 위해서는 기본적으로 자신이 습관적으로 사용하는 언어의 형태, 음성, 문장구성능력, 언어의 이해능력 등을 잘 확인하고 인지할 수 있어야 한다. 상호작용 모델은 기존의 상·하향식 모델의 한계점을 주목하여 발전적 모델을 제시한 것으로 두 유형의 장·단점들을 상호 보완하였다(Rumelhart, 1977). 이 모델은 하향식 모델의 인지적 사고 과정을 조금 더 구체화시킨 모형으로 개인의 배경 지식, 상황적 맥락뿐만 아니라 그 개인이 가지고 있는 환경의 정보와 정서의 이해 등을 통합하여 판단하는 방식이다. 선행정보와 단편적인 단어를 적극적으로 활용하는 상향식 접근과, 세부적인 의미를 빠르게 인식하여 언어정보를 재구성하고 전체적인 의미를 이해하는 하향식 접근방식을 서로 보완한 접근방식이다. 특히 전혀 다른 문화적 배경을 가지고 있는 사람에게 자신이 전달하고자 하는 것을, 우리의 문화적 관점에서만 이해시키려고 주장한다면, 상대방은 자신의 문화적 배경지식에 의해 그 의미를 유추하고 있기 때문에 때에 따라서는 무례하다고 느끼게 되는 것이다. 즉, 언어를 이해하는 것은 문장 자체에 있는 것이 아니라 그 언어가 전하고자 하는 의미와 함께 개인이 가

지고 있는 배경지식과 상호작용을 하면서 그 의미가 구체화 된다는 것이다.

두뇌의 언어정보 처리방식에서 상호작용식 모델을 비유하여 본다면, 뇌간의 본능적 판단과 변연계의 정서적 맥락, 그리고 전두엽의 인지적 판단을 통합하여서 보다 합리적이며 정서적으로 적절하게 정보를 재구성하는 하는 것이다. 즉, 하향식 접근법에서는 정서를 인지적으로 해석하였다면, 상호작용식 모델에서는 타인의 언어 또는 비언어적 표현 속에 내포된 정서적 맥락을 잘 이해하고 이를 인지적 사고와 정서적 사고를 함께 통합하여 언어를 사용하는 접근방식이라고 할 수 있다. 이 모델은 언어를 객관적이며 명쾌하게 이해하면서도 정서적 느낌을 좀 더 포괄적으로 포함하여 이해하는 접근방식이라고 할 수 있다. 그러므로 듣기 자료를 해석하는 학습과정에서 배경지식, 내용에 대한 기대, 상황맥락 등을 우선적으로 고려하는 하향식 접근모델(황은창, 2011)과 짧은 언어와 감정 그리고 비언어적인 행동의 의미에 반응하는 상향식 접근모델을 통합해서 이해할 필요가 있다는 것이다. 즉, 수식어가 없는 직설적 언어, 비합리적인 욕구, 불필요한 감정 표현, 본능적인 빠른 행동 등을 보여 지는 그대로가 아닌, 숨겨진 의미와 욕구를 이해할 수 있어야 한다는 것이다. 그러므로 상호접근방식의 언어모델을 사용하는 개인은 상향식 접근방식의 언어모델을 사용하는 개인의 감정과 속뜻을 이해하면서, 불필요한 감정적 대응을 합리적으로 조절하고 통제하여 이성적인 언어와 행동을 할 수 있도록 돕는 접근방식이다.

그러므로 본능과 감정에 따라 반응하는 상향식 정보처리방식과 상황을 인식하고 논리적으로 접근하는 하향식 그리고 정서적 접근과 논리적 접근을 통합하여 반응하는 상호작용식 정보처리방식에 의해 개인의 의사소통 방식과 문장의 이해력, 정보의 선호도가 형성된다는 것을 이해한다면 좀 더 긍정적이고 효과적인 언어학습과 의사소통에 도움이 될 것이다.

상호작용식 정보전달 방식은 아래 표로 정리하였다.

상호작용식 정보전달 방식

 대뇌피질은 정보를 인식하고 분석 통제하고 조절하며, 합리적인 대처행동을 명령한다.

 변연계는 정보를 인식하고 분석하며, 본능, 감정을 통제하고 조절하며, 합리적인 대처행동을 명령한다.

뇌간은 직감, 생존욕구, 본능적 행동을 대뇌로 전달하고 순간적 판단으로 행동한다.

2. 좌·우뇌의 언어적 특성

좌뇌와 우뇌의 기능분화(lateralization) 이론에서 제기하는 언어적 특성을 살펴보면, 좌뇌는 구조적인 뇌로, 언어지각능력이 있어서 논리, 분석, 어휘, 숫자 등의 능력에 우선적으로 반응하며, 직선적, 순차적, 수리적, 계획적인 기능이 있다(허근,

2014). 이러한 특성의 좌뇌는 논리에 기초를 두고 있어서 이성적이고 합리적이며 순차적인 사고를 하는 언어능력이 우월하다. 그리고 언어표현, 음운적 부호화, 단락 이해, 철자 명명, 시간적 순서의 지각, 의도적 운동(Witelson & Swallow, 1987) 등에 우선적으로 반응하면서 언어적 사고와 분석적, 논리적 사고를 주로 담당하고 있다. 그러므로 좌뇌는 이러한 성향을 바탕으로 글과 문자 언어를 사용하는 소통과정에서 합리적 사고를 추구하기 때문에 논리적이고 합리적인 언어에 기초를 두고 소통을 하게 된다(Diamond, 1972). 예를 들어, 좌뇌는 어떤 상황에 처했을 때, 보다 현실적이며 사실적인 정보를 우선적으로 선택하기 때문에 상황을 계열적이고 분석적인 방법으로 이해하며 현실적인 부분에 주의를 집중한 언어표현을 즐겨한다. 또한 논리적 추리를 통한 학습 및 수학적 학습에 쉽게 적응할 수 있는 능력이 우월하기 때문에 입력된 정보를 세부적으로 관찰하고, 숫자를 다루며, 읽고 쓰고 말하는 언어적 이해와 표현을 하는 언어구사능력이 높아서 우뇌에 비해 낱말을 잘 기억하고 말의 단락을 이해하며 구사하는 능력이 있다고 한다(Sperry, 1982). 그러므로 좌뇌는 직선적이며 논리적인 사고에 기초를 두고 현상을 순차적이고 명료한 논리에 의한 분석을 통해 이성적이고 합리적인 언어적 의사소통을 수행 한다. 그리고 무엇보다도 자신의 정서를 인지하고 조절하는 능력이 있어서 감정의 에너지가 지나치게 확산되려고 할 때 이를 인지적으로 조절하거나 통제하는 능력이 있다. 좌뇌의 정서인지능력은 우뇌의 정서인지능력과는 달라서 자신의 정서는 조절할 수 있지만, 타인의 정서를 이해하고 다루는 것은 미숙하기 때문에 공감과 지지 등의 정서적 의사소통을 하기 위해서는 더 많은 노력과 경험이 필요하다.

1) 언어습득의 결정적 시기

인간이 언어를 습득하는 결정적 시기(Critical Period)가 있다고 한다. 1950년 팬필드와 로버츠(Penfield & Roberts, 1959)는 언어의 결정적 시기에 대한 개념을 제시하면서 어린 시절의 뇌가 더 유연하다는 대뇌 유연설(Cerebral Plasticity Theory)을 통해 언어습득은 9살 이전에 이루어져야 더 효과적이라고 주장하였다. 결정적 시기인 9세 이전은 사람의 뇌가 최고로 유연할 때이며, 이 때 언어 처리기능이 자리를 잡게 되는데 이 시기가 지나면 더 이상 효과적으로 습득되기 어렵다고 주장한다. 그 후 신경 생리학자였던 팬필드(Penfield, 1965)는 6년간의 연구를 지속한 후에 인간의 두뇌는 9살이 되면 뇌가 유연성(stiff and rigid)을 상실하게 되어 언어를 습득하기에 적절한 시기를 놓친다는 것에 대한 확신을 피력하였다. 그는 사춘기 이전에 뇌의 언어영역을 다친 환자가 청소년이나 성인 환자들보다 회복 속도가 빠르다는 것을 알게 되면서 뇌의 유연성에 대한 시기에 대해 확신을 더하게 되었다.

언어를 관장하는 두뇌의 영역은 좌반구이지만, 어린아이의 경우 언어를 관장하는 한쪽 반구가 손상되는 병에 걸리거나 상처를 입었을 경우에는 좌측의 언어 기능을 오른쪽 반구로 전이시키는 현상이 일어나서 어른들보다 언어능력 회복에 성공할 확률이 더 높다고 한다. 이것은 뇌의 특정 부위가 손상되었을 때 다른 부위가 그 기능을 대신할 수 있는 복원가소성 능력에 의한 것으로, 어린아이의 경우 성인보다 뇌의 유연성이 높기 때문에 가능한 것이라고 한다. 이 이론은 성숙한 신경 조직보다 덜 성숙한 조직이 어떤 것을 받아들이는 것이 쉽다는 뇌 유연설의 주장과 일맥상통한다. 특히 언어를 배우기 위해서는 뇌의 미사용 영역(uncommitted cortex)이 언어지식에 대한 구성이 조건화될 수 있어서 새로운 언어를 배울 때 뇌가 기존의 신경회로를 재구성하고 새로운 연결을 형성하기 때문이다. 즉, 성인의 뇌는 이미 조건화된 도식으로 공고화되어 있지만 어린아이의 경우에는 아직 조건화되지 못한 순수한 뇌신경세포들이 많기 때문이다. 특히 새로운 언어학습의 경험이 뇌의 구조와 기능에 영향을 미치고 있기 때문에 다양한 언어사용 경험의 중요성이 언어능력에 큰 영향을 미치게 된다는 것이 강조되고 있다.

팬필드(Penfield, 1965) 이후 촘스키(Chomsky, 1968)도 인간은 태어날 때부터 언어 습득의 능력을 가지고 있다고 주장하면서, 그의 저서 '언어와 정신(Language and Mind)에서 언어습득의 결정적 시기에 대한 개념을 제시하였다. 이 이론에 동의한 스타인버그(Steinberg, 1985)도 '언어습득의 결정적 시기'라는 저서를 통해 언어습득은 생후 12개월부터 만 6세 시기에 언어 습득이 가장 빠르게 이루어진다고 하였다. 언어습득의 결정적 시기에 대해 사춘기 이전 혹은 만 9세 이전이라는 이론이 대세이지만, 크라센(krashen, 1981)은 처음에는 결정적 시기라는 단어 대신에 언어습득이 용이한 민감한 시기라는 용어를 제안하면서 나이가 들어도 언어습득이 불가능한 것이 아니라고 주장하였다.

언어습득의 결정적 시기 또는 민감한 시기에 학습된 중요한 언어 정보와 경험에 의한 감정 언어의 기억은 스키마(Schema, 도식)로 형성되어 기억 속에 저장되기 때문에 이후에도 지속적으로 개인의 사고와 판단의 잣대로 사용될 뿐만 아니라 언어의 습관으로 사용될 수 있다. 스키마는 정보나 지식을 구조화하는 틀을 의미하는 것으로 데이터베이스의 관리시스템이 데이터를 저장하고 관리한 다음 적절한 시기에 필요에 의해 방출하는 시스템이라고 이해할 수 있다. 즉, 인간의 기억 속에 저장된 지식의 구조로 이 구조는 경험 또는 학습을 통해 습득한 정보를 바탕으로 형성되어서 다양한 상황에 대처하는 행동에 영향을 미치게 된다(Elliot, et al, 1978). 특히 언어학에서는 문장이나 단어의 의미를 이해하고 생성하는데 중요한 영향을 미치며, 새로운 언어를 습득할 때 스키마(도식)가 활성화되어 기존의 정보와 새로운 정보가 서로 역동적으로 상호작용을 하면서 재공고화 과정을 거치며 진화하게 된다. 이렇게 재공고화 된 과정을 거쳐서 강화된 스키마의 정보는 거의 개인의 신념과 같아서 성인이 되어 어떤 과제를 수행하거나 의사소통을 할 때 그 과제에 대해 동기를 부여하며, 지지를 선택하거나 거부하는 중요한 판단을 내리게 될 때 기준이 되는 신념이 되기 때문에 이러한 신념은 잘 변화되지 않는다.

2) 좌·우뇌의 언어적 특성

좌·우뇌는 서로 상이한 언어수행의 의사소통 방식을 가지고 있다. 좌뇌는 사실에 근거를 두고 논리적인 순서에 따라 복잡한 문제를 분석하고 정서적으로 불안한 상황에서도 감정을 통제하고 조절하면서 문제의 해결책 또는 대안방법을 제시한다. 반면에 우뇌는 얼굴표현과 손짓 등 비언어적 표현방법에 익숙할 뿐만 아니라 하나의 실마리로 전체를 이해하며, 사물과 다른 사물의 관계 연결성을 추론하는 능과 현상을 보고 즉각적으로 깨닫는 직감능력을 활용한 유연한 사고를 하는 개방적인 의사소통 방식을 선호한다.

(1)좌뇌의 언어적 특성

좌뇌 성향의 특성을 가진 개인의 경우, 의사소통 방식이 논리적이고 체계적이기 때문에 문제상황에서는 현실적인 해결 대안을 제시하는 등의 언어소통 방식을 선호하는 특성을 보이게 된다. 그러나 정서적 공감표현 또는 이해와 같은 통합적 언어구사능력이 부족하기 때문에 우뇌적 능력을 발달시키기 위해서는 문자, 숫자, 기호, 추리, 그림그리기 등의 훈련을 통해 공간 지각적, 창의적, 통합적, 정서적인 언어를 함께 구사할 수 있도록 훈련하는 것이, 우뇌적 사고 개인과의 의사소통이 순조로워지기 때문에 이러한 노력에 의해 우뇌성향을 발전시킨다면 서로 신뢰감을 형성하는 언어구사능력을 성취할 수 있게 하는데 도움이 된다.

그리고 특정 언어과제를 학습하는 것에 익숙한 좌뇌의 특성을 살펴보면, 언어적 정보학습에 익숙하여서 이름, 명칭 등을 잘 기억하며 대화할 때는 다양한 단어들을 사용하는 것을 즐긴다. 특히 체계적으로 문제를 해결하고자 하고 논리적 추리를 통한 학습과 수학학습에 익숙할 뿐만 아니라 감정을 잘 억제하며 기존의 규범들을 개선하려는 의지가 있고 사실적이며 현실적인 것을 선호한다. 또한 언어적인 지시와 설명에 잘 반응하며 사고와 기억 활동을 주로 언어에 의존 하는 등 언어와 논리에 기초를 두고 이성적이고 합리적으로 판단한다. 그래서 선택형 질문을 좋아하며 읽고 쓰고 말하는 언어구사능력은 우뇌에 비해 우수하지만, 직감적인 추론능력과 유연한 판단능력 그리고 비언어적 언어 이해 능력은 우뇌보다 부족하다. 전통적인 교육에서는 언어를 주요 매체로 하여 직선적이고 계열적인 문제해결을 중시하였기 때문에 좌반구의 우세(dominant)가 필요하다고 생각하였지만(Beals, 1981), 대뇌의 두 반구는 서로 상보적인 형태(complimentary fashion)로 전문화되어 있어서 언어를 이해하는 능력이 상호 보완적이기 때문에 어느 것이 더 우세할 필요는 없다(Springer & Deutch, 2001). 그러나 좌뇌의 전두엽이 손상된 환자들은 언어적 자극의 시간적 순서를 구분하지 못하는데 반해, 우측 전두엽이 손상된 환자들은 회화적 자극의 시간적 순서를 구분하는데 있어서 심한 장애를 보이게 되었다는 연구를 보면(Petrides, 1994), 언어학습, 의사소통능력에서는 좌뇌의 활성화가 필요하다고 생각된다.

좌뇌의 언어적 특징은 아래 표로 정리하였다.

좌뇌의 언어적 특성

언어적	낱말을 기술하고 정의하는 의사소통 능력.
분석적	단계적이고 조직적이며, 시간대에 따라 진행.
구체적	현재 있는 그대로 표현.
합리적	사실에 근거를 두고 결론을 내림.
논리적	논리적, 순차적, 기억된 순서에 따라 문장을 전개.
추론적	유사성을 보고 비유적인 관계를 추론하고 구체적 정보탐색.
정량적	논리적 수리적이며, 복잡한 문제를 분석하고 해결책을 제시.
통제력	정서를 인지하고 감정적 언어를 조절, 통제하는 능력.
문제 해결	사실적인 것에 기반 하여 해결책을 제시.

(고영희,1991; 김명준,2002; 허근,2014; 백중열,2018에서 수정 보완)

(2) 우뇌의 언어적 특성

우뇌의 특성을 가진 개인은 시각 및 공간적 정보를 선호하고 직관적이며 종합적으로 정보를 처리하기 때문에(조윤형외, 2005), 유연하고 즉흥적이며, 시각 및 공간적 정보를 직관적으로 유추하여 정보를 전체적으로 파악하는 것에 유리하다(Springer & Deutsch, 2001). 특히 일부의 단서를 보고 전체를 파악하는 공간지각능력은 복잡한 배경에 섞여 있는 이미지를 파악하거나 패턴을 파악하는 인식 능력에 영향을 미치며(백중열, 2018), 공간적 자극과 음악 등 비교적 자유로운 과제에서 능률적인 특성을 나타낸다고 한다(Reglski, 1978). 이러한 자유로운 특성은 의사소통 과정에서 언어적 표현이 직설적이지 않아 은유적이고 비유적이거나 암시적인 표현을 선호하는 특성이 나타나게 된다(Sperry, 1982). 특히 우뇌는 정신활동을 담당하고 있으므로 감성적이며 새로운 사실을 발견하는 호기심과 상상력이 높아서 창의적 사고능력이 뛰어나며 연상능력과 결합하여 마음에 존재하는 상상의 눈으로 사물을 볼 수 있는 능력을 발휘시킨다. 그래서 실체가 공간에서 어떻게 이루어져 있으며 각 부분이 어떻게 전체를 이루고 있는지 각 부분들 사이의 관련성을 추론하여 전체를 이해하는 방식을 선호한다. 이러한 상상의 눈은 단어에 명시적으로 제시되지 않은 추상적 의미나 개념을 이해할 수 있어서 대인 간 의사소통에서 뛰어난 정서적 공감능력과 추론능력을 보인다. 특히 우뇌의 연상능력은 시각적, 공간적, 비구조적, 비선형적, 비순차적이면서 한 번에 전체의 사물을 보고 들어온 정보를 직관적으로 동시에 처리할 수 있는 능력을 소유하고 있어서 의사소통을 위한 언어를 선택할 때 상상력을 가미한 감각적 사고에 의한 소통방식을 선택할 확률이 매우 높을 뿐만 아니라 상대방의 의도와 감정을 직감적으로 알아차릴 수 있는 능력이 있다는 것을 알 수 있다.

특히 우뇌의 연상학습을 활용하는 상상력은 창의적인 발상을 가능하게 하는 능력이며, 창의적 발상을 위한 요인들은 무의식적, 관찰적, 직관적, 일상적, 유추적, 입체적 상상으로 나눌 수 있다(임규정, 2011). 그러므로 연상능력을 높이기 위한 이미지를 활용한 학습 훈련은 폭넓은 연산 반응을 일으키는 학습활동에 도움이 되며 단어를 활용하는 훈련보다 더 자극적이고 정확해서 우뇌의 발달에 큰 영향을 준다고 한다. 또한 우뇌는 좌뇌에 비해 사람의 이름보다는 얼굴을 기억하는 특성이 있으며, 타인의 정서를 인식하는 감성적인 능력이 우월하기 때문에 때와 장소에 맞는 유쾌한 말투와 제스처를 사용하는 개방적인 소통방식을 선호한다. 특히 사회생활에서 필요한 자신의 감정과 타인의 감정을 인식하는 정서적 측면을 다룰 줄 아는 합리적 사고능력이 있어서 자신뿐만 아니라 타인의 정서도 잘 다루는(Goleman,1995; 황태호 역, 1997) 소통방식을 선호한다. 이미지를 이용하는 연상학습법은 학습한 내용이 부호화되어 단순히 문자를 읽고 쓰는 형태로 학습한 것보다 더 오랫동안 기억에 저장되며 저장된 언어학습 정보는 새로운 정보와 연합하여 개인의 독창적인 지식으로 활용할 수 있으므로 자발적인 학습참여를 유도할 수 있다(Bernadette, 1991).

상상력의 분류

무의식적 상상	-무의식에 잠재되어 있던 아이디어가 갑자기 떠오른다. -꿈, 명상, 휴식 중 예상치 못한 순간에 떠오른다.
관찰적 상상	-주변 환경이나 사물을 관찰하면서 독특한 영감이나 -창의적 발상을 떠올리는 것이다.
직관적 상상	-논리적인 사고보다는 감각적인 느낌이나 감정에 의존한다. -창의적인 아이디어를 빠르게 도출할 수 있다. -때로는 예기치 못한 상황에 처할 수도 있다.
일상적 상상	일상적인 경험, 상황에서 영감을 얻어 창의적인 아이디어를 도출 할 수 있다.
유추적 상상	유사한 두 가지 대상이나 개념 사이의 관계를 파악하여 새로운 아이디어나 이미지를 떠올리는 것이다.
입체적 상상	물체나 대상을 다양한 각도에서 입체적으로 그려보거나, 새로운 형태를 만들어 보는 것이다.

결론적으로 좌뇌와 달리 우뇌의 특성을 가진 개인의 경우에는 언어적 의사소통보다 비언어적인 신체언어를 잘 이해하여 사용할 수 있어서 감정을 표현하는 단어를 다양하게 선택할 수 있으며, 더욱이 새로운 것에 대한 흥미가 높아서 독창성과 유창성이 가미된 예술적인 특성의 의사소통방식을 사용할 확률이 매우 높다. 그리고 정보를 인식하는 특성에서는 공간적, 시각적 정보를 우선적으로 선택하고, 음조적인 자료의 기억에 익숙하며, 직감적인 판단능력을 활용하여 문제를 해결하기 위한 창의적인 대안을

제시하는 능력도 우월하다. 우뇌를 발달시키기 위한 노력으로 심상운동(명상, 상상), 이미지 분석, 그림그리기, 음감, 상상, 정서표현, 비언어적 표현 등의 훈련이 도움이 된다.

우뇌의 언어적 특징

비언어적	얼굴표현, 손짓 등 비언어적 의사소통을 사용한다.
종합적	연관되는 단서를 종합적으로 판단하여 전체를 파악한다.
상징적	기호·부호 등 상징적인 것들을 잘 사용한다.
비합리적	논리적, 분석적으로 설명을 하는 것이 약하다.
추상적	하나의 실마리로 전체를 파악하는 능력이 있다. 부족한 정보를 잘 유추하여 전체를 이해하는 능력이 있다.
추론	사실이나 추론은 미약하다.
직관적	간단한 단어로 전체를 이해하는 직관능력이 있다.
공간적	사물과 다른 것의 관계를 잘 이해한다.
의사소통	개방적, 감정이입을 통한 의사소통 방식에 능하다.
정서	감정 표현을 자유롭게 잘한다.
판단력	객관적 사실보다는 주관적으로 질문하고 판단한다.
사고력	사고와 기억 활동에서 주로 심상에 의존한다.
문제 해결	문제를 직관적으로 해결한다.
질문	자유반응식 질문을 좋아한다.

(고영희,1991; 김명준,2002; 허근,2014; 백중열,2018에서 수정 보완)

3) 두뇌의 언어영역

　　이 세상에서 살아있는 모든 생물체들 중에서 언어의 규칙을 사용하며 다양한 상황과 현상을 분류하고 범주화하고 개념화하면서 복잡한 문장들을 산출하고 다룰 수 있는 언어능력은 다른 동물들과 구분 지을 수 있는 인간의 고유한 능력이다. 인간의 두뇌는 생각을 언어로 표현하기 위해서 파충류의 뇌인 뇌간을 제외한 모든 영역에서 언어로 사용될 수 있는 정보들을 분석하고 이해하고 있다고 할 수 있다. 그 중에서도 특별히 언어를 이해하고 인출하는 두뇌의 언어 영역에는 측두엽에 위치한 베르니케 영역(Wernicke's area)과 전두엽에 위치한 브로카 영역(Broca's area)이 있다. 브로카 영역(Broca's area)은 프랑스의 인류학자이자 외과의사이며 신경해부학자인 폴 피에르 브로카(Paul Pierre Broca)에 의해 밝혀졌으며, 그는 1861년 오른쪽 신체가 마비되었던 사망한 간질 환자를 부검하였다. 그 환자는 오른쪽 신체가 마비되었었는데, 지능과 언어 이해 능력에서 결함을 보이지 않았는데도 유일하게 말할 수 있는 소리가 '탄(Tan)'이라는 단어로 그는 이 단어를 여러 가지 의미로 사용하였다고 한다. 그가 사망한 후 부검을 하였더니 좌반구 세 번째 전두회를 따라 달걀 크기 정도로 뇌 손상이 되어 있는 것을 발견하였고 그 후 추가 조사를 통해 이 영역이 언어의 핵심 중추임을 발견하고 의사의 이름을 따서 브로카 영역으로 명명하였다(Broca, 1878). 좌반구 전두엽에 위치한 브로카 영역은 언어의 생성을 제어하고 말을 인출하는 기능으로 청각적 언어이해 능력이 좋아서 언어의 표현과 구사능력 그리고 글을 쓰는 행위를 지배하는 영역이다. 특히 소리 언어를 발성하는 운동성 언어영역으로 이 부위가 손상되면 발성기관에는 아무런 장애가 없어서 인지된 언어를 이해할 수는 있지만 발음이 불가능한 운동언어상실증(motor aphasia)이 나타나게 된다(Ebeling, Uwe, et al. 1989; 정다빈, 2022). 운동언어상실증은 말 막힘이나 머뭇거림이 많으며, 말의 강세나 억양이 단조롭고 알아듣기는 비교적 잘하지만 말의 유창성은 떨어지는 현상이 나타나게 된다(이지현, 2006). 또한 대화나 그림을 설명할 때 표현능력이 상당히 저하되기 때문에 무의미한 음절이나 모음만을 반복하기도 하며, 발화의 길이가 2~3절에 머물고 힘이 든 발성을 보인다(손기원, 2006). 즉, 베르니케 영역에서 이해되고 구성된 언어를 이해하는 것까지는 문제가 없지만 목, 기관지 등의 발성기관에 문제가 없음에도 단어와 문장을 연결하여 소리로 표현 하는 것에 어려움을 겪게 되는 것이다. 그러나 브로카 영역은 심한 손상을 입었을 경우에도 요일, 숫자, 개수, 암송하기, 노래 부르기와 같은 자동성을 가진 연속된 구어 표현은 부분적으로 보유하고 있다고 한다(윤병이, 2005). 이처럼 브로카 실어증은 소통 언어의 비유창성을 일으키므로, 문법적 형태소나 기능어를 생략하고 내용어만 산출하는 전보채 형식의 발화를 한다. 전보채 형식의 발화란, 주로 공문서나 공식적인 문서에서 사용되는 간결하고 명확한 표현방식으로 수식어나 접속사를 배제하고 핵심 내용을 직접적으로 서술하는 것이 특징이다. 즉, 브로카 실어증을 겪고 있는 개인의 경우에는 보편적인 문장을 구성하지 못하고 필수 단어만 사용하고 있다는 것이다.

	브로카 실어증의 특징
운동성 실어증	말하기와 쓰기에서 어려움을 겪는다. 상대방의 말은 이해할 수 있다.
제한된 표현	문장을 구성할 때 문법 요소를 자주 생략한다. 완전한 문장 대신 주요 단어만을 나열한다.
유창성 부족	발음이 느리고 어색하며, 말의 리듬과 유창성이 떨어진다.
이해능력은 유지	다른 사람의 말을 이해할 수 있다. 자신의 의사를 표현하는 데 어려움을 겪는다.
인지 기능 정상	실어증으로 인해 언어 능력에만 영향을 미친다. 다른 인지 기능에는 큰 영향을 주지 않는다.

베르니케 영역은 독일의 신경외과 의사인 베르니케(Karl Wernicke)가 말을 이해하는 것이 불가능한 환자의 뇌 내부를 특정하여 좌측 측두엽의 후방부가 언어 이해와 관련이 있다는 것을 발견한 뒤 그 의사의 이름을 인용하여 베르니케 영역(Wernicke's area)이라고 명명되었다. 베르니케 영역은 두정엽과 좌측 측두엽의 상부 뒤쪽 가장자리에 위치하며, 청각피질과 시각피질로부터 전달된 언어정보를 해석하고 그 의미를 분석하는 역할을 한다. 인간이 말을 할 때 사용하는 언어는 목적에 맞는 문장을 구성하기 위해서 의미가 적절한 단어를 선택해야 하는데 베르니케 영역에 손상이 생기면 말을 하기는 하지만 의미나 목적에 맞지 않는 단어를 사용 하며 타인의 말도 알아듣지 못하게 된다. 따라서 베르니케 손상 환자의 경우 단어의 정확한 의미를 이해할 수 없으므로 언어의 의미를 정확히 표현하기 위해서 청각적 이해력이 개선될 수 있도록 끊임없는 노력을 해야 한다. 그리고 베르니케 실어증은 소리 언어를 유창하게 발화하지만, 자신이 의도한 말과는 전혀 다른 의미의 말을 하고 있다는 것을 알아차리지 못하는 착어적인 구어현상과, 청각적 이해력의 손상, 단어와 문장의 반복, 읽기와 쓰기 등의 모든 작업에서 장애가 나타난다. 특히 구성된 문장들은 문법 형태소들과 어휘적인 단어들(명사, 동사, 형용사)의 비체계적인 대치나 생략으로 인해 정확하지 않은 혼란스러운 문법의 문장을 구성하는 경향을 보이며, 문자들을 조합하거나 인식하는데 어려움을 느끼는 장애를 겪게 된다(Goodglass et al., 1984; 강태화, 2007).

베르니케 실어증 현상(Graham, 1990)

-유창하지만 착어를 동반한 자발화 현상이 나타난다.
-청각언어 이해능력의 손상이 나타난다.
-낱말이나 문장을 반복하는 일의 장애가 나타난다.
-이름대기 장애가 나타난다.
-읽기와 쓰기의 장애가 나타난다.
-조음이나 신체의 운동기능은 정상적이다.

베르니케 실어증의 특성 중에서 특히 착어(paraphasia)를 동반한 자발화(spontaneous speech) 현상이 많이 나타나는데, 착어란 정확한 의미의 단어를 선택하지 못하고 특정 단어에 편집적인 증상이 나타나서 같은 단어를 전혀 다른 의미에 부여하는 현상을 말한다. 착어에는 음운적 착어(Phonological paraphasia), 의미적 착어(Semantic paraphasia), 단어 대체 착어(Verbal paraphasia), 동결 착어(Frozen paraphasia)가 있다(권미선, 2004). 착어가 일어나는 원인은 주로 좌측 측두엽이나 전두엽 손상에서 기인할 수 있는데, 이러한 손상은 뇌졸중, 외상성 뇌손상, 알츠하이머병과 같은 퇴행성 질환 등에서도 발생할 수 있다. 착어를 치료하고 관리하기 위해서는 반복적인 연습과 훈련을 통해 올바른 언어 사용을 촉진해야 하며, 착어를 최소화하기 위해 스스로 언어를 수정하는 방법이 있으며, 심한 경우에는 의사소통 보조 기기나 앱을 사용하여 의사소통을 지원받기도 한다.

착어의 종류	
음운적 착어	특정 소리를 잘못 발음하거나 왜곡하는 것이다. 예: Cat을 bat으로 발음하는 것과 같다.
의미적 착어	단어의 의미가 잘못 전달되는 상태이다. 예: 고양이 대신 강아지라고 말한다.
단어 대체 착어	올바른 단어 대신 다른 단어를 사용하는 경우이다. 예: 책 대신 종이라고 말한다.
동결 착어	말문이 막히거나 특정 단어가 떠오르지 않아 말을 이어가지 못하는 경우이다.

결론적으로 효과적인 의사소통을 하기 위해서는 브로카 영역의 언어 발화능력과 베르니케 영역의 언어이해 능력, 문장구성 능력이 함께 협업을 이루어야 한다. 특히 청

각과 시각의 기능영역이 겹치는 측두엽 부위의 베르니케 영역과 인간의 모든 정보를 의식적으로 인식하는 전두엽에서 인식한 모든 정보들을 소리 언어로 처리되는 기능이 있는 브로카 영역의 협업은 의사소통에서 가장 중요한 영역이라는 것을 알 수 있다.

3. 정보처리의 선택적 주의력

인간이 정보를 감지하고 인식하는 방식은 개인의 두뇌선호 성향(뇌선호도)에 따라 그 처리과정이 다르다. 그러므로 개인의 언어학습을 위한 언어정보 처리방식을 이해한다면 좀 더 적절하고 효율적인 언어를 학습하고 표현할 수 있으므로, 언어학습을 위한 정보처리 구성과정을 전략적으로 이해할 필요가 있다.

1) 정보처리 주의과정

사회적 인간으로서 살아가는데 가장 필수적인 도구인 언어는 인간의 의사소통, 사고 행위 및 인지학습의 핵심적인 기능이며, 이 기능을 이해하기 위해서는 두뇌의 정보처리 특성을 파악할 필요가 있다. 특히 언어 정보를 처리하는 특성을 파악하기 위해서는 신경해부학적 모형 등의 연구가 필요하다(과학기술부, 2004). 두뇌가 언어를 습득하는 것은 자극 또는 비언어적 자극의 내용을 지각하는 것에서부터 시작되며, 지각된 정보들은 기존에 저장된 배경지식과 새로이 지각된 정보를 비교 또는 통합하여 적절하게 사용할 수 있도록 전달되는 과정을 거친다. 인간의 뇌는 우리가 흔히 알고 있는 오감이라고 이해하고 있는 감각신경에 의해 감지된 정보가 시상을 통해 대뇌의 각 영역으로 전달되는 과정을 거친다. 이렇게 전달된 정보에서 유용하다고 판단되어 분류된 가치 있는 정보들은 뉴런(neuron) 즉, 뇌신경세포의 말단에 위치한 시냅스(synapse)끼리의 연결을 통해 스키마(도식 schema)로 형성되어 항시적으로 인출하여 사용할 수 있는 기억으로 저장된다(홍춘우 외, 2022). 시냅스는 신경세포의 축삭돌기 말단과 다른 신경세포의 수상돌기가 만나는 세포 간 연접부위로서 신경세포 사이에 전기적, 화학적 신호를 전달하는 대화 창구 역할을 수행한다(최정우, 2008). 시냅스의 연결에 의해 범주화되는 스키마(도식, Schema)는 비슷한 개념들끼리 조합되거나, 이미 저장되어 있는 배경지식과의 연결고리가 있는 정보들을 다양한 관점에서 분석하고 재분류한 다음 강화시키는 공고화 과정을 거쳐 형성된다. 공고화된 도식인 스키마는 개인의 필요적 요구에 따라 적절한 행동 또는 언어적 정보로 활성화되어 정보를 인출하게 되는데, 인출된 정보를 사용하는 능력은 신체적 행동으로 보여주는 것과 언어를 활용해서 자신의 목적, 요구사항, 감정 등을 표현하는 기능이 있다.

스키마(도식)는 어떤 정보를 인식할 때 이미 강화된 기억, 지식, 경험 등이 한 카테고리로 구성된 하나의 연결망과 같아서 새로운 정보를 지각할 때 즉각적으로 이해가 가능하도록 해주는 특성이 있다. 이를테면 우리가 흔히 인터넷에서 설문조사나 어떤 특정 키워드와 '좋아요' 등의 표현 등을 포집하여 그 사람이 선택한 정보들을 범주화 한 다음 그 후에 인터넷을 켤 때마다 개인이 흥미를 가지고 탐색하던 정보나 자료, 광고 등이 우선적으로 앞부분에 배치되도록 하는 것과 그 이치가 비슷하다. 이처럼 사람의 뇌도 마찬가지로 개인의 선호도가 어떤 정보에 더 반응하고 활용하는지를 범주화 즉 도식화(schema)하는 과정을 거쳐 비슷한 상황에서 우선적으로 인지되는 정보처리 과정이 활성화되는 것이다.

의사소통에서 화자(말하는 사람)와 청자(듣는 사람) 사이의 원활한 정보 전달과정은 서로 공통의 관심사 또는 주제를 공유할 필요성이 있다고 느낄 때, 두뇌의 정보처리 영역이 가장 활발하게 일어난다. 두뇌의 이러한 특성을 이해하고 원활한 소통 또는 정보의 교환을 위해서는 상대가 이해할 수 있도록 적절한 어휘와 문장 사용을 위해 자신의 생각을 재구성하는 노력과 함께 주제에 대한 정보의 분석적 사고가 먼저 이루어져야 한다. 이러한 분석적 사고는 주의집중과 기억력 등을 활용한 전두엽의 집행기능이 관여하게 된다. 두뇌의 특성은 개인에 따라 같은 과제를 놓고 학습하면서도 그 학습을 이해하는 인지적인 처리방식과 정서적인 처리방식 그리고 복합적인 처리방식에 따라 서로 이해하는 방법이 다르다. 두뇌가 정보를 처리하는 방식에 대해 포즈너와 페터슨(Posner & Petersen, 1989)은 개인의 특성에 따라 선택적 주의과정, 분할주의 과정, 주의 전환 과정, 주의 유지과정, 주의 억제과정, 주의 조절과정으로 분류하였다. 특히 자신이 관심을 가지고 있는 특정 과제나 정보에 집중하는 선택적 주의력은 학습 또는 정보처리 과정 중에서 과제와 관련 없는 정보는 무시하고 적절한 자극에만 주의를 기울이는 능력을 의미한다(이재숙, 2007에서 재인용). 예를 들면, 인간이 매 순간순간 외부로부터 입력되는 시각정보들을 모두 처리하는 것은 처리용량의 한계로 인해 불가능하기 때문에 두뇌는 정보처리 과정 중에 필요한 정보만을 선택하는 선택적 주의기제를 사용하게 된다(백종수, 2003). 실제로 인간이 어떤 장면을 볼 때 넓은 범위의 장면 전체를 동시에 모두 본다고 생각하지만 실제로는 눈이 한 번에 볼 수 있는 영역이 매우 제한적이므로 지정된 해당 영역을 한정하여 관심을 가지고 있는 특정 대상의 정보에 선택적으로 주의를 집중하게 되는 것이다.

분할주의과정은 동시에 여러 개의 작업을 동시에 진행할 때 그 작업에서 필요한 정보에 주위를 집중할 수 있는 멀티태스킹 능력으로 여러 개의 과제를 수행할 때 A과제에서 필요한 정보를 선택하고 바로 B과제의 정보에 선택적 주의 집중력을 발휘할 수 있는 능력을 말한다. 인간은 대부분 한 가지 과제가 제시되면 다른 과제는 2순위로 미루고 첫 번째 과제에 집중하지만, 때로는 여러 가지 상황이 한꺼번에 주어질 수 있어서 이러한 경우에 필요하게 사용되는 능력이다.

주의전환 능력은 직전에 주의력을 집중했던 정보를 무시하고 새로운 정보에 빠르게 적응하는 능력이며, 주의유지과정은 첫 번째 과제에 필요했던 정보에 대해서도 주의를 계속 유지할 수 있는 집중력을 의미한다. 그리고 주의억제과정은 불필요한 정보에 접근하려는 충동을 억제하고 계획한 과제에 집중할 수 있는 능력이며, 주의조절은 상황에 따라 적절한 수준의 유지해서 주의가 분산되는 것을 방지하는 능력을 말한다. 이러한 주의 과정들은 한 가지 기능만이 사용되는 것이 아니라 필요에 따라 서로 상호작용을 하면서 학습된 정보를 처리하는데 필수적인 역할을 한다. 즉, 개인의 선호도에 따라 특정 자극이나 정보에 집중하고 다른 자극들은 무시하는 방식이 있으며, 여러 개의 자극이나 정보를 객관적으로 분석하면서 불필요한 자극이나 충동을 억제하고 필요한 정보에 집중하는 것과, 새로운 정보나 상황에 빠르게 적응할 수 있는 능력, 자신의 상태를 조절할 수 있는 능력 등의 특징이 있다. 이러한 특성들은 두뇌가 정보를 처리하기 위해 발생하는 주의 과정이다.

정보처리 주의 과정	
선택적 주의	특정 자극이나 정보에 집중하고 다른 자극은 무시한다. 시끄러운 환경에서도 관심있는 대화에만 집중할 수 있다.
분할 주의	여러 개의 자극이나 작업에 주의를 분산시키는 멀티태스킹, 동시에 여러 개의 작업을 할 수 있다.
주의 전환	새로운 정보나 상황에 빠르게 적응할 수 있다.
주의 유지	특정 자극이나 작업에 지속적으로 주의를 유지할 수 있다. 집중력을 유지시키는 능력이다.
주의 억제	불필요한 충동을 억제하고 필요한 정보에만 집중한다.

	충동적인 행동을 억제하고 계획적인 행동을 할 수 있다.
주의 조절	상황에 따라 적절한 주의 수준을 유지한다. 스트레스에 따라 주의가 분산되는 것을 방지할 수 있다.

2) 선택적 주의력

선택적 주의력은 다양한 감각 정보들의 홍수 속에서 자신의 과제와 관련이 없는 정보는 무시하고 특정한 정보에 집중하여 제한된 인지자원을 효율적으로 사용하기 위한 정보처리 방식이다(Pearson et al, 1995). 여러 자극들 중에서 그 중 과제와 관련 있는 자극들을 우선적으로 선택하여 처리하고 그 나머지를 여과시킬 수 있는 중요한 인지과정으로 기억의 구조와 매우 밀접한 관련을 맺고 있어서 서로 양방향적인 영향력을 미치고 있다(김태연, 방희정, 1986). 특히 선택적 주의는 지각대상 또는 과제의 실현 과정에서 기억된 내용을 처리하는 과정에서 특정과제의 정보를 다른 여타 정보와 달리 시간적 순위를 변경시켜서 우선적으로 처리할 수 있게 한다. 이러한 현상은 특정 과제에 대한 핵심적 정보가 이미 기억으로 저장되어 있기 때문에 선택 과제에 대한 특정 단서를 더 빨리 선택적으로 집중을 할 수 있게 된다.

선택적 주의력에서 가장 중요한 기능인 시각적 능력은 순간적으로 관찰 대상이 가지고 있는 얼굴의 색상과 움직임 그리고 밝기의 속성 등을 인식하여 관찰자(조진수, 2004)의 배경지식에 의해 선택적 집중능력의 요인으로 작용된다. 이 요인들은 관찰자의 배경지식과 선호감각을 종합하여 대상의 눈썹과 입의 움직임, 미묘한 표정의 변화를 인지하고 순간적으로 대상의 감정과 의도를 파악할 수 있는 능력을 의미한다. 또한 복잡한 장면 속의 여러 대상들 가운데서 목표로 하는 표적을 찾고자 할 때도 시각능력이 전통적으로 요구되며, 공간적 주의 이동이나 탐색한 자극들에 대한 기억정보가 시각으로 탐색하는 경로에 대해서 선택적 주의의 이동을 안내한다는 것이다(Klein & MacInnes, 1999; 백종수, 2003). 예를 들면 길을 찾을 때에 가야 하는 목표 방향에 대한 기본적인 정보에 의해 여러 갈래의 길에서도 선택적으로 목표하는 방향을 찾아갈 수 있는 공간 지각력이 선택적 주의를 의미한다. 인간의 시각 체계는 매 순간 입력되는 다양한 시각정보들을 모두 처리하는 것이 불가능하기 때문에 특정한 표적을 찾아야 하는 정보처리를 하는 과정에서 공간기억의 정보가 반드시 필요하다는 것이다(Treisman & Gelade, 1980). 이 이론은 시각정보와 공간기억정보의 기능 통합을 통해 주의가 어떻게 작용하는지를 밝혀낸 연구이다.

시각정보처리는 일반적으로 개별 특징인 색상, 모양, 크기 등을 별도의 채널을 통해 처리하고 처리된 개별 특징들이 하나의 통합된 객체로 결합하는 과정을 거쳐서 주의가 필요하다고 특정된 시각정보를 해석하고 이해할 수 있게 한다. 특히 통합된 정보는 주의 과정에서 불필요한 정보를 억제하거나 통합하는 억제와 통합의 균형을 이루게 된다(Treisman & Gelade, 1980). 억제와 통합의 균형은 특정 위치에 주의를 기울여야 할 때는 이미 한 번 탐색한 위치로 다시 시선을 돌리는 것을 억제함으로써 주의가 분산되지 않고 특정 위치에만 집중하고 나머지 자극을 무시하는 "주의의 분배와 억제" 능력이다(Klein & MacInnes, 1999). 즉, 한 번 주의를 기울였지만 목표 장소가 아니라고 생각한 곳은 다시 탐색하지 않는 효율적인 탐색 작업의 원리로 필요 위치라고 인지된 곳만 선택적으로 집중한다는 것이다. 예를 들면, 특정한 대상이나 작업에 주의를 기울이거나 카페 등 소음이 있는 곳에서 공부를 할 때, 배경 소음을 무시하고 공부에 집중할 수 있는 능력과, 소음이 가득한 외부 환경에서 엄마가 잃어버린 아이의 작은 목소리를 알아듣는 것 그리고 목표지점에 도달하기 위해 지도를 보고 인지한 장소를 찾아갈 때 기억과 장소를 보는 시각적 능력이 통합하여 위치를 특정할 수 있는 선택적 주의능력 등이 있다. 이러한 능력의 필수 요인은 자신이 원하는 작업의 우선순위를 인지하고 이를 달성하겠다는 의지를 필요로 한다. 그러므로 선택적 주의 정보처리 방식을 선호하고 있는 개인은 주변의 잡다한 소음과 다양한 외부의 간섭 속에서도 목표하는 한 가지 일에 몰두할 수 있는 집중력이 있으므로 주변 환경에 의해 산만해지지 않는 주의 집중 능력을 갖추게 된다. 주의 집중력은 선택적 주의력을 유지하는 힘이다.

3) 주의력 결핍

선택적 주의 집중력과는 반대되는 개념의 주의력 결핍의 특징은, 자신이 필요로 하는 정보에 얼마간의 시간 동안 집중하는 것이 어려운 상태를 말한다. 즉, 과제를 수행하는 동안 과제의 목표를 잊고 다른 것에 관심이 옮겨가는 현상으로, 외부의 자극에 대한 주의집중력이 부족하고 쉽게 산만해질 뿐만 아니라 어떤 목표 행동에 대해 집중하는 시간이 길지 못해서 일정한 규칙을 지키지 못하고 싫증을 잘 내며 소란해서 다른 아이들의 집중을 방해하게 된다. 이러한 아동들은 주의력의 유시와 끈기가 없어서 다른 과제 수행에도 참여하기 힘들다.

신경생물학적 이론에서 바라보는 주의력 결핍의 원인은 두뇌의 전두엽 기능저하가 주요 원인으로 제시되고 있다. 주의력 결핍과 과잉행동 장애는 대부분 뇌의 손상에 의한 것으로 보는 신경학적 요인과 타고난 유전적 요인 그리고 환경적 요인과의 상호작용에 초점을 맞추는 경향이 높다(이종범 외, 1993). 특히 전두엽의 손상은 집중력,

계획 수립, 충동 조절 등의 기능에 문제가 생기기 때문에 이 영역의 기능 저하로 인한 발달 지연이 일어나서 과잉행동장애(ADHD) 등의 주의력 결핍증상이 발생한다고 한다. 특히 아동기에 지속적인 스트레스나 극심한 불안감을 경험하게 되면 뇌신경세포의 발달에 영향을 미쳐서 시냅스의 신경전달물질을 분비하는 전달체계가 손상될 수 있기 때문이다. 뇌전증 진단을 받은 6세에서 18세까지의 환자들을 추적하고 관찰한 연구에서 주의력 결핍을 동반한 환자들이 69.5%가 나타났으며, 이 중 ADHD가 중복된 경우는 37.5%를 차지하고 있었다고 한다(최혜윤 외, 2013). 그러므로 뇌의 이상 현상이 주의력 결핍의 상당한 요인으로 작용하고 있다는 것을 알 수 있다.

신체적, 심리적, 인지적으로 아무런 장애가 없음에도 주의력 결핍 증상이 나타나고 있는 경우에는 부모와의 상호작용 부족이나 양육 방식 등의 환경적 요인에 의해 주의력 결핍 증상이 나타날 수 있다. 특히 부모가 아동의 잘못된 행동을 지나치게 허용하거나 가정의 분위기가 극도로 혼란된 상태에서 양육되는 아동의 경우 자신의 잘못된 행동을 조절하거나 통제할 수 있는 능력에 대한 절제 능력이 발달되지 못해서 주의력결핍 증상이 나타나게 된다. 통제능력이 발달되지 못한 아동의 경우 과제를 완수하기에 충분한 시간이 있었음에도 불구하고 과제를 완수하지 못하는 모습을 보이는데 이것은 주의집중력이 요구하는 인내력과 노력을 기울이는 능력에 결함이 있다는 것을 의미한다. 특히 부모의 독선적, 권위적, 통제적인 양육 태도는 자녀의 자아존중감이 낮아지고 수동적이며 회피적 성향이 높아서 능동적인 주의집중이 필요한 과제를 수행하는 일에 문제가 생긴다. 이러한 아동의 경우에는 자존감이 낮아졌기 때문에 또래 관계에서도 원활한 소통을 하지 못하고 학교생활에서도 부적응적 행동을 나타나게 된다. 특히 충동적인 행동으로 인해 통제가 어려워졌기 때문에 '주의력 결핍 과잉 행동 장애' 아동은 쉽게 흥분하고 쉽게 좌절하는 행동패턴을 보이면서 외부의 자극에 대해서 산만하게 반응하며 주의집중 시간이 짧아서 주의 집중력이 약해졌다는 것을 알 수 있다(Rita & Allen, 1997). 그러나 다른 연구에서는 민주적이고 긍정적이며 부모에게서 지지적인 사랑을 받은 아동은 자아존중감과 정서적 안정감이 높아서 사회적 기술과 스트레스 대처능력이 높기 때문에 혼란스러운 상황에서도 집중력을 잃지 않고 부여된 과제를 완수하는데 큰 어려움이 없었다고 한다.

부모의 양육방식	
권위적	-규율과 복종을 강조하며, 어길 경우 강한 처벌을 한다. -창의성과 독립성을 억압할 위험이 있다. -사회적 책임감이 강하다.
허용적	-자녀에게 관대하고 애정 표현이 많지만, 규칙설정과 훈육이 부족하다. -자기조절 능력을 키우기 어려울 수 있다.
방임적	-최소한의 관심을 기울이고 있다. -자녀의 필요와 감정을 무시하는 경향이 있어서 욕구불만이 생긴다.
민주적	-부모 자녀 간의 상호작용이 활발하며 자녀의 의견을 존중한다. -자녀의 자립심과 문제 해결 능력을 키우는 데 도움이 되어서 주의집중력이 높아진다.

로너(Rohner, 1980)는 부모의 양육 태도가 아동에게 미치는 영향을 연구한 논문에서 부모가 자녀를 대한 태도를 애정과 거부, 자율과 통제, 엄격함과 허용성의 양극으로 분류하였다. 부모의 애정을 듬뿍 받은 아동은 자아존중감과 정서적 안정감이 높았으며, 거부를 경험한 아동의 경우 적대심과 공격성이 나타나고 사람에 대한 무관심이 나타났으며, 엄격함과 허용성은 자율성이 아닌 수동적 성향을 나타낼 수 있다고 했다. 그리고 부모의 양육 형태가 권위적이었던 아동은 또래 관계에서 주도권을 쥐지 못하고 사회적 불안감을 나타내었으며, 허용적인 양육태도에 의해 성장한 아동은 대체적으로 미숙하고 사회적 책임감이 낮았다고 한다(Baumrind, 1973). 그러므로 부모의

양육태도가 아동의 사회적응력과 주의집중력에 큰 영향을 미친다는 것을 알 수 있다.

부모의 양육태도 이외의 주의력 집중의 저해 요인들은 환경적 요인, 심리 정서적 요인, 신체적 요인, 기술적 요인, 계획 및 관리 부족 등으로 정리할 수 있으며, 인터넷 중독도 큰 영향을 미치고 있다. 그러므로 이러한 요인들을 인식하고 관리하는 것은 집중력을 향상시키고 목표 과제를 달성하는 데 중요한 역할을 한다.

요인	주의력 집중 저해 요인
환경적 요인	소음과 혼잡한 환경, 과도한 자극이 있는 공감
심리적 요인	스트레스, 불안, 우울 등의 감정상태
신체적 요인	충분하지 못한 수면, 건강하지 않은 식습관
기술적 요인	스마트폰, 컴퓨터, TV 등 전자기기의 과도한 사용
계획 및 관리부족	명확한 목표나 계획이 없는 경우

주의력은 어떤 과제에 대한 집중력, 지속성, 선택성, 통제성 등 네 가지 측면이 결합되어 작용하는 정보저리 과정인데, 이 측면들을 만족시키지 못하는 단순 주의 산만형과 ADHD 성향의 주의력 결핍장애로 크게 나눌 수 있다. 아래 주의력 결핍을 진단하는 척도는, 미국 정신의학 협회의 진단 및 통계 편람 DSM-Ⅳ를 기반으로 한 주의력 결핍에 대한 검사이다.

주의력 결핍, 과잉행동 장애는 아래 2파트의 항목 9가지 문항에서 적어도 6가지 이상의 증상이 7세 이전에 나타났으며 6개월 이상 지속되었는지를 확인해야 한다.

주의력 결핍, 과잉행동 장애 진단 척도(DSM-Ⅳ)
- 아래 9가지 문항 중 적어도 6가지를 나타낸 경우 - 과잉행동-충동성 또는 부주의 증상이 7세 이전에 나타난 경우 -6개월 이상 지속된 경우 -사회적, 학업적, 직업적 기능에 임상적으로 심각한 장해가 초래된다.

신현녀(2010)

주의력 결함 과잉행동 아동의 평정(DSM-Ⅳ, 1994)을 체크하기 위한 설문지는 아래 표로 정리하였다. 부주의 척도내용 9문항 중 적어도 6개 이상일 때, 충동성과 과잉행동 질문 9개 문항 중 6개 이상인지를 확인하세요.

주의력 결함 과잉행동 아동의 평정(DSM-Ⅳ, 1994)

정선숙(2007)

문항	부주의 척도 내용	yes	no
1	흔히 세부적인 면에 대해 면밀한 주의를 기울이지 못하거나, 학업, 작업 또는 다른 활동에서 부주의한 실수를 저지른다.		
2	흔히 일을 하거나 놀이를 할 때 지속적으로 주의를 집중할 수 없다.		
3	흔히 지시를 끝까지 따르지 않고, 숙제나 집안일을 끝내지 못하거나 아니면 해야 할 의무를 다하지 못한다.		
4	흔히 다른 사람의 말을 경청하지 않는 것으로 보인다.		
5	흔히 해야 할 일이나 활동을 체계화하기가 어렵다.		
6	흔히 지속적인 정신적 노력을 요구하는 과업(학업 또는 숙제 같은)에 참여하기를 피하고, 싫어하고 저항한다.		
7	흔히 활동이나 과제에 필요한 장난감, 학교 숙제, 학용품, 책 등과 같은 물건들을 자주 잃어버린다.		
8	흔히 외부자극에 의해 쉽게 산만해진다.		

| 9 | 흔히 일상적인 활동을 잊어버린다. | | |

문항	충동성 질문 내용	yes	no
1	흔히 질문에 불쑥 대답한다.		
2	차례를 기다리지 못한다.		
3	다른 사람을 방해하거나 끼어든다.		
	과잉행동 질문 내용		
4	흔히 안절부절 하거나 몸부림을 친다.		
5	자리에 조용히 앉아 있지 못한다.		
6	지나치게 뛰어다니고 기어오른다.		
7	여가 활동 시간에 조용히 놀지 못한다.		
8	지나치게 일을 많이 한다.		
9	끊임없이 활동한다.		

이대송(2003)

2장 감각신경계

1. 오감의 발달과 정보처리 능력
1) 오감의 이해
2) 오감과 두뇌의 발달
3) 오감 신경계

2. 오감의 특성
1) 시각 신경
2) 청각 신경
3) 미각 신경
4) 촉각(체감각) 신경
5) 후각 신경

3. 오감과 정서반응
1) 시각의 정서반응
2) 후각의 정서반응
3) 미각의 정서반응
4) 청각의 정서반응
5) 촉각의 정서반응

I. 오감의 발달과 정보처리 능력

인간의 감각신경(Sensory Neurons)은 내·외부 환경에서 오는 다양한 자극을 수용하고 이를 중추신경계로 전달하여 적절한 인지 반응 및 행동 또는 감정조절을 가능하게 하는 필수적인 정보 전달 시스템이다. 감각기관인 시각, 청각, 후각, 미각, 촉각 자극들을 감지한 말초 신경계는 감각기관에서 인지한 정보를 구심성 신경(Afferent Nerves)으로 중추신경계로 전달하고, 그 정보를 신경섬유를 통해 뇌와 척수로 전달한다. 구심성 신경은 외부 자극이나 내부 상태를 감지하여 그 정보를 중추신경계인 뇌와 척수로 전달하는 신경이며, 반대로 원심성 신경(Efferent Neuron)은 중추신경계인 뇌나 척수에서 내려온 명령을 받아 말초의 근육이나 체액, 소화액, 땀 등을 분비하는 외분비 샘과 내분비 샘에 전달하는 신경이다. 즉, 원심성은 중심에서 내려가는 신경이며, 구심성은 아래에서 중심으로 올라가는 신경으로 이 두 신경의 상호작용을 통해 인간은 외부 자극을 인식하고 이에 적절히 반응하게 된다.

중추신경계는 뇌의 자극을 인식하고 해석하여 감정, 기억, 학습 등을 담당하며, 자율신경계와 호르몬 분비를 조절하여 신체의 항상성을 유지하도록 한다. 뇌와 함께 중추신경계를 구성하는 척수는 뇌와 말초 신경 사이의 자극 전달과 반사 기능을 맡아한다. 반사 기능을 예를 들면, 뜨거운 물체를 만졌을 때 즉각적으로 손을 떼는 반응은 척수의 반사 작용이다. 감각신경계는 의식적 감각인 오감과 무의식적 감각인 통증 반응, 자율신경 반응에도 관여를 하는데 이러한 과정을 통해서 주변 환경을 인식하고 적절히 반응할 수 있게 하는 인간의 생존과 기능 수행에 필수적인 역할을 하고 있다. 이 장에서는 의식적 감각인 오감을 다룰 것이다.

1) 오감의 이해

　　인간은 출생과 동시에 생존을 위해서 감각기관을 통해 외부세계를 탐색하고 자신과 주변과의 관계를 설정한다. 감각기관의 신경세포망은 탐색된 외부의 자극과 정보를 취득하고 전달하기 위해서 우리의 뇌는 각 영역이 기능적으로 분리된 감각체계를 갖고 있다. 감각 기능은 움직이는 물체를 볼 때 그 물체에 대한 복합적인 정보를 인식하기 위해서, 시각과 청각은 물체의 크기, 소리, 움직이는 방향, 모양, 위협의 정도, 색깔 등의 정보들을 서로 통합하여 물체를 인식하고 위험을 감지하는 능력을 갖추게 된다. 외부세계에서 일어나는 정보와 자극은 기본적인 감각인 시각, 청각, 후각, 촉각, 미각인 오감의 고유한 패턴에 의해 감지된다. 감지된 서로 다른 정보들은 감각기관과 신경 경로를 통해 시상에 도착하고 시상이 각 정보의 내용에 따라 대뇌피질의 각 영역으로 보내지는데 이 때 오감 중 후각은 시상을 거치지 않고 바로 대뇌변연계로 전달된다. 이러한 단계들은 초기 감각단계에서 정보를 분석하고 의미를 부여하는 지각단계이다. 그다음 두뇌는 지각된 정보와 이미 저장된 선험지식을 활용하여 이 정보를 어떻게 활용할 것인지를 판단하고 신체의 반응과 의사결정을 수행하도록 결정하는 '대응선택단계'에 이르게 된다(이석종, 2023). 대응선택단계에서는 각 영역에서 인지된 정보를 전두엽에서 다시 통합하여 해석한 후 각각의 상황에 맞는 행동을 하도록 실행 명령을 내리게 되거나 필요한 언어로 표현하게 된다. 그리고 전달된 감각정보들이 뇌에 긍정적 영향을 주게 되면 도파민 시스템이 활성화되어 자신과 타인에게 긍정적 태도를 나타내게 되며, 모든 일에 의욕적이고 적극적이며 노력하려는 의지를 주게 되어 자신의 목표를 달성하는 개인적 성장을 이룰 수 있다.

　　이처럼 오감은 환경, 대상, 사물 및 현상으로부터 물리적인 자극 또는 에너지를 지각하여 정보를 탐지할 수 있는 능력으로 지각에 앞서서 이루어지는 과정이다. 이러한 감각은 개별적으로 작동하지 않으며 복잡한 조합 방식으로 통합된다. 예를 들어 청각의 소리, 시각의 모양, 만지고 느껴지는 촉각, 냄새의 후각, 맛의 미각들이 서로 복합적으로 통합되는 과정을 통해 사물과 현상을 지각할 수 있도록 돕는 것이다.

시각(Vision)의 감각 기관은 눈(eye)으로, 망막에서 감지된 빛이 시신경을 통해 후두엽으로 정보가 전달되며, 여기서 물체의 모양, 색상, 움직임 등이 해석된다. 청각(Hearing)의 감각 기관은 귀(ear)로 소리를 감지하고 달팽이관을 통해 감지된 소리 진공을 전기신호로 변환하여 측두엽으로 전달되어서 소리의 위치, 음색, 크기 등을 해석한다. 촉각(Touch)의 감각기관은 피부(skin)에서 피부로 전해지는 압력, 온도, 통증 등을 감지하고 척수를 통해 뇌로 정보가 전달되는 과정을 거쳐서 시상과 일차 체감각피질(S1)에서 촉각 정보를 해석하며, 촉각 정보의 효율성을 높이기 위해 시간과 공간 정보를 결합하는 방법과 진동의 강도, 주파수, 지속 시간 등을 다양하게 조절하여 피부 채널 용량을 측정하는 방법이 있다(Novich & Eagleman, 2015). 이 방법은 시간과 공간 정보를 결합한 촉각신호 전달방식으로 단일감각 전달보다 훨씬 높은 정보 전달 효율을 보였으며, 시각이나 청각이 제한된 사람들에게 유용하게 사용될 수 있다고 한다. 그리고 후각(Smell)의 감각 기관은 코(nose)로 감지된 냄새를 후각수용체가 화학적 물질을 감지하면 전기신호로 변환하여 변연계(limbic system)로 전달되어 냄새를 해석한다.

감각신경세포(neuron)에 의해 전송된 외부자극들은 물리적·전기적 에너지로 변화시키는 변환과정(Transformation process)을 거쳐 대뇌의 각 영역으로 전달되며, 이렇게 전달된 정보들을 통합하여 우리의 두뇌는 외부 환경의 안전과 위험에 대한 진단을 내리는 것이다. 이렇게 오감에 의해 지각된 감각정보 또는 신체 자극의 정보가 중추신경을 통해 뇌의 각 영역으로 전달되어서 통합된 정보를 인지하게 되는 것이다. 이렇게 인지된 정보를 통해 자신의 느낌과 생각을 이해하고 표현하며 내면화 할 수 있는 능동적인 능력과, 이 정보에 대한 대처행동 그리고 적절한 언어의 산출을 할 수 있도록 정보를 정의 하는 것이다. 이처럼 인간은 오감을 통해 환경에 반응하고, 적응하는데 이 감각은 선천적으로 주어지는 능력으로 인간의 생존본능으로 작용하기도 한다(최지은, 2011).

오감은 마치 우리 내면에서 다섯 손가락이 서로 밀접하게 연관을 맺고 있는 것처럼 한 가지 감각으로 모든 자극을 인지하는 것이 아니라 손가락 다섯 개를 다 함께 이용하면 물건을 단단하게 움켜쥘 수 있는 것처럼(그린비, 1996), 다섯 감각을 통합하여 정보를 지각하고 판단할 수 있도록 하는 기능이다. 이처럼 오감을 통해 외부의 환경신호가 반복적으로 감지된 신호들은 두뇌의 고유한 패턴으로 저장되며, 전달된 감각 자극들이 정서적으로 긍정적 영향을 주는 정보일 경우에는 낙관적인 생각을 갖게 된다. 낙관적인 정보는 자신과 타인에게 긍정적 태도를 보이게 되어서 자신의 삶에 대한 의욕을 보이는 등 개인적 성장을 이루는데 긍정적인 영향을 미친다. 그리고 오감자극에 의한 도파민계의 활성화는 운동, 사고, 창조 등의 학습 효과를 능률적으로 높여줄 뿐만 아니라, 감성 대상이 포착되면 그 마음의 움직임을 읽어낼 수 있게 되어 정확한 감성 판단 능력이 길러지게 된다(그린비, 1998; 강인애.2009). 그러나 지나친 도파민계의 활성화는 쾌감에 집착하기 때문에 중독성이 있어서 지속적인 도파민의 분비는 환각이나 정신분열의 원인이 되기도 한다.

그리고 영역별 감각신경 계통에 손상이 있거나 기능이 저하되었을 때는 다른 감각이 원래의 감각을 대체할 수 있는 치환기술을 사용하여 한 감각을 다른 감각으로 대체하거나 변환시킬 수 있는 기술도 있다. 최초의 치환기술은 시각정보를 촉각정보로 변환하여 전달하려는 시도에서 시작되었다. 예를 들어 청각 치환은 사용자 주변의 신호 자극들을 청각 신호로 변환하여 전달함으로써 청각을 통하여 다양한 감각 정보를 인지할 수 있게 하는 기술이다(문경덕 외, 2019). 예를 들면, 시각 정보를 카메라나 센서를 통해 수집하고 이를 청각 신호인 소리의 크기, 주파수 등으로 변환하여 헤드폰을 통해 전달한다. 이 기술의 장점은 감각 장애인들이 일상생활에서 어려움을 줄여줄 수 있어서 삶의 질을 향상시킬 수 있다. 이 기능은 감각기관의 손상으로 인해 감각이 제한된 사람들도 새로운 방식으로 정보를 받아들일 수 있지만, 아직 이 기술은 초기 단계에 있어서 모든 감각을 완벽하게 대체할 수 있는 수준이 아니며 무엇보다도 사용자가 새롭게 변환된 신호를 학습하고 제대로 감각 체계에 적응하는 데 시간이 걸릴 수 있으며, 기술 자체의 정확성과 신뢰성도 계속해서 개선되어야 한다(문경덕 외, 2019).

그러나 아무리 좋은 치환기술이 발달한다고 하여도 본래의 인간에게 주어진 오감을 대신할 수 있는 감각은 없다. 오감은 인간이 살아가는 없어서는 안 되는 가장 중요한 기능으로 오감이 없다면 언어를 학습할 수 없으며 더더욱 세상을 살아가는 모든 희로애락을 느낄 수 없을 것이다.

분류	감각 치환 기술
기본 개념	한 감각이 부족하거나 손상되었을 때, 다른 감각을 사용하여 그 감각의 정보를 전달하는 방식이다. 예: 시각 장애인을 위해 카메라 이미지를 픽셀 단위로 분석하고 밝기에 따라 특정 주파수의 소리를 생성하여 사용자가 그 소리를 듣고 시각 정보를 인식할 수 있게 한다.
주요 응용 분야	촉각 정보 변환, 촉각 정보를 시각적 신호로 변환하여 디스플레이에 표시하는 기술로 로봇의 촉각을 시각적 피드백으로 변환하여 사용자가 로봇의 촉각 정보를 확인하게 하는 방식이다.
	시각 장애인을 위한 청각 변환 소리로 공간을 인식할 수 있도록 하는 기술, 물체와의 거리를 소리의 높낮이로 표현하거나, 물체의 형태를 특정 소리로 변환 하는 방식이다.
	청각 장애인을 위한 촉각 변환: 소리를 진동이나 촉각 신호로 변환하여 물체와의 거리를 소리의 높낮이로 표현하거나, 물체의 형태를 특정 소리로 변환하는 방식이다.

기술적 구현	센서와 변환기: 감각 치환 기술은 다양한 센서와 변환기를 사용한다. 시각정보를 수집하는 카메라, 소리를 감지하는 마이크, 촉각을 감지하는 압력 센서들이 사용된다.
	기타 대체기술: 뇌의 신호를 직접 컴퓨터가 인식하고 외부 장치와 연결하는 기술로 전자 눈 및 전자 귀 같이 일부 적용되고 있다.

Novich, S. D., & Eagleman, D. M. (2015)

2) 오감과 두뇌의 발달

오감은 외부의 사물을 탐색하기 위한 관찰 행동을 통해 그 사물의 본질을 깨닫기 위해 생각하고 이해하는 과정을 거치게 된다. 이것은 뇌가 감각기관을 통해 주변 사물을 보다 깊이 관찰, 감지, 분석, 처리하여 감각정보의 이성적 인지를 구축하는 과정이다(곽암, 2022). 인간의 두뇌는 이 과정을 거쳐 사물에 대한 개념이 완성되면 비로소 언어로 표현하는 능력이 점차적으로 향상되게 된다.

오감의 발달은 태아기 6개월부터 시작하여 2세까지 급속히 발달하게 되는데 4세에서 7세까지 유아의 신체 전체는 감각기관으로 감각적 경험을 집중적으로 해야 하는 시기이기 때문에(조연숙, 2012) 이 시기에는 다양한 감각적 경험을 통해 사물의 보존개념을 터득할 수 있는 보존개념이 발달하게 된다. 인간은 생후 24개월까지를 감각운동기(Sensory motor period)라 하여서 언어나 상징적 기능이 공백상태로 이 시기의 유아들은 감각과 운동에 의존해 현실을 구성한다고 하며, 감각과 지각운동활동이 아동의 발달에 있어서 가장 초기의 발달 과업이 된다고 하였다(Piaget & Inhelder, 1972, 김재은 역). 그리고 3세에서 6세까지는 지력과 깊은 관계가 있는 오감이 열리는 시기로 지적 활동의 발달에 필요한 일정한 능력을 획득하기 위한 감각적 활동의 민감한 시기인 동시에 형성의 시기이기 때문에 이 시기에는 감각의 발달을 촉진시켜야 한다(Montessori, 1965). 특히 감각적 경험 중에서 촉감을 활용한 놀이는 오감을 인지적으로 해석하는 개념이 아니라 정서적인 개념으로 해석되며, 정서의 발달은 아동의 잠재된 능력을 이끌어내는 동시에 언어의 표현 능력 등의 발달에도 큰 영향을 미치게 된다.

인간은 출생 시 아직 대뇌피질이 완성되지 않았기 때문에 인지적 사고는 가능하지 않지만 생존기능을 유지하는 뇌간과 정서적 감각을 지각하는 변연계가 대뇌피질 보다 빠르게 완성되기 때문에 본능적인 감각과 정서적 감각이 우선적으로 나타난다. 그래서 대뇌피질이 정보를 분석하고 판단한 후 표현하는 인지적 언어능력보다 인간의 첫 언어는 뇌간의 생존본능인 '배고프다', '춥다'라는 표현을 울음 언어로 표현하고, 그 다음 변연계의 정서적 감각에 따라 '좋다', '나쁘다', '싫다' 등의 감정 표현이 먼저 완성되는 것이다. 이 시기에 습득한 다양한 감각 경험은 후에 개인의 정서, 상상력, 창의성의 발달이 풍부하게 이루어지기 위한 바탕이 되므로(노은진, 2009), 유아기에 얻게 되는 충족된 감정들과 긍정적인 애정 표현들은 개인의 신념과 사회성 그리고 창의성의 발달에 큰 영향을 미치게 되므로 양육자의 적극적인 돌봄과 의사표현능력이 요구된다.

감각 자극이 뇌의 발달에 중요한 역할을 한다는 것을 연구하기 위해 침팬지를 사용한 실험에서 감각적 자극을 극단적으로 감소시킨 경우에 침팬지의 시각 발달에 심각한 영향을 미쳤다고 한다. 그러나 반대로 이유시기인 침팬지를 복잡한 환경자극이 풍부하게 제공된 상황 속에 80일 동안 넣어두었다가 자극을 극단적으로 감소시킨 다른 침팬지 뇌의 무게와 비교하였더니 복잡하고 자극이 풍부하게 제공된 침팬지 뇌의 무게가 더 무거웠다고 한다(Rinsen, 1947; 노은진, 2009). 이 연구는 복잡하고 풍부한 상황에 노출되어 훈련된 침팬지들이 감각 환경이 극단적으로 감소된 상태에서 지낸 침팬지들 보다 뇌의 무게가 훨씬 무거워졌을 뿐만 아니라 더 활동적이면서 정보를 인식하고 대처하는 능력이 뛰어났다고 한다. 뇌의 무게가 무거워졌다는 것은 뇌의 표면적 용량이 커진 것이 아니라 뉴런(신경세포)의 시냅스가 증가된 것으로, 시냅스의 증가에 의해 뉴런과 뉴런이 서로 연결되어 복잡한 신경체계를 완성시켜 도식(Schema)의 밀집도가 높아진 것을 의미한다. 이와 같이 시냅스가 증가되는 것은 지식의 범주화가 풍부해지는 것이다. 그러므로 학습자들의 시냅스를 증가시키기 위해서는 보다 많은 자극과 다양한 환경에서의 지적・정서적・환경적 경험에서의 활동이 필요한 것이다. 특히 충분히 정서적인 감각정보에 노출되었던 개인은 자신과 타인의 정서를 인식하고 대처하는 능력을 잘 활용할 수 있기 때문에 다양한 상황에서도 뛰어난 변별력을 보이며, 창의성도 뛰어나서 상황을 재구성하고 이를 언어로 표현할 수 있는 능력이 뛰어나게 된다.

카터(Carter, 1999)는 개인이 주변 사물에 대해 느끼고 있는 정서가 대뇌피질의 이성적 정보처리에도 영향을 준다고 하였다. 그는 충분한 정서적 경험을 한 아동은 문제 상황에 처했을 때, 현실대응능력이 보다 이성적이고 인지적인 정보처리 능력을 보유할 수 있다고 판단하였다. 그러므로 다양하고 풍부한 환경에서 양육되고 교육된 경우, 상황 판단력, 언어표현력, 문제해결력에서 더 지혜롭게 대처할 수 있다는 것이다. 아동뿐만 아니라 성인의 경우에도 충분히 긍정적인 정서를 경험한 개인은 의사소통 과정에서 상대의 말을 편협하게 이해하지 않고 비언어적인 표현조차 구체적으로 판단할 수 있는 능력이 있기 때문에 자신과 타인에 대한 이해를 바탕으로 타인을 배려하면서도 자신의 생각과 감정을 구체적, 합리적, 정서적으로 표현을 할 수 있는 건강한 표현능력과 사회성을 함께 습득하게 된다. 반대로 충분한 감각적 환경에서 성장하지 못하거나 감각 자극에 문제가 있을 경우에는 지능 발달이 제대로 이루어지지 않아서 효율적인 의사소통을 이루어가기에 어려움을 겪게 된다.

3) 오감신경계

　　오감신경계는 외부세계의 정보를 인지하는 다섯 가지 기본적인 감각으로, 오감 중 시각이 가장 많은 외부 정보를 처리한다. 학자에 따라 인간이 습득하는 정보 중 80%(Gabbard, 2000) 또는 87%가 시각정보이며, 나머지가 청각, 후각, 미각, 촉각으로 이루어진다고 한다(곽암, 2022). 오감에 의해 감지된 모든 정보들은 뇌의 각 피질영역으로 전달되는데, 인간의 뇌는 감각을 받아들이는 경로와 장소가 모두 다르다. 오감을 통해 받아들이는 정보는 모든 정보들이 시상을 통해 뇌의 각 피질로 보내지는데 오직 후각은 시상을 거치지 않고 바로 변연계와 대뇌피질 영역으로 전달된다. 시상은 정보들의 일시적 정류장과 같아서 시상에서 각 정보가 대뇌피질의 각 엽으로 전달되는 것이다. 시상에 의해 분류된 정보들은 소리 정보는 측두엽, 시각정보는 후두엽, 미각정보는 두정엽, 체감각은 대뇌의 1차 운동영역에서 정보를 수신하게 된다. 그러나 유일하게 냄새 정보는 시상을 거치지 않고 바로 후각 피질로 전달되며 그 후에 해마와 편도체 등의 영역에 전달되어 냄새와 관련된 감정, 기억 등을 처리하게 된다. 수신된 각각의 정보는 두정연합영역에서 취합하게 되며, 두정연합영역에서 종합된 정보는 전두엽에서 통합적 사고를 하고 이를 분석하여서 현재의 환경, 상황, 아픔 등 외부의 형태를 지각하고 즉각적인 언어표현 또는 행동을 실행할 수 있도록 명령을 내리게 된다. 특히 반복적으로 지각된 정보에 의한 반복적인 대처행동 또는 감정은 경험으로 인식되어 장기기억으로 변환될 수 있는 매체 역할을 한다(최은영, 2006). 이처럼 우리의 정신과 지식을 주관하는 전초병인 오감은 독립적으로 작용하면서도 서로 상호작용을 하며 외부세계를 종합적으로 인식하게 한다. 예를 들면, 식사 중에 맛을 느끼는 미각과 음식의 향기를 느끼는 후각, 예쁘게 세팅(setting) 된 접시를 보는 시각과 음식을 씹을 때마다 나는 소리의 청각이 함께 작용하여 음식의 맛을 더욱 풍부하게 느끼게 하며 이 맛을 더 생생하게 기억하게 된다.

2. 오감의 특성

1) 시각 신경

오감 중 시각은 외부 정보의 처리양이 전체감각의 약 80% 이상의 처리 능력을 가지고 있어서 모든 감각 시스템 중에서 가장 중요한 감각이 시각이라는 것을 알 수 있다(Gabbard, 2000). 시각 체계는 빛으로부터 각막, 동공, 수정체를 거쳐 망막에 맺히는 물체의 상이 뇌의 시각중추에 전달되어 필요한 정보를 얻게 된다(남인수, 204).

시각중추는 후두엽에 분포해 있으며, 1차 시각영역 및 시각 연합영역에서 시각정보를 분석하고 통합한다. 시각정보가 모아지는 부분은 후두엽 안쪽 부분에 위치하며, 만약 좌우 중 한쪽에 장애를 입으면 반대편의 시야를 볼 수 없게 된다. 시각을 통해 전달되는 정보는 크게 두 가지 내용을 포함하고 있다. 첫째, 환경 속에 있는 물체나 사건을 인식하고 그것들 간의 상호 관계를 이해하는데 필요한 정보를 제공한다. 둘째, 인간의 행동을 직접적으로 유도하는 정보를 포함하고 있어서 적절한 행동을 유발한다(남인수).

한 연구자는 "눈과 뇌의 효율성과 완성도는 지금까지 발명된 어떤 장치나 기계와 비교할 수 없을 정도로 효율적이다"라고 고백했다(마틴 린드스트롬, 2006; 최원식 역). 이처럼 인간은 시각정보에 의해 외부의 상황을 지각하고 본능적 혹은 의식적 행동을 수행하는 경우가 많다.

각막 (Cornea)	-눈의 가장 앞쪽에 위치하며, 투명한 보호막에 의해 눈을 보호한다. -빛이 눈에 들어올 때 초점을 맞추는 역할을 하며, 망막에 정확한 상이 맺히도록 돕는다. -각막이 손상되면 시력에 심각한 영향을 미친다.
동공 (Pupil)	-밝은 환경에서 작아지고, 어두운 환경에서 커진다. -빛과 반사작용을 통해 사물을 감지한다. -동공의 크기는 홍채의 수축과 이완에 의해 결정된다.
수정체 (Lens)	-각막 뒤에 위치하며, 홍채 바로 뒤에 자리 잡고 있다. -물체에 초점을 맞춰서 망막에 상이 정확히 맺히도록 한다. -모양체(cilary body; 조절력)의 근육 수축과 이완으로 두께가 조절되어 가까운 곳과 먼 곳을 볼 때 초점을 변경한다.
망막 (Retina)	-눈의 가장 안쪽에 위치한 신경조직으로, 빛을 전기 신호로 변환하여 시신경을 통해 대뇌에 물체의 정보를 전달한다. -원추세포(Cones): 밝은 환경에서 색상과 선명한 차이를 감지한다. -간상세포(Rods): 어두운 환경에서 명암을 구분하며, 주변 시야를 담당한다.

시각은 사물을 본다는 감각적 개념과 함께 지각이라는 시각적 사고가 가능한 시지각 특성을 가지고 있다. 시지각이란 눈을 통해 외부의 사건, 사물의 변화를 감지하고 감지한 이미지가 시신경 경로를 거쳐 대뇌에 의해 지각하게 되며 이 최종적 시각적 이미지의 정보를 지각하는 과정을 시지각이라고 한다(강경애, 2011). 특히 시지각의 지능적인 특성인 응시 행동(gaze behavior)은 선택적으로 목표를 발견하려는 지능적 행동도 포함하고 있다.

시지각 특성에 의해 인간은 말소리를 듣지 않고도 타인의 얼굴 표정만으로 말을 하고자 하는 의미를 이해하는 능력과, 그 사람의 감정을 언어적 표현으로 인지할 수 있는 비언어적 탐지 능력이 있다. 이러한 능력은 말을 할 수 없는 상황이거나 말하고 싶지 않은 상황 그리고 속이고자 하는 마음이 있는 등의 상황에서도 의도 하는 언어를 파악할 수 있게 한다. 그러므로 다른 능력에 이상이 없어도 시각에 이상이 생겨서 시각 감지능력이 부족하게 되면 인지된 정보를 해석 하는 지각 능력에 문제가 생기므로 사회적 관계 형성을 위한 의사소통 능력에 어려움을 겪게 된다.

시지각 정보처리 모형은 "보기"인 시각과 "이해하기"인 지각으로 나눌 수 있다(김현미, 2002). 시각 인지는 모양, 형태, 색채, 윤곽, 대비, 그리고 움직임을 기본적으로 분석 한 후 대상이 배경 앞에 튀어나와 있는 전경-배경 패턴인 기본적인 형태와 장기기억(long-term memory)에 저장된 자신의 배경지식을 통해 그 의미를 부여 하는 시각의 정보처리모형으로 진행된다. 전경-배경 패턴은 시각에 의해 외부를 인식할 때는 언제나 배경이 위로 배치되기 때문에 문자를 볼 때 종이는 항상 배경이며 글자는 전경으로 튀어나오는 형태로 인지되는 것이다(Arnheim, 1995; 김종오 역). 이것은 개인의 관심이 선택적으로 집중되는 것으로 선택된 정보는 선명하게 앞으로 보이고 나머지는 배경이 된다는 것이다.

2) 청각 신경

청각 신호는 물이나 공기의 진동이 파동의 형태를 지니고 귀에서 소리로서 지각되며 귀의 달팽이관을 거쳐 청신경을 통해 측두엽의 횡측두회에 전달되며, 청각 경로의 흐름은 귓바퀴→외이도→고막→이소골→달팽이관→청신경→대뇌의 측두엽으로 전달된다. 이렇게 전달된 소리정보는 사람들의 사회적 삶의 시작이라고 할 수 있는 정보들을 제공해 줄 뿐만 아니라 개인과 개인이 감정을 소통하는 다리의 역할을 한다. 소리를 판별하는 청각 중추는 측두엽의 위쪽에 있으며, 아래쪽은 모양이나 색을 인지한다. 이 기능에 의해 소리언어를 듣고 그 의미를 이해하며, 다시 소리언어로 전달하기 위한 준비가 가능한 것이다.

귓바퀴 (외이)	-귀의 바깥쪽 돌출 부분으로 주변의 소리를 모아 외이도로 전달한다. -소리의 발향을 감지하는데 도움을 준다.
고막	-외이도의 끝부분으로 얇은 막이다. -소리의 파동에 따라 진동하며, 이 진동을 이소골(추골, 침골, 등골)로 전달한다. -외부의 물질로부터 중이를 보호한다.
달팽이 관	-내이의 나선형 구조이다. -진정기관(균형 감각 담당)과 함께 내이를 구성한다. -이소골을 통해 전달된 진동을 림프액의 파동으로 변환한다. -코르티 기관의 털세포가 진동을 전기신호로 바꿔 청신경에 전달한다.
청각 신경	-내이에서 시작해 뇌간을 거쳐 뇌의 청각 피질로 연결된다. -달팽이관에서 생성된 전기 신호를 뇌로 전달한다.

측두엽 후방에서 두정엽 쪽으로 감각성 언어영역인 베르니케 영역(Wernicke ara)이라는 언어중추가 있어서 말을 효율적으로 이해하는 기능이 있다. 소리를 인지하는 것은 실제적인 소리뿐만 아니라 상상 안에서 떠오르는 정신적 상상도 포함된다고 한다. 정신적인 상상능력은 소리언어를 사용하는 말소리와 비슷하게 음악을 인지하는 과정에서 창작활동에 영향을 미치게 된다. 음악의 창작활동도 의사소통을 하기 위한 결과이며, 연주는 오직 소통을 하기 위한 전달 방법으로 사용되기 때문에(양소영, 2009), 청취자는 작곡자가 그 음률을 통해 전달하고자 하는 의미의 설명을 듣지 못

하였을지라도 그 의미를 이해할 수 있는 매우 강렬한 소통능력을 갖추고 있다. 이처럼 청각능력은 소리의 높고 낮음 등의 분석적 이해가 아닌 그 속에 담겨진 이야기들을 이해할 수 있는 지적인 능력이 포함되어 있음을 알 수 있다. 청각의 기능을 활용하는 많은 연구들을 살펴보면 소리를 들려주는 훈련이, 기억, 우울증, 편마비 환자의 보행에 미치는 영향 등 다양한 의학적 분야에서도 사용하고 있다는 것을 알 수 있다.

3) 미각 신경

미각기능은 구강에서 발현하는 미각감수기를 통하여 이루어지는 특수감각의 하나이며 특정 화학물질에 대한 접촉성 화학 감각으로 섭취하고자 하는 영양물질을 포함한 음식물의 위험 탐지, 독성 및 부패 검색과 같은 생존에 필수적인 생리적 기능이 포함되어 있다(김경년, 2019). 음식의 맛을 지각하기 위해서는 타액(침)이 정상적인 미각의 감지와 인식에 중요한 역할을 하는데, 타액분비 효과는 신맛이 가장 강력하며, 짠맛, 단맛, 쓴맛 순이며(김경년, 2019), 학자에 따라서는 감칠맛을 추가하기도 하며, 음식의 질감과 점도도 개인의 선호도와도 관련이 있다(이경희, 2012).

이러한 맛의 감지는 구강에 존재하는 맛봉오리(미뢰)를 통하여 일어나며 약 80% 정도의 맛봉오리가 혀의 유두에 위치한다. 맛봉오리는 상단에 미공이 있으며 털 모양의 돌기가 혀의 표면에 돌기로 나와 있으며 이 돌기가 맛의 자극에 처음으로 반응한다. 단맛을 감지하는 버섯유두(fungi papilla), 쓴맛을 감지하는 잎새유두(foliate papilla)와 신맛과 짠맛을 감지하는 성곽유두(circumvallate papilla)가 있다(김경년, 2019).

혀의 맛봉오리는 미뢰라고도 불리며 맛을 감지하는 세포인 미세포로 이루어져 있고 혀의 표면에 작은 돌기모양을 하고 있다. 미각수용기와 맛봉오리의 역할을 다시 정리해 보면. 미각을 인지하는 중요한 역할을 하지만 서로 다른 개념으로, 미각 수용기는 맛을 감지하여 뇌로 전달하는 역할을 하며, 맛봉오리는 미각수용기 세포들이 모여 있는 구조물을 의미한다.

버섯유두	버섯 모양의 버섯유두 1개 당 약25개의 맛봉오리가 존재하며 단맛을 감지한다.
잎새유두	잎새 모양의 잎새유두 1개 당 약 1,000개 이상의 맛봉오리가 존재하며, 쓴맛을 감지한다.
성곽유두	성곽모양의 성곽유두 1개 당 약 3,000개 이상의 맛봉오리가 존재하며, 신맛과 짠맛을 감지한다.

인간의 미각은 상상 이상으로 예민하고 정확하며 단순히 인간의 쾌락과 만족만을 위한 기능이 아니라 생명의 유지와도 깊이 관련이 되어 있다. 그리고 음식물의 맛은 미각에만 의지하여 인지하는 것이 아니고 음식물의 온도, 강도와 후각성분에 의해 음식물이 세분화되어 정확히 인지하게 된다(김수정, 2002). 그러나 미각은 나이가 들면서 점점 맛을 감지하는 기능이 떨어지는데 이것은 맛봉오리의 감소에 의한 것이다.

인간이 섭식행동을 할 때 활성화되는 미각수용기는 혀에만 있는 맛봉오리와 달리 입안의 여러 부위, 구강, 인두, 및 후두에 존재하고 있으며, 음식물이 액체 상태로 변한 화학 물질을 감지하여 그 정보을 연수, 교뇌 및 시상의 미각 중계핵을 거쳐 대뇌로 전달하며, 이러한 과정을 통해 뇌는 음식의 포만감(satiety)에 대한 정보를 받아 섭식행동을 조절하게 된다(Lundy & Norgren, 2004). 맛 자극에 반응하는 대뇌 미각피질은 앞쪽 섬(anterior insular)과 전두관개(frontal operculum) 측이 관여하며, 앞쪽 섬은 단맛보다도 짠맛에 더 강하게 반응하고, 중간섬 영역(middle insular)은 짠맛과 단맛의 농도가 증가함에 따라 활성화 된다. 맛의 감정을 느끼는 편도체(amygdala)는 단맛이 아닌 짠맛에 의해 반응이 증가되었으며(이경희, 2012), 초콜릿의 단맛은 우울한 감정을 줄여주는 엔도르핀 분비를 늘려주었다고 한다(임선언, 2020). 그러나 미각은 독립적으로 맛을 인지하는 것보다 맛을 느끼는 미각 신경세포에게 후각정보가 보태질 때 더 확실하게 맛을 느낄 수 있다고 한다. 예를 들면, 허브 종류의 샐러드를 섭취할 때 허브의 향기가 더해지면 비로소 전체적인 맛을 이해할 수 있는 것과 같다. 만약 후각능력에 이상이 생긴다면 냄새가 없는 맛은 부정확하기 때문에 맛을 이해하는 능력이 80%가 줄어든다고 한다(마린 린드스트롬, 최원식 역: 강인애, 2009에서 재인용). 이처럼 아무리 맛있는 음식을 먹고 있어도 후각이 동반되지 않은 미각은 그 맛을 느끼는 완성도가 떨어진다는 것이다.

4) 촉각(체감각) 신경

촉각(체감각)은 피부와 근육 및 관절에 위치하며 신체가 접촉될 때 일어나는 촉각 정보와 고유 수용성 감각 정보인 물리적 정보 특성을 인지하는 가장 적합한 기능이다. 접촉을 통해 이루어지는 촉각은 자극물이 다가와 접촉을 일으키는 수동적인 접촉과는 대조되는 비교적 적극적인 접촉으로 정의된다(Katz, 1989). 피부 접촉을 통해 얻지는 감각인 촉각은 과거의 경험을 재생시켜서 현재의 경험에 대입하여 정보를 이해하기도 한다. 촉각을 인지하는 과정은 손바닥에 있는 말초 수용기로부터 말초 신경, 척수, 대뇌의 일차 체성 감각영역에 이르는 경로로 전달된 후, 촉각적 감각과 시각적 감각이 서로 간섭 효과에 의해 두 정보가 즉시 변환된다고 한다(김광기, 2004). 이러한 간섭효과에 의해 시각도 촉각처럼 질감의 패턴을 느낄 수 있게 되며, 시각이 인지한 색상의 명암, 광택, 모양, 깊이와 함께 얻어지는 촉각적 질감은 사람의 심미적 심리에 큰 영향을 미치게 된다. 사람들은 사물 표면에 대한 터치를 통해 개체가 안겨주는 심리적 느낌인(이미영, 2016), 부드러움, 거침, 사랑스러움 또는 소름, 공포와 같은 느낌을 확정한다는 것이다.

신체의 피부 감각을 통해 느끼게 되는 촉각, 압각, 통각, 온도 감각, 위치 감각은 물체의 질량 혹은 외형 등의 감각 정보들을 조합하고 이를 통해 체성감각 신경로에 자극을 주어서 일상생활의 활동을 촉진시킨다. 체감각의 정보는 시상의 중계 작용을 거쳐 대뇌피질의 일차감각 영역으로 전달되는데 체감각의 수용체들은 몸 전체에 퍼져있어서 신체 지도를 연결하고 있으며, 신체 지도에서 얼굴과 머리의 수용체들은 각각 떨어져 있고 생식기 부위는 발 아래쪽에 위치하는 등 실제 몸의 연결과는 차이가 있다고 한다. 특히 체감각의 정보는 운동수행능력에 있어서 필수적인 요소이기 때문에 정확한 운동기능과 효과적인 운동학습을 위해서 필수적으로 작용한다. 만약 손의 체감각이 저하되면 운동능력의 저하로 인해 물체를 식별하는 지각능력이 감소되기 때문에 물체를 잡고 조작하는데 필요한 힘을 조절하지 못하며, 온도감각과 통각의 저하로 인해 화상 및 다른 손상의 위험성이 증가된다(남상훈, 2017).

체감각의 정보 연결 체계를 자세히 기술해 보면, 외부 자극에 반응하는 촉각은 피부에 존재하는 마이스너 소체(meissner corpuscle)를 통해 뇌에 전달되며 외수용기로부터 촉각, 온도감각, 통각, 몸의 위치에 대한 감각 등의 외부자극을 인지한다. 감지된 말초 신경의 자극이 척수의 후근 신경절에 위치한 일차신경원(primary neuron)을 통해서 연수의 박속핵(nucleus gracile)과 설상속(fasciculus cuneatus)에 있는 이차 신경원(secondary neuron) 전달된 뒤 내측 모데(medial lemniscus)를 통해서 대측 시상의 배쪽 후외측 핵으로 전달되어 최종적으로 대뇌피질의 체감각 영역에 도달된다(최봉식, 1999). 이 과정을 간단히 정리하면 체감각은 손과 발 등 신체 각 부위에 위치하는 체감각 수용기를 통해 감지된 감각을 시상을 경유하여 연합피질 영역으로 전달되는 연결체계이다.

5) 후각 신경

주변 환경에 존재하는 화학물질들을 감지하고 구별하는 후각 신경은 단세포생물로부터 포유동물에 이르기까지 진화적으로 잘 보존된 가장 원시적인 감각이며, 특히 포유동물들은 낮은 농도의 화학물질에도 매우 민감하게 다양한 화학물질들을 구분해 낼 수 있다(과학기술정보통신부, 2019). 후각은 냄새 물질분자와 후각 상피세포 안의 후각신경섬모에 발현된 후각 수용체와의 결합을 시작으로 후각신경을 통해 대뇌로 신호가 전달되며, 최소 10,000개 이상의 후각 물질을 구분할 수 있는 후각시스템을 갖고 있지만 다른 감각들과는 다르게 객관적인 측정이 불가능하다(민다훈, 2017). 후각 기관은 후각 상피, 후각 망울, 후각 피질, 대뇌 변연계, 해마 등을 포함한 다양한 뇌 영역을 연결하는 복잡한 신경회로로 구성된다(곽인희, 2024). 기체 상태의 냄새를 인지하는 비강에서 냄새 신호를 감지하고 뇌로 전달하는 후각신경계는 약 1조 개의 후각 수용체를 가지고 있으며 냄새에 대한 민감도가 매우 예민하고 오감기능 중에 가장 많은 수의 수용체를 가지고 있다고 알려져 있으며, 냄새의 인식과 신호전달은 후각섬모의 막에서 시작되어 후각수용체세포의 흥분을 유발하고 냄새를 인식하게 된다(예미경, 2020).

향기나 악취 등의 냄새는 후각신경세포에 전달된 후 대뇌변연계를 통해 그 정보가 두뇌에 직접 전달되는데 특정 냄새를 지각하는 후각 수용체는 하나의 냄새를 식별하는 것이 아니라 냄새에 따라 활성화된 몇 개의 수용체에 따라 뇌가 냄새를 결정하고 이를 기억해 두었다가 비슷한 냄새가 나면 그 냄새들을 구분하게 된다(최단비, 2014). 그러나 후각에 의해 변별할 수 있는 냄새는 10만 가지가 넘지만 후각만으로는 그 냄새의 근원을 정확히 인식하는 확률은 50% 정도에 불과하다고 한다. 그러나 발생된 냄새의 이름 혹은 사진을 보여주었을 경우에는 물체인식의 확률이 98% 정도로 향상되었으며, 특히 후각 장애가 있는 경우에는 사진을 보여주는 것이 냄새의 근원을 인식하는데 더 효과적이라고 한다. 이렇듯 후각은 시각 정보에 의해 보다 더 정확한 분석을 할 수 있지만 만약 잘못된 시각

정보를 받게 되면 오히려 그 향의 근원을 구별하기 어려워진다고 한다(최현석, 2009). 즉, 시각과 후각은 함께 보완하며 사용되는 감각으로 만약 붉은 사과의 향기를 맡고 있는 상태에서 시각 정보는 사과가 아닌 토마토를 보여주고 있다면 후각정보는 큰 혼란을 일으키게 되는 것이다.

후각에 장애가 생긴 사람들을 위해서 사용되는 후각치료기술은 정신적 스트레스의 해소 및 생리학적 회복을 돕는 치유책으로도 고려되고 있으며, 알츠하이머, 파킨슨병과 같은 퇴행성 신경질환을 조기 진단하는 기법으로도 사용되고 있다.

3. 오감과 정서반응

감각은 인간의 정서 인지능력에 매우 중요한 역할을 하는 요소이며, 외부 자극을 감지한 오감에 의해 신체적 생리적 변화가 일어나면, 이를 인지적인 해석을 통해 감각을 정의하게 된다. 해석된 감각 정보는 해마와 대뇌피질 각 영역에 저장된 후에는 인지적 해석이 없어도 즉각적으로 정서반응을 일으킬 수 있다. 특히 사람의 정서는 다양한 요인으로부터 영향을 받으며, 자극을 통해 발현된 정서적 반응은 이후 사회적 상호작용과 의사소통능력으로 이어지게 된다. 보편적으로 감각 자극은 거의 모든 사람들이 이해하고 공감할 수 있는 지극히 보편적인 견해를 보이지만 개인이 경험한 기억에 의해 매우 주관적인 해석을 하기도 한다.

1) 시각의 정서반응

인간은 다른 정보들 보다 시각정보에 의해 정서적으로 깊은 영향을 받기 때문에 시각적 경험이 긍정적 경험일 경우 좋은 공감각이 형성되어 있을 것이나, 불쾌한 시각적 경험, 예를 들어 붉은 피를 흘리는 사고현장의 경험이 끔찍하고 힘들었을 경우 이 기억은 시각적 색채 감각에 부정적인 영향을 미치게 되는 것이다. 따라서 시각정보에 의해 보여 지는 현상을 사실 그대로 인지하지 못하고 부정적으로 왜곡하기도 한다.

시각 기능은 색(color)을 지각한 후에 그것과 관련이 있는 사물 등을 연상해 내는 능력이 있는데 그것은 그 색에 대한 개인의 경험과 기억, 지식, 민족성, 문화적 특성, 나이, 성별에 따라 다르다. 또한 시대에 따라서도 차이가 있어서 특정 색에 대한 연상이 사람마다 다 동일하다고 할 수 없으나 보편적으로 이해되는 표현을 인정하게 된다(최영미, 2021). 그러므로 개인이 가지고 있는 특별한 기억이 아니라면 보편적으로 붉은 색을 보면 장미꽃, 사과, 태양 등을 연상하고 노란색을 보면 개나리, 바나나, 노란나비 등을 연상하는 것은 일반적인 현상이라고 할 수 있다. 특히 색체는 시각적 요소이지만 공감각 기능을 수반하여 청각, 촉각, 후각, 미각과 같은 감성을 더욱 증폭시키는 역할을 담당한다. 색체와 후각적 자극, 미각적 자극, 촉각적 자극과 결합되면 모든 감성을 극대화 할 수 있는 기능이 발현된다(박민영, 2012). 이 사실을 예를 들어보면, 붉은 색의 사과를 바라볼 때 실제로 향기를 맡지 못하고 있음에도 사과의 새콤달콤한 향기가 후각신경세포를 자극하는 느낌을 얻게 되며, 미각은 사과의 신맛을 기억하며 반응을 불러 일으켜서 침이 고이게 하면서 실제로 사과를 입에 넣고 씹는 듯, 소리의 청각 느낌과 함께 사과를 손에 잡고 있는 듯 촉감이 느끼는 것과 같은 반응들을 일으키는 현상을 일으키게 된다. 이러한 현상은 인간이 사물을 지각할 때 단지 한 가지 감각만을 사용하는 것이 아니라, 모든 감각 정보들을 통합해서 정보를 인식하며, 인식된 정보는 이미 형성된 배경지식에 의해 정보를 재수정하고 저장하는 기능이 있기 때문이다. 시각에 의해 활성화된 다른 감각들 역시 자신의 배경지식과 연합하여 새로운 정보로 등록되기 때문에 인간의 정서, 감정, 기억 그리고 행동반응에 영향을 주는 정보의 변환이 이루어진다고 볼 수 있다.

이처럼 시각은 단순히 그림, 텍스트, 사진, 차트 등, 보여 지는 그대로를 느끼고 이해하는 것이 아니라, 다른 감각들과 상호작용하는 공감각에 의해 정서적 감정과 인지적 사고를 촉발시키기 때문에 다양한 정서적 느낌을 언어로 표현할 수 있게 된다. 그러므로 유아기에 언어적 능력을 고취시킬 필요가 있을 때는 시각적 반응을 나타내는 자료들을 사용하면 학습자도 인식하지 못한 사이에 다양한 표현 능력이 학습된다.

2) 후각의 정서반응

후각은 환경 속에서 존재하는 화학물인 냄새, 체취, 향기 등의 냄새를 가진 화학물질의 자극을 받아들이는 감각기관으로 오감 중 가장 빨리 대뇌에 도달하며, 이미 경험한 기억을 자극하여 상상적 감각, 기억, 감동을 불러오는 정신의 본성적인 의식 형성에 기여한다(정진경, 2015). 오감 중에서 가장 먼저 진화된 후각은 유일하게 시상을 거치지 않고 대뇌로 직접 연결되며, 기체 분자에 대한 반응을 지각 경험으로 기억해서 인간의 기분과 감정을 담당하는 대뇌변연계에 전달된다(이수경, 2013).

후각에 의해 저장된 정서기억은 상당히 강렬하여 순간적으로 맡은 냄새에도 그 기억을 무의식적으로 불러오는 능력이 있어서, 향(냄새)을 지각하여 그 물체를 인지하는 것으로 그치지 않고 그 향이 주는 특정한 경험과 추억을 동시에 떠오르게 하는 정서적 반응을 활성화 시킨다. 예를 들면, 외국에서 오랜 시간 생활한 사람의 경우에

골목길이나 식당가에서 희미하게 풍겨오는 음식 냄새를 빛의 속도로 알아차리고 '김치찌개' 냄새나 '된장찌개'라는 것을 알아차리며 냄새의 이름을 알아차리는 것뿐만 아니라 그 음식을 먹던 시절에 함께 했던 사람들과의 행복했던 추억도 동시에 인출하는 신비한 기능이 있다. 후각이 개인의 정서와 기억에 영향을 미칠 수 있는 이유는 후각은 시상이라는 중계소를 거치지 않기 때문에 어떤 감각보다 빠르게 대뇌변연계로 정보를 제공하는데, 변연계는 감정, 정서, 느낌 등의 기억에 관여하고 있기 때문이다. 그리고 변연계의 해마는 후각 자극의 정보를 저장하고 있기 때문에 빠르게 정서기억을 인출할 수 있는 것이다.

이처럼 후각은 어떤 향이 주는 기억이나 경험 등을 떠오르게 하는 능력이 있어서 지금, 현재의 상황이 그 냄새와 전혀 연관된 기억이 없음에도 불구하고 그 향을 맡았을 때의 지난 기억을 떠오르게 하는 능력이 있다(이수경, 2013). 예를 들면, 심각한 분노를 유발시켰던 사람이 지니고 있던 향기나, 어린 시절 경험했던 추억의 향기와 비슷하거나 같은 향을 맡게 되었을 때, 그 시절의 추억이 떠오르며 그 때 느꼈던 감정이 현재의 상황과 전혀 일치하지 않음에도 예전의 감정으로 자신을 자극하게 되는 것이다. 장미꽃 향기를 맡게 되면 첫사랑의 연인이 수줍게 주던 한 송이 장미꽃을 떠올라서 기분 좋은 감정을 느끼는 사람과, 같은 향기를 맡고 있지만 자신에게 불쾌한 경험을 주었던 사람의 장미꽃을 기억하는 사람이 있는 것처럼 같은 장미 향기가 불러오는 추억의 기억이 사람에 따라 전혀 다를 수 있는 것이다.

그리고 무심코 시청하던 TV에서 시골집의 아궁이에서 붙는 불을 보며 자신에게 사랑을 주던 가족들을 떠올리는 사람과 그 불을 위해 배고픔을 참으며 어린 손으로 나무를 해서 등에 지고 내려오던 고달픈 추억을 가지고 있는 사람이 느끼는 현재의 감정이 다른 것이다. 이처럼 후각은 똑같은 냄새에서도 개인의 저장된 기억에 따라 반응하는 정서적 감정이 전혀 다를 뿐만 아니라 이러한 정서적 감정을 빛의 속도로 인출시키는 특별한 능력이 있어서 개인의 표현 역량에 지대한 영향을 미치게 된다.

무엇보다도 후각은 참거나 거절할 수 없는 불가역적인 기능이라는 특성을 가지고 있다. 시각은 눈을 감아서 거절할 수 있고, 청각은 귀를 막아서 거절할 수 있으나, 냄새는 우리가 호흡하는 공기의 일부이기 때문에 억지로 거부할 수 없는 매우 직접적이고 기본적인 감각이며, 사람들의 정서적 언어표현에 강력한 영향을 준다.

후각적 정서표현	내용
직접적인 표현	-라일락 꽃향기가 가득한 정원 -커피 향기 가득한 카페 -새콤한 김치 냄새
비유와 은유	-그녀가 보던 책에서 그녀의 향기가 났다. -아빠와 걷던 공원길에서 나던 나무 향기 -그의 몸에서는 신선한 비누 냄새가 났다.
감정을 포함한 표현	-거실에는 따뜻한 가족들의 사랑이 배어있다. -주방에는 그리운 어머니의 향기가 있다.
특정 상황이나 환경을 표사	-비온 뒤 상쾌한 바람 냄새 -여름날의 뜨거운 아스팔트 냄새

3) 미각의 정서반응

맛을 느끼는 감각은 매우 복잡한 과정을 거쳐 동기, 정서, 기억과 관련된 뇌의 영역과 연결된다. 즉, 맛을 경험하고 기억하는 것은 혀가 아니라 뇌에서 분별하고 이해하는 것이다. 미각은 오감 중에서 인간의 욕구 충족에 가장 근접한 감각으로 미각과 연결된 정서감정은 다른 감정에 비해 감정적 변화를 빨리 일으킨다. 그리고 감지된 맛의 유무와 맛감각의 호(好), 불호(不好) 등의 감정으로 표현되며, 자극의 특성, 유전적, 생리적, 경험적 요소들과 밀접한 관계가 있다. 특히 경험과 생리적 상태는 미각 신경의 일련의 작용과 인지에 영향을 미친다(이경희, 2012).

맛을 느끼는 두뇌의 영역을 실험하기 위한 자기공명영상 연구에서 배고픈 실험자에게 초콜릿 등의 단 음식을 보여주었더니 다른 영역에 비해 정서를 담당하는 뇌 영역이 가장 많이 활성화되었다고 하며, 달달한 당분은 기쁨, 짠맛의 소금은 약간의 불쾌에 의해 활성화 되는 뇌 부위의 변화가 있었다고 한다(임선언, 2022). 그리고 미각에 의한 뇌의 활성화 영역에 대한 또 다른 연구에서는 달콤한 설탕과 단맛이 나지 않는 인공타액 물질을 제공해주고 '달콤하다(sweet)' 또는 '맛없다(tasteless)'라고 하는 명확한 소리를 들려주었더니 대뇌의 미각수용 부위가 집중적으로 활성화되면서 보상처리(reward processing)와 관련된 대뇌피질의 광범위한 네트워크가 활성화 되었다고 한다(이경희, 2012). 이것은 미각을 느끼는 온전한 감각이 청각에 의해서 간섭받을 수 있다는 것을 의미한다. 그러나 소리로 전달되는 맛의 표현이 실제로 느끼는 미각과 반대로 표현한 경우에서는 맛의 정도를 인지하는 기능에 혼란을 주게 된다. 예를 들면 최상의 맛을 가지고 있는 음식을 먹게 될 때 맛이 없다는 표현이 반복적으로 제시될 경우 맛의 평가가 정확하지 않아서 실제의 맛보다 다른 완성도로 평가 하게 된다는 것이다.

대부분의 사람들은 스트레스를 받거나 우울할 때 부정적인 감정을 완화하고자 초콜릿을 선택한다고 한다. 이것은 단맛이 있는 식품을 섭취할 경우 기분이 좋아지는 경향이 있어서 부정적인 감정이 완화되는 효과를 본다는 것이다(차선영, 2018). 맛은 일반적으로 식욕을 증진시키는 효과가 있다고 알려져 있지만 매운맛의 음식을 먹으면 쾌감을 느끼거나 스트레스를 완화시키며, 때로는 그리움, 슬픔, 행복함 등의 감정의 유발과 추억을 불러오는 등의 정서적 반응이 나타나기도 한다. 미각이 주는 이러한 정서적 반응은 언어로 표현하는 소통방식에도 큰 영향을 줄 수 있어서, 글과 말로 표현할 때 자신의 기억 속에 저장된 추억에 깃든 감정이 개인의 표현 능력에 영향을 주게 된다.

4) 청각의 정서반응

청각기능에 큰 영향을 주는 소리는 인간에게 정서적 포만감과 정서적 소양을 향상시킬 뿐만 아니라 다양한 감성적 어휘를 표현할 수 있는 능력을 준다. 소리의 물리적인 속성이 사람의 심리적인 속성이 가해짐으로써 기쁨과 슬픔을 자극하여 느낌과 감정을 만들어내기 때문에, 듣는 사람에게는 안정감, 흥분됨, 쾌적함, 불쾌감을 주기도 하고 일의 능률에 영향을 미치는 등, 생활 속에서 우리의 감성과 밀접하게 관련이 되어 있다(김미지자, 1998). 특히 음악의 청각자극은 역동적인 정서적 반응이나 신체적 반응을 야기하며, 자율신경계에 반응을 일으켜 생각을 환기시키고 정서적 경험을 질을 결정짓는데, 음악의 특성에 따라 정서적 반응도 다르게 나타난다고 한다(민병찬, 2019). 음악을 감상할 때, 나타나는 생리적 반응이나 다양한 유형의 정서 경험, 외현화 및 정서 조절 등이 일어나는 것은 대뇌 영역들의 상호작용에 의한 것이라고 한다(Blood & Zatorre, 2001; 박혜영, 2020). 음향 자극이 정서에 영향을 주는 요인은 소리의 크기, 템포, 리듬, 역동성, 선율 등에 의해 나타나는 심리적 경험들이 인간의 정서와 행동에 동기를 부여하는 특별한 자극제가 되며, 특히 역동적인 리듬은 신체적 반응을 야기 시키거나 리듬적인 움직임 같은 정서적 반응을 일으킨다고 하였다(김은영, 2005). 또한 소리의 크기와 음폭의 차이가 클수록 각성이 높아지지만, 예측 가능한 범위 내에서 템포와 음폭이 변화할 때는 감상자의 즐거움이 높아진다고 한다(이수진, 2014). 무엇보다도 음악 감상자의 성향과 음악적 훈련 경험이 정서적 반응을 일으키는 중요한 요인이라고 한다(Meyer, 1956).

오감을 자극하는 소리는 개인의 정서에 큰 영향을 주는데, 대표적으로 자율적 쾌락반응을 뜻하는 ASMR 현상을 활성화시키기 때문이다. ASMR이라는 용어는 자율(Autonomous), 감각(Sensory), 쾌락(Meridian), 반응(Response)의 약자로, 사람에게 심리적 안정감이나 쾌감을 주는 특정 소리 혹은 현상을 지칭한다(오태린, 2019). ASMR은 음식을 씹는 소리만으로도 실제 음식을 먹고 냄새를 맡는 것 같은 공감각을 느끼게 하며, 바람소리, 물결소리만으로도 깊은 산중 계곡에 앉아있는 것과 같은 특별한 감성을 느끼게 한다. 그리고 드라마를 보다가 헤어졌던 이산가족들이 만나서 서로 부둥켜 안고 흐느끼는 소리를 들으면 자신도 모르게 그들이 느끼는 슬프고 아름다운 정서를 함께 공감할 수 있는 정서적 기능이 있다. 이러한 능력은 언어능력에도 영향을 크게 미쳐서 정서적이고 감각적인 문장을 만들어 낼 수 있으므로 소통과정에서 다양한 표현력을 이끌어 낼 수 있는 중요한 기능이다. 이 현상은 자율신경계의 반응을 이끌어 내어, 뇌의 보상체계에 관여한다고 알려져 있다. 그러나 ASMR에 반응하는 소리는 개인에 따라 다르며, 과도하게 의존하는 것은 건강에 해로울 수 있다.

5) 촉각의 정서반응

　　인간에게서 가장 기본적이고 기초적인 감각능력을 발현시키는 촉각은 오감 중 최초의 감각으로 사용되고 있다. 타인과 친밀한 관계를 형성하고 정서적 교감을 나누는데 필수적인 감각인 촉각은, 아동의 성장 과정에서 대상이 되는 양육자와의 애착과 정서 발달에 중요한 역할을 하고 있다. 언어를 이해하지 못하고 표현할 수 없는 유아기에도 엄마의 손길과 가족들의 쓰다듬는 촉각을 통해 정서적 안정감을 느끼게 된다. 촉각은 손이나 피부가 외부 자극 자극과 상호 작용 할 때 나타나는 감각이지만, 때로는 촉각이 아닌 다른 감각에 의해서도 촉각의 느낌을 얻을 수 있다. 촉각은 감정과 밀접하게 연관되어 있어서, 부드러운 물체를 만질 때 느끼는 편안함과 안정감, 거친 물체를 만질 때 느끼는 불안감과 불편한 감정을 느끼게 된다. 특히 시각과 촉각의 공감각은 눈으로 보는 것만으로도 그 현상에 대한 감각을 느낄 수 있게 한다. 촉각의 정서감각은 따뜻함, 온화함, 부드러운, 차가움 등의 감각만으로도 외부 자료에 대한 정서적 감정을 느끼지만, 촉각 정보가 인지될 때의 환경이 가장 중요한 요인으로 작동한다. 촉각을 통해 유발된 감정 경험이 선험기억으로 저장되어 있을 때에는, 접촉하지 않고 보는 것만으로도 그 감정이 올라온다. 예를 들면, 뜨거운 물에 손을 데었던 아이는 성장해서도 뜨거운 물이 끓는 것을 보면서 그 때의 아파서 슬퍼했던 감정과 고통을 재 경험하게 된다. 엄마가 구워주었던 고구마의 말랑한 감촉을 기억했던 아이는 고구마를 보는 것만으로도 그 때의 그 감정, 엄마와의 행복했던 추억을 기억 속에서 인출하게 된다. 이처럼 촉각의 정서 반응은 자신의 저장된 촉감 경험에 의해 나타나고, 이후에는 만지지 않아도 시각적 정보에 의해 그 때의 감정이 되살아나며 감정 언어로 표현된다. 따뜻한 이불을 만졌을 때의 포근하고 따뜻했던 기분 좋은 감정, 털이 복슬복슬하던 강아지와의 추억 등등의 기억이 되살아나면, 현재 실제의 상황이 아님에도 그 때의 정서반응이 일어나게 된다.

촉감을 통해 인지력을 높이기 위해서 사용하는 촉감 재료들은 아동의 나이에 따라 안전성을 고려해서 질감, 무게, 온도 등에 관심을 두어야 하며 찰흙, 지점토, 폼 클레이, 밀가루, 종이죽 등에 따라 느끼는 긍정적 정서반응이 다르다.

3장 오감 언어의 이해

1. 시·청각 언어의 이해
   1) 시각의 학습능력
   2) 시각적 문해력(Visual literacy)
   3) 청각 언어와 학습능력

2. 후각과 미각 언어의 이해
   1) 후각 언어의 이해
   2) 미각 언어의 이해
   3) 미각 형용사의 공감각

3. 촉각과 신체언어의 이해
   1) 촉각의 정의
   2) 촉각(체감각) 언어의 이해
   3) 신체 언어

I. 시·청각 언어의 이해

시각은 영장류에서 가장 주된 감각으로 인체 감각수용기의 약 70%에서 80% 이상의 감각 수용기를 가지고 있어서 시각이 피질 전체의 50% 이상을 사용하고 있다고 하였다. 특히 감각정보의 90% 이상이 시각정보에 의지하고 있으며, 짧은 찰나의 순간에 정보를 얻을 수 있는 반응 속도를 가진 것이 바로 시각이다(송영훈, 2018). 시각은 사고 작용에 있어서 가장 많은 정보를 제공할 뿐만 아니라 다른 감각을 통해 얻게 된 정보도 실제 본 것처럼 시각화하여 느끼고 상상할 수 있는 능력이 있다(김은진, 2017). 특히 시각의 반응 속도가 빠른 사람의 경우에는 정보를 처리하는 능력의 속도도 빠르기 때문에 문제해결을 위한 판단능력과 순간적으로 정확한 의사결정을 내리는데 중요한 역할을 한다는 것을 보여준다.

게세미(Ghasemi, 2011)와 그의 동료들은 국제 또는 국가 축구시합에서 심판들의 시각적 기술이 의사결정에 미치는 영향을 조사한 논문에서, 비디오 클립을 사용하여 시각적 테스트인 시각기억, 시각반응시간, 주변시야 인식속도, 안구운동 조절능력을 테스트 한 결과 성공적인 심판들의 경우 비성공 그룹보다 시각적 기술이 더 나은 능력을 보였다고 한다. 뿐만 아니라 엘리트 집단들의 경우에서도 아마추어 집단에 비해 시각 인지반응의 시간과 시야의 주변을 볼 때의 시력인 주변시의 능력이 우월했으며, 지각한 물체를 기억하는 시각기억 등의 전체적인 시각기술이 월등했다고 한다(Ghasemi et al, 2011). 이러한 시각능력은 의사소통에 필요한 문자언어와 이미지 언어 그리고 신체언어를 빠르게 이해할 수 있는 능력과 함께 응급상황에서 찰나의 순간에 정보를 얻어내는 반응과 속도를 가지게 된다. 그러므로 시각은 단순히 사물을 바라보는 행동이 아니라 개인의 시각 속에 저장된 정보와 다른 감각의 배경지식이 순간적으로 연결되기 정보를 인지하기 때문에 보는 순간 이미 인지적 활동이 시작된 것이라고 할 수 있다.

인간의 두뇌는 외부세계의 자극을 인지하는 과정에서 시각적 능력을 가장 많이 사용하고 있으며, 시각적 영향을 받는 과정에서 좌·우 뇌는 서로 다른 기능을 수행한다고 한다고 한다(Myers & Sperry, 1958). 즉, 한 장면을 보고 있으면서도 좌뇌가 인지하는 시각정보와 우뇌가 이해하는 시각정보의 유형이 다르다는 것이다. 좌뇌는 사실적인 정보를 우선적으로 선택하고 우뇌는 정서적인 정보에 우선적으로 반응하기 때문이다. 이렇게 서로 다른 정보의 유형은 두정연합영역을 거쳐 전전두엽에서 이 정보를 통합하고 이해한 후 언어적 의미로 저장하거나 표현하게 된다.

오감 중 가장 중요한 시각과 함께 학습과정에서 협력적 동반관계인 청각기능은 인간이 태어나서 가장 먼저 인식할 수 있는 감각으로, 시각 발달이 완전하지 않은 7-20일 사이의 신생아도 소리를 듣고 반응한다. 그리고 생후 13개월에서 18개월이 되면 소리를 듣고 리듬과 박자를 동작과 연관시킬 수 있다(이은미, 2017). 특히 귀로 들은 소리는 들린 것으로 끝나는 것이 아니라 자신만의 소리로 재창조되어서 정서적 경험으로 변환 된다. 그래서 이 시기에 적절한 청각 환경이 제공되면 유아의 심리적·정서적 안정을 줄 수 있으므로 소리언어 환경에 관심을 두어야 한다. 만약 평안하고 긍정적인 소리언어 환경이 제공되지 않을 경우 또래 아동들에 비해 다양한 언어적 상호작용 경험이 결여된다. 언어적 상호작용이 지니는 잠재적 중요성은 아동에게 사람들이 왜 그런 방식으로 행동하는가에 대해 탐구하고, 논하고, 숙고할 기회를 제공한다(민병란, 2003). 그리고 음악, 자연음, 책읽어주는 소리, 부모가 아이를 부르는 소리 등의 풍부하고 다양한 소리언어를 들려줄 경우 아동의 정서적 안정은 물론 의사표현 능력 향상에 큰 도움이 될 것이다.

1) 시각의 학습능력

시각언어를 이해할 때는 특정된 대상의 정보에 집중하는 주의집중력과 이미지 정보를 분석할 수 있는 능력을 필요로 한다. 골드스테인(Goldstein, 2014)은 '시각적 주의와 인지'라는 논문에서 시각은 인간의 인지능력 중 가장 자주 사용되는 중요한 능력이며, 인간의 뇌는 시각 자극을 처리할 때 자동적으로 시각적 주의를 유발한다고 하였다. 만약 시각적 주의가 부족할 경우에는 특정된 대상이 주는 정보를 제대로 인식하지 못할 수 있어서 의사결정과 문제해결 과제에 대한 정확한 판단을 내리는데 문제가 생기게 된다. 무엇보다도 인간의 두뇌는 눈으로 보는 모든 시각정보들을 언어로 변환하는 과정을 거쳐서 저장하기 때문에 이 정보들을 쉽게 글과 말로 인출할 수 있는 능력이 있다는 것이다. 그러므로 언어의 학습은 바로 시각정보를 활용하는 것에서부터 시작된다고 할 수 있다.

인간이 지식을 습득하는 학습과정은 시각과 청각 자극의 정보 활용률이 매우 높기 때문에 학습은 곧 시·청각 정보를 인지하는 것에서부터 시작된다고 할 수 있다. 학습자가 시각적 인지를 통해 습득한 정보를 기억으로 저장하기 위해서는 부호화(Encoding) 과정을 거친 후 저장하기 쉬운 형태로 기억체계에 저장된다. 그 후 적절한 시기에 저장된 정보를 인출(Retrieval)해서 언어로 사용하게 되는 것이다(Baddeley, 2011). 이 이론들은 학습자의 시각적 주의력이 언어학습에서 중요한 영향을 미치고 있다는 것을 의미하고 있다.

현시대는 문자 대신에 아이콘, 영상, 이미지 등을 의사소통의 방법으로 사용하는 경우가 많기 때문에 이러한 환경에서 요구되는 시각언어(Visual Literacy)라는 소통의 개념들이 발전되고 있다. 시각언어란 시각을 통해 전달된 메시지인 사진, 그림, 아이콘, 짧은 영상 등이 전달하려는 의미를 창조적으로 정확히 해석할 수 있는 능력이다. 레자

베크(Rezabek, 1999)는 시각적 문해력의 중요성이라는 논문에서 시각 언어는 문어체계의 의사소통 체계와는 전혀 다른 창조적 능력이라고 하였다. 기존에 이미 사용하고 있던 문어(文語) 체계의 의사소통 또는 소리언어 체계의 의사소통과는 또 다른 새로운 의사소통 체계라는 것이다.

특별히 시각언어는 눈으로 전달된 이미지의 모양과 색체 정보를 언어로 지각하는 속도가 빠르며, 촉각, 미각, 후각 등의 감각도 함께 느낄 수 있어서 보는 순간 개인이 지닌 다른 감각 경험들을 통합하는 공감각의 효과를 일으키게 된다(Debes, 1970). 공감각(synesthesia)이란 한 수용계에 자극이 주어졌을 때 직접 그 감각계통에 따르는 반응 외에 다른 감각기관의 감성 자극이 함께 느껴지는 현상으로 어떤 한 부분의 감각계통에 따르는 반응이 아니라 다른 감각계통의 감각 반응도 함께 불러 일으키는 특성을 말한다. 특히 물체가 가지고 있는 색체에 의해 활성화되는 색체 공감각은 색을 보는 것만으로도 맛, 냄새, 소리, 촉감 등의 다른 영역의 감각인 미각, 후각, 청각, 촉각 등의 공감각을 불러 일으켜 강렬한 기억을 형성하게 하고 이 전체의 기억은 뇌에 저장된다. 예를 들면, 아주 붉은 색의 잘 익은 것 같은 사과의 사진을 보았을 경우 실제로는 사진을 본 것뿐임에도 불구하고 사과의 맛과 향기, 한입 베어 물었을 때 아삭하고 씹히는 소리와 사과를 들고 있는 것 같은 손의 촉각까지도 느껴지는 그런 현상이 나타난다.

시각을 사용한 언어 이해	1. 비언어적 자료 2. 언어적 자료 짝 짓기 3. 시각적 대응/재인 4. 몸짓 이해하기 5. 읽어서 이해하기 6. 읽을거리를 읽고 이해하기 7. 이미지, 짧은 영상의 의미를 이해하기

2) 시각적 문해력(Visual literacy)

시각적 문해력에 대한 정의는 1960년대 데브스(Debes, J.)에 의해 처음 사용되었으며, 시각의 Visual과 글을 읽고 쓸 줄 아는 능력이라는 Literacy의 합성어이다(우리말샘). 즉, 시각적 이미지의 의미를 읽고 해석하고 표현할 수 있는 능력을 말한다. 언어적 문해력이 기록된 문자를 올바르게 읽고 쓸 수 있는 능력이라면, 시각적 문해력은 다양한 이미지의 대상을 보면서 명시적인 문자의 표현은 없어도 그 이상의 의미를 이해하고 표현할 수 있는 능력이라고 할 수 있다. 문자언어와 시각언어 모두 의미를 담은 기호체계라는 공통점과 대상을 이해하는 일정한 규칙 속에 있다(Berger et al, 2007; 황은주, 2014).

시각언어를 사용하는 의사소통은 아이디어를 표현하고 의미를 전달하기 위해 시각적 상징을 사용해서 전달하고 싶은 정보와 메시지를 담은 언어체계로서의 의사소통의 도구 기능을 충분히 수행하고 있다. 특히 시각적 문해력을 활용하는 미술, 디자인, 건축, 광고 등의 분야에서는 시각적 문해력을 충실하게 활용하고 있어서 작가와 광고주의 원하는 바를 영상, 이미지 자체만으로도 이해할 수 있도록 하는 의사소통 방법을 활용하고 있다.

인간의 뇌는 시각적 정보를 분석하여 이미지들 간의 관계를 파악하고 그 사이의 유사성과 언어적 의미를 분석하여 문맥을 만들고 저장한 다음 추후 유사한 이미지를 인지하였을 때에 그 문자로 변환하여 이를 활용할 수 있는 능력이 있다.
이러한 변환능력은 인공지능의 임베딩(embedding) 시스템과 유사하다. 임베딩은 텍스트 데이터를 벡터 형태로 변환하여 단어와 문장 또는 문서의 의미와 문맥을 이해하고 처리할 수 있도록 도와주는 시스템으로(다음 어학사전), 객체의 위치, 크기, 모양, 색상 등의 정보를 추출하고 이를 기반으로 객체를 인식하고 분류하며 검색하는 등의 기능이 있어서 학습 및 추론 속도를 높일 수 있는 시스템이다.

시각정보를 선호하는 개인의 경우 의사소통 능력을 향상시키기 위한 언어학습 방법은 언어적 설명을 통한 학습보다 그림, 사진, 차트, 포스터, 컴퓨터 소프트웨어 활용하는 시각적 보조 자료를 제공하면 이미지 속에 숨겨진 함축적인 의미를 이해하고 이를 창조적으로 표현하는 언어학습 능력이 고양된다. 특히 시각화된 정보는 좀 더 이해하기 쉬운 구조로 편집을 쉽게 할 수 있어서 더 편하게 학습시킬 수 있다는 장점이 있다. 장재훈(2017)은 정보를 시각화 하였을 때의 장점에 대해, 텍스트보다 정보처리 능력이 확장되어 많은 데이터를 동시에 차별적으로 이해할 수 있다고 하였다. 무엇보다도 다른 방식으로는 이해하기 어려웠던 지각적 추론이 가능하기 때문에 문자보다 친근하게 정보를 전달할 수 있다고 한다. 특히 정보의 중요도, 순위, 위치 등을 손쉽게 부여할 수 있어서 문자나 수치에서 발견하기 어려운 이야기를 창출할 수 있기 때문에 의사소통 또는 문제해결에서 더 쉽게 접근할 수 있다. 그러므로 어휘능력의 학습을 위해서는 시각적 학습방법을 사용하는 것이 매우 효과적이다.

시각 문해력	-인간의 정보 처리 능력을 확장시킨다. -정보를 직관적으로 이해하게 한다. -많은 데이터를 동시에 차별적으로 보여 줄 수 있다. -다른 방식으로는 어려운 지각적 추론을 가능하게 한다. -문자보다 친근하게 정보를 전달한다. -문자나 수치에서 발견하기 어려운 이야기를 창출할 수 있다. -정보를 거시적 혹은 미시적으로 표현할 수 있다. -정보에 위계를 부여할 수 있다.

3) 청각언어와 학습능력

인간의 의사소통에 있어서 가장 중요한 도구는 언어이지만 언어를 이해하기 위해서는 청각능력을 필요로 하며, 특히 청각적으로 제시된 빠른 자극의 변별을 잘 할수록 수용언어 및 표현 언어의 발달에 큰 영향을 미치게 된다(김주희 외, 2014). 그러나 청각기관에 문제가 생기면 언어의 청취력에 문제가 생기고, 집중력이 떨어지기 때문에 대화하는 동안 상대방의 말에 집중을 하지 못하고 대화의 초점을 읽게 되어서 대인관계 및 사회활동 그리고 의사표현 능력에 어려움을 겪게 된다.

모든 언어는 기본적으로 청각기능을 활용한 소리를 듣고 습득하기 때문에 만일 언어를 습득하는 시기에 적절한 소리언어가 제공되지 않는 환경에서 양육되고 있다면 그 아이는 정확하게 소리로 말을 하는 능력에 어려움을 겪게 될 것이며 또한 청각기능이 가지고 있는 균형 감각 즉, 소리를 듣고 균형을 유지하는 기능에도 문제가 생기게 된다.

의사소통에서 사용되는 가장 중요한 도구 중 하나인 소리 언어는 시각적 정보와 함께 제공될 때가 가장 효과적이다. 인간은 소리언어에 의해 최초로 언어를 학습하게 되지만 소리언어가 제공되면 영아는 제공자의 입술 모양과 말소리를 모방하는 시각기능을 거쳐 언어를 학습하게 된다. 그리고 학습된 언어는 반복적인 과정을 통해 저장하게 된 후 기억된 단어와 단어를 연결시키는 문장구성능력을 습득하게 된다. 이때 청각기능에 이상이 있다면, 자신이 발화하는 말소리와 타인의 말소리를 동시에 들을 수 없어서 언어의 모방이 쉽게 이루어지지 못한다. 영아의 언어 모방이 중요한 것은 언어를 습득할 수 있는 가장 기본적인 단계이기 때문이다. 그러므로 모방은 시각정보와 청각정보가 서로 일치할 때 가장 효과적으로 언어지각이 이루어지며 만약 서로 일치하지 않을 때는 청각 언어지각에 영향을 주어서 왜곡된 언어를 지각하게 된다(McGurk & MacDonald, 1976; 김희정, 2005). 그러나 시각과 청각 자극이 동시에 제공되었을 경우에는 시각 자극보다 청각 자극에 대한 단순 반응시간이 더 짧다는 연구도 있다(이보경, 2017).

어린아이에게 청각언어가 제시되었을 때 측두엽 깊은 고랑(Superior Temporal Sulcus) 영역에서 활성화가 관찰되었는데, 시각과 청각 두 종류의 자극이 동시에 제시되었을 때는 활성화가 더 증가되었으나, 어린아이와 달리 성인의 경우에는 시각적인 지각만으로도 청각피질의 활성화가 보고되었다고 한다(김희정, 2005). 그것은 이미 사람의 두뇌가 시각과 청각을 동시에 입력해서 저장하고 있었으므로 듣지 않고 보는 것만으로도 외부 정보를 이해할 수 있는 도식이 범주화되어 있기 때문이다. 그리고 활성화가 이루어진 측두엽에는 언어를 이해하는 베르니케 영역이 있기 때문으로 추정된다. 베르니케 영역은 언어를 이해하고 표현하는 기능을 관장하는 언어중추로 1874년 독일의 신경정신의학자 베르니케(Wernicke)가 언어장애인 베르니케 실어증을 발표하면서 알려진 영역이다(두산백과). 인간의 성장과 발달은 언어적 정보를 지각하고 조합하는 인지능력과 사고능력의 발달이 이루어지고 이에 따라 의사소통 능력과 사회성 친화적 성향이 나타날 때 비로소 개인의 성장과 발달이 나타났다고 할 수 있다.

언어학습에서 청각능력이 주는 효과는 소리언어를 이해하는 정확도와 처리 속도에 따라 학습 수행능력의 차이가 나타나기 때문이다. 청각, 시각, 촉각 자극을 각각 사용한 암묵적 학습 과제의 수행력 차이 연구에서, 정상 성인의 경우 과제의 제시 양식에 따라 청각자극을 사용한 경우가 다른 자극에 비해 학습능력이 보다 유의미하게 높게 나타난 것을 확인하였다(Conway & Christiansen, 2005). 암묵적 언어학습에서 사용하는 자극의 정도를 연구한 논문에서도 청각자극 75%, 시각자극 63%, 촉각자극 62%의 학습 능력이 나타난 것으로 보아 언어 학습에 있어서는 청각기능이 중요하게 사용되는 것을 알 수 있다. 특히 어려운 어휘로 이루어진 문장을 이해하기 위해서 사용되는 음향-음소적 지식은 어휘의 순서나 규칙을 암묵적으로 처리하는 능력이기 때문에, 규칙성과 확률성을 가진 언어를 처리하는 능력과 관련이 있다고 주장한다(현승희, 2013). 암묵적 언어 학습은 언어의 규칙을 의식적으로 배우고 이를 기억하는 명시적 학습과는 달라서 학습자가 의식하지 못하는 상태에서 언어 규칙이나 패턴을 습득하는 과정이다. 그래서 어린아이들이 언어를 배우는 과정에서 많이 나타나지만, 성인들의 경우 외국어를 공부할 때 필요한 매우 중요한 기능이다.

이처럼 언어를 습득하기 위해서는 시각기능과 청각기능이 매우 중요한 도구로 사용되며, 소통과정에서 청각이 인지한 정보와 시각기능이 인지한 정보가 서로 일치할 때 언어의 습득이 더 용이 하다는 것을 알 수 있다. 그러나 만약 화자의 입 모양이 주는 시각 단서와 청각정보의 통합이 일치 하지 않을 경우 청각언어 지각에 왜곡 현상이 나타난다고 한다(McGurk & MacDonald, 1976). 청각언어 지각에 왜곡 현상이 일어나는 것을 두 저자의 이름을 따서 맥거크 효과(McGurk effect)라고 하며, 맥거크 효과는 청각과 시각정보가 서로 상호작용을 하여 소리를 인식하는 방식에 영향을 미친다는 것을 의미한다. 만약 소리언어와 시각 정보가 서로 다를 때에 인간의 뇌는 새로운 소리로 인식하게 되는 왜곡 현상이 일어난다고 한다. 예를 들어, 입 모양은 가(ga)라고 발음하는데 소리는 나(na)라고 들린다면 왜곡 현상에 의해 바(ba)라고 인식하게 된다는 것이다. 그러므로 언어학습에 있어서 소리언어의 가장 중요한 포인트를 지니고 있지만 청각정보와 시각정보가 함께 제공될 때 언어학습이 더 용이하다는 것을 알 수 있다.

청각을 사용한 언어의 이해	1. 소리의 인식하고 판단하는 능력 3. 말을 모니터하기 4. 단일 언어단위를 이해하는 능력 5. 연속된 언어 단위를 연합하여 이해하는 능력 6. 감탄사 등 의미 있는 짧은 말도 이해하는 능력 7. 문장이해능력과 단락이해의 능력 9. 긴말을 간결하게 이해하는 능력

2. 후각과 미각언어의 이해

1) 후각언어의 이해

후각은 냄새를 느끼는 지각으로 오감 중에서 미각과 더불어 화학물질을 지각하는 화학적 감각 또는 원초적 감각이라고 하며(이은정, 2016), 시상을 거치지 않고 대뇌 변연계로 직접 연결되는 유일한 감각이다. 변연계는 정서와 감정의 원천이며, 해마의 기억이 바로 인출되는 영역이기 때문에 후각에 의한 정서감정과 기억은 인지적 판단을 거치지 않고 즉각적으로 반응하게 된다. 그러나 후각에 의해 인지된 냄새의 종류를 언어로 표현하는 것이 다른 감각의 표현보다 상대적으로 발달하지 못하고 있어서 언어학자들은 후각언어 어휘표현의 부족함을 설명하고 있다(이은석, 2022). 후각은 다른 지각 표현에서 볼 수 없는 호기심을 자극하는 동시에 상당히 섬세하고 도전적인 특별한 능력을 가지고 있지만, 기존 언어학 분야에서는 시각과 청각 위주의 일부 언어들에 집중되어 있어서 후각언어에 대한 논의가 부족하다. 그래도 우리나라의 후각 표현은 영어 등 다른 나라의 표현보다는 더 다양하다고 할 수 있다.

감각 중에서 가장 본능적이고 무의식적인 감각인 후각을 사용하는 후각언어는 냄새의 근원을 활용하는 명사의 표현과 명사에서 파생된 형용사와 유사한 의미를 이용하는 표현, 기억, 경험, 상황에 의존하는 냄새의 표현 등이 있다. 후각언어는 냄새의 종류를 구분하는 꽃향기, 과일향, 나무향, 흙냄새 화학물질의 냄새 등의 표현 언어와 냄새의 강도, 냄새의 지속성, 냄새로 인해 연상되는 특정 이미지나 감정 등을 표현하고 있다. 후각적 표현은 독자의 감각을 자극하여 언어가 표현하는 장면을 더욱 생생하게 만드는 능력이 있다. 직접적인 표현을 예로 들면, "꽃향기가 가득한 정원"이라는 문장에서 꽃향기는 냄새의 종류를 구분하는 것으로 실제 어떤 냄새, 어떤 향기라는 단어는 아니지만 우리는 이 문장을 보면서 각자의 기억 속에 있는 꽃의 향기가 코끝을 간질이는 것과 같은 실제적인 경험에 몰입하게 된다.

대부분의 사람들은 책에 쓰인 문장을 보면서 서로 다른 감각도 동시에 느낄 수 있다는 것을 알 수 있는데, "갓 구운 빵의 고소한 냄새"라는 문장을 보면 실제 갓 구운 빵의 향기를 맡으며 빵을 손에 들고 먹는 것과 같은 시각과 미각의 감각이 동시에 느껴지는 공감각 현상을 경험 하게 되는 것이다. 이처럼 개인에 따라 순간적으로 스쳐가는 것과 같은 빵 냄새를 맡으며 떠올리는 감각기억이 다르다. 예를 들면, 등굣길에 빵집 앞을 지나며 다른 아이가 아빠의 손을 잡고 빵을 사던 것을 부러운 마음으로 바라만 보던 아픈 추억을 떠올리는 사람과, 어머니가 구워주던 맛난 빵을 먹던 행복한 추억으로 몰입하게 하는 신비한 능력처럼, 같은 향기의 표현에서도 서로 다른 감각을 일깨우게 된다. 이처럼 후각은 단지 직접적으로 향기를 표현하는 언어만이 아니라 비유와 은유, 감정을 포함한 표현, 특정 상황이나 환경을 묘사하는 표현들을 사용할 때 마치 실제적인 상황처럼 묘사하는 능력이 있어서 풍부한 분위기를 형성할 수 있다. 특히 후각은 시상을 거치지 않고 직접 대뇌변연계로 전달되는 감각이기 때문에 다른 감각에 비해 월등히 빠르게 느낄 수 있어서 현재의 정서적 느낌과 이전 경험의 기억이 바로 인출되는 기능이 있다.

다양한 냄새의 표현을 쾌락 척도인 호감과 비호감, 유쾌와 불유쾌의 범주로 분류하고 있어서 누군가에게는 특별하고 친밀한 추억의 냄새로 후각적 상상력을 자극하게 될 수 있지만, 누군가에게는 불유쾌한 기억을 자극하는 냄새가 될 수 있다(김지수, 2020). 후각언어는 냄새와 관련된 문화적 경험에 밀접한 영향을 받는다고 하며, 이전에 경험한 기억에 따라 다양한 연상 어휘를 선택하는 성장을 보여주게 된다(강인애,강 2009). 예를 들어, 삭은 홍어 냄새와 된장찌개 냄새, 푹 익은 김치 냄새가 식욕을 돋우면서 그 음식을 먹던 고향과 가족, 친구들이 기억나는 사람은 홍어 냄새를 맡으면 콤콤한 냄새가 그리웠다며 홍어가 맛있다는 후각 표현을 사용하겠지만, 이 음식문화를 접하지 못한 사람들에게는 삭은 홍어 냄새를 역겹다, 고약하다는 표현을 하게 될 것이다. 그러나 이러한 표현을 했던 사람들도 좋은 친구들과 이 음식을 접하게 되면 홍어가 가지고 있는 매력적인 새로운 후각 표현을 하게 될 것이다. 이와 같이 함께 한 경험들과 겹치는 후각 기억은 냄새의 표현이 경험 이전의 표현과는 달라질 것이다.

후각 미각어	향내, 고소한내, 매운내
후각 동사	지리다, 비리다, 구리다, 구수하다, 냅다
후각 형용사	지릿하다, 비릿하다, 향기롭다, 향긋하다, 고소하다, 퀴퀴하다

2) 미각언어의 이해

생리학적 측면에서 우리의 몸은 늘 항상성(homeostasis)을 유지하기 위해 적절한 섭식행동을 한다. 섭식행동에서 느끼게 되는 미각은 인간의 가장 근원적인 생존본능을 충족시키는 안정감과 만족감을 부여하는 동시에 긍정적이며 넉넉한 정서적 편안함을 제공한다. 신체적 인지를 기반으로 형성된 미각의 개념은 인간의 인지 영역 중 가장 기본적인 영역을 구성하여 보다 추상적이고 복잡한 개념을 구성하거나 이해하는 개념적 토대이며, 감각 형용사의 하위 부류 중 하나로 자극하는 맛의 정도를 나타내는 어휘를 총칭하는 용어이다(김해미, 2015). 미각언어의 정의에 대한 표준국어대사전의 정의를 보면, 미각적 언어는 맛을 느끼는 감각으로 주로 혀에 있는 맛봉오리(미뢰)가 침에 녹은 화학 물질에 반응하여 일어나는 단맛, 짠맛, 신맛, 쓴맛의 네 가지 기본 미각이 있다고 한다. 이 맛들은 혀의 미뢰(taste bulb)를 통해 두뇌로 전달되는데, 혀의 부위에 따라 그 맛을 느끼는 것이 달라서 혀의 앞부분은 단맛, 중간부분은 짠맛, 뒷부분은 쓴맛, 옆 부분은 신맛으로 알려져 있으나, 학자에 따라 혀가 맛을 수용하는 방식이 특정 위치에 따라 다른 것이 아니라는 연구도 있다. 기본적인 미각 형용사는 쓴맛, 짠맛, 신맛, 단맛에 감칠맛을 더해 다섯 가지 감각으로 제시되지만 연구자에 따라 매운 맛, 떫은맛을 추가하기도 한다(이경수, 2012). 그리고 근래에 와서는 맛을 표현하는 어휘가 좀 더 세분화되어 MSG의 맛을 표현하는 우마미(Uman)와 버터, 치즈, 삼겹살 등 지방이 많은 음식에서 느껴지는 지방맛, 그리고 물에서도 맛을 느끼고 표현하는 물맛, 음식의 질감에 따른 맛표현 등 미각언어가 지속적으로 발전하고 있다.

　　미각 형용사는 대부분 어간이 고유어로, 한국어의 미각표현에서는 한자어보다 고유어 계열 단어들이 쓰이는 빈도가 높다(송정근, 2005). 특히 기본 미각어에서 음운을 교체하는 형식으로 맛의 강도나 쾌적도를 다양하게 표현할 수 있는데, 예를 들어, "달다"를 달콤, 달큼, 달달 등의 표현으로 맛 표현을 다양하게 할 수 있다. 그리고 미각어의 하위 계열어들은 대체로 기본어보다 강도가 약한 맛을 나타내는 경향이 있어서 복합어로 사용되고 있다. 그러나 기본적인 맛보다 강화되는 복합어로는 첫 어간에 '-디'를 첨가하여 어간을 겹쳐 씀으로써 의미가 강화되기도 한다. 예를 들면, '달다' '쓰다'를 '-디'를 첨가하여 '달디 달다, 쓰디 쓰다'라고 변환하여 그 의미를 강화시키는데, 이 때는 기본 미각어만 적용되며 그 하위 계열어군에서는 적용될 수 없다(이희조, 2021).

　　복합적인 미각어는 달콤하다, 달달하다, 새콤하다, 짭조름하다, 시금털털하다, 매콤하다, 씁쓸하다, 떨떠름하다 등의 맛이 주는 경험적 인식에서 의미가 확장된 표현들도 찾을 수 있다(김해미, 2015). 특히 다른 감각과 결합한 공감각적 미각어도 있어서 맛의 표현이 갈수록 다양하게 세분화되는 것은 인간의 행복감에 큰 영향을 미치는 것이 바로 음식을 즐기는 것이라는 것을 알 수 있다. 미각은 인간의 긍정적 정서와 행복감에 큰 영향을 미치고 있으며 다른 감각과 연합하여 정서적 표현에 큰 영향을 미치고 있으며, 언어적으로 쾌감, 즐거움, 행동 등의 정서반응을 표현하는데 큰 도움이 되고 있다.

미각	감각적 미각어
단맛	달다, 달콤하다, 달큼하다, 달짝지근하다, 달착지근하다, 달보드레하다, 들큼하다. 들부드레하다, 달콤 삼삼하다, 달콤새금하다.
짠맛	짜다, 밍밍하다, 맹맹하다, 싱겁다, 짭조름하다, 짭짜름하다, 짭짤하다, 간간하다, 간간짭짤하다, 짜디짜다.
신맛	시다, 새콤하다, 시큼하다. 시금시금하다. 새그무레하다. 시금털털하다. 시금씁쓸하다.
매운맛	맵다, 매콤하다, 매움하다, 매큼하다, 맵싸하다, 맵디맵다.
떫은맛	떫다, 떨떠름하다, 떠름하다.
쓴 맛	쓰다, 씁쓸하다, 씁쓰레하다, 쌉싸래하다.
복합미각	새콤달콤하다, 매콤 달콤하다, 시금씁쓸하다.

(이희조, 2021; 박현선, 2016에서 보완)

3) 미각의 형용사의 공감각

인간은 감각을 통해 대상의 형태를 인지하는 신체적 경험 중 가장 기초적인 경험이 된다. 미각은 맛을 지각하며 대상에 대해 인지하게 되며, 특히 미각 형용사는 구체적인 감각 의미뿐만 아니라 추상적인 의미로 쓰일 때 그 의미가 확장된다. 예를 들어 미각 형용사의 '맵다'를 추상적인 의미로 사용한다면, '그녀의 손이 맵다'라고 쓸 수 있다. 손이 맵다는 신체적 의미와 심리적 의미가 함께 사용되는데 실제로 그 손이 자신의 뺨에 접했다고 상상하는 순간 신체적인 아픔이 느껴지는 촉각 기능과 아픔에 대한 심리적 느낌까지 지각할 수 있다. 이러한 감각을 공감각이라고 하지만 다른 의미로는 다의어, 복합어라고 한다. 또 다른 예로, '떫떠름하다'를 해석해 보면, 떫은 감을 먹었을 때 느끼는 신체적 감각과 함께, 마음이 편하지 않다는 뜻으로도 해석할 수 있다. 깨소금이 고소하다를 예를 든다면, 입 안 가득 퍼지는 깨소금의 맛이 신체적 느낌과 함께 행복한 심리적 느낌도 가져오지만, 다른 의미로는 타인이 처한 상황이 '고소하다'라는 심리적 언어로 사용될 수 있다.

그리고 현재 광고 시장에서 미각의 맛 표현과 시각적 이미지, 그리고 맛있는 음식을 먹으며 느끼는 미각을 소리로 표현하는 청각적 이미지도 함께 사용하고 있다. 이처럼 미각은 다양한 감각 즉, 공감각을 불러오는 기능이 탁월하기 때문에 미각 형용사의 다의어가 다른 감각언어에 비해 훨씬 다양하다. 음식의 맛을 보며 '구수하다'라는 표현을 한다면, '구수하다'라는 표현은 미각어로 보기보다는 후각어로 볼 수 있다. 이처럼 미각은 실제로 음식을 섭취하면서 느끼는 감각만 있는 것이 아니라 간접적 감각이 탁월하다. 특히 맛있는 음식 사진을 보면 실제로 그 맛을 경험하게 되는데 이것은 배경지식으로 저장되어 있기 때문이기도 하지만 색체와 음식의 구도를 인지하는 시각의 공감각에 의해서 발현되고 있다.

공감각적 미각어	
미각+ 후각	-향긋한 맛이다. 구수한 맛이다. 고소한 맛이다. 쿰쿰한 맛이다.
미각+ 촉각	-시원한 맛이다. 상쾌한 맛이다. 톡 쏘는 맛이다. 부드러운 맛이다. -화끈한 맛이다. 쫄깃쫄깃한 맛이다. 개운한 맛이다. 등
미각+ 시각	-깔끔한 맛이 난다, 싱싱한 맛이다, 산뜻한 맛이 난다. -깨끗한 맛이 난다, 신선한 맛이 난다.
미각+ 청각	-쨍하는 맛이다.

이희조(2021)

3. 촉각(체감각)과 신체언어의 이해

1) 촉각의 정의

촉각은 오감 중 가장 넓은 분포도 가지고 있는 감각으로 피부 겉면적에서 느껴지는 감각과 손으로 만져지는 감각으로 이해되고 있다. 손은 다른 감각기관처럼 단일 접촉 기관으로 명명되며 인간의 외부에 있는 '외부 뇌'라고도 불린다(Katz, 1989). 카츠(Katz)는 그의 논문 "The World of Touch"에서 촉각은 단순한 물리적 감각이 아니라 인지적, 정서적,

사회적 측면을 포함하는 복잡한 감각으로 인간의 생존에 필수적인 감각이라고 강조하였다. 인지적 측면의 촉각은 물체의 크기, 모양, 질감, 온도, 압력 등을 파악하고 인식하는 것이며, 정서적 측면은 물체를 만질 때 느끼는 감정을 표현하는 것으로 편안함, 안정감, 불편함, 불안감 등으로 표현될 수 있다고 주장하였다. 그리고 사회적 측면은 인간의 상호작용과 소통과정에서 악수, 포옹 등의 접촉이 친밀감과 신뢰를 증진시킨다는 것이다. 또한 문화적 측면, 발달적 측면, 생리적 측면의 감각으로도 분류할 수 있다.

촉각의 분류 기능

분류	기능
인지적 측면	물체의 크기, 모양, 질감, 온도, 압력 등을 파악한다. 주변 환경을 인식하고 이해하는데 관여한다.
정서적 측면	촉각은 감정과 밀접하게 연관되어 있다. 부드러운 물체를 만질 때 편안함과 안정감을, 거친 물체를 만질 때 불안감과 불편한 감정을 느끼게 된다.
문화적 측면	신체적 접촉이 문화와 지역에 따라 다르게 인식될 수 있다. 일부 문화에서는 무례하거나 부적할한 행동으로 간주된다.
사회적 측면	인간의 상호작용 과정에서 나타나는 악수, 포옹 등의 접촉은 상대방과의 신뢰와 친밀감을 증진시킨다.
발달적 측면	촉각이 인간의 발달에 중요한 역할을 하는 것은 유아들이 촉각을 통해 세상을 탐색하고 부모와의 유대감을 형성한다.
생리적 측면	신체기능을 조절하는 역할을 한다. 체온 조절, 자세 유지, 근육긴장 등에 관여를 한다.

이처럼 촉각은 인간의 생존에 필수적인 감각인 동시에 인지 발달에 중요한 역할을 맡고 있어서 어린 아이들이 촉각을 통해 물체의 질감과 형태를 파악하는 놀이 행동이 인지

능력을 발달시키게 된다. 특히 양육자의 따뜻한 손길은 안정감을 느끼는 동시에 친밀감과 사랑의 감정으로 느끼게 된다. 이처럼 아동은 친밀감과 안정감을 느끼게 하는 신체적 행동들을 모방을 통해 학습하게 되며 이 행동의 모방은 정서지능을 활성화시켜서 성장 후 사회적 상호작용과 의사소통 능력에도 중요한 영향을 미치게 된다.

2) 촉각(체감각) 언어의 이해

여러 감각 중 촉각은 인간이 태어나면서부터 바로 사용된 기초 감각으로 유아가 성장하면서 감각을 지각하는 능력에 많은 영향을 미치는 기능이다. 특히 손은 감각수용기가 매우 조밀하게 분포되어 있어서 촉각의 인지기능과 관련하여 매우 중요한 감각 기관이다(김지영, 2022). 특히 아동의 언어 발달을 위해서는 촉각 재료를 활용한 것들이 교육적 자료로 많이 사용하고 있다.

촉각 언어는 신체의 피부 표면 및 눈, 귀, 살갗, 혀, 입술, 얼굴 등에서 지각되는 촉각 형용사를 중심으로 구성되며, 주어, 술어 한정어 역할을 한다. 그리고 대부분 목적어를 동반하지 않고 주어만으로 문장을 완성하는 촉각 형용사는 1항 술어이며 의미적 범주에 의하여 다의성(polysemy)이 발생한다(백종이, 2022). 1항 술어의 예를 들면, '불은 뜨겁다'라는 문장에서 불의 성질을 나타내는 '뜨겁다'는 촉각 형용사로 1항 술어이다. 1항 술어는 다의성이 발생하기도 하는데, 예를 들면, '뜨겁다'라는 1항 술어는 '물이 뜨겁다', '커피가 뜨겁다', '음식이 뜨겁다', '돌맹이가 뜨겁다', '가슴이 뜨겁다' 등의 다양한 의미로 사용될 수 있다. 또 한 가지 더 예를 들면 '부드럽다'는 형용사가 '①부드러운 깃털처럼, ②몸놀림이 매우 부드럽다'.에서 ①의 부드럽다는 피부에 닿거나 스치는 느낌이 거칠거나 뻣뻣하지 아니함을 의미하지만, ②의 부드럽다는 비유적으로 쓰여 '몸의 유연한 움직임'을 의미한다(임윤정, 2019). 그리고 '부드럽다'는 형용사를 '말투가 부드럽다. 살결이 부드럽다, 나무의 결이 부드럽다, 물결이 부드럽다, 표정이 부드럽다, 목소리가 부드럽다' 등등으로, 실제로 '부드럽다'라는 형용사는 촉각언어이지만 촉각 이외의 의미로도 자주 사용되는 다의성(polysemy)이 있어서 중심 의미뿐만 아니라 비유적 의미로도 사용된다. 그래서 촉각의 감각형용사를 사용하는 경우에는 잘못 쓰인 단어가 의미적으로 유사해서 맥락 속에서 문장의 뜻은 짐작할 수 있지만, 표현이 맞지 않거나 자연스럽지 못해서 의사소통에 문제가 될 수 있다(임윤정, 2019).

촉각(체감각)으로 표현할 수 있는 언어는 신체기관을 통해 안과 밖의 자극을 느끼거나 알아차리고 반응하는 언어로 물체의 온도, 압력, 진동 그리고 따뜻한, 차가운, 소름끼치는 등의 정서적 표현 등의 감각적 표현을 나타내는 감각어(sensory words)로도 표현할 수 있다. 감각어는 직접적인 촉각 경험과 관련된 물체의 특성을 나타내는 촉각어(Tactile words)와, 물체의 표면이나 구조적 특성을 설명하는 질감어(Texture words)로 나눌 수 있다. 질감어는 촉각으로 인지한 외부 물체의 감각의 질이나 모형을 구분할 수 있어서 문자를 보지 않고도 그 모양이나 물건의 이름을 감지할 수 있는 능력이 있다.

촉각어	감각어	미끄럽다, 맨지럽다, 까끄럽다, 거칠다, 둔하다, 무디다, 단단하다, 연하다, 무르다, 무겁다. 두껍다, 부드럽다, 부들부들하다, 야들야들하다, 단단하다, 꼬들꼬들하다, 바삭하다, 파삭하다, 녹진하다, 탱탱하다, 쫀득하다, 진득하다. 등
	질감어	차다, 덥다, 춥다, 싸늘하다, 시원하다, 따뜻하다, 신선하다, 미지근하다. 시원하다, 아프다, 따갑다, 쓰리다, 결리다. 등

이러한 능력에 의해 손바닥 또는 피부에 글자를 쓰면 보지 않고도 맞출 수 있는데, 이는 손바닥에서 느껴지는 체성감각을 시공간적으로 통합하여 재구성하는 기능이 있어서 가능하다는 것이다(김광기, 2004). 예를 들면, 시각 소실로 인해 문자를 눈으로 볼 수

없는 경우에도 손으로 점자를 채득하여 언어를 학습하는 것을 보면 촉각의 체성감각이 시각언어로 바로 변환되는 것을 알 수 있다.

3) 신체언어

촉각언어와 거의 비슷한 의미의 신체언어는 1950년대 초 버드위스텔에 의해 동작학(kinesics)이라는 새로운 학문으로 체계화되었으며, 얼굴표정을 비롯하여 자세, 몸짓 등을 상징으로 한 소통행위로, 감정표현이나 외부의 자극에 반응하며 표현할 수 있는 언어능력이다(김우룡, 장소원, 2005). 일반적으로 신체언어는 머리, 눈, 팔, 다리, 몸통 등의 인체 부위의 활동을 통해 감정을 표현할 때 흔히 사용하는 하는 대표적인 비언어적 의사소통으로(김근종, 2022), 소리언어와 달리 이중성이 없는 가장 솔직하고 정직하게 마음을 표현하는 통로라 할 수 있다. 그러므로 어떤 개인이 의사소통 과정에서 소리언어와 달리 신체언어가 이중적으로 표현되고 있다면 소리언어보다 신체언어가 더 정직하고 신뢰성이 높다. 특히 신체언어는 정서적 표현이 뛰어나기 때문에 무용수나 댄서들은 몸을 통해 언어를 표출하는 능력이 뛰어나게 된다. 한 가지 예로, 연극 무대에서 뺨이 떨리고, 눈동자가 흔들리며, 얼굴의 표정이 일그러지는 등의 표현은 소리언어보다 신체언어가 더 생생하게 감정을 전달하는 능력이 있다.

의사소통에서 촉각이 뛰어난 개인의 경우 손 또는 몸 전체를 사용하는 비언어적 대화를 하는 경향이 있다. 그리고 실질적으로 언어구사능력을 상실한 개인의 경우에는 자신의 감정을 표현할 수 있는 유일한 통로가 신체 언어라고 할 수 있다. 그러나 신체 언어를 사용하는 개인의 경우에 촉각이 저하되면 촉각을 통한 물체의 인식과 운동조절 기능의 저하로 인해 물체를 식별하거나 적절히 조작하는데 있어 어려움을 보이며(이지웅, 2019), 신체언어의 표현력이 저하될 뿐만 아니라 심리적 위축감도 증가할 수 있다.

신체언어	1. 대화할 때 상대방에게 집중이 된다. 2. 전달되는 내용이 더 명확해 진다. 3. 소리언어가 없이도 감정 전달이 가능하다. 4. 가장 정직한 표현이다.

촉각에 대한 정의를 내리는 분야에서 가장 많이 사용되는 무용분야의 신체 언어에 흥미를 가져볼 필요가 있다. 무용수들은 상대의 움직임을 시각으로 파악하는 것이 아니라, 접촉면으로 전달되는 촉각에 의해 전체적인 상황을 파악하는 등의 의사소통을 하고 있다. 춤 동작을 보는 관객은 무용수가 전달하고자 하는 감정을 언어의 표현이 없었음에도 충분히 느낄 수 있으며, 관객은 그 감정에 따라 소리 없는 몸의 피드백을 통해 말이 없는 대화를 하고 있다고 할 수 있다. 즉, 무용수들은 신체의 접촉에 의해 정보를 느끼고 감정을 전달하는데 이것이 바로 신체언어이다.

그리고 촉각은 시각과의 상호작용이 매우 중요한데, 손의 감각과 시각과의 상호작용에 따라 코드적(digital), 촉감적(tactile), 손적(manuel), 촉지적(haptic)이라고 분류를 한다(이나현, 김말복, 2016). 코드적은 손가락으로 숫자를 센다는 의미를 담고 있으며, 촉감적(tactile)은 시각이 촉각에 종속된 상태로 촉각적인 것을 시각적으로 드러내고자 하는 것이고, 손적(manuel)은 시각이 쫓아올 수 없을 만큼 손이 자유롭게 움직인다는 것을 의미한다. 그리고 촉지적(haptic)은 손이 눈으로부터 종속적인 관계에서 벗어나 손으로 몸을 보는 것 즉, 손을 사용하여 사람의 몸을 만져서 느끼는 것을 의미한다. 이처럼 넓은 관점에서 보면 촉각은 하나의 감각으로 정리되는 것이 아니라 시각, 청각, 촉각, 후각, 미각 등의 오감에 의해 몸으로 느껴지는 모든 감각을 총칭한다고 할 수 있다.

그러므로 의사소통 상황에서는 각각 자신이 선호하고 있는 오감의 선호도에 따라 관심과 흥미를 느끼는 대화의 주제가 다름을 인정하고 상대의 선호도를 이해한다면 대인관계에서 친밀감을 형성하는데 시간을 절약할 수 있으며, 특히 문제 상황에서 신뢰를 회복하기위한 대안을 제시할 수 있으므로 상황을 긍정적인 방향으로 변화시킬 수 있는 능력이 향상된다.

감각 유형별 특징

시각	그림이나 모습을 잘 기억하고 소리에 대해서는 덜 민감하다. 언어적 설명보다는, 차트, 포스터, 컴퓨터 소프트웨어 활용한다. 주요 개념 및 문장 지도할 경우 컬러 마커펜, 형광펜 사용한다. 구두 설명 및 시각적 보조 자료를 제공하는 것이 효과적이다.
청각	소리에 민감하고 한번 들었던 것을 잘 기억한다. 문서로 전달받는 것 보다는 강의 및 토론 선호한다. 생각을 말과 글로 표현한다. 의사소통 능력이 있다. 정렬되고 조용한 환경을 선호한다. 한 번에 한 가지 일에만 몰두한다. 너무 많은 집단 과제 및 실습 과제 싫어한다.
체감각	대화할 때 신체적 접촉을 좋아하고 손을 쓰는 경향이 있다. 다른 사람과 가까이 대화하는 것을 좋아한다. 수업시간에 자주 움직이고 활동하는 것을 좋아한다. 역할극, 역할놀이, 사회극 등이 효과적이다.
미각	정서적 성향으로 감성적 자극에 반응한다. 미각, 후각, 촉각 등의 모든 감각 표현을 잘한다. 특히 맛을 표현하는 그림과 단어에 반응한다. 쿠킹 클레스를 병행하는 것이 효과적이다.
후각	기억을 자극하여 상상적 감각과 행복했던 기억을 상기시킨다. 집중력이 약해서 다양한 프로그램을 제공한다. 아로마 요법, 역할극, 그림치료 등을 활용하면 좋다.

2 참고문헌

(2011). 루돌프 아른하임의 시지각 이론을 통해서 본 전통문양의 조형적 특성. 건국대학교 박사학위논문.
강인애(2009). 후각 중심의 공감각적 브랜드 아이덴티티에 관한 연구. 국민대학교 석사학위논문.
강태화(2007). 자극 유형이 베르니케 실어증자의 명명하기에 미치는 영향, 대구대학교 석사학위논문.
강현주(2013). 한국어 말하기 평가의 구인으로서 상호작용능력 연구. 고려대학교 박사학위논문.
과학기술부: 과천(2004). 시냅스 가소성과 신경발생.
과학기술정보통신부(2019). 후각감각신경계의 스트레스반응에 의한 체계조절기전 연구.
곽인희, 2024. 후각 식별 인지 검사를 통한 약물 유발 파킨슨증과 파킨슨병의 감별, 한림대학교
　　　　석사학위논문.
곽암(2022). 오감 경험을 활용한 패키지 디자인 연구: 만 3세~6세를 위한 장난감 패키지 사례를 중심으로. 상명대학교 박사학위논문.
교육부(2015). 초등 통합교과 교육과정 시안 개발 연구 (1차).
김광기(2004). 촉각에 의한 글자 인식과 관련된 뇌영역. 서울대학교 석사학위논문.
김경년(2019). 섭식, 연하, 미각 연구, 학문연구의 동향과 쟁점. 9, 153-179.
김근종(2022). 연기자 신체표현 훈련을 위한 판토마임의 활용방안 연구. 전주대학교 석사학위논문.
김수정(2002). 시각과 미각의 형태적 상호연관성에 대한 연구. 이화여자대학교 석사학위논문.
김우룡, 장소원(2005). 비언어적 커뮤니케이션론, (주)나남출판.
김은영(2005). 음악적 자극이 개인의 뇌파 변화에 미치는 영향, 한국음악치료학회지, 7(1), 1-18.
김은진(2017). 오감을 활용한 미술 감상 수업 프로그램 개발 연구. 경인교육대학교 석사학위논문.
김주희, 오경자, 이경희(2014). 아동의 언어능력과 빠른 청각 처리 능력간의 관계. 한국심리학회지, 33(1). 221-238.
김지수(2020). 후각의 공감각적 표현에 관한 연구: 연구자의 설치작업을 중심으로. 기초조형학연구, 21(5), 87-98.
김태연, 방희정(1986). 성 고정관념이 정보처리에 미치는 영향 -선택적 주의집중을 중심으로. 여성학 논집, 3, 30-57.
김혜미(2015). 미각 형용사의 의미 확장 연구. 전남대학교 대학원 박사학위논문.
김현미(2002). 시각적 탐구: 인지, 형태 심리학을 중심으로. 이화여자대학교 디자인 석사학위논문.
김희정(2005). 입 움직임 시각 단서가 청각 언어 지각에 미치는 영향: 자기공명 영상 네트워크 모델 연구. 서울대학교 석사학위
　　　　논문.
남성훈(2017). 만성 뇌졸중 환자에게 체간가 자극이 손 기능에 미치는 영향 한림대학교 석사학위논문.
남인수(2004). 광학적 배열 변화에 따른 시각 정보가 보행 동작의 제어 패턴에 미치는 영향. 국민대학교 박사학위논문.
노은진(2009). 오감 활용을 통한 미술과 교수·학습 활동의 효과 연구. 진주교육대학교 석사학위논문.
문경덕, 김무섭, 정치윤, 박윤경, 신승용, 오창목, 박준석, 신형철(2019). 감성치환 기술 동향, 전자통신동향분석. 34(4). 통권
　　　　178호, 65-75.
문수정(2008). 의미단위(Sense Group)별 끊어 읽기를 통한 영어독해능력 향상 지도 방안, 한국교원대학교 석사학위논문.
민다훈(2017). 장미향에 의해 활성화 되는 인간 17번 염색체 후각 수용체의 패턴 분석. 서울대학교 석사학위논문.
민병란(2003). 청각장애아동의 틀린 믿음 이해와 어머니-아동 상호작용. 단국대학교 박사학위논문.
미래창조과학부(2016). 흥분성 시냅스 발달에 관여하는 접착단백질 작동 원리 규명: 자폐 관련 뇌질환 연구의 새로운 실마리 제
　　　　공.

(2012). 2007 개정 중학교 3학년 영어 교과서와 학습 활동책의 읽기 전 활동 분석. 경희대학교 석사학위논문.

박민영(2012). 후각 중심의 감성디자인을 위한 색채 공감각 연구. 이화여자대학교 석사학위논문.

박혜영(2020). 정서유도 음악에 대한 시각장애인과 일반인의 뇌파 반응의 차이. 특수교육저널:이론과 실천, 21(3), 31-48.

백종수(2003). 시각 탐색에 대한 공간적 기억정보가 선택적 주의 이동의 효율성에 미치는 영향. 연세대학교 석사학위논문.

백중열(2004). 우뇌기능에 기초한 미술 프로그램이 아동의 뇌 선호도와 정서지능에 미치는 효과. 중앙대학교 박사학위논문.

백종이(2022). 촉각어 관용구의 인지적 분석, 중국학논총. 75, 49-73.

손기원(2006). 음악적 중재를 통한 읽기 훈련이 브로카 실어증 환자의 따라 말하기 능력 및 자아존중감과 재활동기에 미치는 효과. 숙명여자대학교 석사학위논문.

송영훈(2018). 경기력 향상을 위한 지각기술훈련에 대한 고찰: 스포츠 인지적 측면 중심으로. 한국유화학회지, 35(1), 통권 110, 299-305.

송정근(2005). 미각형용사의 형태론. 형태론 7(2) 통원 14, 303-324.

양소영(2009). '패턴-연계' 중심의 음악과 교수·학습이 청각 인지 능력의 향상에 끼치는 영향, 한국교원대학교 박사학위논문.

예미경(2020). 후각 및 미각 수용체 세포의 생리, 대한이비인후과학회. 31(2), 133-138.

오태린(2019). 유튜브 드로잉 콘텐츠의 ASMR 트리거가 수용자의 Flow 경험과 드로잉 모방 심리에 미치는 영향: 펜 드로잉을 중심으로. 홍익대학교 석사학위논문.

이경수(2012). 미각형용사; 의미확장; 개념화; 인지모형; 인지의미. 상명대학교 박사학위논문.

이경희(2012). 미각자극에 따른 감각 및 감성적 미각정보 처리과정의 기능적 매핑 비교. 감성과학, Vol.15, No.4, 585-592.

이나현, 김말복(2016). 질들뢰즈의 감성론을 기반으로 한 접촉 즉흥에서의 감각에 대한 연구. 대한무용학회논문집, 74(5), 109-122.

이보경(2017). 유아의 다중과제 수행과 심리적 불용기. 서울대학교 박사학위논문.

이미영(2016). 오감의 시각화 연구-불안감을 중심으로. 홍익대학교 석사학위논문.

이수경(2013). 공감각 중 후각 이미지와 색의 연관성 : 20~30대 여성이 선호하는 향수 브랜드 중심으로. 홍익대학교 석사학위논문.

이수진(2014). 시각, 청각, 촉각의 감각정보의 특성이 사용자의 정서에 미치는 영향. 기초조형학연구, 15(1), 470-479.

이석종(2023). '놀람과 깜짝 놀람'이 헬리콥터 조종사의 작업부하에 미치는 영향에 관한 연구. 한서대학교 박사학위논문.

이은석(2022). 영어와 태국어의 후각 표현 대조 분석. 인문사회21. 13(5)1(2022.10), 351-360.

이재숙(2007). Feuerstein의 도구 심화 프로그램을 통한 중재학습경험이 ADHD아동의 선택적 주의집중과 지속적 주의지붕에 미치는 효과. 단국대학교 석사학위논문.

이종범, 박형배(1993). 주의집중 결함 과잉운동 장애 환자들의 약물 치료 효과 및 comorbidity에 관한 연구, 영남의대학술지, 10(1), 166-177,

이지웅(2019). 뇌졸중 환자의 체감각 자극치료가 상지기능과 일상생활활동 및 자아존중감에 미치는 영향. 가천대학교 석사학위논문.

이지현(2006). 통제 단어 연상 프로그램이 브로카 실어증자의 언어 능력 개선에 미치는 효과. 대구대학교 석사학위논문.

이희조(2021). 한식기호 선호유형이 음식관능표현 이미지 및 한식 만족도에 미치는 영향. 숙명여자대학교 석사학위논문.

임규정(2011). 연상을 활용한 시각적 표현이 창의적 발상교육에 미치는 영향: 특성화고등학교 디자인 교육을 중심으로, 한양대학교박사학위논문.

임선언(2022). 인간에게 허락된 신의 음식 초콜릿. 브레인푸드.

　　　　　(2019). 한국어 촉각 형용사의 확장 의미 연구. 경희대학교 석사학위논문.
임호찬(2005). 좌뇌 우뇌의 기능적 역할. 한국정신과학회 학술대회논문집. 23, 9-23.
장재훈(2017). 미각 정보 시각화를 위한 시각언어 연구. 연세대학교 박사학위논문.
정다빈(2022). 전신용 자기공명영상장치를 이용한 60대 대뇌의 T1, T2, PD 이완 시간 분석: 해마, 대뇌 부챗살, 측두엽 회
　　　　　백질, 시상, 뇌척수액. 을지대학교 석사학위논문.
정진경(2015). 90년대 시에 나타난 후각 이미지 연구. 한국언어문학, 49(2015년 9월), 395-422.
조성은(2009). 조직내 의사결정 집단의 갈등상황인식 및 갈등경험이 공공 갈등관리 커뮤니케이션 유형에 미치는 영향에 관한
　　　　　연구. 서강대학교 박사학위논문.
조연숙(2012). 오감을 활용한 놀이미술활동 프로그램 개발 연구. 경희대학교 석사학위논문.
조운형, 조영호, 양희창(2005). 개인의 가치성향과 두뇌활용 유형과의 관계에 관한 연구. 인사·조직연구 제13권 3호, 73-98.
조진수(2004). 실시간 선택적 주의 시스템. 연세대학교 석사학위논문.
차선영(2018). 패션매장에서의 후각과 미각 경험이 감정 및 구매의도에 미치는 영향. 서울대학교 석사학위논문.
최단비(2014). 농도와 부피에 따른 액체색을 적용한 후각 감성 디자인 연구. 이화여자대학교 석사학위논문.
최봉식(1999). Nucleus Gracilis의 차단이 뇌피질의 체감각 유발전위에 미치는 효과. 동아대학교 박사학위논문.
최영미(2020). 성인의 선호색과 의복 컬러와의 상관관계 연구: 20-30대 남녀를 중심으로. 건국대학교 석사학위논문.
최은영(2006). 오감을 활용한 아동미술 교육방안 연구: 다중지능이론을 바탕으로. 숙명여자 대학원 석사학위논문.
최정우(2008). 흰쥐 해마절편에서 저산소성-허혈에 의한 흥분성 시냅스 전위와 고유광학신호 변화에 대한
　　　　　Tazol의 효과. 원광대학교 석사학위논문.
최지은(2011). 오감체험을 통한 조형놀이 미술활동 연구: 유아를 대상으로. 단국대학교 석사학위논문.
최현석(2009). 인간의 모든 감각, 서울: 서해문집.
최혜윤, 한지운, 김성준, 엄태훈, 빈중현, 김영훈, 정승연, 이인구(2013). 주의력 결핍 과잉 행동장애가 중복된 뇌전증 소아의
　　　　　특성. 대한소아신경학회, 21(3), 162-169.
황은주(2014). 시각적 이미지를 활용한 언어향상 프로그램이 중도정신지체아동의 수용언어능력에 미치는 효과. 단국대학교 석사
　　　　　학위논문.
황은창(2011). 문학작품을 활용한 고등학교 영어수업지도방안. 인하대학교 석사학위논문.
허근(2014). 양뇌활용 초등영어 수업모형 개발 및 수업모형의 효과에 관한 연구. 교육과학연구, 45(4), 187-209.
현승희(2013). 인공와우이식 아동의 청각 및 시각 암묵적 학습 능력과 언어 능력의 관계. 이화여자대학교 석사학위논문.
홍춘우 외(2022). 뇌기반 상담의 이해. 한국두뇌심리교육연구소

Arnheim, R. (1995). *Visual Thinking*. 시각적 사고 (김정오 역), 이화여자대학교출판부
Baddeley, A. (2011). *Visual Cognition and memory*. Psychology Prss.
Baumrind, D. (1973). *Sefl-efficacy: Toward a unifying control on child behavior*. Child
　　　　　Development, 37, 887-907.
Berger, A. ; Kofman, O. ; Livneh, U. ; Henik, A. (2007). *Multidisciplinary perspectives on
　　　　　attention and the development of self-regulation*. Progress in neurobiology, 82(5),
　　　　　256-286.
Bernadette, C. M. (1991). *Differrences in recall of pictures and words as a function of

hemisphericity. Reading in a Foreign Language, 10(1), 35-52.

Blair, R. J. R. (2005). *Responding to the emotions of others: Dissociating forms of empathy through the study of typical and psychiatric populations.* Consciousness and Cognition, 14(4), 698-718.

Bransford, J., & Johnson. L. (1972). *Contextual Prerequisites for Understanding: Some Investigation of Comprehension and Recall.* Journal of Verbal Learning and Verbal Behavior, 11, 717-726.

Broca, P. (1878). The consequences of aphasia on memory and intelligence. Revue philosophique, 36m 1-37.

Brown, (2007). *Teaching by principles: An interactive approach to language pedagogy.* White Plains, NY: Pearson Education.

Cater, R. (1999). *Mapping the mind.* CA: University of California Press.

Chomsky, N. (1968). *Language and Mind.* Harcourt Brace Jovanovich, US.

Debes, (1970). *The loom of visual literacy: an overview.* IN Williams. C. M & Debes, J. L, (Eds.). Proceedings of the first national conference on visual literacy. New York: Pitman.

Diamond, S. J. (1972). *The Double Brain.* Edinburgh, Churchill: Livingstone.

Ebeling, Uwe, et al. (1989). *Topography and identification of the inferior precentral sulcus in MR imaging.* American Journal of Neuroradiology 10, 5, 937-942.

Elliot Aronson & Peter Weisberg, (1978). *The Social Animal.* W.H. Freeman (USA).

Gabbard, C. P. (2000). *Lifeling motor development.* Allyn & Bacon.

Ghasemi, A., Momeni M., Jafarzadehpur, E., Rezaee, M., & Taheri, H., (2011). *Visual skills involved in decision making by expert referees.* Perceptual and motor skills, 112(1), 161-171.

Goleman, D. (1995). *Emotional intelligence.* New York: Bantam Books. (옮김, 《감성지능(상, 하)》. 비전코리아, 1997).

Goldstein, E. B. (2014). *Visual Attention and Cognition.* Psychology Press.

Gough, (1972). *One Second of Reading.* In Kavanagh, F. J. & G. Mattingly (eds.). Language by Ear and by Eye. Combridge, MA: The MIT Press. 331-358.

Goodglass, H., Theurkauf, J. C., & Wingfield, A. (1984). *Naming latencies as evidence for two medes of lexical retrieval.* Applied Psycholinguistics, 5, 135-146.

Gu, X., Hof, P. R., Friston, K. J., & Fan, J. (2013). *Anterior insular cortex and emotional awareness.* J Comp Neurol, 521-(15), 3371-3388.

Katz, D. (1989). *The world of touch.* Hillsdale; L. Erlbaum associates publishers.

Kerem, E., Fishman, N., & Josselson, R. (2001). *The experience of empathy in everyday relationships: Cognitive and affective elements.* Journal of Social and Personal Relationships, 18(5), 709-729.

Klein, R. M., & MacInnes, W. J. (1999). *Inhibition of return is a foraging facilitator in visual search.* Psychological Science, 10(4), 346-352.

Krashen, S., & Terrell, T. (1983). *The natural approach: Language acquisition in the classroom.*

Oxford: Pergamon Press.
Lieberman, M. D. (2013). 뇌-인류 성공의 비밀; 최호영 역, 서울: 시공사, 2016).
Lodoux, J. E. (1996). *The Emotional: The mysterious underpinnings of emotional life.* Somon & Schuster, 34.
MacLean, P. D. (1978). *A Mind of Three Minds: Educating the Triune Brain.* In J. Chall & Mirsky, (Eds.). *Education and The Brain. Seventy-seventh yearbook of the National Society of Study of Education.* Chicago: University of Chicago Press.
Meyer, L. B. (1956). *Emotion and meaning in music.* Chicago: The University of Chicago Press.
McGurk, h., MacDonald, J. (1976). *Hearing lips and seeing voices.* Nature, 26; 746-748.
Montessori, M. (1965). *Spontaneous activity in education (F. Simmons, trans.).* New Your: Schocken Books.
Myer, R. E., & Sperry, R. W. (1958). *Interhemispheric communication through the corpus callosum: mnemonic carry-over between the hemispheres.* Archives of Neurology and Psychiatry, 80, 298-303.
Novich, S. D. & Eagleman, D. M. (2015). *Using space and time to encode vibrotactile information: toward an estimate of the skin's achievable throughput.* Experimental Brain Research, 233(10), 2777-2788.
Pearson, B. Z., Fernàndez, S., & Oller, D. K. (1005). *Cross-language synonyms.* Language learning, 43(1), 93-120.
Penfield, W. G., & Roberts, L. (1959). *Speech and Brain-Mechanisms.* Princeton, NJ: Princeton University Press.
Penfield, W. G. (1965). *Conditioning the uncommitted cortex for language learning.* Brain, 88, 787-98.
Petrides, M.(1994). *Frontal lobes and behavior.* In Squire, L. R. and Stephen, M. D.(Ed), Findings and current opinion in cognitive neuroscience. united States of America: MIT Press. 141-146.
Piaget, J. (1964). *PART 1: Congnitive Development in Children: Piaget Development and Learning.* Journal of Research in Science Teaching, 2(3), 176-186.
Piaget. P. J., & Inhelder, B. (1972). 김재은 역, 피아제의 심리학, 서울 익문사.
Posner & Petersen, (1989). *Attentional systems of the Human Brain.* Annual Review of neuroscience, 12, 25-42.
Peterson, P. W. (1991). *A synthesis of methods for interactive listening.* In M. Celce-Murcia(ed.), *Teaching English as a Second or Foreign Language.* 2nd ed. MA: Helinle Publishers.
Regelski, T. A., *Art Eduction and Brain Research.* Reston: Music Educators National Conference.
Rezabek, L. (1999). *Importance of Visual Literacy.* (Paper presented at the annual meeting of the Association for Educational Communications and Technology). Huston, Texas.
Rita, W. N. & Henker, B. (1985). *Behavior Disorders of Chidhood (3rd ed.).* New Jersey:

Prentice Hall.

Rogers, C. R., (1957). *The necessary and sufficient conditions of therapeutic personality change.* Journal of Consulting Psychology, 21(2), 95-103.

Rohner, R. P. (1991). *Handbooks for the study of parental acceptance and rejection. Stroys: Centre for the study of parental acceptance and rejection.* University of Connecticut.

Rumelhart, (1977). *Toward an interactive model of reading.* San Diege, California: Center for Human Information Processing. University of California.

Sanggeon Park, (2021). *The function of the anterior insular cortex in fear and trauma*(외상에서 전방 뇌섬엽 영역의 기능), 과학기술연합대학원대학교 박사학위논문.

Springer, S. P. and Deutsch, G. (2001). *Left brain right brain.* New Youk: W. H. Freeman and Company.

Skovholt, T. M. Ronestad, M. H., &Jenings, L. (1997). *Searching for Expertise in Counseling, Psychotherapy and Profectonal Psychology.* Educational Psychology Review, (4), 361-369.

Steinberg, Elena, (1985). *The Critical Period for Language.* Oxford University Press.

Treisman, A., & Gelade, G. (1980). *A feature-integration theory of attention.* Cognitive Psychology, 12, 97-136.

Waters, E. & Sroufe, L. A. (1983). *Social competence as a developmental construct.* Developmental review, 3(1), 63-71.

Witelson & Swallow, (1987). *Individual differences in human brain function.* In National Forum, 67(2), 17-23.

3부 언어학습과 전략

1장. 언어학습

2장. 언어학습 전략의 이해

3장. 정의적 전략과 기억학습전략

1장 언어학습

1. 화행이론의 이해
1) 화행이론
2) 언어의 기능
3) 언어 처리 능력

2. 언어 이해능력
1) 듣기 기능의 처리 방식
2) 읽기 능력과 전략적 접근
3) 읽기의 단계별 전략

3. 언어 표현능력
1) 탐구적 글쓰기와 표현적 글쓰기
2) 말하기 능력
3) 디지털 문해력의 이해

I. 화행이론의 이해

화행이론은 오스틴(Austine, 1962)이 주창하고 그의 제자 존 설(John R. Searle, 1969) 등 여러 학자들에 의해 체계화되고 발전된 언어 철학의 하위분야이다. '화행(speech act)'이란, 언어를 사용하며 수반되는 발화의 일정한 행위로서 대화자들의 사회적 행위와 관련된 의도를 나타낸다(서울대학교 국어연구소, 2014, 761). 발화(utterances)라는 것은, 단어, 문장 등을 음성으로 표현하여 말을 사용하는 행위를 말한다.

1) 화행이론(Speech act Theory)

오스틴(Austin, 1975)은 'How to do things with words(말을 가지고 일을 수행하는 방법')이라는 저서에서 언어가 의사소통의 도구일 뿐만 아니라 그 자체로 행동이라는 관점을 제시하였다. 즉, 화행이론은 언어를 통해 이루어지는 행위를 말하는 것으로 화자가 사용한 의도된 언어적 표현이 청자에게 어떻게 영향을 끼치고 어떤 행동을 수행하게 하는지에 대한 연구를 말하는 것이다. 그리고 언어의 역할을 무엇이며, 그 결과 어떤 상황, 또는 무엇이 발생하고 변화되었는지에 대해 중점을 두는 언어 행위에 대해 관심을 둔 이론이다(우리말샘). 그러므로 내가 하는 의도된 언어 표현이 누군가에게 어떻게 영향을 끼치고 어떤 행동을 수행하게 한다는 것을 이해 할 필요가 있다. 오스틴(Austin, 1962)은 화행이론을 세 가지 유형으로 분류했는데, 발화행위, 발화 수반행위, 발화효과 행위로, 화자의 발화(말)로 인해 일어나는 '말'이 어떤 효과를 나타내는지에 대한 이론이다.

화행이론은 발화 자체를 가리키는 소리를 내는 발음상의 음성적 행위로 문법적 표현을 포함하고 있으며 문어일 경우는 일련의 단어를 쓰는 의도된 문장을 소리로 표현하는 발화행위(Locution act)와 발화를 통해 명시적 또는 암묵적으로 의도된 목적을 전달하려고 하는 발화수반행위(Illocutionary act), 그리고 화자가 의사소통을 통해 자신이 주장하는 바를 전하고 상대에게 영향력을 미치고자 하는 발화효과행위(Perlocutionary act)로 분류되고 있다(방정열, 2022). 특히 발화행위는 발화 자체를 가리키며, 이 행위는 음성적 행위(phonetic act), 어떤 단어를 발화하는 의례적 행위

발화 행위	문장의 의미(sense)와 지시(reference)를 가진 문장
	의미 있는 언어 표현을 생성하여 발화하는 행위
발화 수반 행위	의도한 행동이나 효과를 나타내는 행위
	약속, 단언 등 화자가 수행하기로 의도된 기능을 수행하는 행위
발화 효과 행위	담화에 참여하고 있는 청자에게 의도하지는 않았으나
	발화 결과로 발생하는 행동이나 효과
	청자의 사고, 감정, 행동에 영향을 미친 효과

이 세 가지 행위 중에서 대화 상대자에게 어떤 영향을 주기 위한 의도적인 행위인 '발화 수반 행위'가 화행이론의 가장 핵심적인 요소인 말하기라고 할 수 있다. 이모든 행위들은 화자의 의도된 기능으로 청자(listener)의 생각과 행동에 영향을 주기위서 의도적인 표현을 하는 행위를 말한다(Austin, 1962). 그러므로 발화 수반 행위는 발화 수반력(illocutionary force)에 의해 결정되며, 문장의 발화가 명령, 약속, 경고, 등의 의미를 수반하거나 포함된 기능을 뜻한다(김하영, 2016). 오스틴(Austin, 1962)의 발화 수반 행위는 언어의 기능적 측면을 이해하는데 중요한 개념으로 알려져 있으며, 그는 발화 수반 행위를 가치나 사실에 대한 판정을 내리는 판정 발화(verdictives), 행동 또는 주제의 찬성과 반대의 결정을 내리고자 하는 실행 발화(exercitives), 약속 또는 의무를 수행하겠다는 언약 발화(commissives), 특정한 행

동이나 감정을 표현하는 행위 발화(behabitives), 논쟁 또는 문제에 대해 발표하는 상황에서 그 의미를 이해시키고자 설명하는 설명 발화(cxpositivcs)로 분류하였다. 이 유형들의 기능은 언어의 다양한 기능을 이해하고, 발화가 어떻게 사회적 맥락 속에서 의미를 가지는지를 분석하는데 도움을 준다. 특히 오스틴의 이론은 일상 대화가 법률적 문맥에서 발화의 역할을 이해하는 데 중요한 기조를 제공하였다.

분류	발화 수반 행위 내용
판정 발화	-화자의 주관적 평가, 따른 가치나 사실에 대한 판단을 내리는 행위 -진단하기, 평가하기, 측정하기, 분석하기 등 "이 꽃은 아름답다, 그 주장은 옳지 않다." 등
실행 발화	-행동의 변화를 유도하거나 주제의 찬반에 대한 결정을 하는 행위 -주장하기, 경고하기, 선언하기, 추천하기 등
언약 발화	-미래의 행동에 대한 약속 행위 및 의무 수행 -약속하기, 계획하기, 의도하기 승낙하기 등 "조금 있다가 내가 도와줄게, 그렇게 하자" 등
행위 발화	-특정한 행동이나 입장 또는 화자의 감정을 표현하는 행위 -사과하기. 감사하기, 칭찬하기, 축하하기 등 "미안합니다, 이 법안을 통과 시킵니다." 등
설명 발화	-대화나 논쟁 상황에서 발화가 어떤 의미인지 설명하는 행위 -설명하기, 가정하기, 언급하기, 확인하기 등 -명령보다는 부드러운 권고의 성격을 띠며, 청자가 이를 따를지 여부는 선택에 달려 있다.

진준화(2023)에서 수정 보완

오스틴(1969)의 화행이론은 그의 제자(Searle, 1969)에 의해 의미론적, 철학적 문제와의 결합을 통해 구체화 시키고 체계화되었다. 그는 무엇을 요구할 때 수행 동사를 사용하는 명시적 수행문 즉, 명령문의 발화는 발화 그 자체로 언표적 행위와, 언표내적 행위가 포함되어 있을 것이라고 이해했다. 언표내적행위는 명시적인 수행동사가 없이 이루어진 발화인 암시적 수행문을 말한다. 그는(Searle, 1969) 수행문의 5가지 발화 유형을 제시하였는데 발화의 유형은 화자가 정보를 진술하거나 보고함으로써 청자에게 사실을 전달하는 표본발화(representatives), 타인에게 자신의 요구 사항을 의도적으로 요청해서 청자에게 행동을 하도록 요청, 명령, 제안하는 지령발화(directives), 미래의 자신의 행동을 약속하거나 서약하는 것으로 특정 행동을 수행하겠다는 의지를 전달하며, 약속의 이해 여부에 따라 사회적 책임도 발생할 수 있는 임무발화(conmmissives), 화자의 감정, 태도, 의도 등의 심리상태를 직접 표현하는 표현발화(expressives), 그리고 어떤 사회적·법적 제도의 현실을 변화시키기 위한 행위로 특정 조건(맥락, 형식)이 충족되면 효력이 발생하는 선언발화(declarations)가 있다.

5대 발화 유형	의미	언표내적 발화력
표본발화 (representatives)	명제의 참 혹은 거짓에 대한 화자의 단언. 정보 전달 또는 주장 제시	[사실 진술, 정보보고]
지령발화 (directives)	화자의 청자에 대한 모종 행위의 요구 및 의도, 청자의 행동을 유도	[명령, 요청, 제안]
임무발화 (conmmissives)	미래 행위에 대한 화자의 책임감	[약속, 서약, 계약, 제의 등]
표현발화 (expressives)	화자의 심리 태도를 타나냄 감정, 태도, 의도를 공유	[축하 표현, 사과, 애정표현 등]
선언발화 (declarations)	언어외적 제도에 의지 새로운 사회적 상태 창출	[결혼식 선언, 선전포고, 명령 등]

의사소통에서의 화행 표현(speech Acts)은 문법적으로 완전한 문장을 구성하여 말하는 것이 아니라 진술, 질문, 명령, 설명, 변명, 감사, 칭찬 등을 하는 구체적인 언어 행위(speech acts) 자체를 말하는 것이므로(김지채, 2010), 상대방에게 어떻게 자신의 마음을 표현하고 주장하여 원하는 바를 이해시키거나 관철시킬 수 있는가에 중점을 둔다. 화행 효과를 얻기 위한 언어의 습득은 이해 가능한 언어의 입력이 우선적이며 필수적인 조건이며, 이해 가능한 언어를 사용하는 것은 청자와 화자가 함께 의미 있는 상호작용이 이루어질 수 있게 한다(Krashen, 1983). 이렇게 의도된 소통을 할 수 있는 발화수반 행위를 효과적으로 할 수 있기 위해서는 무엇보다도 언어의 학습이 중요한데, 이 학습은 자연스러운 의사소통 상황을 통해 습득하게 된다고 한다(Krashen & Terrell, 1983). 특히 발화수반행위를 향상시키는 효과적인 방법은 어려서부터 상호작용이 일어나는 의사소통 상황에 많이 노출되는 것이 중하다. 의사소통의 이해는 화자의 언어적 지식과 듣는 청자의 언어적 지식에 의해 서로 이해되거나 오해되는 과정을 거치게 되기 때문에 다양한 소통 환경에 노출되고 모방과 습득의 과정을 거치는 것이 중요하기 때문이다. 그러나 의사소통 상황에 노출되지 못하고 학습으로서의 언어만 습득한 경우에는 지적 능력은 우수할 수 있으나, 소통 능력은 부족할 수밖에 없다. 그리고 인간의 화행 능력에 영향을 미치는 많은 요인들 중에 중요한 인지 능력과 정서이해능력은 전두엽의 관리, 주의 집중, 자기 조절, 과업 관리 등과 관련이 있는 것으로 알려져 있다.

1) 언어의 기능

온전한 사회적 인간으로 기능하기 위한 기본적이면서도 가장 중요한 기능이 의사소통능력이라고 한다면, 그 능력을 발휘하기 위해서는 규범적이고 표준화된 언어의 학습을 필요로 한다. 언어는 생존을 위해, 사랑을 나누기 위해, 지식을 습득하기 위해, 원하는 바를 주장하기 위해, 문제를 해결하기 위해, 마음을 전달하기 위한 모든 방식에서 사용할 수 있는 필수적인 도구이기 때문이다. 인간이 서로 소통을 하기 위해 약속된 도구로 사용되는 소리언어와 문자언어는 사회적으로 합의된 의미·관습체계로, 자신의 욕구와 감정, 느낌 등을 전달할 수 있는 도구인 동시에 사고를 확장시키는 정신적 도구이자 문제해결의 도구로 사용되는 수단이다(Vygotsky, 1978). 학습자가 경험하는 문제는 학습의 목표달성을 원하지만 실제로 그 목표를 달성하기 위한 방법을 모르고 있는 상태에서 나타나는 목표지향적인 일련의 인지적 활동으로, 이미 학습한 규칙의 의미를 파악하고 조합하여 새로운 규칙을 적용하여, 문제들에 대한 해결방안을 발견하고(장기완, 2008), 상황에 적용하는 학습과정에서 나타나는 과정이라고 할 수 있다.

언어 사용 능력의 구성요소에 대한 학자들의 연구에서 언어능력을 조직적 역량(organizational competence)과 실용적 역량(pragmatic competence)이 제시되었다. 조직적 역량에서는 문법의 어휘, 형태학, 구분, 음운론, 도식법 등을 활용하여 자신의 의견을 표현 할 수 있는 담화적 역량, 언어의 실용적 역량으로는 소리를 내어 말을 하는 음성적 역량인 발화 역량, 그리고 사회언어학적 역량이 있다(Bachman,1990; Brown, 2000; 박미혜, 2016). 사회언어학적 역량은 사회적 맥락 속에서 사용하는 언어를 이해하고 사용할 수 있는 역량으로, 서로 다른 문화권과 환경에서 성장한 사람들의 문화적 배경과 언어적 특성을 이해하고 원활하게 소통할 수 있는 역량을 말한다.

조직적 역량	담화적 역량: 문법의 어휘, 형태학, 구분, 음운론, 도식법	
실용적 역량	발화역량	소리를 내어 말을 하는 음성적 역량
	사회언어학적 역량	사회적 맥락 속에서 언어를 이해하고 사용하는 능력

체스테인(Chastain, 1976)은 언어의 표현력은 듣기와 읽기의 능력이 향상된 후에야 비로소 표현 기능이 발휘된다고 하였다. 언어의 표현력은 소리언어를 사용하는 의사소통에서 자신이 전하고자 하는 의도를 전달하기 위해서 정확한 발음과 명확한 어휘능력 그리고 문법적으로 완성도 있는 문장으로 구성되었을 때 비로소 그 의미가 정확하게 전달되는 언어적 표현이다. 만약 소통의 과정에서 발음이 부정확할 경우 자신이 의도하는 바를 효율적으로 전달할 수 없으므로 전달하고자 하는 주제에 대한 의미가 명확하게 전달될 수 있게 구성된 문장을 정확한 발음으로 발화하여야 한다. 발음을 정확히 발화한다는 것은 언어의 강세나 억양, 성조 따위를 명확하게 소리를 내는 일이다(Daum 국어사전). 그리고 의미를 명확히 한다는 것의 예를 들어보면, "우리 내일 고궁에 함께 가자"라는 의미를 전달하고자 하는데 사전 정보가 입력되지 않은 상태에서 '고궁 가자'라고 한다면 청자(listener)의 입장에서는 언제, 누구와, 함께 가자는 이야기 인지 구체적인 이해가 입력되지 않는 것이다. 그러나 이러한 문법적인 능력이 부족하다고 하여도 소통과정에서 직감, 느낌 등 비언어적 이해력과 친분관계가 있다면 굳이 정확한 문법으로 구성된 문장을 사용하지 않더라도 그 의미가 정확하게 인지되는 경우도 많다. 이것은 문법적으로 분명하게 명시되어 있지 않아도 청자는 화자가 원하는 요구와 감정, 심리상태를 바르게 예측하고 이해하는 언어사용능력이 있기 때문이다. 즉, 문법적으로 완성된 언어 능력만이 소통의 목적을 효과적으로 달성할 수 있는 것이 아니라는 것이다.

언어학자인 야콥슨(Roman Jakobson, 1960)이 처음으로 제시한 필수 불가결한 언어의 기능을 '송신자(addresser)' '수신자(addressee)', '맥락(context)', '메시지(message)', '접촉(contact)', '코드(code)' 등의 6가지를 제시하였다. 송신자가 자신의 의도나 생각을 언어로 표현할 때 자신의 개인적인 특성과 경험에 의한 배경지식 그리고 감정 등이 메시지에 반영되며 이러한 특성은 메시지의 내용과 형식에 영향을 미치게 된다. 그러므로 의사소통에서 송신자가 보낸 메시지를 해석하고 이해하기 위해서는 수신자 개인의 이해력, 관심사, 어휘능력 등이 송신자가 전하는 메시지를 수용할 것인가에 중요한 영향을 미치게 된다. 결국 송신자가 전달하려는 메시지의 코드를 수신자가 얼마나 이해하고 받아들이고 있는지가 소통의 대화나 텍스트의 방향과 결과에 영향을 주기 때문이다. 맥락은 메시지의 의미를 결정짓는 중요한 요소로 작용하기 때문에 동일한 문장이라도 맥락에 따라 전혀 다른 의미로 해석되기 때문에 발화나 텍스트가 이루어지는 배경, 시간, 장소, 사회적 상황 등을 포함한 맥락을 이해하면 송신자의 정확한 의도를 파악할 수 있다. 메시지는 송신자가 수신자에게 전달하고자 하는 내용으로 메시지의 단어 선택, 문법 구조 등의 구성은 그 효과와 명확성에 큰 영향을 미친다. 접촉은 송신자와 수신자 간의 물리적 심리적 측면을 포함하는 상호작용을 의미하는 것으로 접촉의 질과 양은 의사소통의 효율성과 감정적 깊이에 영향을 준다. 그리고 마지막으로 코드는 언어나 상징체계로 메시지를 전달하는 수단을 의미하며 언어뿐만 아니라 비언어적 신호도 포함될 수 있다. 코드의 선택과 사용방식은 메시지의 해석과 수용에 중요한 역할을 한다. 야콥슨은 이 여섯 가지 언어의 기능을 통해 의사소통 과정의 복잡성을 더 깊이 이해할 수 있다고 하였다.

언어는 사용하고자 하는 목적에 따라서 정확성에 기인한 문법적 역량을 극대화시킬 것인지, 유창성에 중점을 둔 언어의 속도, 계속성, 통일성에 관점을 둘 것인가로 나눌 수 있다. 하임즈(Hymes, 1972)는 의사소통능력은 언어의 지식과 활용능력 모두를 갖추어야 하는 것이 중요하다고 주장하였다. 그는 효율적인 의사소통능력을 사용하기 위해서는 언어의 문법성(grammarticality), 실현가능성(feasibility), 적합성(appropriateness), 실용성(practicality) 모두를 포함한다고 주장한다. 이 외에 기본적인 언어능력을 크게 문법적 능력, 표현능력, 이해능력으로 나눌 수 있으며, 이해능력은 읽기와 듣기로 나누고, 표현 능력은 쓰기와 말하기로 구성된다. 그러나 현재 4차 혁명시대의 환경에서는 전통적인 문해력 뿐만 아니라 새롭게 등장한 디지털 문해력(digital literacy)과 디지털역량(digital competence)의 중요성도 언급되고 있다. 그러므로 이 연구에서는 언어의 표현능력을 향상시키기 위한 말하기, 듣기, 읽기, 쓰기와 함께 디지털 문해력을 포함하고자 한다.

2) 언어처리 능력

인간이 태어났을 때 언어능력은 백지(tabula rasa) 상태이지만, 점차 성장하면서 양육환경과 경험, 교육의 정도에 따라 지식, 의식, 사고, 개념, 신념 등이 형성되며 이에 따라 언어능력도 성장 된다. 그러나 각 개인마다 자라온 환경과 교육방법이 다르기 때문에 스스로 습득한 경험적 언어와 문화적 사고방식 그리고 교육적 맥락에 따라 그 사람이 가지고 있는 언어의 능력과 개성이 모두 동일하지 않다. 특히 의사소통은 개인의 언어처리능력과 이해능력에 따라 사용할 수 있는 어휘가 다르며, 전달된 의미를 정확하게 인지할 수 있는 능력도 다르다는 특성이 있다.

언어처리능력에서 가장 중요한 요인은 정보를 분석하고 이해하는 인지력과, 언어에는 표현되지 않은 정서적 감정과 의미를 이해할 수 있는 비언어적 이해능력이 필요하다. 언어의 인지력과 비언어적 이해 능력이 뛰어난 사람은 습득한 정보를 분류하고 판단하는 과정을 거쳐 자신의 신념에 맞게 재해석할 뿐만 아니라, 이를 실제 상황에서 바로 인출하여 유창하게 사용할 수 있는 능력을 갖추게 된다. 유창성은 언어의 사용 목적을 정확하게 이해하고 그에 맞는 어법, 발음, 언어의 속도, 계속성, 통일성, 맥락에 대한 민감성, 창의성 등이 포함되는 기능이다(박미혜, 2016).

언어처리능력의 함양을 위해서는 목적에 맞는 어법과 표준 언어를 사용해야 하며, 특히 화자의 발음과 속도, 음성의 고저를 조절해야 한다. 그리고 주제를 잘 이끌어가며, 맥락적 의미를 잘 이해하고, 주제와 상관없는 이야기로 목적이 흐려져서는 안 된다. 그러므로 언어처리능력은 ①사용목적에 대한 주제를 되도록 표준 언어를 사용하고 목적에 맞는 어법을 사용하여 문장을 구성하도록 하여야 한다. ②의사소통에서 화자의 발음이 지나치게 빠르면 공격적인 느낌과 불안감을 조성할 수 있다. ③대화를 지속할 때는 주제의 의미가 분산되지 않고 계속성을 가질 때에 목적을 달성하기가 쉽다. ④주제에 대한 맥락을 쉽게 인지하지 못하고 대화를 이어갈 경우 신뢰감을 상실하여 의사소통을 계속하겠다는 의지가 파괴되기 때문에 주제의 맥락을 빠르게 인지하는 민감성도 요구된다. ⑤목적이 있는 대화에서 늘 같은 말이 반복되거나, 주제와 상관없는 흐트러진 이야기로 주의가 분산될 경우 대화의 목적에 맞는 효과성을 얻을 수 없으므로 주제의 목적에 부합한 새로운 아이디어 등의 창의력이 필요할 것이다. 이와 같은 내용에 근거하여 정확하고 유창하게 발화 할 수 있도록 언어를 학습하게 된다면 개인의 언어사용 능력이 고취될 뿐만 아니라 사회적 능력도 함께 성장하기 때문에 조직 안에서 신뢰와 믿음을 주는 리더로서의 소양을 얻게 된다. 그리고 가정 안에서는 바람직한 부모 또는 자녀로서 건강한 가족을 이끌어나갈 수 있다. 언어는 대인관계에서도 자신의 사회적 욕구를 충족시킬 수 있는 도구로 사용할 수 있으며, 이러한 능력은 언어를 어떻게 전략적으로 잘 사용하느냐에 따라 그 효과가 매우 다르다. 그러나 언어의 유창성이 꼭 효과적인 소통을 이어간다고 할 수 없다. 그 이유는 의사소통 당시의 상황적 변인과 대화 상대자의 특성에 따라 그 효과가 다르게 나타날 수 있기 때문에 적절한 정도의 유창성을 유지하는 것도 때에 따라 필요하다.

2. 언어 이해능력

언어를 이해하기 위한 능력은 듣기와 읽기 그리고 글쓰기 능력이 있다. 언어능력 중 듣기능력은 전달된 메시지를 이해하는 과정뿐만 아니라 언어의 담화 능력을 발전시키기 위해 청각기능으로 들어오는 소리를 올바르게 파악하는 능력과 글의 의미를 이해하기 위한 독해능력 그리고 이해한 것들을 표현할 수 있는 글쓰기 능력이 필요하다.

1) 듣기 기능의 처리방식

언어능력 중 듣기능력은 전달된 메시지를 이해하는 과정뿐만 아니라 언어의 담화 능력을 발전시키기 위해 청각기능으로 들어오는 소리를 올바르게 파악하고 그 의미를 이해하기까지의 과정이며, 언어를 이해하기 위해 필요한 인간으로서의 첫 번째 과제로 청취된 언어가 마음속에서 의미로 전환되며 전환된 언어 중에서 필요한 부분에만 집중해서 이해하기 위해서 기존의 배경지식과 연결 짓는 과정이다.

이처럼 듣기는 의사소통이 시작되는 순간부터 가장 많이 사용되는 매우 중요한 수단이라 할 수 있다. 어린아이가 말하는 방법을 배우기 위해서는 먼저 듣고 모방하는 과정을 거친 후에 비로소 말을 하는 것처럼, 능숙한 의사소통을 이끌어가기 위해서는 듣기능력이 먼저 배양된 후에 비로소 언어표현 기능을 기를 수 있는 것이다. 무엇보다도 소리 언어를 감지하는 청각적 능력인 청취 이해력이 선행되어야 한다(Postovsky, 1975). 그리고 말의 맥락을 잘 알아듣는 이해력만큼 중요한 것은 현재 상황의 내·외적인 요인들을 참고하여 화자가 전하고자 하는 언어의 의미를 이해하는 다차원적인 과정이 매우 중요하다. 특히 상대의 대화에 반응하는 속도와 억양에 대한 민감성, 언어에 대한 통찰력, 예측, 적절성 등의 능력도 함께 요구된다(Maley & Duff, 1978).

리버스와 템플리(Rivers & Temperley, 1978)는 인간이 실제로 실생활에서 사용하는 언어의 기능은 듣기기능이 45%, 말하기 기능은 30%, 읽기기능은 16%, 쓰기기능은 9%로 제시하며 듣기능력의 중요성을 강조했다. 삶 속에서 가장 많이 사용해야 하는 듣기능력을 향상시키기 위해서는 능동적으로 청취하려는 노력과 단순히 소리를 식별해내는 능력뿐만 아니라 화자의 음성, 어휘, 억양 등이 제공하는 비언어적 의미와 감정의 식별 등 복합적인 기능을 동시에 발휘할 수 있어야 한다. 그러므로 청자는 청각기능에 의해 들려온 소리에서 표준화된 언어지식과 언어 외적인 지식을 자신의 배경지식과 조합하여 의미를 재구성하는 적극적인 과정이 필요하지만, 듣기능력은 청자(listener) 혼자만의 언어능력이 요구되는 것이 아니라 상대성을 지니고 있으므로 소통의 과정에 참여하는 사람과의 상호 협력이 필요한 것이다. 즉, 서로 상대의 말에 능동적으로 주의를 기울일 때 비로소 상대방의 말이 무엇을 의미하며, 숨겨진 암묵적인 의도가 무엇인지를 감지할 수 있는 통찰력이 생기기 때문이다. 그러므로 서로 주장하는 바가 다를지라도 주장하는 대화의 접점을 찾아 타협하는 과정에서는 특히 언어의 듣기능력이 가장 중요한 요인이다.

초보학습자 또는 외국어 학습자들에게 가장 중요한 듣기는 언어학습에게 언어를 지각하고 이해하는 기본적인 과정이다. 일반적으로 두뇌의 듣기 언어처리의 방식은 개인의 성향과 지식수준에 따라 상향식 처리과정과 하향식 처리과정(Carrel & Eisterhold, 1983) 그리고 상호작용적 과정(Peterson, 1991)이 있다. 상향식 처리과정은 소리를 인식하는 과정과 언어자료 자체를 해독하는 기초적 과정이므로 소리 언어가 감지되면 그 메시지를 이해하기 위해서 입력된 언어를 단어, 구, 문장 등의 기초적인 순서로 먼저 이해한 다음 전체적인 언어의 의미를 이해하는 과정이다(Nunan, 2003). 그러므로 소리의 식별을 시작으로 들은 메시지의 의미를 파악하기 시작하는 단계로서의 특성 때문에 발음, 강세, 억양과 단어, 문장 구조의 식별을 제대로 인식하는 훈련이 뒷받침 될 수 있어야 한다(김민경, 2014). 상향식 과정에서 할 수 있는 수업 활동들을 살펴보면 익숙한 어휘 찾기를 위해 듣기 자료를 대충 듣기, 들려오는 말을 구성요소로 나누기, 발화에서 정보의 초점을 찾기 위해 음운론적 단서를 이용하기, 듣기 자료를 구성요소로 조직하기 위해서 문법적인 단서를 이용하기 등이 있다(송은실, 2010).

상향식 학습 연습	-한 쌍의 단어나 또는 최소 대립어를 듣고 음소 식별하기 -문장 속에서 상승곡선, 하강 곡선의 억양 구별하기 -문장 속에서의 형태소 어미 식별을 위한 선택적 듣기

(이희옥, 2004)

상향식 언어처리 방식은 맥린(MacLean, 1990)이 제시한 삼위일체 뇌에서 파충류의 뇌라고 하는 뇌간의 특성인 본능적 직감과 포유류의 뇌인 변연계의 정서적 반응에 따라 단편적이고 본능적이며 감정적 사고와 직감적인 방법으로 언어를 먼저 이해하는 초기학습자들이 사용하는 방법으로, 어휘의 전체적인 의미와 말로 표현되지 못한 숨겨진 의미를 판단하는 것은 이차적인 사고에 의해 이루어진다. 그러므로 상향식 처리방법은 단편적인 단어에 집중하면서 그 단어가 주는 직감과 감정 등의 본능적 욕구에 따라 빠른 반응을 나타내게 된다. 그리고 시간이 지난 후에 비로소 전두엽의 합리적이고 객관적 사고에 도움을 받아 문장 전체의 의미를 이해하는 소통방식이다. 상향식 듣기 언어처리 방식을 사용하고 있는 개인이 갖추어야 할 능력은 아래 표로 정리하였다. 아래 능력들은 의사소통의 모든 언어처리 방식에서 필요한 능력들이다.

의사소통의 언어처리능력

-발화된 메시지 안에서 축약된 언어적 요소들을 재해석 하는 능력

-발화된 음소와 어휘를 식별하는 능력

화자의 발음, 강세, 억양, 리듬을 식별하여 내용의 의미를 파악하는 능력

-의미의 단위를 식별할 수 있는 능력

-내용의 맥락적 상황에서 어휘의 의미를 이해하는 능력

-문법적 지식을 이용하여 축약된 의미를 이해하는 능력

김민경(2014)

듣기의 하향식 처리과정은 입력된 문장과 감정을 전두엽에서 먼저 분석하고 이해하는 과정을 거치게 되는데 이때 청자(listener)의 배경지식과 상황요건, 비언어적인 표현 등을 총체적으로 분석하여 화자(speaker)의 메시지를 추론하고 재구성하여 이해하는 과정을 거치게 되는 방식이다. 즉, 상황과 문맥의 이해, 글의 유형 구분 등을 위해 텍스트를 파악하여 그 구성을 이해하고 전체적인 내용의 이해를 돕기 위해 배경지식을 적극적으로 사용하여 해석하고(김성민, 2005), 화자가 전한 메시지의 내용 속에 사용된 요소들에게 새로운 의미를 부여하며 재조직하는 과정을 거치는 것이다(Underwood, 1989).

의사소통에서 듣기능력을 일반적으로 청각적 능력이라고 생각하기 쉽지만 시각적 정보가 함께 제공될 때에 비로소 더 효율적으로 들을 수 있다. 그러나 아무리 청각적 이해력이 높고 선행정보와 배경지식을 갖추고 있다 하더라도 시각적 감각능력이 떨어진

경우에는 언어로 말하지 못하는 숨겨진 메시지를 정확히 듣고 이해하기 힘들다. 그래서 비언어적인 의미를 해석하는 능력에서는 청각적 능력과 함께 시각적 정보의 이해력이 요구되는 것이다. 의사소통에서 화자의 의도를 정확히 이해하기 위해서는 소리언어를 이해하는 청각능력과 함께 신체언어로 전달되는 비언어적 정보를 이해하는 시각적 능력도 매우 중요하기 때문이다.

의사소통에서 청자는 화자의 언어를 자신이 이미 학습한 언어의 규칙 체계를 통해 그 의미를 이해하면서 자신의 배경지식과 연합하여 재해석한 후 유익하다고 필요성이 인정된 언어는 필요에 따라 인출하여 사용할 수 있도록 장기기억으로 저장한다. 두뇌가 습득한 언어정보를 저장할 필요성이 있다고 판단한다는 것은 청취된 정보가 자신이 이미 이해하고 있지만 보완할 필요가 있다고 여기는 지식이거나 또는 미처 알지 못했던 정보지만 새롭게 습득할 필요가 있다고 인정할 때 비로소 기억체계에 저장하는 것이다. 현재 청각에 의해 인지된 언어가 자신의 기억체계에 저장된 선행지식(prior knowledge)과 의미가 서로 일치할 경우에는 그 이해의 속도가 매우 빠르지만, 서로 어긋나는 불일치의 경우에는 의미를 이해하기 위한 시간이 필요하다. 그래서 미처 이해되지 못한 언어는 의사소통이라는 특성상 화자의 말에 즉시적으로 반응해야 하지만 즉각적인 반응을 하지 못하기 때문에 소통의 어려움을 겪게 된다. 그러므로 이러한 경우에는 이해되지 못한 언어에 대해서는 다시 이해할 수 있도록 반문하는 질문기법을 사용하면서 서로의 이해를 위한 더 많은 시간과 노력이 필요하다.

그리고 듣기의 방해 요인은 듣는 언어의 유형이 모국어가 아닌 외국어이거나 전문적 지식을 요하는 난해한 단어로 그 의미를 유추하지 못해서 이해가 필요할 때와, 상황 또는 주제에 맞지 않는 표현이 계속될 때는 장애라고 할 수는 없어도 듣기에 어려움을 겪게 된다. 그러므로 듣기의 방해 요인은 듣기의 목적과 관심의 유무, 듣기가 이루어지는 상황적 환경 그리고 질병이라고 할 수 있는 난청, 청각장애 등이 있다. 그리고 하향식 의사소통을 위한 듣기 연습은 발화자(speaker)의 감정과 같은 정서적 반응 식별하기, 문장의 요지를 파악하기, 주제 인지하기를 주요 요인으로 학습하는 것이 도움이 된다. 마지막으로 상호작용식 듣기 과정은 상향식과 하향식 모델을 절충한 것으로 소리의 식별과 선택적 단어의 의미를 이해하는 상향식 처리 과정과 청자의 사전 지식을 바탕으로 메시지의 내용을 이해하고 추론하는 하향식 처리 과정을 포함하여 메시지를 전달하는 화자의 현재 상황과 정서적 의미까지 통합하여 정보를 처리하는 과정을 의미한다. 그리고 전제척인 문맥에서 의도하고 있는 의미를 정확하게 인지하여 해독하는 정보인지기술과 배경지식을 근거로 예측하는 정보인지기술 간의 상호보완의 형태로 이루어진다고 보았다.

2) 읽기능력과 전략적 접근

읽기 행위는 기능(skell)의 범주에 속하며, 언어의 기능 중에 읽기기능은 16%라고 한 것처럼(Rivers & Temperley, 1978), 의사소통에서 중요도가 낮은 수동적 측면으로 이해할 수도 있다. 그러나 읽기능력은 텍스트가 전달하고자 하는 행간의 숨은 의미를 분석하고 이해할 수 있는 능동적 기능으로, 언어정보를 다루는 자연스러운 과정이며 문장과 언어의 구성요인이 학습되어야 하는 숙달된 능력을 필요로 한다(Downing & Leong, 1982). 숙달된 읽기능력은 시각자료, 문법, 의미정보들을 동시적이고 통합적으로 활용하는 과정이며(Goodman, 1967), 글의 정보와 의미를 파악하기 위해 목적의식을 가지고 진행되는 정신적 작용이라고 할 수 있다.

읽기 과정에 대한 처리방식으로는 상향식 모델(Bottom-up model), 하향식 모델(Top-down model), 상호작용식 모델(Interactive model)이 있다. 상향식 모델은 작은 단어에서부터 이해가 진행된 후 점차적으로 문장 전체의 의미를 추구하는 형식이기 때문에 독자의 배경지식이 요구되지 않는다. 그러므로 상향식 모델을 사용하는 독자는 읽기 이해력의 향상을 위해서 텍스트에 명시된 정보만 받아들이는 것이 아니라 그 속에 숨겨진 저자의 암시적 의미도 추론할 수 있는 노력이 필요하다. 그러나 초기학습자의 경우에는 상향식 모델의 읽기학습이 매우 유용하게 사용하는데, 텍스트 중심의 의미 파악을 하는 학습에서는 상향식 모형이 유용하기 때문이다(Nuttall, 1996). 하향식 모델은 독자의 경험이나 배경지식을 활용하여 주제의 핵심 메시지를 파악하고 파악한 내용을 세부 정보들과 연결하여 전체 구조를 이해하는 능력이다. 하향식 모델을 사용하는 학습자는 어휘를 해독하는 해독기술과 글의 전체적인 의미를 총합하고 결과를 예측하는 추론능력 등을 사용하고 있다. 그리고 상호작용식 모델은 앞의 상향식과 하향식 모델의 장점들을 통합한 모델로 부분적인 단어가 주는 의미도 놓치지 않지만, 글의 주제의 핵심적인 의미와 함께 숨겨진 암묵적 의도를 탐색할 수 있는 능력이 함께 요구되며 특히 자신만의 이론으로 재해석 할 수 있는 능력도 요구된다. 그리고 문자나 낱말 등을 신속하고 정확하게 인지하여 해독하는 기술과 맥락의 단서나 텍스트의 내용 및 수사구조 및 독해 방략에 대한 배경지식을 근거로 예측하는 정보인지기술 간의 상호보완의 형태로 이루어진다고 보았다. 그러므로 읽기의 이해과정은 글을 시각 기호로 전환하여 사용하는 것이지만 저자의 시각적 자료만을 중심으로 이해하는 것이 아니라 시대적 배경, 문화적 의의를 자신이 이미 학습한 언어적 지식, 배경지식과 통합하여 그 의미를 재구성하는 과정을 거치게 된다는 것이다.

읽기 능력의 향상은 복잡한 글의 내용을 많이 접하고 배울수록 높아진다고 한다(McCray, et al, 2001). 부다(Boudah)가 제시한 읽기 능력을 향상시키기 위한 전략적 접근은 단계적 훈련, 읽기 기능의 확장된 의미를 이해하기가 있으며, 학생들에게는 교사의 역할이 매우 중요하다고 한다. 학습자는 읽기기능을 통해 자신이 지니고 있는 신념과 저자가 전하고자 하는 내용의 의미를 조합하는 재구성의 과정과 저자가 전하고자 하는 의미를 이해하기 위해 글을 다시 확인하고 수정하는 과정을 통해 그 의미를 파악해간다고 한다. 즉, 읽기자료를 해석하고 이해하기 위해서 자신의 배경지식과 저자가 주고자 하는 내용에 대한 기대 그리고 시대적, 환경적, 상황적 맥락 등을 고려하는 동시에 글자, 단어, 문장 등의 형태와 기능에 중심을 두고 전체적인 의미를 해석해야 한다(황은창, 2011). 이 방식은 언어정보를 처리하는 하향식 모델로 적용할 수 있어서 글의 단어가 주는 단편적인 의미만을 쫓아서 이해하는 것이 아니라 전체적인 맥락과 저자의 숨겨진 의도까지도 파악해서 자신의 것으로 다시 재해석하는 과정으로 진행된다.

읽기 과제에 대한 전략적 접근을 위해서는 읽기 과제를 미리보기, 과제를 정의하기, 질문하기, 개요 작성하기, 강조하기, 요약하기의 유용성을 설명하고 다시 글 읽기, 개별 단어에 초점을 두기, 예측하기, 예측한 부분 확인하고 언급하기, 내용 추론하기, 선생 지식을 활용하기, 평가하기, 그의 구조에 대해 논평하기, 자기 점검하기를 읽기의 전략으로 제시하였다(Devine, 1987). 앤더슨(Anderson, 2008)은 옥스퍼드(Oxford)의 언어 학습 전략 이론을 확충하면서 메타인지를 중심으로 효과적인 언어학습자들의 전략을 분석하면서 읽기 전략을 인지 전략(Cognitive Strategies), 초인지 전략(Metacognitive Strategies), 보조 전략(Assistive Strategies)의 세 범주로 구분하여 제시하였다. 앤더슨은 효과적인 언어 학습자는 단순히 기술을 연마하는 것이 아니라, 학습 과정 자체를 의식적으로 조절할 수 있는 능력이 요구된다고 강조하였다. 특히 메타인지적 사고 없이는 전략적 학습이 어렵다는 점과 학습자의 자기반성능력이 언어학습을 성공적으로 이끌 수 있는 핵심요소임을 제시하였다.

읽기란 일종의 심리언어학적인 추측게임과 같아서 글을 읽는 것은 제시된 글 속에서 명시적으로 나타나지 않은 암묵적 내용을 예측해가는 일련의 게임과 같은 과정으로 텍스트의 의미를 예측, 추측, 확인, 수정 하는 과정이 필요하다고 한다(Goodman, 1967). 그리고 적절한 속도와 단어의 의미를 정확하게 해독하는 능력을 가지고 텍스트를 읽어내는 것이 중요하다.

전략의 범주	Anderson의 읽기 전략
인지 전략	-문장 또는 문맥 내용을 예측하고, 글의 핵심의미 이해하기 -어휘와 문법 확장하고 주제 및 접속사 분석하기 -익숙하지 않은 단어나 구의 의미 추측하기 -어려운 문장을 작은 부분으로 나누기 -의미지도 만들고 요약하기
초인지 전략	-목표 정하기, 관련 어휘 목록 만들기 -동료학습자와 공부하기, 읽기 집중에 대해 평가하기
보충 전략	-선험지식에 의지하기,

능숙하고 유창하게 읽기를 소화하기 위해서는 글에 암시된 모든 종류의 단서를 효율적으로 사용하고 유추하는 전략을 활용하여 저자가 제시한 명료한 의미 이외의 숨겨진 암묵적 의미를 산출해 낼 수 있는 능력을 필요로 한다. 그러므로 읽기 과정은 읽은 것을 재확인 하는 과정, 독자의 경험과 배경지식에 의해 그 의미를 추측하고 다시 수정하는 과정을 거쳐야 하는 능동적인 과정과 텍스트가 주는 함축된 의미를 재구성하여 유추할 수 있는 인지적 능력이 필요하다. 인지적 능력은 단어가 주는 의미와 문장 배열의 구조를 통해 생성되는 의미를 정확히 이해할 수 있는 언어 구조적 지식, 그리고 명시적으로 나타나지 않은 의미를 추론할 수 있는 창의적 사고의 전략적 접근을 필요로 한다. 읽기를 전략적으로 접근하기 위해서는 텍스트의 의미를 이해하기 위한 전반적인 분석 전략과 읽기의 목적에 따라 자신이 가지고 있는 총체적인 전략(global reading strategies)을 활용하도록 하며 글의 의미를 쉽게 읽고 이해할 수 있도록 수준에 맞는 난이도의 책을 선택하고, 선별적 읽기 전략을 사용하는 것도 필요하다. 선별적 읽기 전략은 전체의 의미보다 개별 단어의 이해에 초점을 맞추는 것이다. 그리고 이해하기 힘든 부분을 위해서는 외부의 도움을 구하는 지지 전략(supportive strategies) 등도 필요하다. 그러나 실제로 읽기에 투자한 시간에 비해 충분한 이해에 도달하기란 쉽지 않은 일이라는 연구가 있다. 따라서 학습자의 읽기 프로그램이 효과적으로 실천되기 위해서는 학습자의 요구와 목표 수준에 맞는 교육이 필요하다. 그리고 읽기 능력을 향상시키는 활동으로는, 제시된 이미지를 보고 떠오르는 어휘를 육하원칙에 의해 분류하고 분류된 내용을 표현하기와 신문의 헤드라인만 보고 추측하며 기사의 내용을 유추해 보기 등이 효과적인 활동 중 하나이다.

읽기 기능의 핵심 개념	-핵심 메시지를 파악한다. -주제를 세부정보들과 연결하여 전체 구조를 이해한다. -추론적 사고의 활성화로 암시된 의미를 해석하고 배경지식과 연결하여 새로운 이해를 창출한다.
읽기의 전략적 접근	-텍스트의 핵심 개념을 식별할 수 있도록 단계적으로 접근한다. -세부 사항이 주제와 어떻게 연결되는지 분석한다. -배경지식과 텍스트 정보를 결합해서 추론을 유도한다. -교사는 질문을 통해 학생들이 텍스트를 비판적으로 분석하도록 안내한다. 예: "이 단락에서 가장 중요한 메시지는 무엇인가요?" 　　"저자가 이 부분을 언급한 이유는 무엇일까요? "
읽기 기능의 확장된 의미	-읽기는 단순한 정보처리 활동이 아닌 능동적 의미 과정이다. -맥락적 이해: 사회·문화적 배경을 고려해 텍스트를 해석한다. -비판적 사고: 텍스트의 신뢰성과 타당성을 평가한다. -창의적 사고: 상상력을 활용해 텍스트의 의미를 재구성 한다.
결론	-읽기의 이해력은 주제에 대한 추론적 사고를 통해 강화된다. -단순한 사실 기억을 넘어 지식을 재구성하고 현실 세계에 적용할 수 있는 능력을 키워야 한다. -텍스트의 의미 생성 과정에 초점을 두어야 한다.

그 외의 여러 학자들이 주장하는 학습전략은 대체적으로 메타인지전략(Metacognitive Strategies), 인지 전략(Cognitive Strategies), 사회·상호적 전략(Social Strategies), 자원 관리 전략(Resource Management), 정서적 전략(Affective Strategies)이 제시되고 있다.

메타인지 전략	-학습 목표를 설정하고 단계별 계획을 수립한다. -학습 진행 상황을 지속적으로 점검한다. -발음 오류를 인식 후 반복 연습하고 그 결과를 체크한다. -학습 결과와 과정을 반성하고 개선점을 찾는다.
인지적 전략	-새로운 정보를 기존 지식과 연결한다. -외부 도구를 활용해 학습 효율을 높인다. -문법의 규칙을 메모하고 플래시카드, 어휘 앱을 사용한다.
사회·상호작용적 전략	-타인과의 상호작용을 통해 언어 능력을 향상시킨다. -그룹 활동이나 언어 교환 파트너와 함께 연습한다. -교사나 동료로부터의 피드백을 적극적으로 반영한다.
자원 관리 전략	-시간, 에너지, 도구 등을 효율적으로 배분한다. -학습 시간을 블록으로 분할해 집중력을 유지한다. -소음이 적은 공간을 확보한다. -언어 노출 환경을 구축한다.
정서적 전략	-학습 동기부여와 스트레스 관리한다. -작은 성취를 축하하며 긍정적 태도를 유지한다. -시험 전 심호흡이나 명상으로 긴장감을 감소시킨다.

3) 읽기의 단계별 전략

 읽기의 단계별 전략을 세 가지로 분류하면, 읽기 전 단계와 읽기단계 그리고 읽기 후 단계로 분류할 수 있다. 읽기 전 단계의 하위 전략들은 글의 내용과 구성에 대한 자신의 배경지식을 활용할 준비와 글의 개념과 문화적 이해 그리고 문장을 구성하는 문법적 어려움을 예측하고 이에 대한 대처준비가 이루어진 후 읽기의 목적과 동기, 흥미를 재인식하도록 해야 한다. 읽기 단계에서는 자료의 난이도에 따라 적절한 읽기 모형과 전략으로 묵독, 흝어 읽기, 중심 생각 찾기, 글의 구조 파악, 추론하기, 건너뛰며 읽기(이승원, 2004), 메모하기, 모르는 단어 추측하기 등을 활용한다. 그리고 읽기 후 단계에서는 읽은 내용을 정리, 평가, 확장형 이해, 의미망 작성, 추론, 정보의 분류, 자기점검, 저자의 의도와 목적을 이해하기 등의 과정을 거치게 된다(기성진, 2019). 읽기의 대표적인 전략에 대해 블랙(Block, 1986)은 전반적 언어이해전략과 국부적 언어전략으로 분류하였으며, 우수한 독자일수록 텍스트 이해에 필요한 전반적인 전략들을 더 많이 사용하였으며, 우수하지 못한 독자일수록 국부적인 언어 전략을 사용한다는 주장을 하였다(강혜정, 2023).

전반적 이해전략	-내용 예측하고 글의 구조 인식하기 -텍스트 속 내용(정보) 질문하고 글을 해석하기 -일반적인 지식과 경험 사용하기 -행동이나 과정에 대해 언급하기, 행동 수정하기 -글 속 정보에 대해 감정적으로 반응하기
국부적 언어 전략	-바꾸어 말하기, 반복해서 읽기 -절이나 문장의 의미에 대해 질문하기 -어휘의 뜻에 대해 질문하기, 어휘 문제 해결하기

강혜정(2023)

 이와 같이 읽기는 단순히 문자의 해독을 넘어 인쇄된 글자로부터 정보를 얻는

지적 과정으로, 단어를 음성화 하고 이해하기 위해서 기호나 철자, 부호 등에 의미를 부여하고 그것을 해석하는 능동적인 기능과 문자 안에 숨겨진 의미도 함께 인지할 수 있는 특수한 능력이 함께 요구된다는 것을 알 수 있다.

3. 언어표현 능력(expressive ability)

언어의 표현능력을 갖추기 위해서는 기호체계를 사용하여 표현하는 쓰기능력과 말하기 능력을 필요로 한다. 타인의 언어를 청취하고 그 의미를 이해하는 것을 수용언어라고 하는데 화자의 말을 주의 깊게 듣고 그 내용을 파악할 수 있는 능력을 말한다. 수용언어 능력이 출중한 사람은 타인과의 대화에서 요구되는 의미를 파악하는 능력이 뛰어날 뿐만 아니라 자신의 생각과 느낌을 문장으로 만들어 다양하게 표현할 수 있는 능력도 갖추게 되며(조수진, 2013), 음성이나 문자로 나타낸 기호체계를 잘 이해할 수 있다. 언어의 기호체계를 잘 이해하는 것은 의사소통을 목적으로 하는 말하기 능력이 향상되기 때문에 문자나 소리 언어를 사용하여 자신의 생각과 느낌 그리고 요구 등을 잘 표현할 수 있는 어휘 지식도 향상된다. 어휘 지식이란 단어의 의미를 이해하는 것 외에도 화자의 발음, 철자, 용법, 문법 등의 언어에 대한 지식을 포함하는 것이다. 개인의 어휘 지식을 측정하기 위해서는 읽기 능력, 듣기 능력, 말하기 능력, 쓰기 능력을 활용하는데 이 방법이 어휘지식을 측정하는데 가장 간단하고 빠르기 때문이다(최용숙, 2021). 그리고 표현능력을 갖추기 위해서는 먼저 청각 능력이 필요한 듣기와 문장을 구성하는 문법 능력 그리고 표현능력인 쓰기와 말하기 능력이 기본적으로 구성되어야 하며 이 기본적 바탕위에 수용언어와 어휘지식을 잘 활용하여야 한다.

1) 탐구적 글쓰기와 표현적 글쓰기

글쓰기는 크게 탐구적 글쓰기(explanatory writing)와 표현적 글쓰기(expressive writing)로 분류할 수 있다. 탐구적 글쓰기는 학문적 접근에서 "자신의 생각과 신념을 파악하고 내면에 대해 더 많은 것을 발견하며 외부 세계와 연결하기 위해 미리 써보는 행위"라고 정의하고 있다(Bean, 2011). 표현적 글쓰기는 어떤 상황에 대한 자신의 생각 또는 마음을 표현할 수 있는 능력을 말한다. 탐구적 글쓰기와 표현적 글쓰기 모두 자신이 가지고 있는 이슈(issue)에 대해 반성적 사고(Reflection Thinking)의 기회를 제공해주며 주제에 대한 의미를 깊이 생각할 수 있는 출구를 제공함으로써(Murray, 1972). 쓰기능력을 증가시켜서 문자 언어의 능력을 키울 뿐만 아니라 언어적 의사소통 능력에도 큰 영향을 미치게 된다.

정확성을 기본으로 하는 글쓰기 능력은 문장 구성 능력뿐만 아니라 소리언어와 시청각 이미지 등에도 관심을 두어야 한다. 쓰기(writing)는 말로 할 수 있는 내용을 문자로 표현하는데 그치지 않고 구두법, 문법적 정확성, 현재 사용되는 문자의 유형 선택 등의 정확성도 필요로 한다(박미혜, 2016). 음성 언어는 언어 환경에 노출되는 빈도수에 따라 자연스럽게 습득이 가능하지만, 글쓰기 활동은 듣기, 말하기, 읽기를 통해 입력된 언어 정보를 구체화시키는 의도적인 노력과 시간이 수반되어야 비로소 습득이 가능하다. 무엇보다도 쓰기 활동은 특정 주제에 대해 자신의 마음과 의견을 구체적으로 표현할 수 있어야 하며 공적인 서류를 작성할 때에는 정확한 어휘로 문단을 구성할 수 있는 능력도 포함한다. 특히 쓰기 과정에서 범하는 어휘, 철자, 문법 등의 오류에도 주의를 기울여야 한다. 수업 활동 중에서의 쓰기활동은 초고 쓰기, 수정하기, 교정하기, 발표하기, 피드백 받기 등의 과정을 거친다(부정혜, 2016). 이 과정에서 주제의 요점과 정보 등을 사전 학습하는 노력이 필요하며 사전학습은 학습자의 선험지식으로 저장되어 글쓰기의 과정에서 주제의 의미에 접근하는 효율성이 높아지므로 타인의 주장과 표현의 의미에 대한 이해도를 높일 뿐만 아니라 문장의 구성도 용이하게 된다. 그리고 글을 쓸 때에는 전달하고자 하는 목적의 주제를 분명하게 제시하여야 하며, 주제에 맞는 내용을 문맥과 상황에 맞게 구조적으로 잘 구성한 문장을 주제에 맞춰 잘 재구성하는 문법적 능력도 필요로 한다. 그리고 쓰기 과정은 쓰고자 하는 글의 내용에 대해 사고 과정의 쓰기-전(pre-writing) 단계, 초안을 작성하고 글을 쓰기 시작하는 쓰기-중(while-writing) 단계, 쓰여 진 글의 수정과 편집을 하는 쓰기-후(post-writing) 단계의 수정과 편집의 단계의 절차를 거친다(Brown, 2001). 스미스(Smith, 1971)는 언어를 의미 구조의 집합체로 보면서 글의 구조를 이해할 수 있다면, 모든 언어의 의미를 이해할 수 있다고 하였다. 이것은 글쓰기는 언어의 문법적 능력을 포함한 통합적인 능력이 필요하다는 것을 의미한다. 특히 의미론적 지식을 자유롭게 구사하는 능력과 사회적 맥락에 대한 이해와 표현의 적절성을 판단할 수 있는 자기평가능력이 필요하다. 글쓰기의 자유로운 구사능력은 어휘에 대한 이해 전달력을 높일 수 있어서 어휘의 숫자도 풍부해지는데 어휘의 수가 풍부한 것은 언어의 지식이 깊어진 것을 의미한다. 그리고 완성된 문장을 동료 또는 교수에게 글에 대한 평가를 받아 다시 수정하는 방법도 좋은 글쓰기를 할 수 있는 방법이다.

2) 말하기 능력(speech acts theory)

말하기는 다양한 상황 속에서 언어적 비언어적 부호를 사용하여 의미를 만들고 공유해나가는 과정으로, 사회적 상호작용과 정보교환의 기능을 효율적으로 이해하는 능력으로(Brown, 2001), 화자의 발화된 언어 의미가 청자에게 전달되는 행위이다.

즉, 언어적 요소인 음성 언어(spoken language)와 함께 몸짓 언어인 비언어적인 요소를 포괄하여 활용하면서 발화하는 능력을 말한다. 이때 화자의 발화된 음성 언어는 운율체계를 가지고 있으면서 일시적인 형태(Nunan, 2003)로 머물게 되는 것을 청자가 즉각적으로 인지하고 피드백(응답)을 할 수는 있지만, 문자언어와 달리 화자의 언어를 수정하는 것은 불가능하다.

말하기에서 활용되는 언어의 표현은, 언어의 문법적 지식뿐만 아니라 사회적 맥락 속에서 지역별, 연령대별로 사용되는 단어의 의미까지도 고려하여 표현할 수 있을 때 비로소 자신의 감정과 생각을 청자에게 정확하게 이해시킬 수 있다. 즉, 말하기는 대화 당시의 현재 환경과 상황, 소통의 주재, 문화적 요인 등과 연관되어 의미가 형성되므로 말하는 사람과 듣는 사람 사이의 상호작용을 이해하기 위해서는 어떤 언어를 어떻게 사용하고 어떻게 발화하고 있는지를 이해하는 것이 매우 중요하다. 하임즈(Hymes, 1972)에 의하면 언어를 도구로 사용하는 의사소통은 언어적 지식만으로는 효과적인 의사소통이 이루어지지 않는다고 하면서 화자와 청자의 언어 구조적, 문법적 요인뿐 아니라 언어 외적 요인인 심리적, 사회문화적 이해가 함께하는 통합적 사용능력 필요하다고 주장하였다. 그러므로 언어의 표현은 상대방의 상황적 요인, 사용언어 요인, 문화적 요인, 정치적 성향, 관심 주제 등과 연관이 되어 의미가 내포되므로 서로의 효과적인 상호작용을 위해서 이러한 요인들을 필수적으로 이해한다면 더 효과적인 의사소통을 할 수 있다.

의사소통 중심 말하기 교육에 대한 연구에서 언어적 메시지는 내용(contents)과 형식(form)으로 이루어지는데, 언어적으로 의사소통을 한다는 것은 내용을 어떤 구조화된 형식으로 전달할 것인가가 중요하다. 그리고 말하기 교육에서 중요한 것은 주저함이나 머뭇거림이 없는 유창한 발화능력(Swain, 1985)과 태도 그리고 유창한 발화능력 못지않게 전달하고자 하는 의미를 정확한 발음으로 발화하는 것(남명주, 2022)과 너무 높거나 낮지 않은 음성 그리고 겸손하지만 자신감 있는 태도를 유지하는 것이 무엇보다도 중요한 말하기 기술이라고 할 수 있다. 그리고 말하는 능력에 대해 불안감은 느끼게 되는 요인들을 살펴보면, 심리학적 관점에서의 접근과 화자, 청자, 메시지, 시공간 및 분위기 등의 영향에 따라 불안 요인이 발생한다고 한다(서영진, 2010). 즉, 화자와 청자의 입장이 다르며, 메시지를 전달하고자 하는 목적과 시공간 및 분위기가 주는 상황불안을 들 수 있다. 말하기 불안을 겪는 학생과 그렇지 않은 학생들이 의사소통에서 듣기, 말하기, 읽기, 쓰기 중에서 어느 능력이 가장 중요하냐고 질문하였더니 발표 불안을 겪는 학생들은 듣기 영역이 중요하다고 하였으며, 자신의 생각을 발표하는 것보다 자료를 보고 읽는 방식을 선택하였다고 한다. 그리고 자신감 있는 학생들은 말하기 영역의 중요성과, 실수를 하였을 때 다음에 더 잘 할 수 있다고 생각한다고 하였다(조행연, 2013).

화법 요소	불안과 관련된 요소	
화자	-선천적인 수줍음, 내성적인 성향 -낮은 자아존중감, 부정적인 자아개념 -타인의 인정에 대한 지나친 기대와 욕구 -영향력 있는 주변인의 말하기에 대한 태도 -말하기 방법 및 절차적 지식, 의사소통 기술 지식	
청자	-청자의 수, 나이, 지위, 태도, 성별, 청자의 중요성 -청자와의 유대 정도, 청자의 인지적 수준	
메시지	-전달목적	설득, 정보 전달 정서표현, 사회적 상호작용
	전달 내용에 대한 인식	중요성, 확신, 흥미, 관심, 배경지식
장면 (시공간 및 분위기)	-시간 제약의 유무, 공간의 낯설음의 정도 -분위기의 경직도 정도	

조행연(2013)

3) 디지털 문해력의 이해

디지털 기기를 활용하여 정보를 탐색하고 의사소통의 목적으로 사용할 수 있는 디지털 문해력은 컴퓨터, 스마트폰, 태블릿 PC 등을 효율적으로 사용할 수 있는 역량으로 간주되고 있다. 디지털 매체를 활용하여 지식을 구성하는 능력이기 때문에 시간과 공간의 제약을 받지 않으며 특정 지식에 국한되지 않는 자유로움 때문에 언제 어디서든 누구와도 대화를 가능하게 하는 주체가 될 수 있는 장점이 있다. 이로 인해 교육, 경제, 통신 등 사회 전반에 엄청난 영향을 미치면서 인간의 행동 양식을 변화시키며, 온라인과 오프라인의 경계가 모호해져서 구분하기가 어려워졌으며(고유희, 2023), 대부분의 사람들이 소통을 위해서 카카오톡과 같은 메신저로 소통을 하며 하루의 시간을 할애하고 있다. 그래서 소통이 매우 자유롭고 시간의 구애를 받지 않는다는 장점이 있다. 그러나 이렇게 자유로운 시스템을 활용하여 의사소통을 하지만, 컴퓨터 언어로 구현된 지식을 명료화하고 구체화하여 체계화된 언어적 표현을 활용하는 능력이 절대적으로 필요한 시기에 도래했다는 위기감을 느끼게 한다.

(1) 디지털 문해력

급속하게 변화하는 현대 사회는 디지털 기술과 미디어를 이해하고 활용할 수 있는 디지털 역량이 필요하다. 디지털 역량은 정보 사회에 필요한 역량으로 ICT와 디지털 미디어 등을 활용할 때 요구되는 지식, 능력, 실천, 의식 등을 의미하며, 정보 관리, 협력, 의사소통 및 공유 등 디지털 정보를 다루는 능력이다(Ferrari, 2012; 고유희,

2023). 디지털 매체 기반의 지능 정보화 시대를 살아가는 학습자들은 미디어 콘텐츠를 선호하며, 다양한 정보들을 접하게 된다. 이러한 사회에서 디지털 시대의 학습자가 다양한 정보를 비판적으로 사고하며 익혀야 할 디지털 문해력이 요구되고 있다. 디지털 문해력은 단순히 기술적인 능력만 의미하는 것이 아니라 디지털 정보를 비판적으로 분석하고 평가하는 능력까지 포함한다. 현시대의 학습자들을 디지털 네이티브(digital native)라고 부르는데 이들은 컴퓨터, 스마트폰, SNS 등 새로운 디지털 환경을 통해 소통하며 특히 전자책, 인공지능(Artificial Intelligence: AI)의 도움을 받는 다양한 방식을 통해 정보를 습득하고 학습하는 것이 익숙한 세대이다. 21세기 산업혁명 시대의 핵심 역량으로 분류되는 디지털 문해력은 테크놀로지를 이용하여 다양한 소스와 포맷의 새로운 정보를 검색하고, 이해하며, 평가하는 과정을 통해(Kim, H. 2021) 디지털 언어를 읽고 쓸 수 있는 능력이다. 그러나 단순히 읽고 쓰는 능력뿐만 아니라 다양한 출처를 통해 찾아낸 수많은 형태의 정보를 자신의 목적에 맞는 정보로 재구성하여 올바로 활용할 수 있는 능력이 요구된다. 이 능력은 디지털 환경과 미디어의 특성을 이해할 수 있으며, 검색된 정보의 진위를 분별한 후에 이 정보를 활용하여 창의적인 발전도 가능하다. 특히 효과적인 의사소통을 위한 언어의 습득도 가능하다.

그러나 인공지능을 기반으로 하는 기계학습 기반 챗봇을 활용하여 학습하는 학습자들이 늘고 있는 시대에 쳇봇(Chat gpt)의 답변에서 문법적인 오류가 나타나거나 일반적이지 않은 답변을 생성하는 문제가 발생하게 된다(임하정, 2024). 특히 디지털 매체의 영향력이 높아지면서 디지털 문해력과 미디어 문해력의 구분 필요성이 요구되고 있다(노들, 옥현진, 2020). 이러한 문제점에 대한 우려를 개선하기 위해서 2022년 개정된 교육부의 교육과정에서는 미래 역량을 구성하는 핵심 요인으로 디지털 정보를 읽고 쓸 수 있는 4단계 디지털 소양교육과정이 제시되었다. 1단계에서 디지털 기기, 소프트웨어, 인공지능 기술을 활용하는 능력, 2단계 자신이 수집한 디지털 정보의 활용과 콘텐츠 생성 능력 함양, 3단계 디지털 의사소통과 문제해결, 4단계 디지털 윤리와 정보 보호에서의 규범을 제시하고 있다(임하정, 2024). 이 과정에서 4단계로 제시된 디지털 윤리는 1단계에서부터 필히 지켜지도록 학습되어야 한다.

디지털 문해력과 디지털 리터러시(digital literacy)로 구분되는 용어의 개념은 거의 비슷하지만 디지털 리터러시는 여러 가지 형태의 정보를 이해하고 자신의 목적에 맞는 새로운 정보로 조합해내서 사용하는 능력으로(Gilster, 1997), 텍스트, 소리, 영상, 이미지를 스스로 이해하고 해석하는 능력과 얻은 지식을 새로운 디지털 환경에 재조합하여 자신의 목적에 맞게 활용하는 능력이라고 한다(Jones & Flannigan, 2006; 최경호, 2024). 이 능력은 디지털 기술을 활용하는 능력과 비판적 사고 그리고 안전한 정보처리 능력이 필요한 능력이다. 그러나 디지털 문해력은 정보의 해석과 활용에 중점을 두고 있어서 디지털 리터러시의 하위개념으로 볼 수 있지만, 일부 문해력 학자들은 앞으로 학습자들을 위해서는 전반적인 디지털 문해력 교육으로 확장해야 한다고 주장하고 있다. 디지털 문해력은 디지털 공간에서 획득한 정보를 판별하는 능력을 갖추는 동시에 디지털 공간의 참여자로서 정보를 생산하고 공유할 때 필요한 능력이다(김아미, 2022). 특히 디지털 언어를 읽고 이해하는 능력이므로 의사소통, 표현, 협업 등의 목적을 위해 효율적으로 사용할 수 있어서 언어학습과 의사소통 능력에 더 밀접한 용어로 이해할 수 있다. 현 시대에서 디지털 문해력이 부족하다면 새로운 형태의 의사소통에서 대화의 단절을 경험하게 되는 안타까움을 겪게 될 것이다. 그러므로 디지털 문해력은 단순히 디지털 언어를 읽고 쓸 수 있는 능력을 의미하는 것이 아니라 디지털 언어의 구조적 맥락을 이해하고 소통과정에서 활용할 수 있는 능력까지를 의미한다. 이러한 능력은 개인의 창의적 사고에 결정적 영향을 미칠 뿐만 아니라 디지털 공간에서 이루어지는 정보탐색 능력을 활용하여 창조적 언어로 재생산 할 수 있는 능력과 더불어 의사소통능력의 함양에도 지대한 영향을 미치게 된다.

디지털 공간에서 주의할 점은 디지털 정보에 접근하고 활용할 수 있는 능력도 중요하지만 사회적으로 용인된 규범을 지켜서 정보를 공유할 때는 출처를 반드시 밝혀서 정보의 오남용을 막아야 하며 합당하고 정확한 정보를 구별하여 의사소통 상황에서 활용하여야 한다. 특히 어린이나 청소년들이 제대로 정보를 판별하고 읽어내기 위해서는 정보의 출처나 정보의 최신성 그리고 같은 주제에 대해 여러 정보를 교차 검증하는 등의 다양한 정보 판별 방법과 기준을 익히는 것이 중요하다.

Digital Literacy	-디지털 기술과 미디어의 기본적인 사용 방법을 이해한다. -인터넷 검색, 이메일 작성, 소프트웨어 사용 기술이 포함된다. -비판적 사고(정보의 진위 판단, 편향 분석)가 필요하다. -정보 생산 및 공유(콘텐츠 제작, 협업 도구 활용) 할 수 있다. -안정성(개인정보 보호, 사이버 보안 인식)에 유의한다.
Media Literacy	-미디어 콘텐츠를 비판적으로 분석하고 평가하는 능력이다. -그 내용을 이해하고 진실성과 의도를 파악한다.
Information Literacy	-정보를 찾고 평가하고 활용하는 능력이다. -정보 출처의 신뢰성을 검증할 수 있는 능력을 포함한다.
Cyber Literacy	-온라인에서 안전하게 행동하고 개인정보를 보호하는 능력. -해킹, 사이버 폭력 등의 위험을 예방하는 능력을 포함한다.
Digital literacy skills	-전통적 문해력(글 읽기/쓰기)를 확장한 개념 -디지털 정보를 올바르게 해석하고 활용하는 능력 -정보를 평가하고 논쟁하며, 창의적으로 재구성하는 능력 -정보 해석(의도 파악, 맥락 이해) -정보 평가(신뢰성 검증, 출처 확인) -문제 해결(디지털 도구 활용한 실생활의 적용)

아래의 설문지는 고유희(2024)가 개발한 아동의 권리기반 디지털 역량을 분석할 수 있는 척도이다. 아동을 대상으로 한 척도지만, 청소년들도 함께 활용할 수 있다고

판단된다. 척도의 채점표를 참고하여 디지털 역량을 확인할 수 있다.

문항별 기능을 참고하세요.

구분	영역	문항수	문항번호	합계	평균
1	디지털 기기	6	1,2,3,4,5,6		
2	이해 및 활용	8	7,8,9,10,11,12,13,14		
3	디지털 정보검색 및 활용	12	15,16,17,18,19,20,21,22,23,24,25,26		
4	디지털 사생활 보호	5	27,28,29,30,31		
5	디지털 의사소통과 참여	11	32,33,34,35,36,37,38,39,40,41,42		
6	디지털 윤리	7	43,44,45,46,47,48,49		

디지털 역량 척도

1. 전혀 그렇지 않다, 2. 그렇지 않다, 3.보통이다, 4.그렇다, 5. 매우 그렇다.

다음은 아동권리에 기반한 디지털 역량 척도 문항입니다. 다음 문항을 잘 읽고 자신에게 해당하는 곳에 '√' 표시를 해주시기 바랍니다. (고유희, 2024)

번호	설문내용	1	2	3	4	5
1	나는 학습 과제 및 문제 해결을 위해 한글, 엑셀, 파워포인트, 인터넷 검색 등을 사용한다.					
2	나는 디지털 기기(노트북, 태블릿, 스마트폰 등)를 활용하여 학습(동영상 강의, 수업 등)을 한다.					

3	나는 학업이나 관심 있는 분야에 도움이 되는 디지털 콘텐츠(사진, 영상, 음악 등)을 만들 수 있다.					
4	나는 새로운 기술(대화형 인공지능 AI; 챗GPT 등)에 대해 관심이 있으며 어떤 내용인지 알아본다.					
5	나는 새로운 기술(대화형 인공지능 AI; 챗GPT 등)에 대한 장점과 단점을 알아본다.					
6	나는 새로운 기술(대화형 인공지능 AI; 챗GPT 등)을 학습이나 과제에 활용해 본다.					
7	나는 인터넷에서 수집한 정보가 위험한 정보(가짜 뉴스, 허위 정보, 왜곡 정보 등)인지 아닌지 알 수 있다.					
8	나는 인터넷에서 수집한 정보가 학업이나 관심 영역에 도움이 되는					
9	나는 내가 필요한 정보와 자료가 무엇인지 알고 있다.					
10	나는 인터넷에서 수집한 정보가 사실인지 확인한다(정보 출처, 최신 자료 여부, 작성자 등).					
11	나는 신뢰할 수 있는 온라인 출처와 신뢰할 수 없는 출처를 구별할 수 있다.					
12	나는 필요한 정보와 자료를 찾을 수 있는 검색 사이트를 알고 있다.					
13	나는 학업에 도움이 되는 자료를 수집해서 학업에 활용한다.					
14	나는 관심 있는 분야의 자료를 수집해서 관심 영역에 활용한다.					
15	나는 개인정보(휴대전화 번호, 주소 등) 보호의 중요성을 알고 보안에 주의를 기울인다.					
16	나는 SNS(밴드, 블로그 등)에서 공개 범위를 설정한다.					
17	나는 개인정보를 입력할 때 필수 사항으로 입력할 것과 선택 사항으로 입력할 것을 확인한다.					
18	나는 온라인에서 내 개인정보(휴대전화 번호, 주소 등)가 노출될 수 있다는 것을 안다.					
19	나는 온라인 활동이 기록으로 남는다는 것을 알고 조심한다.					
20	나는 잘 모르는 사람에게서 오는 메시지는 조심한다.					
21	나는 온라인에서 사진이나 개인정보를 보내거나 노출하지 않는다.					
22	나는 온라인에서 다른 사람의 사생활(사적인 정보, 사적인					

	기록 등)을 보호해야 한다는 걸 알고 주의를 기울인다.					
23	나는 온라인에서 다른 사람의 개인정보(휴대전화 번호, 주소 등)를 보호해야 한다는 걸 알고 주의를 기울인다.					
24	나는 내가 만든 콘텐츠나 글이 다른 사람에게 피해(개인정보 유출, 비난, 차별, 잘못된 정보 전달 등)를 주는 것은 아닌지 확인한다.					
25	나는 다른 사람의 자료(사진, 문서, 이미지, 영상 등)를 사용할 때 출처를 밝힌다.					
26	나는 사실이 확인되지 않은 정보나 자료를 콘텐츠 제작에 활용하지 않는다.					
27	나는 친구, 가족과 함께 식사하거나 대화할 때 디지털 기기(노트북, 태블릿, 스마트폰 등)를 사용하지 않는다.					
28	나는 길을 걸을 때 디지털 기기(태블릿, 스마트폰 등)를 사용하지 않는다.					
29	나는 학습에 방해가 되지 않도록 디지털 기기(노트북, 태블릿, 스마트폰 등) 사용을 조절한다.					
30	나는 디지털 기기(노트북, 태블릿, 스마트폰 등) 하루 총 사용 시간을 정하고 정한 시간을 지킨다.					
31	나는 밤늦은 시간이나 이른 새벽에 디지털 기기(노트북, 태블릿, 스마트폰 등)를 사용하지 않는다.					
32	나는 온라인에서 내 의견을 말할 수 있는 기회가 있을 때 내 의견을 말한다.					
33	나는 정보가 부족하거나 모호할 경우 필요한 정보를 달라고 홈페이지 관련 담당자나 정보 제공자에게 요청한다.					
34	나는 SNS(밴드, 블로그, 카카오톡 등)에 내 생각과 의견을 나눈다.					
35	나는 원하지 않는 메일이나 메시지를 차단할 수 있다.					
36	나는 내 생각과 의견을 디지털 콘텐츠(사진, 이미지, 영상, 문서 등)로 표현할 수 있다.					
37	나는 기존 디지털 콘텐츠(사진, 영상, 음악 등)를 활용하여 창의적인 콘텐츠를 만들 수 있다.					
38	나는 새로운 기술(대화형 인공지능 AI; 챗 GPT 등)을 활용하여 디지털 콘텐츠(사진, 영상, 음악 등)를 만들 수 있다.					
39	나는 온라인에서 공통의 관심사(취미, 진로, 사회 이슈 등)를 가진 사람들과 함께 활동할 수 있다.					
40	나는 관심 있는 분야(취미, 진로, 사회 이슈 등)의 온라인					

	커뮤니티에 가입하여 활동할 수 있다.					
41	나는 관심 있는 분야(취미, 진로, 사회적 이슈 등)의 온라인 커뮤니티에 가입하여 활동할 수 있다.					
42	나는 온라인에서 관심사(취미, 진로 등)나 사회적 이슈 등에 대해 함께 토론하고 변화를 위한 개선 활동을 할 수 있다.					
43	나는 인터넷에서 자료를 다운로드하거나 서리 전에 안전한 사이트인지 확인한다.					
44	나는 저작권이 있는 음악, 영화, 사진, 영상 등을 불법으로 다운로드하지 않는다.					
45	나는 나이에 적합하지 않은 콘텐츠나 선정적이고 폭력적인 유해한 콘텐츠에 접속하지 않는다.					
46	나는 유해한 정보를 차단하기 위한 설정(필터링 기능, 유해한 사이트 등록 등)을 할 수 있다.					
47	나는 사실이 확인되지 않은 정보를 공유하지 않는다.					
48	나는 온라인에서 친구를 괴롭히거나 따돌리는 말이나 행동을 하지 않는다.					
49	나는 온라인에서 다른 사람을 욕하거나 비속어 등을 사용하지 않는다.					

(2) 이메일 소통능력

컴퓨터를 사용하는 이메일 의사소통(computer-mediate communication)은 직장과 대학 그리고 정부조직 등에서 사용빈도가 높은 편이다. 특히 대학의 학문 공동체 안에서는 수업, 과제, 성적 등과 관련하여 동료 학습자, 교수와 이메일을 통해 의사소통을 하는 경우가 많다. 이메일은 학생-교수 간 의사소통에서 가장 일반적인 도구이며, 교수는 이메일을 통해 학생들의 인성과 매너를 엿볼 수 있다고 한다(신효정, 2019). 그러나 이메일에서는 표정이나 말투, 몸짓과 같은 비언어적인 전략을 사용할 수 없는 특성으로 인해서 문자언어에서 나타나는 공손성의 정도, 어휘 및 표현의 적절성 등에서 송신자의 의도와 달리 무례하게 느껴지거나 그 의미가 정확하게 전달되지 않는 정서적 불편함으로 인한 의사소통의 장애를 일으킬 수 있다.

무례함은 사회적 규범이나 예절을 위반하는 것으로, 메일을 받은 교수 또는 상사의 경우 자신의 권위에 도전한 것으로 이해할 수 있다. 이러한 화용적 실패는 학습자의 무례함(impoliteness)에서 기인하는 것이 아니라 언어의 의미를 문서화 하는 과정에서 적절한 단어를 선택하지 못했거나 규칙에 맞는 문법을 사용할 수 있는 능력 부족에서 오는 것으로 볼 수 있다(Bousfield, 2008). 이메일에서 사용되는 문자언어 역시 구어와 문어의 특징이 동시에 존재한다고 할 수 있으므로, 이메일의 정형화된 구조와 언어표현 등을 통해 최대한의 예의와 규범을 지켜서 화용적 실패가 일어나지 않도록 하여야 한다.

이메일을 작성하는 구조적 측면에서의 방법은 제목, 호칭어, 인사말, 본문, 맺음말이 모두 작성되었는지를 확인해야 하며 형식구조의 메일은 문단 구분이 되어 있는 것을 확인하는 것이라고 한다. 따라서 메일의 본문은 제목의 간결성, 정확성, 명료성, 공손성을 살펴보고, 호칭에서는 정확성과 공손성 그리고 인사말과 맺음말에서는 완전성과 공손성, 본문 내용에서는 간결성, 완전성, 정확성, 응집성(cohesion), 공손성에 유의하여야 한다(LI XIN, 2018). 특히 메일의 문단 구분이 되어 있지 않다면 주제의 의미를 정확하게 인식할 수 없을뿐더러 성의 없음을 나타내서 공손성에 의심을 받게 되어 무례하다는 느낌을 주기 때문에 이에 대한 주의가 필요하다.

무례이론(Culpeper, 1996)은 공손이론을 토대로(Brown & Levinson, 1987) 제안되었으며, 그 후 사회언어학 분야에서 전통적인 예절에 반한 의도적 무례함에 대해서 부스필드(Bousfield, 2008)가 독립적인 연구 주제로 정립할 수 있는데 기여를 했다. 그는 전통적인 예절 이론의 확장이 아닌 의도적 무례함을 분석함으로써 인간 상호작용의 복잡성을 입체적으로 조명하였다. 무례함은 권력 관계(상하관계), 사회적 거리, 문화적 규범 차이에 따라 그 형태와 수용도가 달라지며 그 결과 관계의 악화, 갈등 심화가 나타날 수 있다. 무례함(Impoliteness)은 사회적 규범이나 예절을 위반함으로써 상대방을 공격하거나 모욕하는 언어적, 비언어적 행위를 말하지만, 이메일에서 나타나는 무례함은 메일의 구성방법이나 언어선택에 대한 학습 부족에서 나타나게 된다. 그럼에도 불구하고 메일을 받은 수취인 무례하다는 느낌으로 불쾌한 감정을 느낄 수밖에 없다는 것을 인지하고 가볍게 대화하는 형식이 아닌 호칭과 내용에서 공손성을 유지하는 것이 필요하다. 그리고 메일을 작성할 때 문장을 일차적인 초점을 의미(meaning)에 두고 작성할 것인지 아니면 문장의 형태(form)에 초점을 두고 작성할 것인지에 대해 고민하게 되는데 의미와 형태를 모두 고려하는 것이 자연스러운 문장을 구성할 수 있는 방법이다.

(3) SNS 의사소통

SNS(Social Network Service) 의사소통은 Online 상에서 소통하거나 관계를 맺을 수 있도록 해주는 인터넷 네트워크를 기반으로 한 플랫폼으로, 불특정 다수들과도 서로 정보를 공유하며 관계를 형성할 수 있는 페이스북, 인스타그램, 트위터, 카카오톡, X 등이 있다. 이러한 플랫폼들에 의해 현시대는 24시간 시간의 제약이 없이 정보전달이 가능하기 때문에 서로 얼굴을 보며(face to face) 대화하는 소통방식을 떠나 접속과 종료가 쉽고 편하며 장소의 원근을 불문하고 다양한 사람들과 소통을 진행할 수 있는 제2의 소통의 장이라고 할 수 있다. SNS의 가장 큰 특징은 구어가 문자 또는 의미가 표현된 그림의 형태(이모티콘)로도 전송될 수 있다는 것이다. 그러나 젊은 층에서 사용하는 간단한 이모티콘을 자신의 상사, 선배 등의 윗사람에게 의미 없이 사용하는 경우 수신자가 아이콘이 주는 간단한 문어의 의미를 재미있게 받아들이지 못할 경우에는 무례하다는 감정과 동시에 불쾌한 경험할 수 있으므로 세심한 주의가 필요하다. Long(1992)은 언어를 학습할 때 일차적인 초점을 언어에 의미(meaning)에 두고 가르치는지, 아니면 언어의 형태(form)에 초점을 두고 가르치느냐로 분류하였다. 언어는 의미와 형태 모두가 필요한 것으로 언어의 의미와 형태를 모두 학습하는 것은 자연스러운 의사소통과 문장을 구성하는 능력에 모두 필요한 것이기 때문이다.

2장 언어학습 전략의 이해

1. 학습전략
1) 메타인지 전략
2) 인지적 이해력과 사고력
3) 학습자의 신념

2. 보상 전략과 학습동기
1) 학습동기
2) 주도적 학습기능
3) 자기조절 학습전략과 구성요소

3. 보상 전략의 이해
1) 외적 동기
2) 내적 동기
3) 두뇌의 동기보상 시스템

I. 학습전략

언어학습 전략이란 언어를 학습하기 위해 수행되는 필요한 모든 방법의 절차적 집합체로 언어와 관련해서 새로운 정보를 이해하고, 저장하며, 필요에 따라 인출하여 활용할 수 있는 여러 가지 의식적인 활동을 말한다. 즉, 학습 전략은 넓은 의미에서 언어학습의 목표를 성취할 수 있도록 도와주는 필요한 절차로 언어 지식의 이해, 내용, 정보 등을 통제하거나 저장하여 활용하기 위해 사용하는 육체적·정신적 활동을 모두 포함한 방법을 의미하는 것이다(Chamot, 2005).

언어를 학습하고 이해하는 과정은 습득한 언어의 정보가 필요 가치가 있다고 판단될 때 이를 저장한 후에 적절한 상황에서 다시 인출하여 사용할 수 있도록 하는 두뇌의 기억 저장장치의 도움을 받게 된다. Oxford(1990)는 언어 학습 전략은 학습자가 새로운 정보나 기술을 이해하고 이를 기억하기 위해 의식적으로 사용하는 구체적인 계획과 조치인 인지적 활동을 의미한다고 하였다. 이 활동은 학습과정에서 다양한 목적으로 사용되는데, 과제에 접근하는 여러 가지 방법이나 기법과 목적 달성을 위해 특정 정보를 제어하고 조작하기 위해 계획된 설계라고도 정의 된다(Brown, 2007). 그러므로 언어 학습 전략은 학습자가 자신의 부족한 지식과 문제 상황을 해결하려는 목적을 가지고 다양한 방법으로 접근하며, 학습자가 스스로 특정 정보를 선택하거나 지지체계의 도움을 구하며 언어의 체계적 발달에 도움이 되는 모든 행위를 말한다.

옥스퍼드(Oxford, 1990)가 제시한 학습전략은 새로운 상황(학습과정)에 잘 적응하고 전이가 잘 이루어 질 수 있도록 학습자가 취하는 특별한 행동 전략으로, 학습자가 과제를 수행하는 과정에서 언어정보처리에 직접적으로 개입하는 직접적 전략(direct strategy)과 간접적 전략(indirect strategy)을 제시하였다. 직접적 전략은 특정 과제나 상황 속에서 언어 자체에 영향을 줄 수 있는 새로운 정보를 기억하고 재생하는 기억전략(memory strategy)과 다양한 방법을 활용하여 언어를 이해하고 활용할 수 있게 하는 인지전략(cognitive strategy) 그리고 학습자가 언어 학습에 흥미를 잃었거나 힘들어할 경우 그 부분을 보충하기 위해서 학습자의 학습 의지를 고취시키려는 보상전략(compensation strategy)으로 나누었다. 그리고 간접적인 전략에는 학습자의 언어 학습 계획과 학습과정을 조직하고 평가를 하는 초인지 전략(meta cognitive strategy), 언어학습과 관련된 개인의 감정이나 동기 및 태도 등을 조절하도록 돕는 정의적 전략(affective strategy) 그리고 타인과의 질문, 공감, 협력하기 등 상호작용을 통해 학습하는 사회적 전략(social strategy)으로 분류하였다(Oxford, 1990). 학습자들은 자신의 성향과 특성에 따라 선호하는 전략이 다른데, 직접적 전략과 간접적 전략 중에서 직접적 전략을 선호하고 잘 활용하는 그룹은 하위학습자들 보다 상위학습자들이 더 선호하였다고 한다(Oxford, 1990) 그러나 간접적 전략의 경우에는 상위학습자나 하위학습자 사이에서 큰 편차가 없었다고 한다. 특히 직접적 전략인 기억, 인지, 보상 전략의 경우에는 지식을 습득하기 위한 학습 목적으로 한 교육에서는 더 효과적일 수 있으나, 오히려 간접적 전략인 초인지 전략과 정의적 전략 그리고 사회적 전략은 개인의 창의성, 공감능력, 사회성 발달에는 더 큰 의미를 부여하고 있음을 알 수 있다.

오말리와 샤모트(O'Malley & Chamot, 1990)의 연구에 의하면, 학습자들의 독해능력 향상을 위한 메타인지적 전략에 따라 독해 활동 전에 목표를 설정하고, 읽는 동안 전략을 조정하며, 읽은 후 결과를 반성하는 과정을 중요시 했다. 이러한 과정이 언어 학습 시 학습자가 의식적으로 사용하는 구체적인 행동이나 기술 즉, 전략이라고 하였다. 그들은 새로운 정보를 이해하고 저장하는 것을 더 효율적으로 하기위해 사용하는 특정한 사고나 행위로 정의하였으며, 언어학습 전략을 상위인지 전략, 인지 전략, 그리고 사회적, 정의적 전략으로 분류하였다.

오말리와 샤모트의 상위인지 전략의 하위전략들을 살펴보면 다른 연구자들과 달리 눈에 띄는 부분은 학습자의 자기 통제와 자기 관리를 들 수 있다. 자기통제의 사전적 의미는 주체로서의 자기가, 객체로서의 자기를 제어하여 그때그때의 상황에 맞는 행동을 취하는 일 또는 즉각적이거나 단기적인 욕구의 충족을 억제하거나 감정의 직접적인 표출을 억제하는 경우라고 한다(daum 우리말샘). 이것은 주제에 대한 인식을 하는 과정에서 충동적인 판단을 보류하고 적절히 조절하라는 것으로 순간적인 감정에 따라 이루어지는 판단을 보류하고 조절할 수 있는 능력을 관리하는 것이 자기관리라고 할 수 있다. 이러한 전략들을 다양하게 사용하는 학습자의 경우 그렇지 못한 학습자에 비해 우수한 학습 성과를 나타낸다고 한다

O' Malley와 Chamot(1990)의 언어 학습 전략 분류

학습 전략	세부 학습 전략
상위 인지 전략	계획: 선행조직자, 유도된 주의집중, 기능적 계획, 선택적 주의집중, 자기관리, 지연된 발화, 일반적 또는 선택적 관심 기울이기, 점검: 자기점검과 통제를 통해 학습의 이해여부를 지속적으로 확인 평가: 목표 달성 여부를 검토하였는지 자기평가를 한다. 문제해결: 막히는 부분에서 멈추고 다시 대체 전략을 사용한다. 사전 지식을 활성화하여 텍스트와의 연결점을 찾는다.
인지 전략	자료 활용, 반복해서 보기, 분류, 연역, 형상화, 연역적 추론, 청각적 표상(소리와 연결), 핵심어 기억법, 합성화, 전이, 메모, 요약하기, 재결합, 번역,
사회 정의적 전략	명확히 하기위한 확인 질문, 반복해서 말하기, 바꿔 말하기, 설명이나 예를 요청하기
	협동, 피드백을 받고, 정보를 공유, 언어활동을 위한 한 명 또는 그 이상의 동료들과 일하기

(최지혜, 2013; 조선 2023에서 재인용)

인지전략은 효율적인 학습을 유도하기 위해서 다양한 방법을 활용하는 전략으로 정확한 추론과 판단을 내리기 위한 노력이 중요하다고 한다. 그리고 사회 정의적 전략에서는 미처 이해하지 못한 문제에 대해서 질문하기 기법을 사용도록 제시하였다. 질문기법은 학습자가 언어를 학습할 때 부족한 부분을 충족하기 위해서 교사 또는 또래 학습자와의 사회적 지지 관계 형성을 통해 모르는 부분을 질문하고 해답을 얻는 것이 학습에 도움이 된다고 이해할 수 있으므로, 상호작용을 통해 정보의 수용능력을 신장시킬 수 있기 때문이다.

l) 메타인지 전략(meta cognitive strategy)

  메타인지 전략이란, 어떤 사실을 정확히 인식하기 위해 객관적이며 합리적인 사고를 하는 지적 과정으로, 문제해결, 추론, 계획, 의사 결정 등 복잡한 인지활동과 관련되어 있다. 즉, 복잡한 활동이 요구하는 다양한 목적에 따라 정보를 처리하는 인지과정을 여러 가지 방법으로 감시하고 조정하며, 조정된 것을 통합하는 능력을 의미한다. 플라벨(Flavell, 1979)은 메타인지는 인지적 이해에 대한 인지라고 주장하였는데 이것은 자신이 인지한 정보에 대한 의미를 여러 가지 기능을 활용해서 다시 재구성하는 높은 수준의 인지 과정이라고 주장하면서 메타인지 기능은 메타인지 지식, 메타인지 경험, 메타인지 전략사용의 세 가지 요소로 구성된다고 하였다. 그러므로 메타인지란 자기 인식을 위한 개인 지식, 과제 지식, 전략 지식의 인지적, 정의적 특징으로 자신과 타인에 대하여 가지고 있는 신념과 지식이 포함된다. 과제 지식은 학습자가 과제의 요구와 목적 그리고 과제의 본질을 이해하는 지식을 의미하며, 전략지식은 과제의 목표를 달성하기 위한 가장 효율적인 전략을 알고 이를 활용할 수 있는 지식을 말한다(곽도형, 민경아, 2023).

　의사소통에서 활용하는 메타인지 전략은, 주제에 관련된 사전 조사의 활동을 계획하고, 조사한 내용에 근거하여 주제를 추론하며, 주제의 이해 여부를 관찰하는 것과 자신이 학습한 내용을 평가하는 고차원적인 기술이 포함 된다(Purpura, 1997;). 이러한 전략의 활용능력은 어휘 지식 및 다양한 정보를 통합함으로써 주제의 의미를 추론 할 수 있는 능력을 향상시킬 수 있다. 또한 메타인지는 이해하기 어려운 문제 또는 해결하기 어려운 상황에 직면했을 때, 자신이 가지고 있는 배경지식과 새로 습득한 정보를 비교하고 그 내용을 다시 점검(monitoring)하며 그 의미를 재구성 하는 기능이 요구된다. 그리고 자신이 가지고 있는 기존 전략 중에서 가장 적절하다고 판단되는 전략을 사용하도록 선택시키는 행동이라고 볼 수 있다. 따라서 자신이 인지하고 있는 문제에 대한 해결책을 제시하기 위해서는 새로운 방법 즉, 기존의 판단 방법이 아닌 새로운 전략으로 인지된 정보를 통합하고 그 정보에 대한 결과를 유추한 다음에 더 효율적인 방향으로 목표를 세워 실행할 수 있는지를 분석하는 전략적 행위를 말한다.

언어 학습에서의 메타인지 체계

메타인지 지식	메타인지 경험	전략 사용
자기 인식	← 지각 →	자기 관리
개인 지식		언어 사용
과제 지식		언어 학습
전략 지식		

(상단: 메타인지 (메타인지 인식))

(Flavell, 1979; 곽도형, 민경아에서 재인용)

메타인지 전략을 발현시키기 위한 전략적 행위는. 먼저 새로운 시각으로 학습문제를 다시 점검하고 이해되지 않는 부분에 대해서는 타인에게 도움을 요청하며, 객관적이고 합당한 정보를 탐색하는 노력과 이 문제에 대해 다양한 의견을 청취하기 위해서 토론하기 등의 방법을 사용한다. 토론을 통해 가장 효과적이라고 판단된 전략을 선택하여 대안적 방법을 제시하여야 하므로 새로운 시각으로 점검한 정보들을 다양한 각도에서 조작하고 통합할 필요가 있다. 이러한 과정들을 이해하기 위해서는 두뇌의 인지도식이 창의적으로 발현될 수 있도록 구조화 되어야 하며, 언어학습과정에서 주제를 창의적으로 인식하고 조작할 수 있는 인지도식은 환경 요인, 자극, 반응에 의한 경험 그리고 습관적 모방과 행동에 의해 구조화 된다.

사회적 존재인 인간이 학습하는 최초의 기본적인 방법은 양육자와의 일상생활에서 상호 모방학습을 통해 이루어지며, 모방 학습은 반복적인 자극과 반응에 의해 공고화 과정을 거치면서 두뇌의 뇌신경세포인 Neurone(뉴런)과 Neurone이 시냅스(synapse) 끼리의 연결을 통해 도식(schema)으로 형성되는 과정을 거치게 된다. 형성된 도식(schema)은 개인의 선험적 지식 즉, 배경지식으로 저장 되어 생활사건 또는 학습과정에서 촉발되는 어떠한 단서에 의해 활성화될 때까지는 잠복된 기억으로 내재되어 있기 때문에 늘 의도적으로 의식할 필요는 없다. 그러나 학습과정에서 어떠한 촉발 단어에 의해 추론 가능한 상황이 발생할 때는 특별한 노력이 없어도 큰 어려움이 없이 바로 인출되어 학습에 필요한 인지전략으로 활용될 수 있다. 이와 같이 개인의 두뇌에 도식화되어 있는 배경지식은 상대방의 메시지 내용의 의미가 애매하다고 느끼거나 이해가 어려운 경우에도 그 의미를 유추하여 화자의 의도에 접근할 수 있는 기능도 있다. 그래서 화자가 전달하고자 하는 문장에서 이해하기 애매한 단어, 문장, 주제에 대해서는 자신의 사전지식을 활용하여 의미를 유추하거나 예측이 가능하기 때문에 주제에 집중할 수 있도록 할 뿐만 아니라 전체적인 내용을 이해하는 속도가 빨라져서 효과적인 대처를 할 수 있도록 한다. 그러므로 두뇌의 인지도식으로 범주화된 배경지식은 인지된 정보를 다시 평가하고 재수정하려는 메타인지(초인지) 전략에서 매우 유용하게 사용된다.

특히 메타인지능력이 높은 개인의 경우에는 의사소통과정에서 타인이 전하고자 하는 의미, 내용, 목적을 분별하고 정확히 판단한 다음 대화하는 주제의 목적이 자신과 집단에 어떠한 결과를 도래할 것인지에 대해 상황적 특징과 결과를 먼저 고민한다. 그리고 그 주제를 객관적이고 보편타당성에 합당한 의미의 주제로 변환하여서 자신과 집단에 유익한 목적으로 재구성하게 된다.

2) 인지적 이해력과 사고력

인지적 이해력은 두뇌가 외부의 대상이 주는 정보를 이해할 필요가 있을 때, 아직 대상이 주는 자극(정보)을 경험하지는 못했거나 그 정보가 바로 이해가 되지 못했어도 기존에 저장되어 있는 선험정보(배경지식)를 활용하여 그 정보를 예측하고 조합하여 대처할 수 있는 능력을 말한다. 우리의 뇌는 자극의 의미나 정보의 내용을 심적 표상으로 구성하고 이를 보유, 변환, 산출하여 활용하거나 정보를 분별하고 판단하는 모든 의식적 사고를 할 수 있는 능력이 있는데 이 능력을 인지적 사고력이라고 한다.

언어적 능력은 언어뇌인 좌뇌의 영향을 많이 받는다면, 비언어적인 표현은 우뇌의 관여를 받는데 이러한 모든 것을 조절하고 통제할 수 있는 능력이 바로 인지적 사고력이다. 인지적 사고력은 단순한 지식이나 정보를 기억하고 이해하는데 국한되지 않으며 당면한 문제를 해결하기 위한 능력인 추론과 비판적 시각의 사고 그리고 창의성 발휘 등을 위해 필요한 과정을 이해하고 작용하는 능력을 향상시킨다. 특히 언어지능,

공간지능, 수리지능 등을 통합할 수 있는 고차적 인지능력(Luia 2012; 홍진승, 2022)은 인지적 민감성이 탁월하게 발휘하도록 도와서 사고력의 향상에 큰 영향을 준다. 그러므로 인지적 사고력은 좌·우뇌 모두의 협업에 의해 발현되면서 고차적 인지능력인 메타인지 능력이 활성화되도록 돕는다. 또한 인지적 사고력은 지적 사고 능력으로도 이해할 수 있는데, 다양한 각도에서 새로운 생각을 생성해내는 우뇌적 특성의 확산적 사고(divergent thinking)와 확산적 사고에서 얻은 정보를 정교하게 다듬어 유용한 정보로 구체화 시키는 좌뇌의 수렴적 사고(convergent thinking)가 서로 상호 협력하고 있다. 수렴적 사고는 생성된 아이디어를 해결책으로 이끌어가려는 좌뇌의 특성에서 비롯된다(Springer and Deutsch, 1998).

인지적 사고력은 논리, 추론, 계획 등 가장 고차적인 정신기능을 수행하는 대뇌의 전전두엽의 기능으로(Fuster, 1997), 외부 및 내부의 감각자료, 감정적 자료, 그리고 과거의 정보를 종합해서 주어진 상황에서 가장 적절한 할 수 있도록 계획해내며, 불필요한 행동을 억제하는 기능을 수행할 수 있기 때문이다(서울대학교 과학기술부, 2001). 의사소통에서 진정한 의미의 인지적 사고력은 학습상황에서 언어가 주는 의미를 객관적이고 지적인 분석을 할 수 있으며 분석된 내용을 유용하게 사용할 수 있는 능력과 그 언어 또는 비언어적인 표현에 내포되어 있는 정서적 감정도 함께 이해할 수 있는 기능을 포함하고 있는 것이다. 그리고 복잡한 문제 또는 갈등 상황에서 문제의 주제를 명확히 해석하고 이해할 수 있으며, 그 상황을 해결하기 위한 대안을 제시할 수 있는 능력뿐만 아니라 타인의 정서적 관점을 이해하고 배려할 수 있는 역량이 높다.

3) 학습자의 신념

학습자가 가지고 있는 신념은 학습과 의사소통 과정에서 더 많은 영향력을 미치는데 학습자가 모든 상황에서 헌신, 성실한 노력, 인내 등의 긍정적인 면에 초점을 두고 있는 '성장 마인드 셋(Growth mind set)'의 신념을 가지고 있거나 또는 목표를 성취하고자 하는 마음은 있지만 실패에 직면했을 때 즉시 자신의 지능과 과제를 수행하는 능력을 불신하는 '고정 마인드 셋'의 신념을 가지고 있는 것인가에 따라서 학습 성과에 큰 영향을 미치게 된다. 성장 마인드 셋의 신념을 가진 학습자의 특성은 지능의 높고 낮음과는 별도로 목표 지향적 성향에 따라 노력하는 모습을 보이게 된다. 이러한 학습자는 지능은 노력을 통해 성장시킬 수 있다고 믿기 때문에 노력에 따라 상황은 변화된다고 믿으면서 긍정적 사고로 학습에 대처 한다(김명준, 2019). 반대로 고정 마인드 셋(Fixed mind set)의 신념을 가진 학습자는 조금만 어려워도 자신의 능력으로는 극복할 수 없다고 생각하는 목표성취에 부정적인 동기를 갖고 있어서 학습과 노력을 해도 지능은 변하지 않는다고 생각하기 때문에 언어학습에 부정적 요인으로 작용하게 된다. 그러므로 성장 마인드 셋을 보유한 개인의 경우에는 자신의 신념에 의거한 학습목표의 방향성에 대한 확고한 태도, 학습 태도에 대한 성실성, 학습 환경을 이겨내는 의지력, 이해하지 못한 과제에 대한 도전, 문제를 바라보는 문제해결 능력과 새로운 시선으로 사고하는 창조적 사고력이 초인지 전략에 대해 긍정적 효과와 함께 의사소통에서도 부정적 언어의 사용을 제한하고 긍정적인 관점에서 소통하려는 노력을 하게 된다.

성장 마인드셋	-지능은 노력을 통해 성장시킬 수 있다는 믿음 -학습 목표에 대한 확고한 태도, 성실성, 의지력 -도전적이며 긍정적 사고력

고정 마인드셋	-지능은 노력해도 성장시킬 수 없다고 단념 -목표성취에 대해 부정적 동기

2. 보상 전략(Reward Strategy)과 학습동기

1) 학습동기

인간은 어떤 행위에 대한 목표를 달성하기 위해서 흥미와 관심 그리고 행위에 대한 보상이 그 힘을 유지시킬 수 있는 도구로 작용한다. 보상으로 인한 만족감은 크게 심리적 보상과 경제적 보상이 있는데 개인에 따라 어떤 보상이 더 효과적인지를 알기 위해서는 만족감에 직접적으로 관여하는 두뇌의 보상 시스템을 이해할 필요가 있다. 학습동기를 지속적으로 유지시키기 위해서는 바람직한 학습행동은 보상을 주고 바람직하지 못한 행동은 벌을 주는 보상전략이 학습동기를 지속시킬 수 있다고 한다(Stipek, 1998). 인간은 자신이 느끼는 성취감, 쾌감, 즐거움 등이 두뇌 보상중추를 활성화시킬 때 뇌는 신경전달물질인 도파민을 분비시킨다. 도파민에 의한 심리적 만족감의 충족은 이 행동의 빈도를 증가시켜서 어떤 과제를 성공적으로 달성하려는 동기유발의 근원이 되는 것이다(홍춘우 외, 2022). 그리고 경제적 인센티브(incentive)를 제시하는 외적 보상조건은 학습에 대한 흥미(interest), 욕구(needs), 가치(value), 태도(attitude), 포부(aspiration) 등이 함께 작동하도록 고취시킨다. 그러므로 외적 보상과 내적보상은 두뇌 보상시스템에 의해 동기화된 사고방식과 행동양식에 영향을 주므로 학습자의 학습 동기에 큰 영향을 끼친다. 외·내적 보상에 의한 심리적 만족감(satisfaction)을 제공 받게 되면 학습의 성과를 이루려고 하는 효과가 극대화 될 수 있지만 개인에 따라 보상 방법이 일률적이지 않으며 선호하는 보상방식이 다를 수 있다.

학습동기를 4가지로 제시한 몰간과 킹(Morgan & King, 1971)은, 자극을 통해 행동이 유도되는 주도적 기능과 학습목표를 향한 행동이 일어나는 지향적 기능, 학습된 내용에 대한 지속적 기능, 그리고 학습자의 욕구를 만족시킨 행동의 결과로 인해 다시 같은 행동을 하게 반복하게 하는 강화적 기능이 학습이 동기를 유지시킨다고 하였다. 학습의 동기가 강하게 고취된 학습자는 학습을 수행하는 과정에서 학습에 대해 주의집중(attention)능력이 높아지며, 주의집중능력은 학습태도, 학습자의 필요한 목적에 맞춘 학습 관련성(relevance)에 대한 만족감 그리고 자신이 이 학습의 목표를 달성할 수 있을 것이라는 자신감(confidence) 등의 향상을 유도한다(Keller & 송상호, 1999). 동기는 심리적, 환경적으로 어려운 상황 속에서도 학습자가 학습을 포기하지 않고 결정한 목표를 향한 노력의 강도와 심리적 동요를 통제하고 조절할 수 있는 힘으로 성취하고자 하는 목표를 끝까지 완성해내기 위한 내·외적 의지로 정의할 수 있다.

캘러(Keller, 1987)는 ARCS 동기 모델의 요인을 제시하면서, 동기를 유발하는 여러 가지 변인들 중에 주의집중(Attention; A), 관련성(Relevance; R), 자신감(confidence: C), 만족감(satisfaction: S)이 서로 상호작용을 하면서 동기를 유발한다고 주장하였다. 주의집중(Attention; A)능력은 학습의 지루함을 호기심으로 변환시킬 수 있어서 학습의 탐구성과 각성상태를 유지시킬 수 있다고 한다. 그리고 자신이 수행하고 있는 학습의 방향과 목적이 자신의 목표와 관련성(Relevance; R)이 있는지를 탐색하고, 이 학습을 성공적으로 완료할 수 있다는 개인적 자신감(confidence: C)이 단계별 목표 달성에 따른 내·외적 보상에 의한 만족감(satisfaction: S)이 학습동기를 지속시킬 수 있는 힘이라고 한다.

학습을 지속시키는 동기와 인지적 능력과의 상호작용에 관한 신경과학 연구에서 두뇌의 혈류량을 측정한 결과 인지적 실행기능은 배외측 전전두피질과 관련이 있고 정서적 실행기능은 복내측 전전두피질 및 안와전두피질과 관련이 높다고 한다(Clark et al., 2004; 최은아, 2018). 전전두피질은 보상체계를 담당하는 뇌 영역임과 동시에 동기가 관여된 목적지향적인 행동을 조절하며(Rolls, 2004), 정서적 만족도는 학습을 지속시키는 동기와도 밀접한 관계가 있다. 상위인지능력과 동기는 매우 강력한 상관관계가 있음이 밝혀졌다(Ansari & Coch, 2006). 상위인지전략(메타인지전략)은 자신의 학습방법과 목적에 대한 반성적 사고를 통해 학습과정을 다시 살펴보고 현재의 전략을 평가할 수 있어서 더 효율적인 학습전략을 세울 수 있는 능력으로, 학습전략에 대한 보다 구체적이고 실제적인 정보를 제공해 줄 수 있다

보상자극을 통한 학습동기	
주도적 기능 (initiative function)	학습을 타인의 강압에 의해 진행하는 것이 아닌 자신의 의지로 실행하는 기능
지향적 기능 (directive function)	학습 목표를 향해 나아가는 기능
지속적 기능 (continued function)	학습을 지속적으로 실행하는 기능
강화적 기능 (reinforcement function)	학습이 힘들 때에도 포기하지 않고 다시 학습행동을 하는 기능

Morgan & King(1971)

2) 주도적 학습기능

주도적의 의미는 자신이 성취할 목표를 향해 긍정적인 신념을 가지고 스스로 노력하는 자세로, 타인에게 의지하거나 포기하지 않는 학습행동을 의미한다. 자기 주도적 학습의 의미를 나타내는 용어로는 독학, 자습, 자율학습, 개별학습, 자기교수, 자기조절학습, 자기 주도 학습 등으로 표현되고 있다(박효정 외, 2012). 주도적 학습은 교사가 중심이 된 교수(teaching)가 아니라 학습자가 중심이 된 학습(learning) 진행 방법으로, 학습자가 자신의 학습에 있어서 적극적이고 주도적으로 계획을 세워서 자신의 학습 활동에 대해 평가를 진행할 수 있는 능력과 학습을 여전히 진행할 수 있는 지속적인 노력이 필요한 기능이다. 특히 학습자 자신이 스스로 능동적이며 적극적이고 자율적인 학습동기를 유지하기 때문에 배움에 대한 성공적인 기쁨을 더 누릴 수가 있어서 긍정적 자아존중감이 높아지는 효과가 있다. 주도적 학습은 구성주의 학습이론과 그 맥을 같이 한다. 주성주의 학습은 학습자들이 학습에 대한 주인의식, 자아 성찰적 실천, 협동학습 환경의 활동, 교사의 역할(학습의 조언자, 동료학습자)의 원칙 안에서 실천되고 있다(이정희, 2003). 그러므로 자기 주도적 학습은 개인이 스스로의 권한과 책임을 가지고 학습 과정을 계획하고 실행하며 평가할 뿐만 아니라 자신의 학습에 대한 모든 과정을 통제, 조절할 수 있는 능력과 때로는 동료학습자들에게 교사의 역할도 담당하게 된다. 이처럼 학습에 대한 주인 의식은 자신이 더 이상 수동적인 습득자가 아니며 적극적이고 자율적인 지식의 형성자가 된다는 것으로 스스로 학습을 관리하고 학습목표와 학습방향을 설정해 나갈 수 있는 능력이다. 무엇보다도 자기 주도적 학습은 학습과정에서 지식 습득이나 기술 향상을 위해 문헌, 교육 방송, 컴퓨터 학습 프로그램, 인터넷 자료 외에 교수, 학습동료들과의 인적교류작용에 의한 지식의 습득도 필요로 한다. 그리고 자기 주도적 학습은 외적 자원의 충족만으로 충분한 것이 아니기 때문에 학습 환경과, 동료 학습자 그리고 교사와의 상호작용을 통한 건강한 피드백 등 내적 자원의 중요성을 간과하지 않도록 하여야 한다. 특히 학습자가 자신의 학습 성과에 대해 긍정적 피드백을 받을 경우 학습동기가 고취되어서 문제파악, 해결 과정, 결론 도출 및 결론에 대한 타당한 이유를 알아내기 위한 도전을 멈추지 않게 하는 힘을 향상시켜 준다. 예를 들어, 문제를 해결한 후에 받는 칭찬과 같은 긍정적 피드백은 정서적인 만족감과 성취감을 보상으로 받게 되면서 다음 학습을 지속하게 하는 힘이 얻게 한다. 이렇게 반복적인 만족감과 성취감을 느끼게 되면 두뇌의 도파민 회로가 활성화되어서 학습을 더 지속하고자 하는 노력이 증가할 뿐만 아니라 문제에 접근하는 방법과 동료와 협력하는 방법, 그리고 효과적인 환경 등에 대한 지식이 본능적으로 발현될 정도의 도식(Schema)이 형성된다.

노울즈(Knowles)가 제시한 자기 주도적 학습 모형을 살펴보면, 1단계 학습욕구의 진단, 2단계 학습 목표의 설정, 3단계 학습을 위한 인적 및 물적 자원 파악, 4단계 적절한 학습책략 선정 및 이행, 5단계 학습 결과 평가의 5단계 과정이 필요하다고 한다. 이러한 과정을 거치는 자기 주도적 학습자의 특성은 내적 동기의 유지, 권위자에 대한 의존성에서의 독립성, 학습 목표를 향한 지향성, 학습 정보 수집 대한 적극적인 주도성 적극성 그리고 자신의 학습 성과에 대한 자기 책임성이 강조된다. 그러나 반대로 타인 주도적 학습자들의 경우에는 타인 의존적 성향과, 학습 참여에 의례적이며, 제한된 메타 인지적 지식과 학습 능력, 그리고 외적 요인에 의해 학습동기가 발현된다고 한다.

Knowles의 자기 주도 학습자의 특성
- 학습자 자신의 에너지에서 발산되는 내적동기
- 학습을 자신의 결정에 따라 생각하고 행동하는 자율성과 독립성
- 스스로 세운 학습 목표에 대한 목표 달성 지향성
- 외부적 요인과 관계없이 스스로 학습을 주도하는 주도성

자기조절 학습전략에 대한 개념을 정의한 짐머만과 폰즈(Zimmerman & Pons)

는 학습자가 자신이 달성하고자 하는 목표에 대해서 구체적이고 명확하게 인지할 때 비로소 학습의 방향성을 정확하게 설정할 수 있으며 학습의 동기부여도 높아진다고 한다. 그들은 자기조절학습을 6가지의 하위 요소로 분류하면서 학습 목표의 설정, 학습 계획 수립, 학습자로서 자신의 자세에 대한 자기 감시, 학습 진행 과정 등에 대한 자기 평가와 학습 전략의 조절 및 수정과 학습 동기의 부여가 자기조절학습을 위한 6가지 요인이라고 주장하였다.

자기주도 학습자들의 특징을 살펴보면, 학습 기회에 대한 개방적인 태도와 열정, 애정 그리고 책임감을 가지고 있으며, 특히 미래지향적 목표를 세우고 문제해결에 있어서 창의적인 성향을 나타내고 있다(Gugliemino, 1977). 그리고 학습계획의 적절성을 재확인 하는 능력과 자신이 세운 계획대로 주도할 수 있는 인내력, 학습한 내용의 지식을 평가할 수 있는 능력 그리고 학습과정을 대하는 자신의 행동에 대한 자기반성도 필요하다. 자기반성은 자기 주도적 학습과정에서 효과가 있었던 것들과 그렇지 않았던 것들을 확인하기 위해 이루어지며, 학습 능력을 향상시키기 위해 새로운 학습 자료를 창출하고, 학습자원에 대한 점검도 이루어져야 한다.

이순규(1994)는 자기 주도적 학습 훈련을 받은 학생들의 경우 비훈련자에 비해 자기 통제력이 크게 향상되었으며, 문제해결능력의 향상에 매우 긍정적인 영향을 미쳤다고 한다. 이처럼 자기 주도적으로 학습을 하는 학습자들은 학습과정에서 자신의 의지를 통제하고 조절하는 전전두엽의 활성화가 강화되었을 것으로 판단된다. 왜냐하면 학습을 오랜 시간 지속힐 때 일어나는 육체적 피곤함과 심리적으로 피곤함에 의해 포기하고 싶은 현상이 일어날 때 포기하지 않고 계속할 수 있는 힘을 얻기 위해서는 그 마음과 감정을 조절하고 통제할 수 있는 전전두엽의 간섭이 있어야 하기 때문이다. 그러나 자기주도 학습이 아닌 타인 주도 학습자의 경우 자신을 통제하고 조절하는 능력의 부족이 나타나고 있는데 이것은 어떤 목표가 주어졌을 때 스스로의 의지로 도전한 경험이 없기 때문이다. 예를 들어, 권위적인 부모의 통제 속에서 학습과정이 진행되었다면, 권위자의 목표 단계에 따라 습관적인 학습이 진행되었을 것이며 이로 인해 독립성의 결여가 자기 주도적 학습을 수행할 수 없는 타인 지향적 학습자로 습관화 되었기 때문이다.

Long(1992)은 전문가의 지도여부에 관계없이 학습자 스스로 학습과정을 통제하고 관리하며, 초인지적으로 학습을 수행하는 과정이 자기주도 학습능력이라고 보았다.

자기 주도적 학습	타인주도적 학습
독립적 학습 진행	타인 의존적
자기 지향적 가치	타인 지향적
긍정적 자기 효율성	제한된 자기 효율성
메타 인지적 지식	제한된 메타 인지적 지식의 한계
내적 요인으로 동기화	외적 요인에 의한 동기화
학습에 집중적으로 참여	학습 참여에 의례적
지적인 집중을 우선시함	지적 집중이 분산

김동욱(2002)에서 재인용

3) 자기조절 학습전략과 구성요소

자기조절 학습전략과 자기주도 학습전략은 매우 유사한 개념이지만, 자기주도 학습은 성인 학습자의 주체적인 학습활동으로 설명되며, 자기조절 학습전략은 학습자 스스로 메타인지를 촉진하여 학습에 대한 지식 및 기술, 태도 등을 함양하기 위해 학습상태를 조절하고 통제할 수 있는 일련의 행동 전략이다.

자기조절 학습의 하위 전략으로 계획・점검・조절・자원관리 전략이 있으며 (Zimmerman & Pons, 1986), 세부적으로는 학습 목표의 설정, 계획수립, 자기 감시, 자기 평가, 조절 및 수정, 학습의 동기부여가 전략적으로 필요하다. 또한 학습자가 학습과정에서 능동적이고 적극적인 참여를 유도하는 인지・동기・행동을 조절하는 3가지 학습전략으로도 나눌 수 있다(Pintrich, 2004).

인지전략	-정교화: 학습 목표를 명확히 설정한다. -조직화: 학습을 단계별 수립 하고 조직적으로 학습한다. -비판적 사고: 학습 과정을 모니터링하고 비판적으로 평가 한다. -메타인지: 자신의 학습 상태와 진행 상황을 계속 점검하고 조정한다.
동기전략	-내재적 동기: 학습 자체에서 오늘 즐거움이나 호기심 등 내부적 요인 -외재적 동기: 점수, 보상, 사회적 인정 등 외부적 요인에 의한 동기 -통제: 실패나 좌절감 같은 부정적 감정을 효과적으로 통제한다. -과제 가치: 학습 과제의 중요성과 개인적 의미를 인식하는 정도
행동전략	자원 관리: 시간 관리 및 환경 구성을 체계화 한다. 행동 조절: 집중력을 유지하기 위해 방해요소 제거한다. 도움 요청: 모르는 문제를 전문가에게 도움을 요청한다. 지속성 유지: 어려운 여건에도 학습 목표를 향해 꾸준히 노력한다

핀트리히(Pintrich)는 기존 연구(Pintrich & DeGroot, 1990)를 확장하면서 학습의 인지적 측면과 동기적 측면을 보완하여 제시하였다. 인지적 측면의 자기소셜학습은 학습자 스스로 필요한 계획을 세우고, 목표를 설정하며, 문제를 해결하고 학습 정보를 정리하는 전략적 사고와 학습의 진행 정도를 지속적으로 점검하고 평가하는 것이 필요하다고 주장하였다. 동기적 측면은 실패에 대한 원인을 추론하고, 학습의 중요성과 가치가 자신에게 주는 내・외재적 동기를 잃지 않도록 부정적 감정을 효과적으로 다룰 수 있는 능력이다. 그리고 행동적 측면은 효과적인 학습을 위한 자원을 관리하

고 산만한 행동을 억제하기 위해 방해 요소를 제거하고 집중력을 유지하는 개인의 외척 측면의 자기조절이 필요함 주장하였다. 그에 의하면 인지조절 학습전략과 행동조절 학습전략을 많이 사용하는 학습자일수록 학습의 자율적인 동기가 높고, 우수한 성적을 거두고 있다고 한다. 그러나 학습자가 아무리 구조화된 학습전략을 사용하고 있어도 이 전략 기법을 활용할 수 있는 능력은 선천적인 것이 아니라 반복 훈련과 연습 등을 통해 후천적으로 계발되는 것이라고 한다.

(I) 자기조절 학습의 구성요소

자기조절(Self-Regulation) 학습 전략을 세우기 위해서는 자기조절 학습의 주요 구성요소를 먼저 이해하여야 한다. 자기조절학습에 대한 효과적인 학습전략은 목표 설정, 계획 수립, 자기 평가, 자기 조절, 피드백 수용, 자기 효능감 증진, 학습 환경 조성이 필요하다고 한다(Corno, 1989). 학습자는 학습을 위한 구체적이고 명확한 계획을 세우기 위해서는 목표의 단계별 자기 평가와 학습 진행에 따른 구체적인 성과를 측정해야 한다. 그리고 무엇보다도 학습을 향한 지치지 않는 동기를 유지할 수 있도록 주위의 도움을 요청하는 것이 부끄러운 일이 아니라 당연한 권리라는 것을 이해할 필요가 있다.

또 다른 연구에서 라완(Lawson, 1995)은, 자기조절학습을 위한 요소로 관찰과 자신의 학습 결과에 따라 학습 과정을 개선하기 위한 평가능력 그리고 학습과정에서 나타난 문제점에 대한 보완을 하기 위한 수정의 필요성을 주요 구성요소로 제시하였으며, 그 후 연구를 보완하여 목표설정(Goal Setting), 관찰(Monitoring), 평가(Evaluation), 전략의 선택(Strategy Selection), 실행(Implementation)을 포함한

다섯 가지 구성요소를 수정 제시하였다. 이 이론은 학습자가 자신의 학습 과정을 스스로 모니터링하고, 목표를 설정하며, 그 목표를 달성하기 위한 전략을 선택하고 실행하는 능력이다. 특히 학습목표는 구체적이며 달성 가능하여야 하기 때문에 목표를 달성하기 까지는 지속적으로 수정하고 보완할 필요성과 함께 자신의 강점과 약점을 파악하여 대처해야 한다. 그리고 자신의 특성에 맞는 적합한 학습 전략을 찾아 적용할 수 있는 능력과 실행과정에서 어려움이나 실패를 경험할지라도 포기하지 않고 이를 극복하고 지속적으로 노력하며 자신의 학습 결과를 평가하고 이를 바탕으로 자신의 학습 과정을 개선해야 한다고 주장하였다. 이렇듯 자기 조절 학습에 대한 많은 연구자들이 제시한 요인들은 거의 비슷한 조건을 제시하고 있으며, 이 요인들은 한 가지만 월등히 하면 우수한 학습 성과를 올릴 수 있다는 것이 아니라 각 요소들이 서로 협업할 수 있어야 학습자의 사고력과 문제해결 능력을 향상시킬 수 있다. 그리고 자기조절학습은 학습 과정에 적극적인 참여를 할 수 있는 실행 능력과 자신의 내적 동요를 객관적이고 합리적인 분석을 하는 인지조절 능력도 필요할 뿐만 아니라 자신이 달성하고자 하는 목표를 향한 동기를 포기하지 않고 지속시키는 힘 그리고 내·외부의 방해에도 지치지 않고 학습에 매진할 수 있는 능동적으로 행동하는 측면과 알지 못하는 것에 대해 도움을 적극적으로 요청할 수 있는 힘으로 구분할 수 있다

그러므로 자기조절학습의 학습자는 자신의 학습의 목표를 구체적이고 명확하게 설정해야 하며, 학습의 진행상황을 파악하고 필요한 경우 학습 전략을 수정하거나 보완하기 위한 자기 평가가 필요하다. 또한 학습의 난이도나 속도를 조절하면서 집중력을 유지하기 위한 자기조절과 교사나 동료들의 객관적인 피드백을 수용하고 이를 통해 발전적으로 학습을 진행해야 하며, 어려운 과제에 도전하고 있을 때는 자신의 능력을 믿는 효능감을 증진시키도록 해야 한다. 그리고 중요한 것은 학습하기에 적합한 환경을 조성하여 집중력과 학습에 대한 흥미를 지속시키도록 해야 한다는 것이다.

3. 보상전략의 이해

초기 학습자의 심리적 불안은 뇌의 인지능력에 부정적 영향을 미치게 되지만, 그럼에도 불구하고 긍정적인 마음가짐으로 학습에 임할 때는 뇌 스스로 보상체계를 발동시키게 된다. 특히 타인의 칭찬, 보상 등에 의해 느끼는 긍정적 감정 상태에 머물러 있을 때는 두뇌의 좌측 전전두엽이 활성화되고, 보상에 대한 기대에 의해 복부 선조체 안에 위치한 보상회로인 중격핵(septal nucleus)의 활성화가 이루어지게 된다 (Daniel Golman, 2014). 중격핵은 전두엽의 아래쪽 중앙 부분(중격 영역)에 위치하며, 변연계의 중심부에 자리하고 있어서 해마, 편도체, 시상하부, 중뇌 등과 신경 섬유로 연결되어서 보상 자극에 대한 반응과 동기부여를 촉진하며 도파민의 양을 증가시킨다.

중격핵의 주요 기능	
긍정적 강화 조절	도파민 경로의 중요한 일부로 음식, 성욕, 사회적 상호작용 등 보상자극에 대한 반응과 동기를 촉진한다. 쾌감을 유발하는 활동과 관련된 신호 전달에 관여한다.
자율신경계 조절	혈압, 심박수, 호흡 등 생리적 반응을 조절하는 자율신경계와 상화작용을 한다. 스트레스 상황에서 신체적 적응 반응을 유도한다.
감정 및 사회적 행동조절	사회적 행동과 관련된 감정(애착, 공격성 등)을 조절하며, 편도체와 협력하여 정서적 반응을 매개한다. 기억 형성에 간접적으로 기영하며, 특히 해마와의 연결을 통해 공간적 기억에 관여한다.
변연계 네트워크	시상하부, 해마, 편도체 등과 연결되어 정서, 기억, 본능적 행동을 통합적으로 조절하는데 관여한다.

보상과 관련된 주요 뇌 영역에는 중뇌피질-편연계(meso-sortico limbic)의 도파민 경로가 있다. 이 경로에 포함되는 뇌 구조는 안와전두피질, 편도체 및 측중격핵, 배외측 전전두피질, 전대상피질, 선조체, 복측선조체, 내측 전전두피질, 전전두엽 피질 등이다(김은주, 2012). 도파민(domamine)은 주로 긍정적 기분이나 감정을 야기하는 데 관여하는 강력한 신경전달물질로, 보상작용과 동기부여 그리고 작업기억을 도와주는 역할도 한다(Jensen, 2007; 정종진 역). 활성화된 보상체계는 학습자의 학습 성취감과 만족도를 계속 상기시키기 때문에 학습에 필요한 집중상태를 지속시키는 힘과 함께 동기를 유발시킨다. 그러나 개인에 따라 보상체계가 다른데, 보상은 심리적, 환경적, 경제적 모양에 따라 크게 외적 동기보상과 내적 동기보상으로 나눌 수 있다. 내적보상은 학습 자체에 흥미와 기쁨 등으로 학습에 매진하고자 하는 심리적 성취 동기에 영향을 받는 내적 동기를 활성화시켜서 학습 및 과제에 대한 성취감으로 몰입할 수 있도록 하기 때문에 자신의 의지로 학습 상황을 결정하므로 자기 결정성이 높다(Deci & Ryan, 1985). 외적 동기는 명예, 칭찬, 상품 등의 물질 보상 등 외부적 요인에 의해 발현된다.

내·외적 보상의 영향성은 개인의 성향에 따라 다르지만, 제시된 보상은 목표를 당성하기 위한 목표 지향적 행동을 유발시키기 때문에 학습목표의 방향성을 지속시키는 내적인 심리상태를 촉진시킨다. 그리고 내재적 학습동기를 가진 학습자와 외재적 동기를 가진 학습자의 보상 욕구는 상이하게 다른 것은, 외적 동기의 발현은 변연계의 특성이며 내적 동기의 특성은 좌뇌의 전진두엽의 특성이기 때문이다.

보상이 학습자에게 끼치는 중요한 영향력에 대해서 황효순(1983)은 세 가지 효과가 있다고 하였다. 첫째는 교육의 가치를 알게 되며, 학습자는 자신의 행동이 칭찬을 받으면 그 행동이 옳다는 것을 깨닫게 되고 벌을 받으면 그 행동이 나쁘다는 것을 알게 되어 행동의 좋고 그름을 변별할 수 있는 능력이 높아진다. 둘째는 보상에 의해 사회성이 바람직한 방향으로 변화될 수 있다는 것이다. 칭찬을 많이 받고 자란 학습자는 성장 후에도 보상이 제공될 수 있는 옳은 일에 대한 노력을 하게 된다. 그리고 셋째는 사회적으로 바람직한 규범은 강화시키고 바람직하지 못한 행동의 욕구는 점차로 약화된다는 효과가 있다. 그러나 외적 보상이 동기로 작용하는 개인의 경우에는 모든 일에 외적 보상이 우선순위가 될 수 있어서 보상이 제시되지 않았을 경우 학습 동기에 대한 의지가 수동적이 될 수 있다. 특히 자기분석이 가능하고 지적 능력이 높아지면서부터는 외적 보상만으로는 동기의 지속성이 유지되지 않기 때문에 내적 보상이 발현될 수 있도록 하는 것이 더 효과적이다.

1) 외적 동기(extrinsic motivation)

외적 동기는 비본질적 동기라고도 하며 외부의 힘에 의해서 일어나는 행동이지만, 학습의 목표를 달성할 경우에 제공되는 외적 보상에 의해 유발되어 추진력을 지속시키는 힘으로, 학습자의 학습행동에 활력을 주고 학습목표의 방향성에 대한 확신과 함께 지치지 않고 학업을 지속하며 완수할 수 있도록 이끄는 심리적인 힘을 준다. 외적 동기는 자극, 강화, 벌, 명예, 상장 등 객관적으로 측정할 수 있는 자극의 반응과 연관된다고 보았다. 외적 동기보상에 반응하는 개인은 눈에 보이는 외적 보상인 명성, 권력, 물질, 경제적 이익, 긍정적 피드백 등에 의해 실제로 체감할 수 있는 명확한 혜택이 분명하게 인지될 때 동기가 촉발된다. 외적 보상을 제공했을 때, 학습자는 어떤 노력을 하게 되면 보상을 받게 되는지를 학습하게 되어 이후 과제가 주어졌을 때 높은 참여 반응을 나타내며, 이후에도 지속적인 보상이 제공되면, 다른 과제에서도 새롭고 독창적인 반응을 보이게 된다. 사람에 따라 선호하는 보상의 형태가 조금씩 다를 수 있기 때문에 개인의 성향에 맞는 긍정적인 보상을 제시할 필요가 있다. 특히 외현적으로 나타나는 명예에 대한 욕구가 강한 학습자의 경우에는 칭찬, 상장, 처벌 등 동료학습자들 또는 부모가 알 수 있는 외적 보상이 학습태도에 긍정적 영향을 끼치게 된다. 그리고 타인이 알 수 있는 외적 보상이외에도 교사 또는 전문가의 언어적 칭찬이나 호의적 미소 등의 사회적 보상도 효과가 있다. 학습자들에게 제공하는 보상은, 물질적 보상이라도 구체적으로 제시되어야 하며, 활동적 보상을 제시할 때는 반장, 규율부장 등 선호하는 역할이나 활동의 기회를 제공하는 것이 효과가 있다. 상징적 보상으로는 상장, 메달, 트로피 등 명예를 상징하는 것, 그리고 등급, 점수, 별표, 평가적 논평 등 성적과 관련된 사정 보상이 외적 보상에서 중요한 기준이 되고 있다(윤세라, 2018). 그러나 외적 동기를 가진 학생들은 보다 쉬운 일을 선택하려는 경향이 있고 새로운 문제를 해결하는데 정보를 효율적으로 활용하지 못했으며(이은숙, 2010), 처벌을 피하기 위해 학습하는 등 외부의 압력에 의해 학습을 진행하고 있어서 학습동기가 오래 지속되기 어려우며 오히려 내적 동기도 약화시킬 수 있다고 한다. 이것은 외부로부터 보상을 바라며 학습하고 있기 때문에 오히려 학습 과정이 비정상적인 방법으로 진행될 수 있어서 오래 지속되기 힘들다고 한다(이은숙, 2010). 연구자에 따라서 외적 보상이 긍정적 기능도 있지만 부정적 기능도 발생한다고 주장하는 연구도 있다(Amabile et al. 1994).

그러므로 학습동기를 유지시키는 것은 실제로 제시되는 보상도 중요하지만 목표를 성취하고자 하는 자율적인 자기결정성이 더 중요하게 작용한다(Eisenberger, 1992). 자율성은 목표를 성취하는 동안 행동의 질과 지속성에 역동적으로 영향을 미치게 되기 때문이다. 이와 같이 그 동기를 유지하고 행동으로 전환시킬 수 있는 역동은 자기실현에 대한 욕구와 자기결정력이 함께 협업할 때 과업을 완수할 수 있도록 하는 행동력에 긍정적 영향을 미친다.

2) 내적 동기(intrinsic motivation)

동기는 어떤 과제 또는 행동을 실행할 수 있도록 하는 자극으로, 그 자극의 강도가 점차 증가되어 행동이 지속되고 강화될 수 있도록 해주는 추진력에 의해서 학습 능력, 숙련도, 지속성, 그리고 성과에 결정적인 영향을 미치게 된다. 내적 동기에 의해 유발된 추진력은 학습자가 자신이 목표로 한 학습에 몰입할 수 있도록 도움을 줄뿐만 아니라 새로운 것에 도전하고 도전의 성취는 심리적인 만족을 충족시키게 된다.

내적동기의 유발에 대한 인지평가 이론에 따르면, 보상기능은 정보기능(Informational function)과 통제 기능(Controlling function)로 분류할 수 있으며 이 두 가지 기능 중 정보적 기능이 현저하면 그 보상은 해당자에게 유능감을 느끼게 하여 내적동기의 유발이 증가되고 창의성을 촉진할 수 있다고 한다(Deci, 1975). 반면에 정보기능은 자신의 행동을 통해 얻고자 하는 목표나 보상에 대한 정보를 제공하기 때문에 학습 행동에 기대를 부여한다. 그러나 통제 기능은 학습목표의 달성 가능하도록 행동을 조절하는 것으로 정보기능과 통제기능은 서로 다른 측면에서 학습자의 동기를 유지시키는 역할을 한다.

학습자의 내적 동기부여를 강화 하는데 영향을 미치는 요인으로는, 직면한 상황이 의미를 부여할 정도로 중요하거나, 도전의지를 불러일으키는 경우, 과업을 완수하고자 하는 자발적인 의지에 의한 자기결정성, 그리고 주변의 긍정적 피드백이 자기 효능감 및 성취감 등을 부여해 줌으로써 과업목표에 대한 내적동기를 유발시킨다고 한다(Deci, 1975). 자기결정성은 내적동기의 주요 개념으로 개인이 자신의 의식적인 판단에 따라 시작되기 때문에 학습의 목표와 수행능력 그리고 학습 지속성에 가장 큰 영향을 미치게 된다. 자기결정성에 의해 선택한 과제는 성취 단계에 따라 자기 효능감과 성취감의 심리적 기제에 의해 자동적으로 보상체계가 활성화 된다. 이러한 보상체계는 흥미, 즐거움과 같은 개인의 감정적 상태와 밀접한 관계를 이루고 있기 때문에 감정적 측면이 먼저 선행되고 나서 그 이후에 내적동기가 나타나게 된다고 한다(이일선, 2012). 특히 학습 동기가 강한 학습자는 실패를 성공으로 전환시키는 능력이 뛰어나며, 학습 과정 중에서 겪게 되는 슬럼프를 쉽게 극복할 수 있어서(정성헌, 2010), 학습부진으로 인해 겪게 되는 열등감도 극복하거나 통제할 수 있다. 즉, 학습 그 자체에서 성취감을 느낄 수 있다는 신념에 의해서 학습을 수행하기 때문에 먼저 학습의 목표를 세운 후 학습의 단계적 목표를 한 단계씩 달성할 때마다 느끼는 성취감, 쾌감, 즐거움으로 받는 보상이 학습의 어려움으로 인해 겪게 되는 열등감보다 더 크다고 한다. 이러한 심리적 만족감은 뇌의 보상중추를 활성화시키며 도파민을 분비시키기 때문에 이와 같은 쾌감은 성취감을 향한 노력을 증가시키게 된다. 반대로 내적 학습 동기를 억제하는 요인들을 살펴보면, 외부의 평가로 보상이 주어지는 경우, 기대이하의 결과에 대한 처벌 예상, 자기결정이 아닌 외부로부터 강요된 목표 등이다. 그러나 내적 동기가 강한 개인은 과제에 대한 자신의 신념, 흥미 등을 흔들림 없이 지속시키며 내·외적 환경적 요인인 통제, 압력, 평가, 보상에도 흔들리지 않고 스스로의 자율적 결정에 따라 목표로 하는 학습을 향해 최선의 노력을 하는 모습을 보이게 되기 때문에 외적 동기의 학습자와는 그 모양이 다르다.

3) 두뇌의 동기보상 시스템

두뇌 동기보상 시스템의 활성화가 학습의 동기 유발(motivation) 측면에서 긍정적 영향을 미친다는 연구결과들이 지속적으로 올라오고 있다. 동기를 부여하고 유발시키는 보상은 학습에서 동기유발의 근원이 되어 학습에 대한 관심을 지속시켜주므로,

학습에 대한 흥미, 주의집중과 목표 지향적 관심의 지속력을 유지시키는 역할을 하고 있다. 두뇌의 동기보상체계는 보상을 인식하고 처리하는 경로로, 보상 가치의 부호화, 보상에 대한 예측과 기대, 보상을 받기 위한 계획과 행동, 보상의 평가와 같은 많은 세부과정이 포함되어 있다(김성일, 2011). 동기보상과 관련된 고전적인 신경회로는 두뇌 변연계 안쪽 깊은 곳에 위치한 뇌간의 중뇌와 배쪽 피개영역(ventral tegmental area)에서 기저핵(basalganglia)의 측좌핵으로 연결되는 신경회로가 있다. 중뇌는 외적 동기보상에 의한 동기유발단계에서 중요한 역할을 하며, 중뇌 중심의 두뇌 동기보상 시스템은 안와전두피질, 선조체 영역들이 서로 네트워크를 이루며 시스템을 구성하는 것이 규명되었다(이일선, 2012). 특히 중뇌는 안구운동, 홍채 조절 등의 비의식적 반사 운동의 중추이며, 도파민을 분비하는 곳으로 외적보상에 의한 학습동기를 유발한다.

　안와전두피질은 내적보상에 대한 보상의 기대와 보상판단에 의한 내적동기 강화의 단계에 관여하는데(한국교원대학교, 2017), 감정적, 정서적 실행기능과 관련이 있어서 학습의 목표와 학습 성취에 대한 기대감, 자신감 등이 학습동기를 강화시키지만, 금전적 보상을 받은 후에도 높은 활성화를 보였다고 하였다(김진희, 강은주, 2017). 이것은 보상의 결과에 대한 만족감을 평가하는 것으로 판단된다. 선조체는 평가보상과 외적보상에 의한 동기 유지 단계에 관여 있으며, 위치적으로는 소뇌와 연결되어서 인지기능과 감정 조절 등 학습과정에서 주의집중 등 인지적 사고에 집중할 수 있도록 해준다. 특히 물질적 보상과 타인에게서 받는 평가 등의 보상(이일선, 2012) 그리고 금전적 획득 등의 보상을 예측하며, 보상을 주는 행동에 대한 정보를 유지하고, 보상을 받기 위한 적절한 행동을 실행하는 동안 선조체는 높은 활성화를 보였다고 한다(김진희, 강은주, 2017). 즉, 중뇌중심 동기보상 시스템은 중뇌에서 만들어진 도파민이 인간의 인지적 사고와 판단 그리고 정서를 통제하고 조절하는 안와전두피질 영역과, 기저핵의 선조체 영역으로 연결되면서 학습의 동기를 유지시켜 주고 있다.

동기보상 회로의 새로운 연구에서는, 도파민 회로라고 지칭되는 신경학적 회로들이 새롭게 발견되었다. 대뇌의 보상회로인 도파민 회로는 학습의 동기화를 제어하거나 촉진하는 신경전달물질인 도파민의 증가 또는 감소에 따라 인간에게 성취감과 쾌락감을 함께 느끼게 하여서, 어떤 일을 지속하고자 하는 동기를 부여하거나, 감소하는 역할을 하고 있다. 이 경로는 중격, 편도체(amygdala) 및 해마와 연결되어 있는 중뇌변연계 도파민계, 내측 전전두엽 대상피질, 후각주위 피질이 연결되어 있는 중뇌피질 도파민계로 나누어지며(김성일, 2011) 내적보상과 보상의 기대, 보상 예측, 보상판단에 의한 내적 동기를 강화시키는 회로이다(이일선, 2012).

동기를 촉발시키는 도파민의 효과에서 주목할 것은 인지적 사고를 하는 전전두엽에서 흥분성 도파민과 특이적으로 결합하여 세포내에 생리적 변화를 가져오는 세포막상의 수용체 역할을 하는 것이다. 이것은 또 다른 신경전달물질인 글루탐산을 선조체와 변연계 등의 여러 영역으로 분비하는 신경회로에서 중추적인 역할을 하고 있다는 것을 알 수 있게 한다. 글루탐산은 학습과 기억에서 중요한 역할을 하는 장기 강화(long term potentiation)의 핵심적인 역할을 하기 때문에 학습 정보를 기억하기 위해 도움이 되는 중요한 흥분성 신경전달물질이다(나무위키, 2023 10 02).

이처럼 전전두엽에서 보상회로에 크게 관여하는 것을 보면 전전두엽은 학습의 인지적 측면뿐 아니라 학습의 동기를 유지시키기 위한 보상회로에도 깊은 영향을 미치고 있다는 것을 알 수 있다(Wallis, 2007). 그러나 도파민 분비의 과다에 의한 기능장애는, 과도한 노박, 십식행동, 쇼핑, 충동조절장애, 중독 등의 강박적 행동으로 나타나며(Dagher & Robbins, 2009), 부족할 경우에는 반응시간이 느려지고 과제 수행이 저하되며, 경직과 마비 등의 현상이 나타난다. 그러므로 도파민은 학습자의 성취를 보상하는 의미에서는 대뇌의 선물이 될 수도 있지만, 도파민의 과대 증가는 습관적인 행동들의 중독을 야기 시키는 부정적 영향도 있다.

생명과학 분야에서 학습동기와 관련한 신경학적 기제를 분석한 MOSt 학습 모형에서는 뇌의 동기 보상 시스템을 기반으로 하여 학습 동기 증진에 적합한 학습 전략을 제공하고 있다. MOSt 모형은 수업 도입 단계에서는 첫째, 중뇌 중심 동기보상 시스템을 기반으로 하는 학습을 통해 학습 동기를 유발한다. 둘째, 수업의 전개 단계에서는 안와전두피질에서 내적보상에 대한 기대와 판단에 의해서 내적동기가 강화되는 동기 보상 시스템 기반 학습을 통해 학습 동기를 강화시킨다. 마지막으로 학습 정리 단계에서는 선조체 동기보상 시스템 기반 학습을 통해 동기를 유지시킨다고 하였다(한국교원대학교, 2017). 특히 선조체 영역은 내적·외적인 평가 보상이 주어질 때 관여하는 핵심적 영역으로 보상자극에 대한 동기를 계속 유지시키는 기능이 있어서(Rangel et al., 2008, 이일선, 2012) 중뇌중심 보상체계와 서로 구조적, 기능적 연결과 상호작용을 통해 인지적, 정서적, 행동적 학업수행의 빈도를 지속시키기 때문에 학습활동을 유지시키는 장점이 있다. 그러나 학습동기의 유지도 중요하지만 특정 사고를 수행하는 과정에서 발생하는 여러 방해 요인들에 대한 통제력도 매우 중요하다. 그리고 지나친 보상 의존 교육활동은 도파민 중독 행위로 연결될 수 있는 위험성이 존재한다.

동기보상 중추의 영역별 특징은 표로 다음 페이지에 정리하였다.

동기보상 중추	특징
안와 전두피질	-전전두엽에 포함되어 있다. -의사결정에 따른 인지 처리 과정에 관여한다. -보상 인식, 충동 조절, 사회적 행동과 관련이 있다. -내적 보상에 대한 기대와 판단, 내적 동기를 강화시킨다. -신피질과 구피질을 잇는 통로이다(대뇌피질과 대뇌변연계). -자기감정조절, 공감력, 감정이입, 문제 해결 능력이 있다. -이 부분에 문제가 있으면 감정적 충동을 제어하지 못한다.
선조체	-대뇌 기저핵의 일부 -보상행동에 대한 정보와 보상을 받기 위해 행동을 하는 동안 활성화가 된다. -외적 보상에 의한 학습동기를 유지한다. -운동 기능, 인지 기능, 감정조절 등에 관여한다. -불안과 스트레스에 취약하다.
중뇌	-뇌줄기를 구성하는 한 부분으로 사이뇌와 다리뇌 사이 -중뇌의 뒷부분은 소뇌와 연결되어 있다. -외적동기보상의 핵심적 역할을 하는 동기유발을 일으킨다. -안구 운동, 홍채 조절 등의 비의식적인 반사 운동의 중추이다. -몸의 자세와 균형을 유지하는데 관여한다.

3장 정의적 전략과 기억학습 전략

1. 정의적 전략
1) 정의적 요인
2) 정의적 전략의 방해요인
3) 정의적 역량

2. 기억 전략의 이해
1) 기억과 정서감정
2) 작업기억능력과 언어의 발달
3) 작업기억의 중앙집행장치

3. 작업기억과 언어학습
1) 작업기억의 이해
2) 작업기억능력과 언어의 발달
3) 시청각 기억 측정방법

I. 정의적 전략의 정의

정의적 영역에서 말하는 정의(affect)는 영향을 준다는 뜻으로, 정서(emotion), 감정(feeling), 선호(preferences), 감성(sensitivities) 등으로 심리적 영향을 서로 주고받는 것을 의미한다. 정서적 반응은 일반적으로 특정 대상 또는 언어에 대해 강하게 느끼는 심리적 파동으로 주관적으로 경험되며, 신체의 생리적 행동적 변화를 동반하는 심리적 역동이다. 앤더슨(Anderson, 1981)에 의하면 정의적 특성은 전형적인 감성과 정서적 표현형식을 나타내는 특성 또는 질이라고 말하며, 어떤 대상에 대해 감정의 강도를 지니고 있는 비지적인 특성들이라고 한다. 그리고 교육심리 학자들의 정의에서는 학습자의 감정이나 정서의 특성인 동기(motivation), 열등감(inferiority), 불안(anxiety), 부담(burden), 자아 존중감(self-esteem) 등의 정의적 특성들이 학습의 심리적 측면에 영향을 미친다고 정의하였다(Goleman, 2004). 정의적 측면의 실행기능들을 살펴보면, 정의적 실행기능은 동기나 정서 맥락에서 요구되는 기능으로 생각을 행동에 반영시키기 전 사고체계를 내적으로 조절하고 관리하는 능력으로 정서조절력, 사회관계능력과 관련이 있다고 한다(백현주, 2019). 옥스퍼드(Oxford, 1990)가 제시한 언어학습 전략에서의 정의적요인(affective factors)은 새로운 언어를 배우려는 학습자의 의지인 감정적 준비(Emotional readiness)와 학습자가 자신의 언어능력을 믿는 자아효능감(Self-efficacy)과 언어 학습 시 느끼는 긴장감이나 두려움을 나타내는 불안감(Anxiety), 언어 학습을 지속하려는 욕구인 동기 부여(Motivation), 그리고 학습자가 수업이나 연습에 집중할 수 있는 주의 집중력(Attention)이 정의적 학습 전략의 성공 여부에 큰 영향을 미친다고 하였다. 옥스퍼드가 제시한 학습전략의 가치관은 학습태도에 중요한 영향을 미치는 것으로, 학습의 목표를 달성하고자 하는 동기와 학습에 임하는 태도 그리고 불안, 열등감 등의 감정을 조절하고 학습에 대한 집중력과 자신을 믿는 자아존중감이 필요한 능력이다. 그러므로 정의적 능력은 학습에 대한 열정과 의지를 관리하는 특별한 영역으로, 학습을 포기하고 싶을 때에도 그 감정을 조절하고 지치지 않고 도전할 수 있는 능력이라고 할 수 있다.

1) 정의적 요인

학습의 정의적 요인(Affective Factors)은 학습자의 정서적, 동기적, 태도적 특성에 관여하며 학습 결과에 중요한 영향을 미친다. 학습과정에서 얻을 수 있는 정의적 성취는 인지적 성취와는 대비되는 개념으로 신념, 감정, 태도 등으로 구성된 개념으로 설명된다(전경희, 김성숙, 2019). 학습 성취에 영향을 미치는 다양한 요인 중 정의적 요인은 동기, 자존심, 억제, 모험심, 불안감, 외향적 성격 등이 있다. 크라센(Krashen, 1993)은 의사소통을 위한 성공적 언어 습득의 정의적 요인으로, 동기(motivation), 자신감(self-confidence), 불안감(anxiety)을 제시하였다. 학습자의 정의적 특성이 긍정적으로 작동하고 있는 경우와 달리 부정적 요인이 영향을 미치고 있다면 그 결과가 정 반대로 나타나게 된다. 학습 과정에서 정의적 요인이 긍정적 영향을 미치고 있다면, 목표 지향적 학습 태도를 보이고 있기 때문에 학습에 대한 자발적 참여를 하지만, 반대로 부정적 요인으로 영향을 미치고 있다면 학습에 대한 불안, 스트레스로 인해 주의 분산과 기억력의 저하로 인해 과제를 회피하는 등 학습 시도 자체를 포기하게 된다. 그러므로 언어 학습 과정에서 만나게 되는 열등감, 부담감, 낮은 자아존중감 등의 부정적 정의적 요인을 탐색하고 이로 인한 불안감을 해결하기 위해 정서조절 효능감을 높여야 할 필요가 있다. 무엇보다도 학습을 하고자 하는 동기(motivation)가 타인의 권유 또는 강압에 의한 것이 아니고 스스로의 내적 동기와 외적 동기가 분명할 경우에는 다른 정의적 요인들을 극복하는 것에 큰 어려움이 없을 것이다. 성공적으로 언어를 습득하고 자유로운 의사소통능력을 발휘하는 학습자의 경우에, 학습을 하고자 하는 목표의 동기가 분명했으며, 이 동기가 분명할 때에 맞춰 학습의 기회를 선택하고 도전하면 보다 큰 효과를 이루게 된다.

정의적 학습자들의 특성은, 대체적으로 새로운 것에 대한 호기심이 강하고, 과제를 도전적으로 받아들이며, 이 과제를 해결하기 위한 열심, 노력, 끈기 그리고 목표를 달성하고자 노력하는 집중력 등의 목표지향성(goal orientation) 성향이 매우 강하다. 일반적으로 성공적인 학습자들의 인지적인 역량인 IQ가 중요하다고 생각하지만 그보다도 더 중요한 것은 비인지적인 특질인 열정, 인내심, 난관을 극복하려는 노력, 뚜렷한 목표, 자기 능력에 대한 믿음 등 정의적 요인이 가장 중요한 요인으로 작동하고 있다.

2) 정의적 전략의 방해 요인

대체적으로 정의적 영역은 우뇌의 특성을 나타내고 있기 때문에 대뇌변연계가 관여할 것으로 예상된다. 변연계는 흥미, 호기심, 인내심, 개방성, 협동성 등의 감성적 태도에 관여하며(임채성, 2005), 인간의 정신적 상태뿐만 아니라 타인의 감정과 정신을 해석하는 능력이 있어서 언어의 숨겨진 의도를 잘 이해할 수 있기 때문에 학습활동에서 창의적인 아이디어를 제공할 수 있다. 그러나 대뇌변연계의 편도체는 부정적인 정서에 반응하고 있어서 학습자가 열등감 등의 불안을 느낄 경우 정의적 동기가 영향을 미치기 때문에 학습의 의지를 잃게 한다.

정의적 전략을 방해하는 열등감은, 자신과 남을 비교하여 자신을 가치 없는 존재라고 생각하는 의식적, 무의식적 감정이다(Adler, 1987; 설영환 역). 학습자가 경험하고 있는 열등감은 언어습득에서 만족할만한 성취를 이루지 못할 경우에 타인과 자신을 비교하는 경험을 통해 학습 목표에 대한 흥미를 잃게 되어 학습의지를 상실하게 되어 스스로 회피를 선택하게 되는 것이다. 그리고 학습 동기 자체가 자신의 의지가 아닌 타인의 권유 또는 억압에 의해 학습할 경우에는 스스로 열등감을 극복하는 것에 어려움을 겪게 될 것이다. 열등감에 의해 학습 의지를 상실한 경우, 과제 또는 학습 진도에 대한 부담감으로 인해 근심, 좌절, 불쾌, 걱정, 두려움 등을 인식하여 감정적 혼란을 느끼는 불안감(uneasiness)의 상승과 자아 존중감이 저하된다. 자아존중감의 저하는 자신을 믿고 지지할 수 있는 긍정적 정서가 사라졌기 때문으로 자신이 어떤 활동을 성공적으로 수행할 수 없다고 느끼게 되면서 스스로를 열등한, 또는 가치 없다고 느끼게 되는 심리적 변화가 생기게 된다. 크라센(Krashen, 1983)은 이러한 정의적 변수들을 잘 극복하는 것이 학습자의 언어습득 성공여부와 밀접한 관련이 있다고 한다.

그러나 학습 진도에 대한 불안과 열등감은 부모가 자녀를 지지하고 격려하면서 작은 성취에도 칭찬하는 등의 긍정적 신호를 보내면 오히려 이를 극복하고자 하는 의지로 바뀔 수 있어서 도전적이고 성공적인 언어습득 학습자가 될 수 있다. 그러므로 성공적인 학습자로 성장시키기 위해서는 교사, 부모는 학습자의 정서적 상태를 이해하고 긍정적 동기와 태도를 키울 수 있는 지원 체계를 마련하는 것이 필요하며 학습자 자신도 성공적인 학습을 성취하기 위해서 부정적이고 불편한 심리적 요구와 압박을 극복할 수 있는 담대함과 능숙함이 필요하다.

3) 정의적 역량

역량에 대한 정의는 직업 분야 영역에서 사용되는 한정된 정의였으나, 1997년 OECD에서 DeSeCo(Definition and Selection of competencies) 프로젝트를 진행하면서 핵심역량의 개념을 도입하였다. DeSeCo 프로젝트는 1997년부터 2003년까지 7년간 추진되었으며, 21세기 사회에서 개인이 성공적 삶과 사회의 발전에 요구되는 핵심역량을 규명하기 위해 핵심역량을 세 가지 범주로 제시하였다. 첫째, 자율적으로 행동하기(acting autonomously), 둘째, 도구 활용하기(using tools interactively), 셋째, 사회적 이질집단과 행동하기(joining and functioning in social heterogeneous groups)이다. 이 이론은 성공적인 삶을 살기 위해 필요한 것으로 인지적 지식, 실천적 기술과 더불어 태도, 감정, 가치 등 특정 맥락의 복잡한 요구를 성공적으로 충족시키기 위해서(소경희, 2007), 스스로 행동하며, 주변의 학습 도구들과 인적자원을 사용하며 서로 다른 집단과도 협업하는 것을 요구하고 있다.

다양한 상황에서 개인의 행동을 예측할 수 있는 역량(competency)은 동기, 특질, 자아 개념, 기술, 지식 등이 포함된 개념으로, 학교 밖 사회생활에서 성공적으로 살아가기 위한 도구이며, 학교 안에서도 학업의 성취나 창의성을 향상시킬 수 있도록 학습을 효과적으로 이끌어 내는 중요한 요인이다(이철현, 2014).

슈보트니크와 그의 동료들은(Subotnik et al., 2011) 영재들이 각자의 분야에서 재능을 계발하고 탁월한 성취를 달성하기 위해서는 그들이 가진 재능 영역에 대한 영재교육 이외에도 정의적 역량의 향상을 위한 학습이 필요하다고 한다. 정의적 역량의 향상은 이들을 심리적으로 강하게 훈련시키고 사회적으로 자신의 성취를 위하여 대인관계를 잘 하게 하며 최종적으로 공동체에 기여하고 싶다는 목표를 가진다고 한다(세종특별자치시교육청, 2019). 이 의미는 선천적으로 아무리 훌륭한 학습능력을 가지고 있는 영재라도 정의적 영역인 심리와 정서를 고려하지 않는다면 개인적인 범주에 머물러서 점진적으로 학습 흥미도 잃게 된다는 것이다.

　　세종특별자치시교육청(2019)에서는 정의적 역량을 자기이해, 공감과 배려, 의사소통, 공동체 역량으로 결정하였다. 자기이해 역량은 재능을 계발하는 과정에서 느끼게 되는 스트레스, 압박감 등을 극복하기 위한 필수적인 능력으로 자기이해가 우선되어야 자신을 수용할 수 있어서 바람직한 자아정체성을 형성할 수 있다. 특히 학습자에게는 자기이해의 역량을 사용하여 학습의 진행속도와 성과를 정확하게 인지할 수 있어서 학습의 동기를 유지시킨다. 공감과 배려는 학생들이 앞으로 살아가야할 미래사회에서 사회적 인간으로 살아가기 위해서 필요한 상대방에 대한 존중, 배려심, 포용력 그리고 대인관계에서 겪게 되는 갈등상황에서도 타인을 배려하고 공감하는 역량은 협력적 관계를 형성할 수 있는 중요한 역량이라고 할 수 있다. 공동체 역량은 학생 개인 수준이 아니라 공동체 수준에서 정의와 가치를 이해하는 것으로 사회에 유익이 되기 위한 역량이지만, 충분한 인적 자원을 확보할 수 있어서 상이한 영역에 대한 다양한 지식들을 교환할 수 있어서 함께 하는 교사나 동료의 조력에 의해 학습의 성과를 올릴 수 있다. 그리고 의사소통 역량은 타인과의 협업을 위해 언어적 소통을 활용하는 능력으로 서로의 정보를 교환하거나 피드백을 주고받으면서 새로운 발상의 접근방법을 창출하여 과제를 해결해 나가는 과정에서 사용된다.

　　그러므로 정의적 역량은 학습상황에서 자신에게 주어진 과제를 효과적이고 성공적으로 달성할 수 있도록 힘을 지속시키며, 개인이 온전한 인격체로 이 사회를 살아가기 위한 대인 상호작용에 필수적인 역량이라고 할 수 있다.

2. 기억 전략의 이해

1) 기억과 정서감정

　기억은 전통적으로 감각기억(Sensory memory)과 단기기억(Short-term Memory) 그리고 장기기억(Long-term memory)로 구분하지만(Cowan, 1984). 학자에 따라 작업기억(working memory)을 추가하고 있다. 인간이 외부의 자극이나 정보들을 오감을 통해 최초로 감지하는 감각기억(Sensory memory)은 시각, 청각, 후각, 미각, 체감각에 의해 1/4초라는 아주 짧은 시간 의식 속에 저장되고 필요에 따라 단기기억으로 보내진다. 감각신경에 의해 입력된 정보의 1차 처리 과정인 단기기억은 일시적으로 적은 양의 정보를 저장하고 이를 보존·유지하기 위해 쓰이는 정거장과 같은 역할을 하는 단기 저장고(Atkinson & Shiffrin, 1968)로서, 짧은 시간 동안만 정보를 보유하고 있다가 여기서 필요하다고 판단된 정보는 장기기억으로 이동시켜 오랜 시간 보존하고 유지시키게 된다. 그런데 단기 기억은 여러 가지 간섭(interference)에 의해 방해를 받을 수 있어서 너무 많은 정보가 한꺼번에 입력되거나 전혀 선행지식이 없는 정보가 입력될 때에는 그 정보를 이해하기 위해서 일종의 과부하 상태에 이르게 된다(손중선, 2004).
　단기기억에서 필요성이 확인된 정보는 공고화(consolidation) 과정을 거쳐 장기기억으로 저장이 되어 오랜 시간 유지 되지만 정보를 오래 보유하고 있다는 시간적 의미보다는 저장이 이루어지기까지 행해지는 조작들의 본성이 더 중요하다. 장기기억 속에는 가족 또는 지인과의 의사소통에서 청자(listener)의 음성, 말투, 정서적 감정 등의 선행정보 등은 모두 장기기억 속에 저장되어 있어서 간단한 목소리의 음색, 톤만으로도 그 사람을 쉽게 기억하며 그 사람에 대한 정보를 인출하는데 큰 어려움이 없다. 이렇듯 기억은 정보 그 자체만 기억하는 것이 아니라 청자의 배경지식 속에 입력된 환경, 감정, 음성 등의 모든 상황도 함께 기억되는 것이다. 만약 기억이 없다면 우리가 과거의 모든 순간들과 학습한 모든 정보들을 망각하게 되어서 자신이 인간이라는 것을 알지 못하는 불행한 상황에 처하게 된다. 그러므로 인간이 언어를 학습하기 위해 언어의 개념, 도식, 절차 지식 등의 다양한 정보를 학습하고 필요시에 인출해서 사고하고 추론을 할 수 있는 것은 열심을 내는 학습태도가 아니라 바로 기억이라는 신비한 능력이 주는 선물이다.

인간이 가지고 있는 기억 중에서 특별히 정서적 느낌, 감정, 언어 등은 훨씬 더 강력한 선택적 기억이 될 수 있다. 그런데 만약 개인의 성장기 시절 경험한 부정적 기억들이 암묵기억으로 저장되어 있다면, 개인의 사고와 신념 등에 영향을 주고 있을 수 있으므로 이를 주목하고 탐색할 필요가 있다. 특히 무의식을 담당하는 우뇌에 저장된 암묵기억들은 자신도 모르는 사이에 정확한 정보를 인지하고도 자신의 경험에 대입하여 이를 비판적, 부정적으로 주관화 시키게 된다. 이러한 부정적 정서경험은 의사소통을 위해 언어로 인출하는 소통의 방식에도 크게 영향을 미치게 된다.

2) 언어학습과 기억

일반적으로 언어학습에서는, 청각 능력(auditory abliligy), 언어적 능력(linguistic ability) 그리고 기억 능력(memory ability)이 기본적인 능력으로 포함된다(Skehan, 1989). 개인의 기억은 경험과 학습이 주축이 되는 인지과정으로 부호화

(encoding), 저장(storage), 유지(retention)의 기능을 포함하는 인지적 능력이라고 할 수 있다. 최근에는 언어 능력에 대한 예측 능력으로 암묵적 학습 능력이 부각되고 있다. 암묵적 학습은 개인이 의도적으로 언어를 배우고자 하는 의지가 없었을 때에도 스스로 새로운 정보를 습득하는 학습체계로서 언어를 성공적으로 습득할 수 있는 중요한 역할을 한다(Conway & Pisoni, 2008). 특히 암묵적 학습과 언어처리 관계에 대한 신경 인지 기반 연구에서는 암묵적 학습이 단어 분절, 단어 학습, 음소 배열 학습, 구문 학습 등을 자연스럽게 습득하고 있다고 한다. 암묵적 언어 학습은 명시적인 학습 과정이 없어도 언어소통이 활발한 환경 속에 있으며 의식적인 노력이 없이도 언어를 습득하게 되며, 자신도 인지하지 못한 순간에 이미 기억 속에 저장되어서 무의식적으로 언어를 사용할 수 있게 된다. 예를 들어, 어린 아이들이 모국어를 배우는 과정에서 부모, 가족, 주변인들의 대화를 모방하며 자연스럽게 언어를 습득하는 것과 같다. 언어를 습득할 때는 언어의 의미(meaning)와 언어의 형태(form)(Oxford, 1990)를 모두 습득하는 것이 자연스러운 의사소통과 문장을 구성하는 능력 등 모든 부분에서 절대적으로 필요하다. 의사소통에서 일차적인 목적은 의미 있는 소통이지만 가벼운 의미의 소통만으로는 아동의 수준을 벗어날 수 없기 때문에 더 심도 깊은 자연스러운 주제를 선택하고 의미를 교환하기 위해서는 언어의 형태가 갖추어져야 한다. 옥스퍼드는 의미는 단어, 텍스트, 개념 또는 행동이 의미하는 것과 묵시적이거나 명시적으로 나타나는 것 또는 직접 표현되지 않은 것을 전달하기 위한 형용사라고 하였다.

기억전략은 학습자가 인지한 정보를 기억체계에 저장하였다가 필요에 따라 인출하여 활용할 수 있는 전략이지만, 학습자가 새롭게 습득한 정보는 바로 저장되는 것이 아니라 기존의 정보와 역동적으로 상호작용을 하면서 새롭게 재구성하여서 저장된다(이은창, 2008). 저장된 기억은 영원히 변하지 않고 보존되는 것이 아니라 시간이 흐름에 따라 더 강화되거나 약화되며, 새로운 정보와 통합되거나 완전히 대체되는 등

갱신될 수 있는 가변성이 있다. 이때 뇌의 신경세포에게 물리적, 화학적 변화를 가져오게 되고 이 변화에 의해 새로 습득한 정보가 장기기억으로 저장되며 저장된 기억은 도식으로 변환되고 필요에 따라 인출하여 활용할 수 있는 것이다(Dunkel, 1986). 특히 학습자가 습득한 언어 정보는 일시적인 단기기억으로 머물면서 기억의 파지과정을 통해 학습된 배경지식의 정보를 촉발시키는 과정을 거치게 되는데, 촉발된 정보가 인출되는 과정은 자신의 이미 학습한 언어적 규칙체계를 통해 청취한 언어를 여과시킨 후 배경지식과 연합하여 합리적 언어로 인출하게 된다.

기억은 그 사람의 인생에 있어서 미래의 행동양식과 신념에 큰 영향을 미친다. 특히 불편한 경험들을 충분히 해소하지 못했다면 건강한 '나'로 돌아갈 수 없어서 순기능적 의사소통에 어려움을 겪게 된다. 그러므로 자신이 사용하고 있는 소통방식에 대인간의 관계에서 어떤 불편함을 야기하고 있는지를 탐색하고 인지하여 기억을 재구성 하는 과정이 중요하다. 어떠한 오류가 있었는지에 대한 심도 깊은 탐색 과정을 거친다면 자신의 정서와 타인의 정서를 긍정적인 시선으로 민감하게 인지할 수 있는 이해 능력과 타인의 소통방식에 대한 존중감이 향상될 것이며 이로 인해 주제에 대한 접근 방법이 향상될 것이다. 그러나 깊은 상처로 인해 암묵기억으로 저장된 경험들을 인출하는 과정은 한 개인에게 심리적 타격을 줄 수 있으므로 억지로 기억을 인출하려고 하지 말고 오히려 긍정적인 정서와 언어에 더 많이 노출시키면서 자신의 신념과 언어 습관을 다시 체계화 시키는 단계적인 접근이 필요할 것이다. 기억은 나이가 들면서 점차적으로 약화되거나 왜곡 현상을 보이게 되며 이러한 증상은 뇌 손상에 의해서도 나타난다. 특히 외상 경험에 의한 기억은 회상을 거부하게 된다.

뇌신경과학자들은 치매 등의 뇌 손상이 발생해도 기억이 소멸하는 것이 아니라 기억과 자극을 연결하는 신경회로 즉, 시냅스로 연결된 스키마가 손상되는 것이라고 주장한다. 손상된 신경회로는 외부자극과 기억을 연결하는 집중적이고 반복인 훈련을 통해 일부분 기능적 회복이 가능한 것으로 알려져 있다.

3) 기억학습 전략

학습한 언어를 인출하고 이해하는 두뇌의 시스템은, 말을 인출하는 전두엽의 브로카 영역, 측두엽의 베르니케 영역, 정서적 언어에 반응하는 변연계, 그리고 해마의 도움을 받아 쉽게 이해되고 인출할 수 있다. 기억(memory)은 인간의 인지기능 중에서 가장 중요한 부분으로 기억이 없다면 학습한 내용을 저장할 수 없으며 개인 간 의사소통이 가능하지 않다. 소통이 원활하다는 것은 화자의 목표어를 청자가 이해하고 자신의 배경지식 속에서 그 유형의 정보를 인출하고 조합해서 언어를 유창하게 발화가 할 수 있기 때문이다. 인간은 언어를 부호화시켜 기억으로 저장하는 과정에서 외부의 환경적 요소보다는 내적인 요소나 심리적 과정에서 청취한 언어의 자극에 더 빨리 반응하게 된다. 반응이 빠르다는 것은 다른 일반적인 언어보다는 선택적 기억에 더 작용을 한다는 뜻이다. 이러한 작용은 기억이 시작되는 과정에서는 좌반구의 언어영역이 활성화 되지만, 기억을 인출할 때는 그 기억과 연결된 편도체의 감정 기억이 도화선 역할을 하는 촉매제로 사용되고 있는 것이다. 감정 기억은 우뇌 변연계의 편도체와 해마가 정서의 중요성에 따라 기억의 강도를 조절하고 있으며, 기억을 인출해서 인지적 능력을 발휘하기 위해서는 장기기억 속에 보관된 정보를 기억해내는 작업기억(working memory)을 잘 활용할 수 있어야 한다. 청자는 화자로부터 청취한 언어 정보를 일시적으로 저장되는 파지과정을 통해 단기기억에 머물면서 학습된 배경지식과의 상호작용을 거친 후 정보를 인출하는 과정을 거친다. 인출되는 구체적 과정은, 자신이 학습한 언어적 규칙체계를 통해 청취한 언어를 여과시킨 후 배경지식과 연합하여 장기기억 속에 저장하고(Dunkel, 1986), 저장된 기억은 도식으로 변환되고 필요에 따라 인출하여 활용하는 것이다.

스키너(Skinner, 1969)는 언어를 습득하고 이해한 다음 이것을 일정한 형식으로 도식화 시키는 모든 과정을 자극, 반응, 강화, 조건, 유추 등에 의한 습관 형성의 과정으로 보았다. 이러한 습관의 형성은 유아기 때 이미 부모, 형제 등 주변인의 대화 형식을 모방하고 이를 기억하면서 자신이 언어를 사용할 대 무의식적으로 사용되는 도식(스키마)으로 형성된 것이다. 도식이 형성되었다는 것은 학습 내용이 장기기억으로 저장된 것과 같은 의미로 필요시에 의식적인 노력이 없어도 반사적, 무의식적으로 인출하게 되며, 이러한 도식의 형성은 다양한 지식을 반복적으로 사용하거나 자극되는 과정에서 형성된다. 엘리스(Ellis, 1996)에 의하면 단기 기억과 장기 기억 간의 상호작용이 일어날 때 두 기억 사이에서 어휘의 다발화가 일어나며 이 과정에서 특정한 언어의 구조적 정보를 나타내기 위해 더 나은 언어 체계로 변화한다고 하였다. 즉, 도식이란 것은 일종의 어휘 정보 다발인 청킹(Chunking)과 그 의미가 같으며, 이 다발의 크기에 따라 언어의 사용능력이 유창해 진다. 일단 하나의 도식이 형성된 후에는 새로운 정보를 인지할 때마다 자신이 이미 이해하고 있는 지식과 부합하다고 여기거나 이미 이해하고 있는 정보는 아니지만 새롭게 습득할 필요가 있다고 이 정보를 인정할 때 다시 새로운 정보를 기존의 도식과 연결시키고 기억체계에 저장하는 것이다. 특히 의사소통의 과정에서 자신의 기억 속에 저장된 선행지식(prior knowledge)과 현재 전달받은 소통의 의미가 서로 일치할 경우에는 그 이해의 속도가 빠르지만, 서로 어긋나는 불일치의 경우에는 소통의 어려움을 겪게 되는 것이다(Schallert, 2011). 그러므로 이러한 경우의 불일치는 의견의 서로 달라서 나타나는 현상이 아니라 청자가 자신이 인식한 언어의 의미를 이해하지 못하는 오류가 일어나는 것이라고 할 수 있으므로, 원활한 의사소통을 위해서는 화자는 청자가 자신이 전하고자 하는 의미를 이해하고 있는지를 탐색하여야 하고 잘 이해할 수 있도록 더 많은 시간과 노력을 할 필요가 있다.

옥스퍼드(Oxford, 1990)가 제시한 언어학습 전략에서의 기억 전략을 살펴보면 언어를 분류화 하는 과정을 통해 언어 정보를 뇌에 각인시키는 도식화 과정이(creating mental linkages) 원활하게 생성되기 위해서는 언어의 분류화, 연상, 합성

(associating/elaborating) 그리고 새로운 단어들을 문맥에 맞게 배열하는 것이 필요하다고 하였다. 그는 이미지를 이용하는 시각과 청각 능력에 대해 특별한 관심을 두었는데, 이미지를 이용하고, 의미지도를 만들며, 핵심어를 이용하고, 기억속의 소리를 표현하는 것과 구조화된 복습, 신체적 반응 또는 감각을 이용하는 것이 기억전략이라고 주장하였다. 기억은 자신이 인지한 정보를 부호화 하여 저장하지만 이것을 다시 소리로 표현한다는 것은 기억의 재생을 통해 재구조화를 이루는 과정이며, 의미지도란 서로 의미가 연결된 정보들이 도식으로 형성되었다는 것이다. 그리고 도식으로 구조화된 정보를 다시 복습할 때는 신체적 반응인 오감을 활용하여 처음 본 그대로의 향기, 촉감, 감정, 소리 등의 느낌을 다시 재생 하는 연습을 통해 뇌에 정보를 더 확실하게 각인 시킬 수 있다는 것이다. 재구조화 된 정보는 강화의 과정이 더 쉽게 일어나기 때문에 의식적인 노력이 없어도 필요에 따라 인출될 수 있다. 그러므로 효과적인 학습을 위해서는 시각과 청각 등의 자료를 사용하여 반복적인 훈련이 필요하다.

Oxford(1990)의 기억학습 전략

		세부 전략
기억 전략	이미지와 소리 이용하기	분류하기, 연상하기, 합성화 하기, 새로운 단어들을 문맥에 맞게 배열하기
	형상과 발음 적용하기	형상화 이용하기, 의미지도 그리기, 핵심어 사용하기 기억속의 소리를 표현하기
	효과적인 검토	구조화된 복습하기
	동작 활용하기	신체적 반응, 감각 사용하기, 기계적 기술 사용하기

(최지혜, 2013; 기성진, 2019에서 보완)

3. 작업기억과 언어학습

　　인간의 뇌는 기억이라는 독특하고 창의적인 능력을 가지고 있다. 이 능력은 인지된 언어 정보의 소리 단위를 지각하고 인식하는 음운적 능력과 언어의 의미를 이해하는 인지적 능력 그리고 문자, 그림, 도표 등을 이해하는 능력이다. 언어 정보들은 시각과 청각적 감각신경계를 통해 뇌신경세포인 뉴런(neuron)으로 전달되며, 전달된 정보는 도식으로 부호화되어 각 피질 영역에 저장되는 형식으로 변환된다.

1) 작업기억의 이해

　　기억의 여러 가지 능력 중에서 언어를 학습하고 이를 장기기억에 저장한 후 다시 인출하기 위해 실행하는 작업에 관여하는 작업기억은 어떠한 촉매가 되는 단서에 의해 장기기억 속에 있는 정보를 필요에 따라 다시 단기기억으로 옮겨 적절한 언어를 발화할 수 있도록 돕는다. 그러므로 작업기억은 정보의 저장과 처리를 짧은 시간에 이루어지게 하는 인지적 언어 학습의 한 과정으로 여겨진다(Baddeley, et al, 1985).

　　언어학습을 위한 물리학의 측면에서 소리는 기체, 액체, 고체에 의한 진동으로 만들어지며 신경학 측면에서의 소리는 모세포에서 만들어진 신호가 신경을 통해 소리자극을 대뇌피질에 전달하며 숨뇌, 다리뇌, 중간뇌, 및 시상의 신경핵을 뚫고 뇌의 청각 영역에 도달하는 것으로 정의한다(Patton, et al, 2011; 곽임, 2022). 소리 정보의 전달 과정에서 둘레계통(변연계)이 기억 중추와 연결되어 있기 때문에 의도하지 않은 소리를 포함한 모든 소리가 감정과 기억을 가지게 된다. 특히 기억 중추는 언어의 이해, 학습 추론과 같은 인지 과제를 수행할 때에 단기기억을 처리하는 기능과 함께 고차원적인 처리과정인 부호화, 저장, 인출에 대한 작업을 담당하며, 언어의 발달, 학습, 사고, 이해 등의 과제를 수행하기 위해 활용될 뿐만 아니라 인지기능의 개인 차이를 설명해 주는 요인으로 보기도 한다(이태화, 2001). 이처럼 작업기억은 인지 과제를 수행하는 동안 정보를 일시적으로 저장하고 유지·조작하는 인지체계이며, 저장된 장기기억의 정보와 지금 현재 기억하고자 하는 정보를 연결시키는 기능이 있다(Baddeley, 1992).

인간의 모든 언어 처리 과정은 기억체계를 거쳐야 하기 때문에 그 기억을 인출해서 언어로 사용할 수 있도록 기억을 보유하는 시간적 작업을 가능하게 하는 작업기억(working memory)은 언어의 학습과 매우 깊은 관련을 맺고 있다고 할 수 있다. 특히 작업기억이 읽기, 수학, 쓰기 등의 다양한 영역에의 학습능력을 예측할 수 있는 관련성을 보이고 있다고 한다(Hitch et al., 2001). 이처럼 많은 연구에서 작업기억 능력이 학업성취도에 큰 영향을 미치는 것으로 나타났는데, 전 연령대에 걸쳐서 작업기억 능력이 높은 학습자들은 뛰어난 학습 성취도를 보여주었으나, 낮은 작업기억을 가진 학습자들은 평균 이하의 저조한 학업성취도를 보여주었다고 한다(이새별, 2020). 그리고 맥캐이와 그의 동료들(Mackey et al., 2012)은 의사소통 중심의 수업에서 작업기억력이 높은 학습자들은 수정된 출력(modified output)을 더 많이 하고 명시적 수정(explicit correction)을 수용하는 비율이 높으며 고쳐 말하기(recast)와 같은 피드백의 효과를 더 잘 수용했다고 한다. 명시적 수정은 교사가 오류를 지적하고 올바른 형태를 명시적으로 제시하면, 학습자가 문법적 오류나 발음 실수를 즉시 교정하는 학습 행동이며, 수정된 출력은 교사 또는 동료와의 상호작용을 통해 학습자가 스스로 오류를 인식하고 자신의 오류를 개선하는 학습 행동이다. 즉, 피드백이 주어질 때 자신의 발화 내용에 대한 상대의 피드백을 작업기억에서 유지하면서 두 표현을 비교할 수 있는 능력을 의미한다. 명시적 수정과 수정된 출력 개념의 차이점은 아래 표로 정리하였다.

명시적 수정	-교사 주도적 수정으로 즉각적인 오류의 교정이 일어나며, 단기적 정확성은 향상되지만, 과도하게 사용하면 학습자의 자기주도적 능력이 위축될 가능성이 높다.
수정된 출력	-학습자 주도적 수정으로 학습자의 자기 교정능력을 강화시키고 장기적인 언어 습득 능력을 촉진 시키지만, 초반에는 빈번한 오류가 나타날 수 있다.

언어학습에서의 작업기억은 복잡한 정보들을 일시적으로 보유하면서 어떤 과제의 목표를 달성하기 위한 계획을 하고 실행하는 전반적인 과정들을 의식으로 유지시키는 역할을 담당하고 있다. 즉, 과제를 완성하려고 계획을 하며 순서를 정하고 실제로 이 계획을 수행하는데 필요한 추론 및 문제해결능력 그리고 언어의 이해와 같은 복잡한 기능을 수행할 때 중심적인 역할을 하는 것이다(Just & Carpenter, 1992; 임동선, 한지윤, 2021). 그리고 이 기능은 단순히 기억의 유지 과정에만 그치는 것이 아니라 머릿속에 심상을 잡아둔 채 그것과 관련한 추가적인 작업을 진행하는 집행적 주의력과 통제과정도 포함된다(박선민, 하대현, 2010).

양영욱 등(2013)은 어휘능력과 작업기억(working memory)의 연관 관계에 대한 테스트에서, '저장과 처리' 두 가지 기능을 모두 요구하는 인지 과제를 포함한 측정 과제를, 읽기어휘 판단과제, 듣기어휘 판단과제, 의미적 점화과제, 번역 점화과제, 구어작업 기억과제로 구성하고 이 테스트에서 문장의 이해, 사칙연산, 정오 판단 등을 함께 제시하였다. 작업기억의 측정은 일반적인 테스트와 달라서 단어의 제시 시간이나 전체 측정 과정의 진행 순서, 채점 방식까지 측정 과정에 관여하는 개별 요소 모든 것이 결과에 영향을 줄 수 있다고 한다(Juffs & Harrington, 2001).

그러므로 작업기억 능력은 언어를 습득하기 위한 과정에서 학습에 필요한 정보에 주의를 집중할 수 있도록 돕는 기능으로 발휘되어 다음 문장을 연결할 때 이전의 문장 정보가 흩어지지 않고 시간을 잡아주는 지속성에 의해 기억된 정보가 문장의 연결을 완성하거나 이해할 수 있도록 하는 필수적인 기능이다.

2) 작업기억능력과 언어의 발달

작업기억의 능력이 언어의 발달에 어떻게 어떠한 영향을 미치는지 예측하는 연구에서 언어가 발달하기 위해서는 외부의 말소리를 구성하는 새로운 어휘습득, 구문 습득, 읽기와 같은 상위 언어 지식을 습득하는 언어의 음운정보 처리에 관여한다고 하였다(Gathercole & Baddeley, 1993; 임동선 외, 2020). 음운처리 능력은 크게 음운인식, 음운기억, 명명속도 등으로 분류하는데(김유경, 석동일, 2006), 말소리의 구조에 대한 음운인식과 언어정보의 과제를 수행하는데 필요한 정보들을 일시적으로 저장하고 조작하는 음운기억, 그리고 장기기억 속에 저장되어 있는 사물의 이름을 빠르게 재부호화 할 수 있는 명명속도 등의 능력을 포함하는 개념으로 본다.

음운처리능력 (이송희, 2018)에서 정리	
음운인식	의미와 별개로 구어로 입력된 단어, 음절, 음소에 있어서 말소리의 구조에 대한 지식.
음운기억	복잡한 인지과제를 수행하는데 필요한 정보들을 일시적으로 저장하고 조작하는 활동적 체계.
명명속도	장기기억 속에 저장된 사물의 이름을 빠르게 재부호와 하여 사물의 의미 정보를 인출하는 것.

작업기억은 청각으로 들어오는 소리음의 음운정보만 기억하는 것이 아니라 글의 형식과 짜임새를 만들어 갈 수 있도록 다양한 낱말들을 연결하여 문장 작업을 할 수 있게 돕는 기능이 있다. 즉, 한 가지 정보를 저장하면서 동시에 다른 정보를 처리하거나 저장하는 한정적 용량의 정보처리 능력이 있어서(Swanson, 2006; 백준오, 2014), 읽기 이해, 추론, 학습과 같은 인지 과제에서 집행적 기능을 담당한다(Baddeley, 1986).

스완슨(Swanson)은 상호작용 가설에서 학습자의 출력(Output)이 언어의 습득을 촉진하기 때문에 수정된 출력은 학습과정에서 필연적으로 발생해야 하는 능력이라고 하였다. 그러나 이 전략들은 학습자의 수준과 상황에 따라 유연하게 적용되어야 하기 때문에 학습자의 언어발달 단계에 따라 명시적 수정과 수정된 출력 간의 균형을 유지할 수 있도록 돕는 것이 교사의 역할이라고 할 수 있다.

이처럼 작업기억의 관여로 향상되는 언어능력은 청각 능력뿐만 아니라 눈으로 보고 듣는 모든 소리와 글자의 모양이 중요하므로 시각적 능력 또한 중요하다고 할 수 있다. 아동의 경우 연령의 증가에 따라 언어능력은 빠르게 향상되는데 아동의 언어능력 향상은 시·청각능력의 향상과 함께 이루어진다고 볼 수 있다. 결과적으로 문법적 능력과 비문법적 문장을 인지하고 이를 통합하여 사용하는 능력은 아동의 시·청각능력의 향상과 함께 전두엽의 인지능력 향상이 작업기억에 기여하고 있다고 볼 수 있다. 그러나 뇌손상이 일어나면 작업기억의 손상도 함께 동반되며, 작업기억의 손상의 정도는 뇌졸중 등 뇌손상 회복을 예측하는 요소로 사용되고 있어서 사회로 복귀할 수 있는 가능성을 예측하는 요소가 될 수 있다고 한다(손희정, 2016). 특히 실어증 환자의 제한된 구어표현이 대부분 언어의 유창성과 스스로 말하기, 이름대기에서 산출이 저하되는 것은 주로 전두엽의 손상으로 인한 기능저하로 해석된다(손희정; 2016). 이것은 작업기억이 뇌손상 환자의 재활 치료에 중요한 역할을 한다는 것을 시사한다.

어휘능력과 작업기억능력 테스트

어휘 판단 과제	-시각 언어와 소리 언어로 과제가 주어진다. -틀린 글씨를 찾는 것과 같다. 예: 사과: 사괴, 감자; 김자 등 -평균 반응 속도가 중요하다.
언어 점화 (산출) 과제	-시각적, 의미적, 개념적 자극이 반복적으로 나타나며, -자극의 종류에 따라 긍정과 부정, 지각적·개념적, 반복적, 의미적'으로 구분된다. -예: '실' 과 연관된 단어를 질문하면 이 단어와 연관된 문장을 얼마나 빠르게 산출해 내는지를 확인한다. -자극이 점화 효과를 가지고 있는지를 판별하는 것이다.
의미적 점화 과제	-첫 번째 자극과 두 번째 자극이 의미적으로 연관되어 있는지를 판별 하는 것이다. -예: '배', '사고'는 과일이라는 카테고리 내에 있다. 　　'배'에 대한 의미와 사과가 아니라 '사고'를 　　지각하는지를 확인한다.
번역 점화 과제	-첫 번째 자극과 두 번째 자극이 모국어 또는 외국어와 모국어가 쌍으로 주어지고 두 자극이 번역 했을 때 같은지를 판별하는 과제이다.
구어 작업 기억	-숫자, 문자, 단어, 소리 등을 제시한 다음 문자 또는 숫자가 랜덤으로 컴퓨터 스크린에 1초 동안 제시되고 그 단어를 기억하고 입력하는 과제이다. -순차적 또는 역으로 기억하는 방법이 있다.

(양영욱, 유원희, 임희석, 2013)

3) 작업기억의 중앙 집행 장치

배들리는 작업기억 모형(Baddeley, 2000)의 모델은 작업기억의 상위적 역할을 하는 중앙집행부에서 조음의 억제를 포함하여, 정신을 통제하거나 조절하는 관리기능을 한다고 하였으며, 그 하위요소로 음운루프, 시공간 잡기장, 일화적 완충기의 역할에 대해 설명하였다. 음운루프는 청각 정보를 일시적으로 저장하거나 조작하며, 입력된 소리를 음운 단위로 변환시켜서 단어를 만들거나 문장을 이해하는데 도움을 주는 기능이 있다. 시공간 잡기장은 시각적 정보와 공간적 정보를 일시적으로 저장하고 조작하는데 관여를 하며, 물체의 위치나 모양, 크기를 인식하고 이를 조작하여 문제를 해결하는데 도움을 준다. 그리고 일화적 완충기는 음운루프와 시공간잡기장에서 처리된 정보를 통합하여 하나의 에피소드를 만들어 장기기억에 저장하는 역할을 한다. 이 영역의 기능들은 단독으로 발현되기도 하지만 하나의 영역만으로 언어학습이 되는 것이 아니라 영역들끼리의 상호작용에 의해 효과적인 학습이 진행되며, 그로 말미암아 언어 학습의 속도와 효율성이 높아지기 때문에 이로인해 효율적인 의사소통 능력을 발휘하게 한다.

베들리와 히치(Baddeley & Hitch, 1974)는 언어 정보를 처리하는 작업 기억 체계를 저장 메모리 공간인 음운루프와 시공간 메모장을 마치 컴퓨터의 기억저장소로 비유하였으며, 그 후 수정된 모델에서 일화적 완충기(Episodic Buffer)를 추가하여 작업 기억 체계를 중앙 집행 장치와 3개의 하위 체계인 음운루프, 시공간 잡기장, 임시 완충기로 분류하였다.(Baddeley, 2007) 작업기억 구조의 발달 변화의 연구에서 음운루프, 중앙집행기, 그리고 시공간잡지장의 구조는 최소 6세에 완성되며, 14-15세에 이미 성인의 수준에 도달한다고 한다(Gathercole et al, 2004).

중앙 집행부		조음의 억제를 포함하며, 정신을 통제하고 조절하는 작업기억의 상위적 관리기능의 역할을 한다.
	음운 루프	-청각 정보를 일시적으로 저장, 조작한다. -입력된 소리를 음운 단위로 변환한다. -단어를 만들거나 문장을 이해하는데 도움을 준다.
	시공간 잡기장	-시각적 정보와 공간적 정보를 일시적으로 저장하고 조작하는데 관여를 한다. -물체의 위치나 모양, 크기를 인식하고 이를 조작하여 문제를 해결하는데 도움을 준다.
	일화적 완충기	-음운루프와 시공간잡기장에서 처리된 정보를 통합하여 하나의 에피소드를 만들어 장기기억에 저장 한다.

(l) 중앙집행기(Central executive)

중앙집행기는 작업기억 시스템을 통제(Control executive)하고 조절(Regulation)하는 상위적인 관리 기능의 역할과, 제한적 용량 내에서 정보를 처리하고 조정하는 역할, 그리고 장기기억에서 작업기억으로 인출하는 정보의 흐름을 적절히 통제하는 역할을 한다(Baddeley & Hitch, 1974). 특히 자기조절을 통해 잘못된 감정을 통제하고 억제하는 기능에 의해 개인의 사고와 행동을 관리하고 감독하며, 주어진 과제를 완성하기 위한 계획의 인지적 유연성, 행동과정의 탐색과 수정 등의 기능을 포함하고 있다(Carlson & Moses, 2001). 중앙집행기는 일화적 완충기와 함께 억제기능이 있는 정보처리 체계이지만 저장기억은 없는 순수 주의력 체계이다. 그리고 작업 기억의 다른 하위체계들과 달리 감각 기억에서 처리된 정보를 직접 처리하지 않으며, 감각 기억의 정보처리는 음운루프와 시공간잡기장에서 처리하고 통합된 정보들은 일화적 완충기에서 단일 표상으로 형성하여 장기기억에 저장한다. 그리고 과다한 시·청각 자극들 중

불필요한 정보는 무시하고 필요한 정보를 선별적으로 처리해서 작업기억의 제한된 용량의 한계점을 보완하여 각각의 정보를 처리하는데 소용되는 인지적 부하를 줄여줘서 문장의 의미 처리를 위한 시간이 단축된다고 한다(임동선, 한지윤, 2019). 즉, 언어정보를 문장으로 구성하기 위해 각각의 작은 음소 단위의 개별적 언어 정보를 모두 처리하려고 하는 것보다 불필요한 음소 단위를 버리고 이미 구성된 의미 덩이(chunk)로 구성 하는 것이 각각의 작은 음소단위의 언어정보를 처리하는 것보다 시간이 단축된다는 것이다.

작업기억의 영역인 중앙집행기는 생득적 인지능력으로 불변하는 고정된 영역이며, 지식이나 학습 그리고 경험의 축적에 의해서 언어의 발달이 계속 된다(백준오, 2014). 특히 중앙 집행기의 주요 기능은 주의집중과 주의력 분할이며 주의 집중은 당면한 과제 또는 특정 정보를 동시에 선별하여 처리하려고 선택하는 인지능력이라고 할 수 있다(Kirk & Chalfant; 홍진승, 2022). 중앙집행기의 통제적 주의력체계는 새로운 과제를 수행할 때 계속적인 주의 집중이 일어나지만 일상적이고 익숙한 과제일 경우에는 주의력이 발동되지 않는다고 하는 연구도 있다(백준오, 2014). 그러나 학자에 따라서는 중앙 집행기의 기능을 억제와 통제, 작업기억의 전환능력으로 구분하기도 하며, 미래의 목표를 달성하기 위한 문제해결방식을 유지하는 능력이라고 정의하기도 한다. 이러한 기능들은 전두엽에서 인간의 행동이 수행되어야 할 필요성을 구별하여 억제하거나 통제하는 과정과 대동소이하다고 할 수 있다.

(2) 음운루프(phonological loop)

중앙집행기의 하부구조인 음운루프는 단기저장 음운저장고(phonological store)

와 조음통제장치(articulatory control process)로 구성되어 있으며, 음운론적 형태의 정보를 저장하는 기능과 어휘 학습, 문법 습득능력 등 전반적인 언어능력에 영향을 준다(Baddeley & Hitch, 1974). 특히 외부에서 입력된 청각 정보를 약 1.5초~2초 동안 저장하며, 저장된 정보를 반복하면서 기억을 유지하는 능력이 있어서 새로운 단어나 문장을 익힐 때 활성화된다.

음운루프는 음운 작업기억을 담당하는 인지적 공간으로 청각적, 시각적 음운정보들을 일시적으로 저장하고 처리하는 역할을 담당하는(Baddley, 2003) 작업기억의 구성 요소 중 언어 습득과 가장 밀접한 관련이 있는 영역이다. 특히 음성적 정보를 저장하는 음운저장소와 정보를 음성적 형태로 재연해내는 조음 반복 작용으로 그 기능을 구분한다. 특히 청각에서 지각된 언어 정보의 뜻을 구별하는 가장 작은 소리 단위를 음운적 표상의 형태로 부호화해서 음운론적 저장 장치에 저장해서 언어를 시연하거나 산출하는 장치로 옮겨가는 순환 작용도 하고 있다(Baddeley, 2000). 그리고 음운 유사성과 단어 길이의 억제 효과와 같이 단순한 조작이 용이하며, 자신의 언어가 정확하지 않다고 판단되면 오류를 수정하기 위해 소리 언어를 다시 인식하고 부호화하여 저장하는 순환작용이 계속 이루어진다. 이 순환작용은 사람의 말소리를 뇌가 인식하고 그 소리를 하나의 부호로 기억할 수 있도록 하는 능력으로 예를 들어, "사과"라는 단어를 인지하였을 때, 뇌는 "ㅅ + ㅏ, ㄱ + ㅏ"라는 음운적 표상으로 변환하여 인식한 다음 단어의 발음과 의미를 연결하는 역할을 하는 것이다. 그 후 연결된 단어의 의미를 음운저장고에 저장하고 필요에 따라 인출하여 말을 할 수 있도록 한다. 이 기능은 인간이 언어를 학습할 때 자음과 모음을 구별하고 서로 통합하여 단어를 만들어가는 방식이다.

만약 외국어를 공부하는 학습자가 잘못된 발음으로 소리를 내고 있다면 저장된 언어와 비교하여 이 언어가 잘못된 발음이라는 것을 인지할 수 있도록 하는 기능도 있다. 이러한 음운루프의 조음통제 과정은 소리언어를 만들어내기 위한 조음활동이 작업기억의 용량에 영향을 미치기 때문에 필요 없는 언어는 발현하지 못하도록 소리언어를 인출하는 과정에서 발음기관의 움직임을 조절하고 통제한다. 이처럼 말소리의 일정한 음과 속도를 만들어 내기 위한 조음억제의 효과는 단어 길이와도 관련이 있으며, 어휘선택, 문법능력 등 전반적인 언어능력에도 영향을 준다(임동선 외, 2024). 이러한 과정들은 뇌의 언어처리 영역과 발음기관의 근육이 상호 작용을 하면서 이루어지는데, 발음에 오류가 있을 때는 발음기관과 전두엽의 브로카 영역이, 문장을 구성하는 능력에 문제가 있었다면 베르니케 영역이 관여를 하면서 상호 작용이 이루어진다.

(3) 시공간 잡기장(Visuospatial sketchpad)

시공간 잡기장은 단기기억의 개념으로, 짧은 시간 동안 시·공간적 정보를 일시적으로 저장하면서 정신적 이미지의 생성과 조작에 중요한 역할을 하는 공간으로 언어능력과 가장 밀접하게 관련된 것으로 보고되고 있다(임동선, 한지윤, 2019). 특히 시각적 이미지와 이미지의 내용을 저장하거나 공간적 정보를 저장하고 조작하는데 특화되어 있어서 수학, 물리학, 건축 등의 분야에서 중요한 역할을 한다. 저장된 정보는 약 5초 동안 유지되며 용량은 제한적이다. 시·공간잡기장의 용량은 제한적이지만, 용량이 커질수록 글의 이해 점수가 높으며, 공간적 개념을 처리하는데 중요한 역할을 하고 있어서 정신적 이미지의 생성과 조작, 문제 해결, 추론, 창의적 사고 등에도 영향을 미친다(Woolfork, 2013). 뿐만 아니라 시공간 잡기장은 장기기억에서 정보를 불러와 현재의 경험과 통합하는 역할도 한다.

(4) 일화적 완충기(Episodic buffers)

일화적 완충기는 베들리(Baddeley, 2000)에 의해 작업기억 모델에서 추가로 제시되었으며, 작업기억의 핵심적인 역할을 하는 중앙 집행기의 하위 시스템 중 하나이다. 음운 루프, 시공간 잡기장, 그리고 장기기억에서 나온 정보들을 하나의 일화(에피소드)로 만들어내는 다중 감각적 통합기제로 다양한 감각정보들을 연결하고 조직화하여 의미 있는 정보를 만들어내는 기능을 갖추고 있다. 즉, 음운루프와 시공간 잡기장이 순간적인 상호작용을 할 수 있도록 정보를 제공해서 현재의 경험을 재해석 하는 능력이 있기 때문에 새로운 문제를 해결할 수 있는 대안 제시와 미래의 활동을 계획할 수 있도록 도와주는 기능이 있다. 따라서 일화적 완충기는 개별적으로 정보를 처리하는데 소용되는 인지적 부하를 줄여서 정보 처리 효율을 도모하는 정보처리 기제이다(Rönnberg et al. 2008; 임동선, 한지윤, 2019).

그러므로 시공간 잡기장은 음운 루프와 시공간 잡지 장에서 처리된 언어적, 시각적, 공간적 정보를 통합하여 하나의 덩이(Chunk)로 묶고 형성된 덩이를 장기기억에 저장하고 필요한 경우 다시 인출하여 작업기억에 반영하는 것에 관여를 한다. 덩이를 묶어 처리하는 방법은 각각의 작은 단위를 처리하는 것보다 훨씬 더 정보처리가 효율적으로 이루어질 수 있도록 돕기 위한 것이다.

4) 시청각 기억 측정방법

작업기억이 수행하는 언어습득전략에서의 역할을 살펴보면, 특별히 청각 작업기억을 들 수 있다. 청각 작업기억에는 언어적 요인들이 관련되어 있으며(Sussman & Gumenyuk, 2005) 컴퓨터와 같은 저장 메모리 공간이 있다. 배들리(Baddeldy, 2007)는 작업기억의 분류에서 단기적으로 입력된 청각 언어정보를 짧은 시간 저장하는 음운 루프(phonological loop)와 시각적・공간적 정보를 짧은 시간 유지시키며 시각적 심상을 기억해내는 시공간 메모장(Baddeley, 2007)을 작업 기억체계의 하위단계로 제시하였다. 시공간 메모장은 언어의 학습에 있어서 이미지화 되어 있는 기억을 인출해내는 매우 중요한 영역이다.

　청각의 언어적 처리과정과 관련된 작업기억의 측정 방법을 살펴보면 첫째, 몇 개의 숫자를 순서대로 암기하는 '순방향 숫자 폭 검사(forward digit span)', 둘째, 숫자 목록을 듣고 몇 개의 숫자를 거꾸로 암기해서 말할 수 있는지 확인하는 '역방향 숫자 폭 검사(backward digit span)', 셋째, 이음 절로 된 단어를 듣고 암기해서 말하는 단어 폭 검사(word span), 넷째, 여러 개의 단순 문장을 이해하면서 동시에 마지막에 나오는 단어를 기억해 내도록 하는 문장 폭 검사(listening span)가 있다(Salthouse & Babcock, 1991).

　작업기억의 평가를 측정하는 방법은 크게 언어성 작업기억과 비언어성 작업기억으로 분류할 수 있는데, 순방향 숫자 폭 검사, 역방향 숫자 폭 검사가 있다. 순방향 숫자의 반응은 정보의 저장 및 유지 평가가 가능하며, 역방향 숫자의 반응은 정보의 유지 및 조작의 평가가 가능하다고 한다. 그리고 웩슬러 검사의 하위검사인 논리기억(logical memory) 검사에서는(California Discourse Memory Test & Bank Robbery Story Test) 기억 단위를 나누어 평가하는 회상, 요점 회상, 즉각 회상, 단서 회상의 방법으로 측정하기도 한다(Brandt, 1991).

3부 참고문헌

(2022). 초등영어학습자의 언어지식 평가모형 연구. 강원대학교 박사학위논문.
강혜정(2023). 그래픽 조직자를 활용한 수능 영어 독해 학습이 고등학생의 독해력 및 정의적 영역에 미치는 영향. 국민대학교 석사학위논문.
고유희(2023). 아동권리기반 디지털 역량 척도 개발 및 타당화 연구. 숙명여자대학교 박사학위논문.
곽도형, 민경아(2023). 상위인지 순환 교수법 기반의 외국인 학부생 대상 한국어 듣기 수업 사례, 한국어교육, 34(2), 1-31.
기성진(2019). 학문목적 한국어 학습자의 이해교육 학습 전략 연구. 동신대학교 박사학위논문.
김명준(2003). 개인의 뇌 활용성향 측정도구의 개발 및 적용: 학습스타일과의 관계. 광운대학교 박사학위논문.
김민경(2014). 노트테이킹 전략 사용이 영어 듣기 능력에 미치는 영향. 한국외국어대학교 석사학위논문.
김성민(2005). 하향식 읽기 과정에 기반한 수능 외국어(영어)영역 독해 문항 분석 및 전략. 아주대학교 석사학위논문.
김성일(2011). 동기에 대한 신경교육학적 접근: 동기과정의 재개념화. 교육심리연구, 25(1), 87-110.
김아미(2022). 디지털 세상의 맥락과 구조를 이해하는 능력, 도서관 이야기: 어린이와 청소년의 미래를 열어가는. 16(8) 통권 160호 30-32.
김유경, 석동일(2006). 언어병리학적 측면에서 음운인식의 본질적 특성 고찰. 한국언어치료학회, 15(2), 17-43.
김은주(2012). 보상 및 동기에 대한 최신 뇌과학 연구 동향. 한국HCI학회 학술대회. 1494-1502.
김진숙, 김묘은, 박일준, 폐현순, 이지은, 임동신, 임지영, 홍선주(2023). 디지털 리터러시 구성 체계 및 교과별 성취기준 연계- 교육과정 연계 디지털 리터러시 교육 가이드라인 개발 연구 별책본(연구자료 CR 2023-2). 한국교육학술정보원.
김진희, 강은주(2017). 학습피드백으로서 보상과 처벌 관련 두뇌 활성화 연구. 인지과학, 28(1), 65-90.
김하영(2016). 대학수학능력시험 영어 영역 듣기 평가 대화 지문의 화행분석: Searle(1976)의 화행이론을 근거로. 인하대학교 박사학위논문.
나무위키, 2023 10 02)
노들, 옥현진(2020). 텍스트 마이닝 기법을 통한 미디어 리터러시와 디지털 리터러시 개념의 비교 분석. 리터러시 연구, 11(5), 103-129.
박미혜(2016). 직장에서의 의사소통 유형이 대인관계 문제 및 직무만족도에 미치는 영향. 아주대학교 석사학위논문.
박선민, 하대현(2010). 작업기억, 단기기억과 지능간의 관계 모형 검증. 교육심리연구, 24(3), 611-632
박효정, 김민구, 김효원, 박재원, 황준성.(2011). 자기주도 학습전형의 현장 착근을 위한 정책 연구. 서울: 한국교육개발원.
방정열(2022). 시편 연구에 대한 화행이론의 적절성과 유용성: 찬양시 분석을 중심으로. 한국복음주의구약신학회, 22, 95-120.
백준호(2014). 한국어 능력과 작업기억 간의 상관성 연구. 경희대학교 박사학위논문.
백현주(2019). 유아 전두엽 기능 발달의 영향요인: 부모의 양육행동, 부모-자녀 의사소통, 책 읽어주기 상호작용을 중심으로. 성균관대학교 박사학위논문.
부정혜(2016). 영자신문을 활용한 배움 중심 수업이 초등학생 영어 쓰기 능력 및 정의적 영역에 미치는 효과, 제주대학교 석사학위논문.
서울대학교 국어연구소(2014). P 761
소경희(2013). 주요국의 핵심역량 중심 교육과정 운영 실태 조사 연구. 교육부.

(2004). 단기기억과 영어교육. 영어영문학연구 대한영어영문학회. 30(1), 185-202.
손희정(2016). 의미범주기반 작업기억 중재가 실어증 환자의 문장이해 및 단어유창성에 미치는 일반화 효과. 이화여자대학교 석사학위논문.
송치영(2019). 부정적 시각의 정서자극과 긍정적 청각자극의 동시자극이 자율신경계에 미치는 영향 연구: 지하철 주변 광고를 중심으로. 한밭대학교 석사학위논문.
세종특별자치시교육청(2019). (2019)역량중심 영재교육 프로그램 개발: 정의적 영역: 중등용
양영욱·이새벽·임희석(2013). 학습자 언어 인지능력 기반의 외국어 능숙도 측정 방법 설계 및 개발. 한국디지털정책연구, 제11권 제3호, 363-369.
윤세라(2018). 외재적 보상 정책이 학생의 노력 수준에 미치는 효과에 대한 연구. 중앙대학교 석사학위논문.
이새별(2020). 작업기억 검사의 타당화와 경계선급 지능 아동의 작업기억 특성 분석. 서울교육대학교 교육전문 박사학위논문.
이승원(2004). 단계별 전략 중심의 읽기 지도 방법 연구. 국민대학교 석사학위논문.
이일선(2012). 두뇌동기보상 시스템 기반 생명과학 학습동기 증진 학습모형 개발. 한국교원대학교 박사학위논문.
이은숙(2010). 정의적 요인 분석을 통한 영어학습 영향 분석 연구: 실업계 고등학교의 인지학습 활성화를 중심으로. 단국대학교 석사학위논문.
이정희(2003). 단소의 가능 습득을 위한 자기 주도적 학습 시스템 설계 및 구현. 인천대학교 석사학위논문.
이철현(2014). 학습자의 21세기 핵심 역량 증진을 위한 실과교과 정보교육의 방향 탐색. 한국실과교육학회, 27(1), 23-44.
이체은(2022). 4-6세 말소리장애아동의 작업기억 및 주의력 특성과 조음능력 간 상관. 부산가톨릭대학교 석사학위논문.
이태희(2001). 정신지체아동의 작업기억 발달 특성. 대구대학교 박사학위논문.
이희옥(2004). 듣기 능력 향상을 위한 상향식 노출과 하향식 노출의 효과 비교분석. 공주교육대학교 석사학위논문.
임동선, 한지윤(2019). 언어발달지체 아동의 음운루프, 시·공간 잡기장, 일화적 완충기, 억제기능과 문법 능력 간의 관계. 특수교육학회, 54(2), 183-204.
임채성(2005). 뇌 기능에 기초한 과학 교수학습: 뇌기능과 학교 과학의 정의적·심체적·인지적 영역의 연계적 통합 모형. 초등과학교육 제24권 1호, 86-101.
임하정(2024). 챗봇을 활용한 디지털 리터러시 함양 프로그램 개발 및 적용, 서울교육대학교 석사학위논문.
장기완(2008). 전면 문제중심학습이 문제해결과정, 메타인지, 내적동기에 미치는 영향-J치의학전문대학원의사례를 중심으로-. 충남대학교 석사학위논문.
전경희, 김성숙(2019). 수학과 정의적 성취특성의 잠재프로파일 분석. 교육과정평가연구, 22(2), 319-339.
정대영(2006). 사물탕이 Glutamate에 의한 헤마세포의 손상에 미치는 영향. 원광대학교 박사학위논문.
조수진(2012). 기억처리과정의 이해. 청능재활, 8, 108.
조행연(2013). 말하기 불안의 정의적 요인 분석을 통한 화법 교육 방안. 부경대학교 석사학위논문.
진준화(2023). 화행이론(Speech Act Theory)으로 풀어 본 '명령문+   ' 통사구조 사용기제.
최경호(2024). 다차원 교육정책분석 모형을 적용한 디지털 리터러시 정책 분석. 부산교육대학교 석사학위논문.
최용숙(2021). 어휘 학습 전략 사용과 동기가 외국어 어휘 지식에 미치는 영향. 충북대학교 박사학위논문.
(2018). 유아의 인지적 실행기능 및 정서적 실행기능의 구조 및 발달경향연구, 성균관대학교 박사학위논문.
한영숙, 현성용(2010). 외적 보상, 내·외적 동기, 과제유형이 문제 해결에 미치는 효과. 교육방법 학회, 22(4), 21-42.
홍진숭(2022). 인지기능 향상을 위한 뉴로피드백(Neurofeedback) 훈련이 주의력에 어려움을 가진 대학생의 작업기억, 주의력, 고차원 인지 및 뇌파에 미치는 영향. 인하대학교 박사학위논문.
홍춘우, 이규수, 김명란(2022). 뇌기반 상담의 이해. 한국두뇌심리교육연구소
황은창(2011). 문학작품을 활용한 고등학교 영어수업지도방안. 인하대학교 석사학위논문.

Adler, A. (1987). 심리학 해설. 설영환 역. 서울 : 선영사.
Allis, A. (1996). *How I learned to help clients feel better and get better.* Psychotherapy: Theory, Research, Practice, Traning, 33(1), 149-151.
Anderson, L. W. (1981). *Assessing affective characteristics in the school.* Boston, Mass.: Allyn and Bacon, Inc.
Anderson, N. J. (2008). *Metacognition and Good Language Learners.* In Griffiths, C. (Ed.), Lessons from Good Language Learners. Cambridge, England: Cambridge University Press. 99-109.
Ansari, D., & Coch, D. (2006). *Bridge over troubled waters: education and cognitive neuroscience.* Trends in Cognitive Sciences, 10(4), 146-151.
Austin, J. L (1975). *How to Do Things with Words.* Cambridge: Harvard University)
Atkinson, R. C., & Shiffrin, R. M. (1968). *Human Memory: A Proposed system and its control processes, The psychology of learning and motivation, Ⅱ.* Academic Press, 89-195.
Austine. J. L. (1962). *How to Do Things with Words.* Cambridge: Harvard University Press.
Baddeley, A. D. (1986). *Working Memory (Oxford Psychology Series No, 11).* Oxford: Clarendon Press.
Baddeley, A, D., & Hitch. G. (1974). *Working memory.* Psychology of Learning and Motivation, 8, 47-89.
Baddeley, A., Logie, R., Nimmo-Smith, Il, & Brereton, N. (1985). *Components of fluent reading.* Journal of memory and language, 24(1), 119-131.
Baddeley, A. D. (1992). *Working memory.* Science, 225, 556-559.
Baddeley, A. D. (2000). *The episodic buffer: a new component of working memory?.* Trends in Cognitive Sciences, 4(11), 417-423.
Baddeley, A. D. (2003). *Working memory and language: on overview.* Journal of Communication Disorders, 36(3), 189-208.
Baddeley, A. (2007). *Working memory, thought, and action (Vol. 45).* OUP Oxford.
Bachman, L. F. (1990). *Fundamental considerations in language testing.* Oxford: Oxford University Press.
Bean, J. C. (2011). *Engaging ideas (2nd ed.).* San Francisco, CA: ossey-Bass.
Block, E. (1986). *The comprehension strategies of second language readers.* TESOL Quartery, 20, 463-494.
Boudah, D. J. (2014). *The main idea strategy: A strategy to improve reading comprehension through inferential thinking.* Intervention in School and Clinic, 49(3), 148-155.
Brandt, J. (1991). *The Hopkins Verbal Learning Test: Development of a new memory test with six equivalent forms.* The Clinical Neuropsychologist, 5(2), 125-142.
Brown, P., & Levinson, D. (1987). *Politeness: Some Universals in Language Use.* Cambridge: Cambridge University Press.
Brown, H. D. (1986). *Social foundations of thought and action: A social cognitive theory.* Englewood Cliffs, JN: Prentice Hall.

Brown, H. D. (2001). *Language assessment principles and classroom practice.* NY: Longman.
Brown, H. D. (2007). *Teaching by principles: An interactive approach to language pedagogy.* White Plains, NY: Pearson Education.
Canale, M. & Swain, M. (1980). *Theoretical bases of communicative approaches to second language teaching and testing.* Applied Linguistics, 1(1), 1-47.
Chamot, A. R., & O'Malley, J. M. (1992). *Meta-cognitive strategy training for ESL reading.* TESOL Quarterly, 23(4), 647-678.
Carlson, S. M., Moses, L. J., & Breton, C. (2002). *How specific is the relation between executive function and theory of mind? Contributions of inhibitory control and working memory.* Infant and Child Development: An International Journal of Research and Practice, 11(2), 73-92.
Chastain, K. (1976). *Developing second language skills.* The center for Curriculum Development, Inc.
Cowan, N. (1995) *Attention and memory. An integrated framework.* Oxford, England: Oxford University Press.
Culpeper, J. (1996). *Towards an anatomy of impoliteness.* Journal of pragmatics, 25, 349-367.
Dagher, A., & Robbins, T. A. (2009). *Personality, addiction, dopamine: Insights from Parkinson's disease.* Neuron, 61, 502-510.
Daum 국어사전
Deci, E. I. (1975). *Effects of Externally Mediated Rewards on Intrinsic motivation.* Journal of Abnormal and Social Psychology.
Devine, J. (1987). *General Language Competence and Adult Second Language Reading.* In Devien, J. et al.)Eds.), Research in Reading English as a Second Language. 73-87.
Downing & Leong, (1982). *Psychology of Reading.* Macmillan.
Ellis, R. (1996). *SLA and language pedagogy.* Studies in Second Language Acquisition 19, 69-92.
Ferrari, A. (2012). *Digital competence in practice: An analysis of frameworks.* Luxembourg: Publications Offce of the European Union.
Flavell, J. H. (1979). *Metacognition and cognitive monitoring: A new area if cognitive-developmental inquiry.* American Psychologist, 34(10), 906-911.
Fuster, J. M. (2008). *The prefrontal cortex(4th ed).* New York: Elsevier.
Gathercole, S. E., & Baddeley, A. D. (1993). *Phonological working memory:A critical building block for reading development and vocabulary acquisition?.* European Journal of Psychology of Education, 8(3), 259-272.
Gathercole, S. E., Pickering, S. J., Ambridge, B., & Wearing, H. (2004). *Working memory in the classroom.* In Pickering S (Ed.), Working Memory and Education, 219-240. Cambridge: Academic Press.
Gilster, P. (1997). *Digital literacy.* John Wiley & Sons, Inc.
Goleman, D. (1995). *Emotional intelligence.* New York: Bantam Books.   역, 감성지능 상, 하, 비전 코리아, 1997).

Goodman, K. L. (1967). *Reading: A Psycholinguistic guessing game.* Journal of the Reading Specialist, 6, 125-135.

Goleman, D. (2004). *Emotional Intelligence: Why It Can Matter More Than IQ & Working with Emotional Intelligence.* Omnibus: Bloomsbury.

Hitch, G. J., Towse, J. N., & Hutton, U. (2001). *What limits children's working memory span? Theoretical accounts and applications for scholastic development.* Journal of Experimental Psychology: General, 130(2), 184-198.

Hymes, D. (1972). *Directions in social linguistics.* New York Holt Rinehart Winston.

Jakobson, R. (1960). *Linguistics and poetics.* In T. A. Sebeok(Ed.), Style in language, New York: Wiley.

Jensen, E. (2007). *Introduction to brain-compatible learning.* Corwin Press. (역, 뇌 기반 교육의 원리. 서울: 학지사, 2010).

Just, M. A., & Carpenter, P. A. (1992). *A capacity theory of comprehension: Individual differences in working memory.* Psychological Review, 99(1). 122.

Keller, J. M. (1983). *Motivational design of instruction.* In C. M. Reigeluth(Ed.), Instructional design theories and models: An overview of their current status. Hillsdale. NJ: Lawrence Erlbaum Associates.

Keller, J. M., 송상호 (1999). 매력적인 수업설계 : 주의집중·관련성·자신감 그리고 만족감. 서울: 교육 과학사.

Kim, H. (2021b). *The future direction and challenges of English education in the post-COVID-19 era.* English Teaching, 76(s1), 87-105.

Kirk, L., & Chalfant, J. C. (1984). *Academic and developmental learning disabilities.* Denver: Love.

Krashen, S., & Terrell, T. (1983). *The natural approach: Language acquisition in the classroom.* Oxford: Pergamon Press.

Lawson, A. E. (1995). *Science Teaching And The Development of Thinking.* Belmont, CA: Wadsworth publishing Company.

LI XIN (2018). 비지니스 한국어 이메일 의사소통 교육 내용 연구, 이화여자대학교 대학원 석사학위논문.

Long, H. B. (1972). *Philosophical, psychological and practical justifications or studying self-direction in learning.* In H. B. Long & Associates (Eds.), Self-Directed Learning: Application and Research. 9 24. Norman: Oklahoma Research Center for Continuing Professional and Higher Education.

Long, M. (1991). *Focus on form: A design feature in language teaching methodology.* In K. De Bot, R. Ginsberg, & C. Kramsch (Eds.), Foreign language research in cross-cultural perspective. 39-52. Amstedam: John Benjamins.

Luia, A. R. (2012). *Higher optical functions in man, (2nd ed).* New York: Basic Books.

MacLean, P. D. (1990). *The tribune brain in evolution.* NY: Plenum.

MacKey, A., Adams, R., Stafford, C., & Winke, P. (2010). *Exploring the relationship between modified output and working memory capacity.* Language Learning, 60(3). 501-533.

Maley, A., & Duff, A. (1978). *Drama Technique in Language Learning.* Cambridge: Cambridge

University Press.
McClain, A. D., Vaughn, S., & Neal. L. V. I. (2001). *Not all students learn to read by third grade: Middle school students speak out about their reading disabilities.* The Journal of Special Education, 35, 17-30.
Morgan, C. T., & King, R. A. (1971). *Objective questions for introduction to psychology.* McGraw-Hill.
Murray, D. N. (1972). *Teach writing as a process not product.* The Leaflet, 71(3), 11-14.
Nunan, D. (2003). *Practical English language teaching.* New York: McGraw-Hill Education.
Nuttall, C. (1996). *Teaching Reading Skills in a Foreign Language.* Oxford: Macmillan Heinemann.
OECD (2013). *PISA 2015 Draft Collaborative problem solving Framework.* Paris: OECD
O'Malley, J. & Chamot, A. (1990). *Learning strategies in second language acquisition.* Cambridge, UK: Cambridge Press.
Oxford (1990). *Language learning strategies: What every teacher should know.* New York: Newbury House/Harper &Row.
Peterson, P. W. (1991). *A synthesis of methods for interactive listening.* In M. Celce-Murcia(ed.), Teaching English as a Second or Forign Language. 2nd ed. MA: Helinle Publishers.
Pintrich, P. R. (2004). *A conceptual framework for assessing motivation and self-regulated learning in college students.* Educational Psychology Review, 16(4), 85-407.
Postovsky, V. A. (1975). Effects of delay in oral practice at the beginning of second language. Modern Language Journal, 58, 229-239.
Purpura, J. E. (1997). *An analysis of the relationships between test takers' cognitive and meta-cognitive strategy use and second language test performance.* Language Learning 47(2), 289-325.
Rangel, A., Camerer, C. & Montague, P. R. (2008). *A framework for studying the neurobiology of value-based decision making.* Nature Reviews Neuroscience, 9, 545-556.
Rivers, W. & Temperley, M. (1978). *A practical guide to the teaching of English as a second or foreign language.* NY: Oxford University Press.
Rönnberg, J., Rudner, M., Foo, C., & Lunner, T. (2008). *Cognition counts: A working memory system for ease of language understanding (ELU).* International Journal of Audiology, 47(sup2), S99-S105).
Salthouse, T. A., & Babcock, R. L. (1991). *Decomposing adult age differences in working memory.* Developmental psychology, 27(5), 763.
Searle, J. R. (1969). *Speech Acts.* Cambridge: Cambridge University.
Schallert, D. L. (1982). *The significance of knowledge: A synthesis of research related to schema theory.* In Otto, Wayne, and S. White (Eds.). Reading Expository Material, New York: Academic Press. 13-48.
Skinner, B. F. (1969). *Contingencies of Reinforcement.* New York: Appleton-Century-Crofts.

Smith, F. (1971). *Understanding reading: A psycholinguistic analysis of reading and learning to read.* New York: Holt, Rienhart and Winston INC.

Springer, S. P., & Deutsch, G. (1985). *Left brain, right brain.* New York: W. H. Freeman & Co.

Stipek, D. (1998). *Motivation to learn: from theory to practice (3rd edn).* Boston, MA: Allyn and Bacon.

Swain, M. (1985). *Communicative competence: Some roles of comprehensible input and comprehensible output in its development.* In S. Gass, & C. Madden (Eds.), Input in second language acquisition, MA: Newbury House. 235-253.

Swanson, H. L. (2006). *Working memory and reading disabilities: both phonological and executive processing defecits are important.* In Alloway, T. P., & Gathercole, S. E. (Eds.), Working memory and neurodevelopmental disorders, Hove: Psychology Press, 59-88.

Willis, J. D. (2007). *Contributions to the frontal cortex and its contribution to decision-making.* [Contributions to the prefrontal cortex and decision making]. Annual Review of Neuroscience, 30, 31-56.

Woolfork, A. (2013). *Educational Psycology.* (, 안도희, 양명희, 이미순, 장경심 공역, 〈교육심리학(12판)〉. 서울: 박학사, 2015).

Vygotsky, L. S. (1978). *Mind in society: The development of higher mental process.* Cambridge: Harvard University Press.

Zimmerman, B. J., & Martinex-Pons, M. (1986). *Development of a structured interview for assessing student use of self-regulated learning strategies.* American Educational Research Journal, 23(4), 614-618.

4부 의사소통

1장 의사소통의 이해

2장 사회전략적 의사소통

3장 문제해결력과 의사소통

1장 의사소통의 이해

1. 의사소통의 정의
   1) 의사소통 역량과 능력
   2) 의사소통의 기술과 유형
   3) 의사소통에 대한 뇌과학적 이해

2. Satir의 의사소통
   1) 순기능적 의사소통
   2) 역기능적 의사소통
   3) 사티어의 의사소통 유형 설문지

3. Norton의 의사소통
   1) 언어적 의사소통
   2) 비언어적 의사소통
   3) 의사소통의 관점 맞추기

I. 의사소통의 정의

의사소통(Communication)이란 라틴어 'communus에서 유래된 것으로 공동(common)과 공유(sharing)라는 뜻을 의미하며, 두 사람 또는 그 이상의 사람들 사이에서 서로의 생각과 감정을 전달하기 위해 상호 교류가 이루어진다는 뜻이다(NCS 직업기초능력). 인간이 건강한 사회생활을 영위하기 위해서 사용하는 필수적인 도구인 의사소통은 자신의 주장이나 감정, 행동 등이 상대방에게 잘 전달되어 이해, 공감, 배려 등의 협력을 받고자 하는 행위이다. 특히 대인관계에서 주변 인물들과 원하는 정보의 교류, 사회적 대응방식 등의 영향을 주고받는 협력적 소통의 도구로 사용된다. 협력적 소통이란 화자(대화를 하는 사람)와 청자(듣는 사람)가 서로 자신이 기대하는 바가 효율적으로 수행되었다고 느낄 수 있도록 기대하는 전략이다. 즉, 둘 이상의 사람 사이에서 서로의 생각이나 의견 또는 감정의 교환을 통해 공통점을 찾고 이해하는 과정으로 의식이나 태도, 행동의 변화를 일으키게 하는 일련의 행동을 말한다. 그러므로 상대방의 지적 수준, 언어 이해능력, 성향, 환경, 나이, 문화 등을 고려하지 못한 일방적인 메시지는 단순히 비효율적인 의사소통으로 끝나는 것뿐만 아니라 서로에게 심리적 상처 또는 불쾌감과 자신감의 상실을 겪게 하기 때문에 이로 인한 대화의 단절은 사회적 관계의 단절로까지 이어질 수 있다. 특히 말로 인한 상처들은 향후 의사소통의 효율적 적응성과 사회적응성에 잠재적으로 악영향을 미치게 된다.

의사소통은 개인의 학력과 경제력 또는 사회계층과 상관없이 기본적인 인간관계를 맺고자 하는 인간관계의 시작이라고 할 수 있다(Satir, 1972). 인간관계가 시작되는 것은 서로 소통을 통해 상대방과 정서적으로 친밀한 관계를 형성하는 것으로, 서로의 관점에서 이해하기 위해서 언어의 직접적인 의미 이외의 숨겨진 내용도 이해할 수 있어야 한다. 즉, 언어의 의미를 단어의 뜻 그대로가 아닌 숨겨진 타인의 정서와 감정을 포괄적으로 이해하는 능력과 화자의 환경적 요인까지도 감안해서 그 의미를 이해하는 노력이 필요한 것이다. 특히 소통과정에서 나타나는 간극의 차이를 파악하기 위해서는 자신의 생각과 의미를 진솔하게 상호 교환하는 방법이 가장 효율적인 방법이다(김정희, 2023). 효율적인 의사소통은 사람과 사람을 연결해주는 매개체이며 상호작용을 기본으로 하기 때문에 한 사람만의 만족한 소통이라는 것은 있을 수 없다. 상호 대화 과정에서 타인의 주장을 존중하고 서로 다름을 인정하는 넓은 의미의 인간관계로 승화시킬 때 비로소 효율적인 소통과 사회적 관계가 형성되어 서로 협력적 관계가 이루어지게 하는 효과적인 의사소통능력이라고 할 수 있다. 이 능력은 상대를 효과적으로 다루기도 하며, 지식, 정보, 신념, 감정 등을 공유하는 관계로 발전된다. 그러나 자신의 의견이 지지와 공감을 받고 수용될 수도 있지만 때로는 자신의 의도가 상대방에게 이해되지 못하는 결론에 다다를 수도 있다는 암묵적 전제가 있다는 것도 이해하여야 한다.

기존의 연구에서 의사소통의 범위를 어디까지 둘 것인가에 대해 판단한 범위는 글쓰기, 읽기, 말하기, 듣기 사고력 등을 범위로 하는 연구와 문서이해능력, 문서작성능력, 경청능력, 의사표현능력, 기초외국어능력으로 구분하고 있다(NCS 직업기초 능력 능력). 그 외에 갈등 상황에서의 문제해결능력, 박신혜의 비폭력대화 방법, 자기주장의 명료화 등 보다 광범위하다고 볼 수 있다. 그러나 이 책에서는 의사소통을 위한 사고력의 범위에 대해 중점을 둘 것이다.

1) 의사소통 역량과 능력

역량은 자신을 둘러싼 환경과의 효과적인 상호작용을 통해 형성된 능력으로 어떤 상황에서 효과적인 수행을 가능하게 하는 지식, 스킬, 태도, 동기 및 가치 등이 서로 유기적으로 연결되어 복잡한 요구를 성공적으로 해결하는 구체적이며 실질적으로 수행할 수 있는 능력을 말한다(OECD, 2016). 그러므로 어떤 직종에서든 업무를 성공적으로 수행하는데 절대적으로 필요한 지식, 기능, 태도, 가치관 등을 모두 포괄하는 개념으로 정의 할 수 있다(한국직업능력개발원, 1999). 언어학습에서 보는 역량(competency)의 사전적 의미는 개인이 특정한 분야에서 우수한 인적 자원으로 활용되기 위해 갖추어야 하는 필수적인 수행 능력이며, 듣기, 읽기, 쓰기, 말하기, 그리고 토론과 조정능력도 포함된다고 하였다. 특히 의사소통의 역량을 발달시키기 위해서는 언어・기호・매체 등의 특성을 이해하고 파악한 후에 적절한 언어 매체를 활용하여 생각과 느낌을 표현할 수 있어야 한다. 언어는 어떤 대상(referent)을 일컫기 위해서 그 대상과 대응하는 상징 기호(symbol)로 사용되며, 기호를 사용자가 생각하는 대상과 그 기호에 상응하는 관념을 대응시키고 연결하는 작용을 의미한다(한명숙, 2023). 즉, 이미지 시대에서 언어 매체를 활용하는 능력, 그리고 활용하는 언어에 대한 반성적 사고와 자신과 타인의 관계를 고려하여 이를 점검하고 조정할 수 있는 능력을 의사소통 역량이라고 한다.

언어의 기능은 의사소통에 있으며, 발신자와 수신자 사이에 일어나는 교류 과정에서는 언어의 여섯 가지 기능이 수행된다고 한다. 야콥슨(Jakobson)은 언어 사용의 목적과 맥락에 따라 달라지는 언어의 다양한 역할에 대해 언어의 여섯 가지 기능을 제시하였다. 이 기능은 표현의 기능, 명령의 기능, 지식의 기능, 친교의 기능, 시학의 기능 및 메타언어의 기능이라고 한다(Jakobson, 1963; 권재일 역, 1989). 표현의 기능은 자신의 감정, 태도, 신념, 의식 등을 표현하는 언어이며, 명령의 기능은 청자로 하여금 어떤 일을 수행하도록 요구하는 것이다. 지식의 기능은 현실 세계의 대상이나 사건을 전달하는 정보 제공 것이며 시학의 기능은 언어 자체의 미적 구조를 강조하며 메타언어의 기능은 언어 자체를 대상으로 삼아 분석하거나 설명하는 기능으로 정의할 수 있다.

표현의 기능	-감정, 태도, 신념, 의식 등을 표현하는 기능 -시, 노래 가사, 감탄사 등을 활용하는 기능 -형식적 아름다움이나 창의성에 초점을 두고 의미보다 음운적 구조적 리듬을 활용하는 기능
명령의 기능	-청자에게 직접적인 행동이나 반응을 요구하는 기능 -명령문(문을 닫아라), 요청(기다려주세요)을 사용하는 기능 -사회적 관계 유지보다는 즉각적인 행동 유발에 집중한다.
지식의 기능	-현실 세계의 대상이나 사건을 전달하는 정보 제공 기능 -과학적, 단계적 설명을 하는 기능 -객관적 사실이 전달의 목적이며, 실용적 소통에서 주로 사용
친교의 기능	-사회적 유대감 형성 또는 관계의 강화에 초점을 둔 기능 -인사말, 칭찬, 위로 등을 사용 -내용 자체보다 서로의 정서적 연결에 관점을 두었다.
시학의 기능	-언어 자체의 미적 구조를 강조하는 기능 -시나 음악에서의 운율, 은유, 반복 -표현적 기능과 유사하지만, 언어의 형식적 아름다움 탐구에 집중한다.
메타언어의 기능	-언어 자체를 대상으로 삼아 분석하거나 설명하는 기능 -언어학, 철학적 논의를 할 수 있는 기능 -언어의 구조나 사용 방식을 성찰하는데 사용된다.

교육부에서 2015년 제시한 핵심 역량들을 살펴보면 자기관리 역량, 지식정보처리 역량, 창의적 사고 역량 심리적 감성 역량, 의사소통 역량, 공동체 역량으로 고시하였다. 그 후 2022년 개정하면서 핵심역량 중 다른 5가지의 역량의 정의는 변함이 없었으나 의사소통 역량만은 협력적 소통역량으로 개정 고시하였다(교육부, 2022: 5). 이처럼 의사소통 역량은 개인이 자신의 지식과 다양한 경험을 유창한 언변으로 발화(speak aloud) 하는 것을 지칭하는 것이 아니라 대인과 상호작용을 통해 협력적으로

소통할 수 있는 능력이 바로 의사소통 역량이라고 할 수 있다. 협력적 소통역량은 성공적인 가정인과 사회인으로 살아가는 데 있어서 모든 사람이 반드시 갖추어야 하는 공통의 역량(Bienvenu, & McCleland, 1970)으로 특정한 상황이나 직무에서 효율적이고 능률적으로 수행할 수 있는 개인의 내적 특성을 말한다. 그러므로 의사소통 역량은 개인 또는 조직원 간의 주어진 문제를 상호협력을 통해 효과적으로 해결할 수 있는 능력으로, 당면한 문제의 핵심과 상황에 따른 목적과 동기 등을 정확하게 탐색할 수 있는 능력이 요구된다. 그리고 이러한 내적 특성은 선천적인 성향도 중요하지만 후천적 경험에 의해 형성되기 때문에 선천적으로 타고난 능력 이외에도 후천적 학습을 통해서도 습득이 가능하다(윤정일 외, 2010). 그러나 이러한 역량을 내재하고 있는 개인일지라도 이 역량을 다양한 상황에서 적용하여 실제적 행동으로 이루어지게 하는 수행능력이 필요하다. 수행능력은 무조건적이고 무계획적인 능력이 아니라 인지적이고, 정의적이며, 창의적인 능력도 포함되어야 한다.

　　의사소통의 역량을 함양하기 위해서 먼저 소통의 기능을 이해할 필요가 있다. 의사소통은 기본적으로 말하기와 글쓰기를 활용하고 있으며, 상대방의 언어에 대해서는 공감적 리엑션 즉, 비언어적인 표현을 사용할 수 있어야 한다. 무엇보다도 말하기는 자신의 생각이나 느낌 등 의도한 내용을 주장할 때는 장황하지 않게 요점을 정확히 요약하여 설명하면서 상대의 마음을 움직여 설득할 수 있도록 하여야 하며, 타인의 주장에 대해서는 문맥의 맥락을 정확히 인지하고 수용, 동의, 반박, 거절, 질문 등을 적절히 사용할 수 있어야 한다. 특히 거절을 선택할 때는 자신의 주장과 다른 관점의 차이를 명확히 설명할 수 있는 역량을 필요로 한다.

　　그리고 친밀한 관계를 유지하는데 필요한 의사소통은 언어와 기호, 문자 등을 활용하는 언어적 의사소통과 언어 이외의 요소를 이용하는 각종의 몸짓, 그림, 공간 등을 사용하여 의사를 표현하는 비언어적 행위가 있다. 언어적 의사소통은 어휘능력의 필요성이 대두되는데 같은 주제를 놓고 그 의미와 내용을 설명하는 과제를 실행하고 있을 때, 사람에 따라 전혀 다른 구성의 문장과 단어를 사용할 수 있기 때문이다. 어휘능력이 좋은 사람은 상황과 주제에 맞는 적절하고 합리적인 표현을 하는 화행능력을 사용할 수 있어서 빠른 시간에 타인을 설득하며 감동을 줄 수 있다. 그러나 화행능력이 떨어지는 사람은 아무리 의도가 좋은 주장을 하고 있어도 상대방에게 그 의미를 제대로 전달시키지 못하므로 청자의 행동과 활동에 변화를 주는 영향력에 미치지 못하는 경우가 있다. 그러므로 개인의 어휘표현 능력은 의사소통에서 꼭 필요한 요인이다. 어휘표현 능력은 타고난 성향도 있겠지만, 본인의 노력과 단어의 이해력 그리고 다양한 환경에서의 의사소통 경험이 큰 영향을 미친다.

의사소통의 능력을 문법적, 담화적, 사회언어적, 전략적능력으로 구분한 연구에서 어휘, 형태, 통사, 의미, 음운 규칙에 관한 지식을 포함하는 문법적 능력과 문법에 맞춰 문장과 문장을 연결하고 대화할 수 있는 담화적 능력이 중요하게 거론되었다(Canale & Swain, 1980). 담화능력은 문법과 상관없이 시대적으로 사용되는 언어를 사용할 수 있기 때문에 꼭 문법적으로 완성적일 필요는 없으나, 주제에 대한 생각을 논리적으로 전개할 수 있는 능력을 필요로 한다. 사회 언어적 능력은 자신이 살고 있는 사회에서 통용되고 이해가 가능한 언어를 사용하는 능력으로 그 시대의 사회 문화적 맥락을 이해하고 그에 맞게 적절하게 반응하는 능력이다. 그리고 전략적 능력은 효율적인 소통의 목적을 이루기 위해 상황과 상대에 맞도록 사용하는 언어적, 비언어적 소통능력으로, 소통 과정에서 발생할 수 있는 문제를 해결하기 위해 의미를 명확히 하거나 이해를 돕기 위해 다양한 전략을 사용할 수 있는 능력을 요구하고 있다. 이러한 네 가지 능력은 서로 상호 보완적이기 때문에 효과적인 의사소통을 위해서 이 모든 요소들이 조화를 이루어야 한다.

의사소통을 위한 전략적 능력들은 아래 표로 정리하였다.

의사소통을 위한 전략적 능력

문법적 능력	-언어의 문법과 구조를 이해하고 사용할 수 있는 능력 -문법 규칙, 어휘 선택, 문장 구조 등을 사용하여 특정 상황에서 적절한 어휘를 선택하는 능력
담화적 능력	-다양한 맥락에서 언어를 사용하여 일관성 있고 의미 있는 텍스트를 생성할 수 있는 능력 -주제에 대한 생각이 논리적으로 전개되는 능력 -문장의 시작과 끝을 잘 조절하고, 주제를 유지하는 능력 -정보를 생략하거나 부가하여 의미를 명확히 전달하는 능력
사회언어 학적 능력	-사회 문화적 맥락을 이해하고 그에 맞게 적절한 반응 능력 -상황에 따라 적절한 언어 형식을 구성할 수 있는 능력 -문화적 차이를 인식하고 예의를 지키며 존중 하는 능력 -공식적, 비공식적 상황에 따라 이에 맞는 언어를 선택하는 능력
전략적 능력	-소통 과정에서 발생할 수 있는 문제를 해결하기 위해 의미를 명확히 하거나 이해를 돕기 위해 다양한 전략을 사용할 수 있는 능력 -모르는 단어는 그 문맥을 통해 의미를 유추하거나 반복해서 물어보는 등의 방법을 사용할 수 있는 질문 능력

교육부는 2015년 고시된 핵심역량을 "사회 공동체 구성원으로서의 역할을 성공적으로 수행하기 위해 학습자에게 요구되는 지식, 기능, 태도가 초·중·고등교육을 통해 모든 학습자가 길러야 할 기본적이고 필수적이며 보편적인 능력"이라고 정의하였다(이광우 외, 2014). 특히 '의사소통 역량'을 언어적 표현, 타인 이해 및 존중 능력, 갈등 조정 능력으로 범주화하였으며(교육부), 하위요소로는 표현, 이해, 의미구성, 공감, 교류, 성찰, 점검·조정으로 분류하였다.

2015년 개정 교육과정 총론에 제시된 핵심 역량(교육부, 2015a, p.2)

자기관리 역량	자아정체성과 자신감을 가지고 자신의 삶과 진로에 필요한 기초 능력과 자질을 갖추어 자기 주도적으로 살아갈 수 있는 역량
지식정보처리 역량	문제를 합리적으로 해결하기 위하여 다양한 영역의 지식과 정보를 처리하고 활용할 수 있는 역량
창의적 사고 역량	폭넓은 기초 지식을 바탕으로 다양한 전문 분야의 지식, 기술, 경험을 융합적으로 활용하여 새로운 것을 창출하는 역량
심리적 감성 역량	인간에 대한 공감적 이해와 문화적 감수성을 바탕으로 삶의 의미와 가치를 발견하고 향유하는 역량
의사소통 역량	다양한 상황에서 자신의 생각과 감정을 효과적으로 표현하고 다른 사람의 의견을 경청하며 존중하는 역량
공동체 역량	지역, 국가, 세계 공동체의 구성원에게 요구되는 가치와 태도를 가지고 공동체 발전에 적극적으로 참여하는 역량

2) 의사소통의 기술과 유형

의사소통은 자신이 목적하는 어떤 결과를 얻고자 하는 목표가 있다. 가벼운 이야기로 무료한 시간을 보내고자 하는 목적부터 개인 또는 경영조직에서 집단의 목표를 달성하기 위해 이익을 얻고자 의도된 성과지향성 의사소통, 정의로운 관점에서 사실을 전파하고자 하는 사실지향성 의사소통, 자신의 입장과 감정을 전달하여 공감과 친밀한 관계를 형성하고자 하는 관계지향성 의사소통, 정치적 목적을 달성하기 위한 정치지향성 의사소통, 설명·전달·수단·설득 등의 도구를 사용하여 공통의 메시지를 전달하고 사상적 변화를 유도하는 사상지향성 의사소통, 지식의 전달, 질의, 논의 등을 통해 지식이나 정보의 전달을 목표로 하는 교육지향성의 소통방법 등이 있다. 이러한 모든 목적의 의사소통은 전하고자 하는 목적의 요지가 분명하여야 하며 듣는 청자의 입장에서 손쉽게 이해할 수 있는 언어를 사용하는 것이 효과적 방법이다.

의사소통을 크게 구분하면 구어(말하기)와 문어(글쓰기)로 구분 할 수 있다. 구어의 특성은 운동지각기술과 상호작용 기술을 요구하고 있다. 운동지각기술은 말하기에 필요한 기술로 올바른 형태의 발음과 문장을 형식에 맞게 사용할 수 있는 능력을 의미한다(강현주, 2013). 말을 하기 위해 소리를 인출하는 운동지각기술은 올바른 형태의 발음을 소리로 인출할 수 있는 브로카 영역의 관여가 있으며, 상호작용기술의 언어구성에서는 주제의 의미를 올바르게 이해하고 적절한 문장을 구성할 것인가에 관여하는 베로니카 영역의 간섭이 함께 포함되는 것이라고 할 수 있다.

상호작용기술 (interaction skills)	-말하기의 형식(routine) -의미 협상기술(negotiation of meaning) -상호작용 운영기술(management of interaction)
운동지각 기술 (motor-perceptive skills)	말하기에 필요한 기술로 올바른 형태의 발음과 단어의 순서를 활용하는 능력

상호작용기술은 말하기의 형식(routine)과 의미협상기술(negotiation of meaning), 상호작용 운영기술(management of interaction)이 중요하다. 첫째, 말하기의 형식은 특정한 상황이나 일상적인 대화에서 자주 사용되는 정형화된 표현이나 패턴의 형식을 의미하며 특정한 사회적 상황이나 문화적 배경에서 자주 쓰이는 표현들인 인사말, 작별 인사, 감사 표현 등이 포함된다. 둘째, 의미 협상기술은 의사소통 중에 발생하는 오해나 모호함을 해결하기 위해 사용하는 전략과 기술을 의미하며, 상대방이

말한 내용을 정확히 이해하였는지 확인을 해야 하며 필요 시 다시 묻거나 설명을 요구함으로써 의미를 명확히 하는 과정을 포함된다. 예를 들어, 상대방이 말한 내용을 잘못 이해했을 때 "미안하지만 다시 말씀해 주시겠어요?" 또는 "당신이 말하는 의미는...?"와 같은 질문을 통해 의미를 명확히 할 수 있다. 이러한 기술은 의사소통의 정확성을 높이는 데 기여한다. 셋째, 상호작용 운영기술은 대화나 상호작용을 효과적으로 이끌어가고 유지하는 능력으로, 대화의 흐름을 조절하고, 상대방의 말을 경청하고 있다는 것을 알리는 적절한 반응을 보이면서 대화의 목적에 맞게 주제를 전환하거나 필요한 경우 대화를 종결하는 방법도 포함된다. 예를 들어, 대화 중 상대방의 의견을 존중하며 "흥미 있는 주제입니다. 나는 그렇게 생각해 보지 않았는데.....놀랍습니다."라고 말하거나, 필요 없이 대화가 길어질 때는 대화를 마무리할 수 있는 기술을 의미한다. 특히 말의 순서를 획득하는 능력, 적절한 순간을 인식하는 능력, 자신의 순서를 활용할 수 있는 능력, 타인의 발화 욕구를 인지하는 능력, 타인에게 말할 기회를 주는 기술도 필요하다(강현주, 2013).

말하기 기술	-말의 순서를 획득하는 능력 -적절한 순간을 인식하는 능력 -자신의 순서를 활용할 수 있는 능력 -타인의 발화 욕구를 인지하는 능력 -타인에게 말할 기회를 주는 능력

의사소통은 학자들에 따라 다양하게 분류되었는데, 기존의 여러 연구에 의하면 의사소통능력은 단순히 언어적, 비언어적 측면 이외에 여러 복합적인 요소들이 필요하다고 하였다. 특히 정서지능, 심리사회적 기능 간의 관련성을 제시하고 있으며 특정 상황에서 요구되는 효과적인 대응능력과 갈등상황에서 문제를 해결 할 수 있는 적응기능도 요구하고 있다(신자은, 2002). 사티어에 의하면 건강한 의사소통은 사람들과의

관계에서 말을 사용하여 타인에게 상처를 주지 않으며 선한 영향력을 끼치는 하나의 거대한 우산과도 같다고 하였다(Satir, 1988; 나경범 역). 그는 비 오는 날 우산이 없는 사람에게 함께 우산을 쓰자고 권유하는 것과 같은 사회적 상호작용을 중심으로 한 의사소통을 강조하고 있다. 언어의 상호작용을 강조하는 것은 인간은 상호작용 활동을 통해 언어를 습득하며(Halliday, 1978; 김지연, 2001), 문제해결과 같은 생존기술을 습득하였기 때문이다. 그리고 리틀우드(Littlewood, 1981)는 기능적 의사소통(functional communitive)과 사회적 상호작용(social interaction)이 의사소통 활동의 주된 목적이라고 주장하였다. 그는 개인들은 의사소통 활동을 통해 자신이 의도한 의미를 전달하기 위해 적절하고 사용 가능한 언어를 선택하여 사용할 수 있을 것인가에 대해 초점이 맞추어져야 한다고 한다.

그러므로 건강한 대인관계의 상호작용을 위해서는 상대의 마음을 이해하고 수용할 수 있는 공감능력과 서로 원하는 바가 다를 때에라도 이를 합리적이며 적절하게 해결할 수 있는 갈등관리능력, 개인의 문화적 환경을 받아줄 수 있는 수용성과 제시하는 주장에 대한 이해력 그리고 소통과정에 대한 전반적인 분석능력을 필요로 한다. 그러므로 이러한 의사소통의 형식을 알고 사용하는 것은 상대방과의 원활한 의사소통을 돕는 요인으로 작용하기 때문에 문화적으로 적절한 대화를 나눌 수 있어서 친교 또는 문제해결을 위한 중요한 역할을 담당하는 능력을 함양시킬 수 있다.

3) 의사소통의 뇌과학적 이해

인간의 뇌는 유전적으로 설계된 구조로 끝나는 것이 아니라 성장과정에서 경험하는 환경과의 상호작용에 의한 정보 습득의 과정을 통해 두뇌가 변화되며 점진적으로 발달하는 형태를 가지고 있는 생명체이다. 인간이 생존을 위해 사용하는 소통능력에 대한 뇌과학적 이해를 하기 위해서는 두뇌와 언어의 연관관계를 살펴보아야 한다. 인간은 외부로부터 인지되는 감각 정보를 활용하여 언어를 구성하고 표현할 수 있는데, 감각신경계에 따라 뇌의 활성부위가 다르지만, 감각정보는 뇌의 한 특정 부위를 중심으로 두뇌 전체 뇌신경 세포들의 협동작용(synergy effects)에 의해 이루어진다 (Eggermont, 1990; 박재근, 2002).

두뇌의 언어영역은 좌측 두정엽과 측두엽의 상부 뒤쪽에 위치한 베르니케 영역 (Wernicke's area)에서 시각과 청작피질로부터 지각된 정보를 언어의 의미로 해석하고 분석하는 역할을 하고 있으며, 브로카 영역(Broca's area)에서는 언어의 생성을 제어하고 생각을 소리로 바꾸어 말을 하기 위해 운동영역으로 명령을 보내는 역할을 담당하고 있다. 스페리(Sperry)에 의하면, 시각 정보에 의해 활용되는 언어에서는 양측 후두엽 외측의 시각연합영역에서 활성화를 보였으며, 동사 만들기 과제에서는 좌측 두정엽이 활성화 되었고 한글 문자를 해독할 때 두정엽내구(intra parietal sulcus)에서 시지각적 분석 과정이 나타났다고 한다. 시지각적 능력은 인간에 대한 적응력과 인지기능을 발달시키는데 매우 중요한 기능을 하고 있다. 그리고 인지기능의 발달에 많은 영향력을 끼치는 감각은 시각과 청각 자극이며, 시각과 청각 자극에 의해 두뇌에서는 직감적, 비언어적, 비논리적인 자극과 반응이 일어나지만, 이 자극을 언어로 표현할 수 없을 때에는 얼굴 또는 신체 언어인 비언어적인 표현이 발현되게 된다. 그리고 우뇌는 대화 시 언어적 표현이 은유적이고 비유적이거나 암시적인 표현을 선호하며 (Sperry, 1982), 공간지각, 얼굴, 색채, 공간위치, 방향, 음계지각, 정서적 자극 등을 잘 처리하는 긍정적인 정서와 관련이 있다는 연구결과가 있다(임호찬, 2005). 반면에 좌뇌는 입력된 정보를 세부적으로 관찰하고, 숫자를 다루며, 읽고 쓰고 말하는 언어적 이해 및 표현을 하는 언어구사능력이 우뇌에 비해 우수하여 낱말을 잘 기억하고 말의 단락을 이해하고 구사한다고 한다(Sperry, 1982).

대뇌피질들의 각 영역들은 각각 기능적으로 분화가 이루어져 있어서 주의력, 탐색, 감각, 동기, 작업기억력 등에 따라 서로 다른 영역들이 활성화되고 있다. 안구 운동영역은 주의력의 운동 및 탐색적 측면(motor exploratory aspect)을, 두정엽은 감각적 측면(sensory representative aspect), 대상회는 동기적 측면(limbicmotivational aspect)을 담당하며, 작업기억력의 부호화(encoding)는 좌측 전두엽에서, 인출(retrieval)은 우측 전두엽에서 작용하는 것으로 보고되고 있다(김연희, 2001). 최근 두뇌의 영상을 확인할 수 있는 영상기술의 발달에 따라 밝혀진 바에 따르면 좌뇌와 우뇌의 언어 영역에서, 좌뇌는 주로 문법과 단어를 담당하고 우뇌는 강세나 강조와 같은 부분을 담당한다는 연구도 있다. 특히 좌뇌의 전전두엽은 인지 및 사고의 작용, 그리고 창의성에 중요한 기능을 가지고 있어 학습 행동과 관련한 두뇌 기능의 중심 역할을 하는 부위이다(Incisa & Milner, 1993; 박재근, 2002).

의사소통의 최초의 발달은 유아가 부모의 입모양을 보고 모방하기 시작하면서 시작된다. 부모의 의미 있는 언어 와 행동을 보면 두뇌의 거울뉴런(mirror neuron)은 자기가 직접 수행하지 않고 관찰한 것만으로도 직접 경험한 것처럼 느끼는 대리적 경험을 할 수 있는 기능에 의해서(Rizzolatti, 2004), 언어가 주는 감정을 지각할 수 있어서 부모가 평소에 쓰는 단어를 거부감 없이 습득하게 한다. 그러므로 의사소통의 시작은 부모의 어휘 선택과 비언어직인 감정표현으로부터 시작된다는 것을 이해하는 것이 중요하다.

2. Satir의 의사소통

　　가족치료 전문가인 사티어(Satir, 1972)는 그녀의 논문 "People-Making"에서 인간의 의사소통 방식을 다섯 가지 유형으로 분류하였다. 가족 내에서 발생하는 갈등과 문제에 깊은 관심을 가지고 가족 간 의사소통의 중요성을 인지하고 가족 간의 소통방식이 외부적인 조건 또는 상황과 상관없이 개인의 내적 성장에 영향을 미친다고 확신하였다. 그녀는 가족치료 이론에서 개인의 의사소통 유형의 형성은 성장과정에서 부모의 사랑과 관심을 받기 위해 대처하는 방식에 따라 변화되었으며, 변화된 소통방식은 가족 내 상호작용과 개인의 내면세계에 영향을 미친다고 주장하였다. 특히 상호작용을 통해 관계를 개선하는데 중점을 두고 가족 구성원들이 서로 건강하고 원만한 의사소통을 통해 가족 전체가 성장을 경험할 수 있다고 하였다. 그녀는 의사소통 유형을 비일치적 생존방식의 역기능적 의사소통과 순기능적 의사소통으로 분류였으며, 그 하위요소로, 역기능적 하위요소인 회유형(Placater), 비난형(Blamer), 초이성형(Super-reasonable), 산만형(Distracter)으로 분류하였고 순기능적 의사소통에는 일치형(Congruent)으로 구분하였다. 이 이론은 개인의 심리적 상태와 대인관계 패턴을 이해하는데 도움을 주는 중요한 개념으로 자리하게 되었다. 특히 사티어의 가족치료 이론은 상담 영역과 의사소통 영역에서 여전히 많은 기여를 하고 있다. 그녀는 가족치료의 실체에 대한 이론에서 가족 구성원 간의 감정 표현과 경험의 공유에 의한 개인적 성장을 중요시하면서, 역기능적 패턴을 변화시키기 위한 다양한 제념을 제시하였다. 가족들 간의 긍정적 경험을 주고받는 상호작용을 중요시 하는 경험적 가족치료, 가족 내에서 발생하는 가족의 역기능, 가족 구성원들의 소통방법인 의사소통 유형, 개인의 성장과 발전에 가장 중요한 요인인 자아존중감, 가족 내에서 지켜야 할 가족규칙, 스트레스나 위기 상황에서 대처하는 대처기제, 가족 구성원들이 서로의 위치와 역할을 표현하는 가족조각, 가족 구성원들이 서로 역할을 바꾸어 연기하는 역할극, 가족 구성원들이 서로의 관계를 그림으로 표현하는 방법인 가족그림, 가족의 발달단계로 가족의 성장과 변화를 이해하기 위한 가족생활주기 등의 이론을 제시하였다. 이 이론들은 오늘날 많은 치료사들과 가족들에게 중요한 자원으로 여겨지고 있으며, 이론의 핵심은 개인과 가족의 성장은 감정 표현과 새로운 경험을 통해 이루어지는 변화 모델과 표면적문제 아래 숨겨진 감정, 욕구 신념을 탐색해서 그 근본 원인을 해결하고자 하는 것에 의의를 두었다.

사티어의 가족치료 이론

경험적 가족치료	가족 구성원들 간의 상호작용과 경험을 중시하며, 갈등보다 개인의 내적 성장과 상호 존중을 목표로 한다. 가족을 하나의 감정 시스템으로 보면서, 역기능적 상호작용을 탐색한다.
가족의 역기능	-비합리적이고 경직된 가족규칙은 의사소통을 방해하고, 구성원의 자아존중감을 저하시킨다. -갈등, 소통 단절, 정서적 소외 등이 발생한다.
의사소통 유형	가족 구성원들의 의사소통 유형을 회유형, 비난형, 초이성형, 산만형, 일치형으로 구분하였다.
자아존중감	자신이 얼마나 가치 있게 여기는지에 대한 감정으로, 낮은 자아존중감은 역기능적 가족규칙과 연결되어 위축, 공격성으로 나타날 수 있다.
가족규칙	가족 내에서 지켜야 암묵적으로 지켜야 하는 행동규범, 그러나 경직된 규칙은 창의성과 자율성을 억압하고 변화에 저항한다.
대처기제	스트레스 상황에서 가족이 사용하는 협력적 접근 방식으로, 회피, 비난, 과잉 통제 등은 역기능적 대처기제이다.
가족조각	가족 구성원들이 특정상황을 연기하도록 하여 구성원들의 관계와 의사소통을 파악하는 데 도움이 된다.
역할극	가족 구성원들이 서로 역할을 바꾸어 연기하는 방법으로 서로의 감정과 행동을 이해하고 문제를 해결하는 데 도움이 된다.
가족그림	가족 구성원들이 서로의 관계를 그림으로 표현하는 방법으로 구성원들의 상징적 관계와 의사소통을 파악하는 데 도움이 된다.
가족생활주기	가족의 발달단계로 가족의 성장과 변화를 이해하는 데 도움이 된다.

1) 순기능적 의사소통

　　Satir(1983)가 건강한 가족 간의 소통을 위한 의사소통 모형으로 제시한 소통 유형 중 일치형(congruent)이 유일하게 순기능적 의사소통 모델로 언어적 메시지와 비언어적 메시지가 서로 일치 한다는 관점으로 보았다. 일치형 의사소통을 설명하기 위한 비유에서 둥근 돌은 모난 곳이 없기 때문에 두 개의 공이 만나면 어느 부분의 표면을 서로 맞대어도 틀어지는 곳이 없이 만나는 일치감을 비유로 들었다(Satir, 1988). 일치형의 소통방식을 사용하는 개인은 타인의 말을 정확하게 듣고 보며 이해하려는 자세를 유지하며 이해한 후에는 자신이 현재 느끼고 있는 내면의 소리를 정확하고 정직하게 전달하기 위해 상대방을 배려하는 언어를 선택하여 표현한다고 한다. 순기능적인 의사소통유형은 둘 이상의 메시지를 다른 수준에서 보내지만 그 내용이 서로 모순되지 않고 일치가 되기 때문에(박은초, 2005), 일치된 주장이 서로에게 긍정적이며 효과적이라고 느낄 때, 소기의 목적을 달성하거나 발전적 인간관계가 형성된다고 한다.

　　사티어는 'The New Peoplemaking'에서 이 유형의 개인은 자아존중감이 높아서 자신의 감정, 생각, 행동을 존중할 뿐만 아니라 자신의 약점과 단점을 회피하거나 핑계를 대지 않고 인정하며 이를 개선하고자 노력할 수 있는 능력이 있다고 하였다. 이러한 사람들은 자기 자신을 긍정적으로 생각하는 자기 가치감이 높아서 자신을 긍정적으로 인식하고 대인관계에서 타인을 배려하며, 개방적 태도를 보인다고 한다. 그러므로 일치형의 소통방식을 사용하는 사람은 자기 수용, 솔직한 표현, 공감 능력, 상호 존중, 건강한 관계형성, 자기성장 등의 가치를 인정하며, 가족, 친구, 동료 등과의 관계를 개선하는데 큰 도움을 주게 된다고 하였다. 가족 안에서 부모와 자녀간의 사용되는 순기능적 의사소통 방법은 앞으로 아동이 성장하면서 사용하는 대인관계 소통방법과 정서 관리능력 그리고 사회성에 미치는 영향이 매우 크다는 것을 알 수 있다.

이처럼 의사소통이라는 도구는 부모와 자녀, 개인과 개인 혹은 조직과 개인이 서로에게 자신의 의견을 전달한 것으로 끝나는 것이 아니라, '말'속에 배려, 사랑, 공감, 감정, 분노, 공포 등의 감정이 함께 전달되고 있다는 것을 지각하는 능력을 필요로 한다. 이러한 능력은 가족 간의 감정을 이해하고 이에 대처할 수 있는 기회를 갖기 때문에 서로의 주장과 심경을 이해할 수 있게 해주어서 오해나 갈등을 해소하게 된다. 갈등이 해소된 긍정적인 소통은 가족 또는 사회 구성원들의 정서적, 심리적인 안정감을 증가시키기 때문에 단결된 소속감을 형성하며, 집단의 갈등도 사전에 통제하고 예방할 수 있어서 갈등 해결에 효과적인 변화를 유도하는 긍정적 자원으로 축적될 수 있다.

순기능적 의사소통에서 공감과 경청능력을 활용하는 공감적 의사소통은 상대방 관점을 수용하는 인지적 공감, 상대방의 정서를 이해하고 그 감정에 이입하는 정서적 공감, 이해한 내용을 상대방에게 전달해주는 표현적 공감의 세 가지 기능이 복합적으로 작용한다(조경희, 2018). 그러므로 공감적 의사소통은 자아 존중감이 확립되는 주요한 시기의 대학생들에게 가족이나 또래 중심의 제한적 관계에서 벗어나 확장된 대인관계 속에서 개인의 자존감과 심리적 안정감을 높일 수 있다(박선우·설정희·천성문, 2017). 특히 사춘기를 지내고 있는 청소년들은 급격한 신체적, 정서적 변화로 인해 혼란스러운 비판적 시각 기능이 활성화되고 있어서 이로 인해 일어나는 오해와 갈등들을 지혜롭게 해결할 수 있는 도구로 사용되는 순기능적 의사소통은 청소년의 사회성과 대인관계에 지대한 변화를 주게 될 것이다.

2) 역기능적 의사소통

인간은 자기존중감에 위협을 느끼거나 상처를 입을 때는 실제로 느끼는 자신의 감정을 솔직히 표현하는 사람도 있지만, 일부의 사람들은 그 감정과 반대되는 다른 표현을 하는 이중적 메시지로 의사소통을 하고 있어서 이 메시지들이 서로 일치하지 않는 역기능적 의사소통 유형을 사용하게 된다고 한다. 이러한 역기능적 의사소통 방식은 스트레스를 받는 상황에서 자기를 보호하고 자아 존중감을 과장되게 보여주기 위한 대처방법일 수도 있다(추미례, 김정희, 2008). 대부분의 사람들은 자신의 배경지식과 신념을 기초로 하여 타인의 언어를 추측하거나 가정해서 이해하기 때문에, 자기존중감이 낮은 개인의 경우에는 자신과 다른 신념의 언어를 혼란스러워한다.

특히 부모의 역기능적 의사소통 방식은 가족의 우울 또는 자녀의 비행이나 문제 행동을 일으키게 될 뿐만 아니라 이로 인해 자신을 비하하는 낮은 자아존중감과 내적 통제력의 약화 원인이 된다고 한다(김혜수, 2005). 특히 완벽주의 성향의 부모가 원하는 목표가 자녀에게는 비현실적인 경우가 많아서 자녀의 의사소통 능력이 회피형으로 전환될 가능성이 높으므로, 자녀의 자존감을 높여주는 소통 방식을 선택할 필요가 있다. 사티어(Stair)는 역기능적 의사소통의 하위 요소로 회유형(Placater), 비난형(Blamer), 초이성형(Super-reasonable), 산만형(Distracter)으로 분류하였다. 비난형의 소통방식으로 성장한 개인은 자신의 실패와 문제들을 타인 혹은 환경의 탓으로 돌리며 자신을 정당화 하려고 하기 때문에 감정이 격한 표현을 즐겨 쓰게 되며, 타인의 의견을 수용하지 않는다. 또한 타인을 무시하고 자신만을 생각하며, 자신을 보호하기 위해 타인을 괴롭히거나 비난한다. 특히 자기주장이 강하고 독선적이며 지시적인 모습을 보이고 있으면서도 그 내면에는 낮은 자아 존중감과 실패감이 자리하고 있다(추미례, 2006). 산만형의 소통방식으로 성장한 개인은 자신의 감정을 정직하게 표현하지 못하고 지나치게 과장하거나 예측하기 어려운 말과 행동을 하기 때문에 불안감을 조성하여 사회적 대인관계에서 어려움을 겪게 된다. 초이성형의 의사소통 방식을 사용하는 개인은 자신의 감정은 억제하고 이성적, 논리적, 객관적 사고를 중시하기 때문에 자신뿐만 아니라 타인의 감정과 의견들을 고려하지 않는다. 이 유형의 사람들은 항상 자신의 주장 또는 신념이 옳다고 믿기 때문에 논쟁을 선호하고 자신의 주장이 선택되어야 한다고 믿음이 있어서 대인관계가 원만하기 어렵다. 그리고 회유형의 소통방식은 자신의 속마음은 담아두고 타인의 비위, 생각, 감정에 순응하는 의존적 성향을 보이는데 이것은 타인의 비난이나 거절을 두려워하기 때문에 자신의 욕구를 충족하겠다는 의지를 숨기거나 포기해 버린 것처럼 보이지만, 그 내면에는 자신의 욕구를 타인이 채워줄 것이라는 의지가 숨겨 있는 것이다. 이러한 소통방식을 사용하는 개인에게는 타인 위주의 노력이 습관화되기 때문에 자신의 마음을 어떻게 표현해야 할지 알지 못하게 된다. 이러한 역기능적 의사소통들은 가족 구성원들 간의 갈등을 유발하고 가족의 단합과 행복을 저해하는 요인으로 작용하기 때문에 갈등 환경 속에서 성장한 아동은 자신에게 습관화된 소통방식에 따라 성장 후에도 같은 방식의 의사소통 행위를 지속할 수 있다. 그리고 내면의 세계와 신념 등의 정신적 사고에도 큰 영향을 받게 되므로 역기능적인 방식으로 반응하는 사람들은 과거의 부정적 경험을 해소하지 못하였다는 것을 지각하고, 의사소통의 일치성을 위해 지각한 자신과 실제의 자기가 조화를 이루지 못한 것에 대한 변화를 위해 자신이 중심이 되는 자존감을 재확인할 필요가 있다. 그리고 표면적으로는 순기능적 의사소통이 이루어지고 있는 것처럼 보이지만, 두 사람 관계에서 서로 기대에 맞지 않는 반응이 교차하면서 그 이면에 숨겨진 의도가 있는 소통방식을 경계해야 한다.

그러므로 역기능적 의사소통을 사용하는 개인이 일치형 소통방식으로 변화하기 위해서는 소통상황에서 반응하는 자신의 방식에 관심을 두고 수정하고자 하는 노력이 필요하다. 반응의 방식은 첫째, 자신과 타인 그리고 현재 상황에 대해서 정확하게 자각하여야 한다. 둘째, 소통과정에서 상대의 대화에 충분한 관심을 보이도록 한다. 셋째, 비언어적 메시지에 주목한다. 넷째, 자신의 대처방식과 가족 규칙들을 자각하도록 해야 한다(김혜숙, 2003). 이 원칙들은 역기능적 의사소통을 사용하는 개인들이 순기능적 의사소통인 일치형 소통방식으로 변환될 수 있는 귀한 지침이 될 수 있을 것이다.

유형	사티어의 의사소통의 특징
회유형	-좋은 말과 태도로 구슬리고 말을 잘 듣도록 한다. -웃음이나 과도한 칭찬으로 분위기를 맞추려고 한다. -타인보다 자신의 가치를 낮추며, 타인의 요구를 수용해준다. -자기 주장이 부족하고, 내적 불만이 축적된다.
비난형	-공격적이고 타인을 비난하며 부정적인 언어를 사용한다. -모든 것이 상대의 잘못이라며 상대방의 결점을 지적한다. -자기주장이 강하고 독선적이며 지시적 소통을 한다. -관계가 악화되고 방어적 태도가 유발된다.
초이성형	-감정을 배제하고 논리와 사실에만 집중한다. -냉정하거나 분석적인 태도의 소통방식을 선호한다. -타인의 주장을 과소평가한다. -권위적이고 항상 자신의 주장이 옳다고 한다. -정서적 유대가 약화되며, 공감 능력이 부족하다.
산만형	-말과 행동, 감정이 일관되지 않아 혼란을 야기한다. -자기감정의 표현이 모호하다. -질문의 핵심에 적절한 대답을 피하고 다른 곳에 관심을 둔다. -상대방의 오해를 유발시키고, 신뢰감이 저하된다.
일치형	-생각, 감정, 행동이 일치하며 솔직하고 개방적인 소통을 한다. -자신의 감정을 인정하면서도 상대방을 존중한다. -신뢰감이 형성되고 갈등을 건설적으로 해결한다.

3) 사티어(Satir)의 의사소통 유형 설문지

사티어의 이론을 적용한 의사소통 유형을 분석하기 위한 설문지는 40개의 측정 문항으로 구성되어 있으며 5가지 유형의 특징이 제시되어 있다. 피검사자는 자신의 생각에 좋게 보이는 문항에 점수를 높게 주는 것이 아니라 실제 자신의 특성에 맞도록 솔직하게 점수를 줄 수 있도록 해야 한다(세종특별자치시교육청, 2019).

다섯 가지의 유형 중 가장 높은 점수를 획득한 유형이 자신의 '주 유형'이지만 다른 점수 유형도 중요하게 참작할 필요가 있다. 사티어의 의사소통유형은 일치형이 가장 바람직한 소통 유형으로 알려져 있으므로 자신의 부족한 부분을 잘 인지하여 습관적으로 나타나는 소통방식을 수정하는 노력을 하면 두뇌의 시냅스 가소성에 의해 잘못 형성된 소통 방식을 변화시킬 수 있기 때문에 역기능적 의사소통 유형의 수정이 가능해서 일치형 의사소통 유형으로 변화시킬 수 있을 것이다. 그러나 꼭 역기능적 의사소통 유형이 개인의 가치를 평가하는 것은 아니고 때와 상황에 맞춰 사용하는 능력이 필요 하다. 그러나 일반적인 상황에서는 일치형의 의사소통 방식을 선택하여 사용할 수 있도록 노력하는 것이 중요하다.

아래 설문지를 읽고 각 문항에 표시된 A, B, C, D, E의 점수를 아래 빈칸에 넣는다. 각각 40점 만점에 최저 점수와 최고 점수를 확인하면 자신의 의사소통 유형을 알 수 있다.

점수 합계				
A (회유형)	B (비난형)	C (초이성형)	D (산만형)	E (일치형)

Satir의 의시소통 유형 설문지

1. 전혀그렇지 않다 2. 그렇지 않다 3. 보통이다 4. 그렇다 5. 매우그렇다.

번호	질문	점수
1	나는 상대방이 불편하게 보이면 비위를 맞추려고 한다.	A
2	나는 일이 잘못되었을 때 자주 상대방의 탓으로 돌린다.	B
3	나는 무슨 일이든지 조목조목 따지는 편이다.	C
4	나는 생각이 자주 바뀌고 동시에 여러 가지 행동을 하는 편이다.	D
5	나는 타인의 평가에 구애받지 않고 내 의견을 말한다.	E
6	나는 관계나 일이 잘못되었을 때 자주 내 탓으로 돌린다.	A
7	나는 다른 사람들의 의견을 무시하고 내 의견을 주장하는 편이다.	B
8	나는 이성적이고 차분하며 냉정하게 생각한다.	C
9	나는 다른 사람들로부터 정신이 없거나 산만하다는 소리를 듣는다.	D
10	나는 부정적인 감정도 솔직하게 표현한다.	E
11	나는 지나치게 남을 의식해서 내 생각이나 감정을 표현하는 것을 두려워한다.	A
12	나는 내 의견이 받아들여지지 않으면 화가 나서 언성을 높인다.	B
13	나는 나의 견해를 분명하게 표현하기 위해 객관적인 자료를 자주 인용한다.	C
14	나는 상황에 적절하지 못한 일이나 행동을 자주하고 딴전을 피우는 편이다.	D
15	나는 다른 사람이 내게 부탁을 할 때 내가 원하지 않으면 거절한다.	E
16	나는 사람들의 얼굴 표정, 감정, 말투에 신경을 많이 쓴다.	A
17	나는 타인의 결점이나 잘못을 잘 찾아내어 비판한다.	B
18	나는 실수하지 않으려고 애를 쓰는 편이다.	C
19	나는 곤란하거나 난처할 때는 농담이나 유머로 그 상황을 바꾸려고 하는 편이다.	D

20	나는 내 자신에 대해 편안하게 느낀다.	E
21	나는 타인을 배려하고 잘 돌보아 주는 편이다.	A
22	나는 명령적이고 지시적인 말투를 자주 사용하기 때문에 상대가 공격받았다는 느낌을 받을 때가 있다.	B
23	나는 불편한 상황을 그대로 넘기지 못하고 시시비비를 따지는 편이다.	C
24	나는 불편한 상황에서는 안절부절못하거나 가만히 있지를 못한다.	A
25	나는 모험하는 것을 두려워하지 않는다.	B
26	다른 사람들이 나를 싫어할까 두려워서 위축되거나 불안을 느낄 때가 많다.	C
27	나는 사소한 일에도 잘 흥분하거나 화를 낸다.	D
28	나는 현명하고 침착하지만 냉정하다는 말을 자주 듣는다.	E
29	나는 한 주제에 집중하기보다는 화제를 자주 바꾼다.	A
30	나는 다양한 경험에 개방적이다.	B
31	나는 타인의 요청을 거절하지 못하는 편이다.	C
32	나는 자주 근육이 긴장되고 목이 뻣뻣하여 혈압이 오르는 것을 느끼곤 한다.	D
33	나는 나의 감정을 잘 표현하는 것이 힘들고 혼자인 느낌이 들 때가 많다.	E
34	나는 분위기가 침체되거나 지루해지면 분위기를 바꾸려 한다.	A
35	나는 나만의 독특한 개성을 존중한다.	B
36	나는 나 사신이 가치가 없는 것 같아 우울하게 느껴질 때가 많다.	C
37	나는 타인으로부터 비판적이거나 융통성이 없다는 말을 듣기도 한다.	D
38	나는 목소리가 단조롭고 무표정하며 경직된 자세를 취하는 편이다.	E
39	나는 불안하면 호흡이 고르지 못하고 머리가 어지러운 경험을 하기도 한다.	A
40	나는 누가 나의 의견에 반대해도 감정이 상하지 않는다.	B

3. Norton의 의사소통

　노턴(Norton, 1978)은 개인의 의사소통 방식이 그 사람의 성장 배경, 성격, 문화적 차이, 상황적 맥락에 따라 달라진다고 하며 언어적, 비언어적 소통방식을 제시하였다. 그는 메시지의 전달 방식에 따라 개인의 자기정체성과 타인에 대한 개인적인 관점에도 영향을 준다고 하며, 의사소통의 내용적 측면보다는 관계적 측면인 상호작용의 방식에 더 관심을 두었다. 이후 그는 1983년 발전시킨 의사소통의 스타일 이론과 적용사례 그리고 측정 방법을 제시하였다. 그가 제시한 의사소통의 요소들은 지배형, 극적인형, 생동형, 개방형, 논쟁적인형, 관대형, 친절형, 경청형, 인상형의 아홉 가지 스타일로 제시하였다. 이러한 소통 방법은 개인의 선천적 성격과 경험에 의한 배경지식 그리고 환경에 따라 적절하게 적용하게 되고 있다.

　지배형(Dominant)의 개인은 자신의 신념이 가장 옳다는 판단을 하고 있어서 타인의 생각을 무시하고 소통 상대방을 자신의 의견에 동조하게 하려는 성향으로 스스로의 판단에 대한 확신이 지나칠 수 있어서 때로는 독선적이라는 지적을 받을 수 있다. 극적인(Dramatic) 성향은 관심을 받는 것을 즐기기 때문에 자신의 감정을 과장된 표현과 몸짓으로 표현하는 것을 즐거워한다. 때로는 이러한 표현들이 유머로 인지되어 새로운 활력소를 제공하기도 하지만 자칫하면 자신의 의사표현이 신뢰를 받지 못할 경향이 높다. 생동형(Vivacious)은 넘치는 에너지로 적극적인 대화를 시도하는 열정적인 소통성향을 나타내기 때문에 침체된 상황에서도 과제를 향한 의욕이 나타나며, 대인관계에서도 활력적이고 경쾌한 소통방식을 사용하고 있다. 개방형(Open)의 개인은 감정표현이 솔직하고 자유로우면서도 다른 사람의 의견을 경청하는 능력이 있어서, 타인의 감정과 의사표현에 대해 개방적인 자세로 받아들이며, 자신의 의견도 솔직하게 표현하면서 합의를 이루어가는 유형이라고 할 수 있다. 논쟁형(Argument)은 자신의 의견을 관철시키기 위해 상대방의 의견을 비판하며 논쟁을 벌이는 것을 주저하지 않는다. 특히 타인의 의견에 귀를 기울이거나 합의점을 찾아가도록 소통하는 것이 아니라 늘 비판적인 시각으로 결점을 찾으려고 하기 때문에 의견이 불일치할 경우 타협하려 하지 않거나 상대방의 마음을 상하게 할 수 있다. 관대형(Generous)은 상대방의 실수를 이해하며 도움을 주는 것을 좋아하는 소통방식을 선호하기 때문에 호인이라는 별호가 붙지만, 자신의 완수해야 하는 과제를 관철시키는 결단력이 부족하며, 이 사람의 말과 저 사람의 말 모두에게 옳다는 표현을 할 수 있다. 친절형(friendly)은 상대방을 배려하며 그 마음을 이해하고 의견을 존중해 주기 위해서 설혹 자신의 신념과 배치되는 의견이 나왔을 때에도 우선 그 사람이 전하고자 하는 의미를 이해하려고 노력하는 따뜻한 모습을 보인다. 그러나 자신의 감정과 욕구도 해소할 수 있는 시간과 방법을 찾아가야 하는 노력도 필요하다. 경청형(Listening)은 상대방의 의견을 경청하고 그 감정과 의견을 이해하려고 노력하며 서로 다른 의견이 나왔을 때에도 합의점을 찾으려고 노력을 하고 있어서 소통 당사자들이 선호하는 유형이다. 그리고 인상형(Impression)의 개인은 상대방에게 좋은 사람이라는 인상을 주기 위한 소통방식을 선호하기 때문에 때로는 자신의 스트레스 감정을 잘 조절하도록 하여야 한다.

그 후 놀턴(Norton)의 영향을 받은 컬링과 컬크(Coeling & Cukr, 2000)는 간호사와 환자의 의사소통에 관한 연구에서, 간호사와 환자가 서로 의견을 존중하는 협력적인 소통방법과, 간호사가 환자에게 전문적인 지식과 기술을 제공하며 적절한 치료를 제공하는데 도움이 되는 전문적 소통방법, 그리고 환자의 감정을 공감하고 이해하는 인간적인 소통방법을 간호사들이 가장 선호하였다고 한다 그들이 제시한 지배형, 논쟁형, 경청형의 소통방식에서 지배형이나 논쟁형의 소통방식을 거부할 수 없는 사람들에게는 이로 인한 갈등이 유발되기 때문에 경청형의 중요성이 더 강조되었으며, 개인의 성격, 문화적 배경, 상황 등에 따라 소통의 방식이 달라져야 한다는 필요성이 대두되었다.

Norton의 소통 Style	
지배형 (Dominant)	자신의 의견이 옳다고 강하게 주장하며, 타인을 무시하고 지배하려는 성향이 있다.
극적인 (Dramatic)	타인의 관심과 주목받는 것을 좋아하며, 과장된 감정, 몸짓, 목소리 톤을 사용한다.
생동형 (Vivacious)	에너지가 넘쳐서 적극적이며, 타인과 쉽게 친해지고 함께 대화하는 것을 좋아한다.
개방형 (Open)	개방적으로 생각과 감정을 솔직하게 표현하고, 다른 사람의 의견을 경청하고 자유로운 의견 교환을 한다.
논쟁형 (Argument)	대화할 때 상대방의 의견을 비판하고 자신의 의견을 굽히지 않고 관철시키려고 자주 논쟁을 벌인다.
관대형 (Generous)	다른 사람들의 실수에 관대하며, 도움을 주는 것을 좋아하는 소통방식을 선호한다.
친절형 (friendly)	상대방의 말에 집중하며 감정을 존중하고 배려심이 높아 그들의 의견을 존중해 준다.
경청형 (Listening)	다른 사람의 의견을 경청하고 그 감정과 의견을 이해하려고 노력한다.
인상형 (Impression)	자신의 이미지를 관리하고 다른 사람들에게 호감을 얻기 위한 소통방식을 선호한다.

l) 언어적 의사소통

의사소통을 일반적으로는 소통이라고 줄여서 말하며, 영어의 커뮤니케이션을 같은 의미로 사용하고 있다. 인간사회에서 커뮤니케이션(communication)은 공동 사회에서 꼭 필요한 필수적인 수단 중의 하나로, 소리, 문자, 그림, 기호 따위의 수단을 통해 서로 원하는 것을 주장하고, 주어진 문제를 효과적으로 해결하기 위해 당면한 문제의 핵심과 상황에 따른 목적과 동기 등을 정확하게 탐색하는 과정을 통해 소통을 하고 있다. 이러한 과정을 통해 자신의 의사를 정확하게 타인에게 전달하고, 이해시키는데 그 목적이 있는 의사소통은 언어의 의미를 전달하기 위한 표현적 행동으로 소리언어(구어)나 문어(문자)를 활용한 표현 방식을 사용한다. 문자 언어는 상징적이고 문법적인 형태와 규칙에 의해 문장으로 완성 된다(강길호, 김현주, 1995).

의사소통은 크게 소리언어와 문자언어를 사용하는 언어적 의사소통과 몸짓 언어로 대표되는 비언어적 의사소통으로 분류할 수 있다. 생애 초기의 인간은 의사소통을 하기 위해 몸짓 표현과 짧은 소리언어(구어)로 소통을 하다 점차적으로 마주 대하여 말을 하거나 문자 형태의 언어를 발전시켜 나가기 시작했다. 언어는 의사소통을 위한 기초체계로 이 체계를 사용하여 대화의 수단으로 활용하면서 자신의 의도를 전달하거나 문제해결, 사회적 관계형성 등의 목적을 달성하려고 하는 명확한 목표가 있다. 이처럼 언어적 수단을 사용하여 생각, 감정, 정보, 요구사항 등을 수신자에게 전달하기 위해 언어로 표현되는 행위를 '발화'라고 하며, 발화는 의사소통의 중요한 부분으로, 다른 사람에게 자신의 신념과 감정, 생각들을 공유하는 방법이다.

효율적인 의사소통을 위해서는, 먼저 대화자와의 공통의 목적 또는 공통의 관심사를 주제로 두는 것이 중요하다. 만약 공동의 관심사가 없다면 상대의 관심사가 무엇인지를 탐색하는 노력을 통해 유연성 있는 대화 전략을 사용하도록 하는 것이 중요하기 때문에 언어의 의미와 형태가 적절한 자연스러운 의사소통과 문장을 구성하는 능력이 효과적인 소통을 가능하게 한다. 효율적인 의사소통을 이루었다는 것은 대화자 서로 상대방과의 의미 있는 대화를 했다는 만족감을 느껴야 하는데, 그러기 위해서는 언어적 표현만을 이해하는 것이 아니라 이 대화와 관련이 있는 주변 상황을 이해하는 구체적인 이해 과정도 필요하다. 의사소통에서 일차적인 목적은 의미 있는 소통이지만, 의미만으로는 아동의 수준을 벗어날 수 없기 때문에 상대방의 언어를 잘 이해하고 숨겨진 의미까지도 인지할 수 있는 능력이 필요한 것이다. 인간이 고등생명체라고 지칭받을 수 있는 것은 이와 같은 소통방법을 사용하여 개인 또는 조직원 간의 주어진 문제를 효과적으로 해결하거나, 서로의 감정, 생각을 주고받을 수 있으며, 당면한 문제의 핵심과 상황에 따른 목적과 동기 등을 정확하게 탐색할 수 있는 능력을 갖추고 있기 때문이다.

인간이 언어적 의사소통을 할 수 있는 수용 언어의 발달을 살펴보면, 18개월의 유아는 50개 정도의 단어를 기억할 수 있으며, 이 시기에 새로운 의미 관계를 산출하는 두 낱말을 조합하여 자신의 의사를 표현할 수 있는 능력이 생성된다. 24개월에는 표현 어휘력이 200-300개의 단어에 이르며 불완전하지만 짧은 문장을 사용하기 시작한다고 한다(김규리, 2016). 그 후 어휘능력이 폭발적으로 늘어나는데 양육자인 어머니가 놀이 활동, 책읽기 등의 언어적 환경을 조성하고, 대화의 상대로 상호 작용에 참여해서, 잘못된 말을 수정해주고 어떤 부분이 잘못되었는지에 대한 질문을 하거나, 문제를 해결하기 위한 대안을 제시하며, 과제를 해결하라고 지시하는 등의 여러 가지 전략을 사용한다면 유아의 언어적 반응을 촉진되어서 의사소통 능력이 급격히 향상된다. 어린아이들은 발달과정에서 주변에서 사용되는 말을 듣고 언어를 학습하기 때문에, 유아의 언어 습관, 언어사용, 대화 유형은 주변의 사람들의 언어 사용 유형이 가장 영향을 주기 때문에 부모와 주변인들의 각별한 주의가 필요하다. 유아-성인 간 상호적인 대화는 유아의 인지발달과 전반적인 언어학습에 중요한 요인이 되며, 성인이 유아에게 풍부한 대화를 시도하거나 동화책을 읽어주는 환경은 유아가 언어를 습득하는 좋은 교육방법이다. 특히 유의할 점은 언어적 의사소통능력이 향상된다는 것은 언어를 사용하는 사회적 상호작용이 크게 영향을 미친다는 것을 이해하여야 한다.

그리고 학습과정에서 필요한 토론을 위한 언어적 분석틀을 살펴보면 언어적 상호작용을 위해서는 주제의 개념을 이해하고 자신의 생각을 제시하며, 그 생각을 다시 요약하여 제시하고, 자기 발언과 타인의 발언을 정교화 하는 과정과 메타인지를 통한 개념의 평가, 질문, 동의 등의 과정이 필요하다고 하였다(Hogan, et al. 2000). 호간(Hogan)은 "협력적 학습 환경에서의 과학적 추론 과정과 담화 패턴"을 분석하면서 학습자 동료들 간의 자율적 토론은 창의적 사고를 촉진한다고 하였다. 특히 언어적 사고 작용인 질문, 응답, 설명, 피드백 등 언어를 기반으로 한 상호작용의 유용성을 제시하였다.

2) 비언어적 의사소통

인간이 소리언어 이외의 방법을 통해 자신의 생각과 감정을 전달하고자 비언어적인 방식으로 전달되는 의미는 언어로 표현할 때보다 훨씬 정직하고 정확하다. 비언어적인 표현인 신체 언어는 상대방으로 하여금 친밀성, 호감을 지각하게 하는 매우 중요한 수단이므로, 신뢰형성, 우호적 관계 형성에 매우 중요한 역할을 한다. 비언어적 표현인 신체 언어는 인간이 탄생하면서부터 누군가로부터 배우고 습득한 것이 아니라 생득적이며 본능적으로 활용하고 있는 의사소통의 수요 수단이다. 신체의 움직임으로 표현되는 몸짓, 손짓, 발짓, 눈짓, 자세, 얼굴표정과 목소리의 크기와 속도, 소리의 높낮이, 눈동자의 움직임, 한숨 등이 대표적인 비언어적 의사표현으로 분류할 수 있다. 이와 같이 신체 언어에는 언어적 표현에는 담겨있지 않은 감정 반응이 무의식적으로 나타나므로, 이 언어를 인지할 수 있는 인지적·정서적 민감성을 요구하게 된다. 정서적 측면은 관찰자의 얼굴표정을 볼 때 나타나는 관찰자의 안면근육의 반응으로 추정할 수 있다(문은옥 외, 2014). 사람의 정서적인 경험은 눈에 보이지 않는 미세한 얼굴 근육의 움직임을 동반하는데, 안면근육반응은 특정한 안면 근육에 기초를 두고 행복, 공포, 놀람, 슬픔, 분노, 두려움 등의 기본적인 정서 반응이 나타난다(Dimberg, 1990).

인간은 소리언어 메시지와 비언어적인 메시지를 사용하여 자신의 의도를 표현할 수 있지만, 개인적 상황 또는 여러 가지 이해관계가 얽혀있을 때에는 자신의 마음과 다른 이중적 메시지를 전달 수 있다. 비언어적 메시지에는 개인이 의식적 또는 무의식적으로 표현하는 의미와 감정이 언어적 메시지보다 더 강력하고 정직하게 표현 된다. 이때 듣는 청자의 입장에서는 상대방의 의도가 모호하고 특정 상황에 대한 정보 해석이 불분명하다고 느끼게 되는데 말을 통해서 전달되는 언어적 의미와 비언어적으로 전달되어진 메시지에서 괴리가 느껴지기 때문이다. 이중 메시지로 인해 의미를 이해할 수 없을 때에는 말을 하는 화자의 얼굴표정을 통해 얻는 정보가 훨씬 더 정확하다. 우리의 두뇌는 얼굴표정이 주는 정보를 해석하는 능력이 있어서 타인의 감정을 이해할 수 있으므로, 이중 메시지의 의미를 이해할 수 있어서 갈등 또는 문제 상황에 적절한 대처를 할 수 있다. 얼굴표정은 몸짓 언어 중에서도 언어를 대신하는 대표적인 의사소통 방법인 동시에 대인관계를 형성하는데 필요한 중요한 요인이라고 할 수 있다(Ekman, 2003). 특별히 얼굴표정에 언어의 가치를 부여하는 것은 의사소통 상황에서 표정이 가장 시각적으로 잘 보일 뿐만 아니라 감정이 직접적으로 나타나는 곳이기 때문이다. 사람의 얼굴표정은 수많은 몸짓 언어 중에서도 언어를 대신하는 대표적인 도구인 동시에 대인관계를 형성하는데 필요한 중요한 요인이라고 할 수 있다(Ekman, 2003). 얼굴에서 나타나는 찡그림, 눈동자의 빠른 움직임, 입술의 떨림, 얼굴의 방향전환 등은 그 사람의 감정 표현을 정직하게 나타내고 있다. 그리고 자신도 모르는 사이에 내쉬는 한숨은 숨길 수 없는 긴장 또는 불안 감정을 나타내므로 현재 소통의 주재에 대한 불편한 감정을 나타내는 것이다. 이러한 신체언어는 생득적인 것과 후천적으로 습득된 문화적 언어로 나눌 수 있는데, 의사소통의 가장 원시적 접근이라고 할 수 있는 생득적인 신체언어의 소통은 이미 출생 이전에 태아와 엄마 사이에 시작된 것이다. 또한 신체언어는 후천적인 양육환경과 교육 그리고 그 시대의 문화에 따라 경험적으로 습득되기 때문에 때로는 문화적 차이가 있는 환경에서 성장한 사람들이 자신의 감정을 표현하는 단어 선택에 어려움을 겪거나, 불안과 공포, 솔직하지 못한 마음, 또는 의사소통 능력의 한계 등의 상황에 처할 때 더 확실하게 그 마음이 신체 언어로 표현된다. 이와 같이 생득적 혹은 문화적으로 습득되어 자동적으로 표현되는 신체 언어는 때로는 음성 언어와는 전혀 다른 이중적 의미가 포함될 수 있다. 타인의 신체언어에서 나타나고 있는 심리적 불안과 주재에 대한 부정적 인식을 민감하게 이해하는 것은 타인과의 심리적 거리를 좁혀주는 역할을 하게 할 뿐만 아니라 소통 당사자 모두 자신의 마음을 이해한다는 것을 느낄 수 있어서 오히려 적극적인 자기주장과 감정표현을 할 수 힘을 생기게 하기 때문에 긍정적 관계에 쉽게 다가갈 수 있게 하는 장점이 있다.

비언어적 의사소통은 모든 언어의 형태인 얼굴표정과 몸짓 등의 신체언어를 사용하여 특정의 메시지나 정보가 화자(발신자)에서 청자(수신자)에게로 전달되는 과정이다. 뿐만 아니라 서로의 신념, 사고, 감정을 소통하고 공유하는 행위로 실제적인 개인의 감정과 정보를 전달하는 행위라고 볼 수 있다. 그러므로 의사소통 상황에서 대화 상대가 보여주는 언어적 능력과 함께 가장 솔직하고 원천적 언어인 비언어적(non-verbal) 표현을 이해할 수 있는 능력이 있다면, 어떤 상황에서도 효과적인 의사소통을 진행할 수 있다.

3) 의사소통의 관점 맞추기

　　의사소통 과정에서 이중적 메시지의 관점을 맞추는 것은 효과적인 의사소통을 이어가기 위한 첫 걸음이다. 관점은 사물을 관찰하거나 고찰할 때, 그것을 바라보는 방향이나 생각하는 입장이라고 정의되어 있다(어학사전). 의사소통에서 언어적 메시지와 비언어적인 메시지가 주는 정보가 다를 때, 청자는 혼란을 경험하게 될 뿐만 아니라 말하는 사람을 신뢰하지 않게 된다. 효과적인 소통은 서로에 대한 신뢰감과 주요 주제에 대한 관점의 중요성을 이해하고, 그 관점의 의미를 부여하는 소통방법을 선택하는 것이 매우 중요한 전략이라고 할 수 있다. 그래서 화자(speaker)는 이 소통에서 어떤 의미 또는 목적을 부여하여 관점에 접근할 것인가를 결정하여야 한다. 그렇다면 먼저 상대의 요구와 상황 그리고 소통의 주제에 부여된 의미 등을 이해하여야 하는데 같은 상황일지라도 사람의 성향에 따라 요구되는 관점이 다르다는 것을 염두에 두어야 한다. 예를 들면, 객관적인 피드백이 필요할 것인가, 무조건적인 공감과 수용으로 정서적 친밀감을 확보할 것인가, 정치적 관점 등 시대적 상황에 따른 대화 또는 지식의 공유에 따른 상호협력 관계를 목적으로 한 소통인가에 대한 이해가 우선되어야 하며, 그 관점에 따라 서로에게 유익하도록 소통을 맞추어 가는 것이다. 그리고 우뇌형과 좌뇌형의 개인이 초점을 맞추고 있는 관점은 서로 상이할 수 있어서 관점을 맞추기 위해서는 그 사람이 바라보는 시선으로 다시 재해석할 필요가 있다. 특히 의사소통에서 사용되는 관점 맞추기는, 부모가 어린아이의 인지능력에 맞추어 가는 것과 아직 학습단계에 있는 학생의 시선에서 관점을 맞추어주면서 성장시키는 것과 같은 노력이 필요하다.

　　그러나 의사소통에서 무조건적인 관점 맞추기는 지양되어야 한다. 언제나 진실에 기반을 하여야 하므로 충분한 소통을 통해 서로 다른 관점의 간극을 메워가는 시간을 갖는 것이 중요하다.

2장 사회 전략적 의사소통

1. 사회적 의사소통
1) 관계형성과 의사소통
2) 사회적 관계형성 요인
3) 갈등의 관점

2. 사회적 관계와 공감능력
1) 정서적 공감과 인지적 공감
2) 사회적 불안
3) 두뇌의 공감능력

3. 사회적 기술과 얼굴표정 인식능력
1) 두뇌의 얼굴표정 인식능력
2) 신체적·정신적 고통의 지각경로
3) 사회적 언어능력과 두뇌

I. 사회적 의사소통

　　인간이 세상을 살아가기 위해서 가장 필요하고 근본적인 사회적 대처기술은 의사소통, 자기표현, 자기지각, 타인 판단, 칭찬, 대화의 시작, 자기주장, 감정표현, 공감, 의사결정, 대인관계 기술 등이라고 한다(정상섭, 2008). 무엇보다도 사회적 의사소통의 접근 방법들은 긍정적 관계형성과, 주제의 초점에서 벗어나지 않는 관점 맞추기, 정보의 교환, 정서적 교감과 자신과 타인의 동기, 행동을 인식하고 그 정보에 기초하여 적절한 언어를 선택하고 활용하는 능력이라고 할 수 있다. 사회적 의사소통에서 가장 유익한 부분은 그룹 구성원 각 개인이 가지고 있는 전문성 등의 정보를 서로 공유할 수 있는 장점이 있다. 그러나 사회적 의사소통에서 비효율적인 유형들에는 의제에 맞지 않는 명령, 강요, 위협적인 경고, 상대방을 배려하지 않는 지나친 비판, 비난, 분노를 유발하는 조롱 섞인 욕설, 주제와 맞지 않는 엉뚱한 대화 등이 있다. 사회적 지능은 자신과 타인의 감정 상태, 동기, 행동을 인식하고 그 정보에 기초하여 적절한 소통방법을 선택하고 실천하는 기술이기 때문에 인간의 정서지능이 함께 협력하고 있다는 것을 알 수 있다. 관계의 형성을 돕는 사회적 의사소통의 방법은 언어를 사용하는 것과 비언어적인 반응 즉, 신체언어를 함께 활용하는 것이 말보다 더 빠른 효과를 보게 된다. 이 방법은 상대의 언어에 반응하는 신체언어의 표현만으로도 충분히 자신의 마음과 호의를 드러낼 수 있기 때문이다. 특히 따뜻한 시선의 눈 맞춤과 긍정의 표시로 끄덕이는 고개와 충분히 이해한다는 몸짓 그리고 공감의 얼굴표정 등은 소리언어를 능가하는 관계 지향적 언어이기 때문에 사회적 네트워크를 형성할 수 있는 기술이라고 볼 수 있다. 개인의 사회적 소통능력은 단순한 정보 교류 이외에 서로 상호 의존적이며, 관계 지향적 교류를 통해 항상 변화하는 사회적 이슈(issue) 속에서도 자신의 영향력을 유지시킬 수 있도록 하는 중요한 역할을 담당하게 된다.

인간은 발달단계에 따라 언어를 습득하고 환경에 적응하는 능력이 발달하기 때문에 언어는 사회적응능력에 지대한 영향을 미치게 된다. 인간은 언어를 습득한 6세 이전에 이미 사회적응능력이 형성되고 있으며, 12세 정도에는 사회에 대한 기본적인 개념과 태도 그리고 가치관이 형성되며 형성된 가치관은 개인의 신념으로 정착된 후 의사소통을 위해 언어를 선택하는 중요한 기준으로 발달된다. 이 기준은 자연적으로 발달되는 것이 아니라 타인과의 능동적인 상호작용을 통해 발전하는데 특히 인생에서 가장 최초로 습득되는 언어의 기술은 주양육자인 부모의 소통방법을 모방하며 성장하게 된다. 그 후 점차적으로 타인과의 상호작용을 통해 타인의 행동이 나타내는 의미나 의도를 인식하게 되고 자신도 주장하는 바를 더 효율적으로 전달하고자 노력하면서 사회 친화적 소통기술이 발달되게 된다(Bates et al, 1975).

유아의 사회성 발달에 가장 큰 역할을 하는 것은 놀이행동이다. 지속적으로 상호작용을 하는 놀이는 자신을 인정하는 자기-수용의 경험과 모방을 통한 지식습득, 또래의 관점을 이해할 수 있는 사회적 지식 그리고 또래와 함께 공유된 경험에 의해 사회성이 발달된다. 이러한 경험들은 성인이 되어서도 대인관계의 형성과 사회적응력의 기초가 될 뿐만 아니라 대인관계에서 문제가 생겼을 경우 문제의 해결점을 찾기 위한 소통을 할 때 적절한 어휘를 선택할 수 있는 능력도 함께 향상된다. 이러한 노력은 타인과의 상호작용과 모방학습을 통해 성장하면서 자신이 몰랐던 정보도 타인과의 정보공유를 통해 더 많이 활용할 수 있는 능력도 향상되게 된다.

상호작용과 정보의 교류에 대한 연구에서, 웨그너(Wegner, 1987)는 교류기억체계에 대한 학설을 제시하고 개인들이 서로의 지식과 경험을 공유하고 의존하는 사회적 상호작용을 주장하였다. 교류기억체계는 주로 가족, 친구, 팀원 등의 친밀한 관계에서는 구성원의 기억을 신뢰하고 의존하면서 서로 모방을 하고 이를 활용하는 능력을 말한다. 아들러(Adler)가 인간을 사회적 환경 속에서 끊임없이 변화하고 발전하는 존재라고 주장하였던 것처럼 인간은 본질적으로 많은 사람들과 사회적 관계를 맺고 살아가면서 자신도 알지 못하는 사이에 서로 그 사람의 신념, 지식, 행동 등을 모방하며 어느 순간에 그 사람이 가지고 있는 정보를 습득하여 활용하게 된다. 이러한 습득 행동들은 대부분 의사소통을 통해 발전되는 것이다. 인간이 점차로 복잡한 사회생활을 벗어나 삶을 영위할 수 없음을 이해하면서 사회적 의사소통을 활용하는 것이 상호간의 협조를 쉽게 얻을 수 있는 방법이라는 것을 인지하였기 때문에 사회적 의사소통은 더욱 더 발전하게 되었다. 특히 그룹 내에서 상호작용적 기억을 활용하는 사회적 의사소통은 효과적인 시스템을 구축할 수 있는 힘을 도모하게 된다. 협력적 소통을 위한 팀 구성원간의 상호작용적 기억(transactive Memory)을 활용하는 교류기억체계는 (Wegner, 1987) 학습 또는 창의적 발상을 위한 상황에서 팀 구성원 간의 지식과 경험을 소통을 통해 공유할 수 있는 정보의 다양성으로 인해 정보의 한계를 극복할 뿐만 아니라 개개인이 가진 전문성도 함께 활용할 수 있으므로 높은 학습 효과를 얻을 수 있다.

사회적 의사소통의 방법들은 개인 간의 관계를 좀 더 긍정적인 감정으로 맺어지게 하면서 서로 마음의 문을 열어 자신의 정보를 제공하는데 거부감이 없을뿐더러 상대의 정보를 수용하는 것에도 거부감이 없이 자연스러워진다. 그러나 사회적 의사소통 장애를 경험하고 있는 사람들은 현재 상황에 맞게 사용하는 화용 언어에 어려움을 보이기 때문에 타인과의 적절한 의사소통이 원활하지 못하다는 특성이 있다.

사회적 의사소통 장애는 2013년 미국정신의학회 DSM-5에서 새롭게 진단되었다. DSM-5에서는 사회적 의사소통 영역에서의 결함은 뚜렷하지만, 자폐스펙드럼 장애의 진단기준에 부합하지 않을 때 사회적 의사소통 장애로 진단을 내리고 있다(APA, 2013). 대부분의 사회적 의사소통 장애는 마음속 생각과 달리 소통능력이 원활하지 못해서 사회참여 또는 사회적 관계형성 등의 사회 활동에 어려움을 느끼게 된다. 그러나 항시적으로 장애가 나타나는 것이 아니라 제한적 조건에서만 발생할 수도 있어서 다른 장애에 비해 상대적으로 뒤늦게 발견되거나 성격의 한 유형으로 치부되어 발견이 어려울 수도 있다.

1) 관계형성과 의사소통

사회적 기술이 발달한 개인은 일반적으로 타인과의 소통방식이 우호적이며 관계형성에 적극적인 성향을 나타내고 있으며, 혹시 상대방의 실수가 발생하였을 때에도 그 실수를 수용하며 우호적으로 반응한다. 그러나 사회적 기술을 습득하지 못한 개인은 소통방법이 회피적, 충동적, 공격적이어서 사회적 소통방법에 어려움을 보이는 경우가 많아 인간관계의 형성이 긍정적으로 이루어지지 않는 경우가 많다.

인간은 태어나면서부터 죽음에 이르기까지 가족, 직장, 친구관계 등 수 많은 사회적 관계를 형성하면서 살아야하기 때문에 상호 신뢰가 형성된 관계를 유지할 필요가 있다. 신뢰를 얻는 가장 보편적인 방법은 서로 관심을 갖고 상대방과의 소통에서 그 사람의 정서, 신념, 관점 등을 긍정적으로 공감하고 수용하는 자세가 필요하다. 그리고 상대방이 자신의 감정과 의사를 편안하고 자연스럽게 표출할 수 있도록 배려해주는 것이 심리적 지지체계를 형성할 수 있는 지름길이다. 심리적 지지체계가 형성된다면 서로에게 안정적 신뢰감이 형성되므로, 갈등문제를 해결할 때에도 허용적인 분위기를 만들 수 있어서 매우 우호적인 의사소통을 진행할 수 있다(김정남 외, 2005).

그러나 신뢰 관계를 형성하기 위한 노력은 한 번의 대화로 이루어지기는 매우 힘들어서 지속적인 관심과 애정을 보여야 하는데, 대화 중 상대의 의견에 동감(agree)을 할 수 없을 때에라도 그 사람이 그렇게 해야만 했던 상황과 감정을 공감

(empathy)해 줄 수 있는 포용력을 필요로 한다. 공감은 타인의 감정이 자신의 것처럼 느끼게 되어서 타인의 관점을 수용하고 공감하는 타인 지향적 정서이므로 자기 지향적인 정서와 구분 지을 필요가 있다. 특히 개인과 개인이 서로 우호적 관계를 형성하는 과정에서 사용하는 의사소통에서 지나치게 관계형성에 집중하여 공감을 잘못 사용한다면 잘못된 일에 대해서도 동감(agree)해 주는 것이라고 오해할 수 있으므로 이 부분을 조심하면서 마음을 위로하고 아픔을 공감해 주어야 한다. 어떤 문제에 대해 상대가 객관적인 피드백을 요청하는 경우에는 진심을 담아 자신이 인지하고 있는 바를 친절히 설명할 필요가 있으며 때에 따라 인지적 측면의 공감을 사용하여야 한다. 피드백을 할 때에는 이 피드백은 자신이 바라보는 관점에서 보는 의견이라는 것을 사전에 고지시킬 필요가 있다. 만약 그 피드백을 듣는 청자(listener)가 화자(teller)의 의도를 잘못 이해한다면 자신의 도전을 무시하거나 격하시킨다고 오해할 수 있기 때문이다. 그리고 때로는 자신의 판단하기에는 격에 맞지 않는 무리한 도전을 하고 있다는 생각이 든다 하더라도 그 용기를 격려하고 지지해 줄 수 있어야한다.

그러므로 관계의 형성을 위한 의사소통에서는 정치적 관점 또는 시대적 상황에 따른 대화, 지식의 공유에 따른 상호협력 관계를 목적으로 한 소통인가에 대한 이해와 무조건적인 공감과 수용으로 정서적 친밀감을 확보할 것인가에 대한 범위를 규정하여야 한다. 무엇보다도 의사소통에서 관계의 형성을 위해 무조건적인 관점 맞추기는 지양되어야 하며 관점에 따라 서로에게 유익하도록 소통을 맞추어 갈 수 있어야 하지만 소통은 언제나 진실에 기반을 두어야 하며 충분한 소통을 통해 서로 다른 관점의 간극을 메워가는 시간을 갖는 것이 중요하다.

2) 사회적 관계형성 요인

스코볼트(Skovholt et al, 1997)와 그의 동료들은 효과적인 사회적 관계형성을 이루기 위해서는 인지적(cognitional), 관계적(relational), 정서적(affective)인 3가지 요소의 통합적 발달이 필요하다고 주장하였다. 그들은 교육심리학적 시사점에서 상담사의 전문가 교육 발달모델을 제시하며 이론적 지식도 중요하지만 동료 협업을 통한 사회적 학습이 중요하다는 것을 제시하였는데 일반적인 학습자가 아닌 상담 전문가들도 사회적 관계의 형성이 중요함을 언급하였다는 것은 모든 사람에게서 사회적 관계가 얼마나 중요한 비중을 차지하고 있는지를 다시 깨닫게 하는 중요한 이론이다. 스코볼트(Skovholt et al, 1997)와 그의 동료들이 제시한 전문가 발달 단계에서 제시한 사회적 관계를 예를 들면, 초보 상담자인 수련생은 멘토의 지도가 절대적이므로 멘토와의 의사소통이 활발하게 이루어져야 하며, 멘토 역시 수련을 받고 있는 수련생의 성장을 위해 그 유형에 맞는 적절한 언어를 선택하여 지도하는 소통방식을 선택하여야 한다. 즉, 멘토에게는 문제 해결, 지식 통합, 반성적 사고, 상황 분석 등의 사고과정과 인지적 역량이 필요하며, 효과적인 의사소통, 신뢰 구축, 협력적 사고 작용 등의 관계적 요소인 사회적 연결의 필요성과, 감정 조절, 공감 능력, 동기 부여 등의 정서적 역량을 키울 수 있도록 지도해야 하므로 이 모든 과정을 잘 인지하고 전달하기 위해서는 의사소통 능력의 필요성이 요구된다.

인지적 발달에서의 의사소통은 주제에 대해 상대방과 서로 다른 관점으로 판단하고 있을 때에도 합리적이며 논리적으로 주장할 수 있는 힘을 말한다. 이러한 힘은 타인의 주장을 비판하고자 하는 것이 아니라 자신의 관점에서 옳은 것과 옳지 않은 것을 구분하고 설득할 수 있는 힘이며, 상대방이 설혹 옳지 않은 주장을 할 때에라도 흥분하거나 비난하지 않고 객관적인 시선으로 소통을 이어갈 수 있는 힘이다. 관계적 발달은 상황과 자신의 능력이 여의치 않을 때에도 할 수 있는 최선의 도움을 주는 마음으로 불편한 갈등상황에서도 이해의 폭을 넓히며 대화를 중단하지 않고 이어갈 수 있는 힘을 필요로 한다. 그리고 정서적 발달은 다른 사람의 내적인 관점을 이해하고 그와 관련된 의미를 마치 자신이 그 사람인 것처럼 지각하고 상대의 마음을 이해하고 진심을 다해 위로하며 공감해주는 능력이다(Rogers, 1957). 이렇듯 인지적, 관계적, 정서적 측면의 의사소통은 타인과 친밀하고 안정적인 관계를 이어가기 때문에 사회적 관계를 이루는데 가장 중요한 능력이며 완성된 사회성을 가진 인간으로 발전할 수 있도록 돕는다. 이 세 가지 의사소통 요인들은 단독으로 작용하지 않고 복합적으로 연결되어 복잡한 상황에서도 유기적인 대응을 할 수 있게 한다.

3) 갈등의 관점

갈등 상황에서 이 문제를 해결하기 위해 자신의 관점을 바꾸어 생각해 보는 것은 자신의 신념으로 바라보던 문제를 제3자의 시선으로 다시 문제를 재구성해 보는 과정을 말한다. 즉, 상대방의 시선에서 문제가 무엇이지를 이해하기 위해 바라보려 하며, 갈등이 일어나는 문제를 이해한 다음 자신의 관점과 어떤 차이가 나는지를 파악하기 위해서 자신의 의견을 상호 교환하는 방법이다(Bienvenu & McClain, 1970). 만약 의사소통에서 자신의 주관적 관점만을 주장한다면 무엇이 잘못되었는지 혹은 무엇이 부족한지에 대한 성찰 행위를 하지 않겠다는 것과 같다. 새로운 시선으로 관점을 바라보며 접근하는 방법을 선택할 때에 비로소 자신이 보지 못했던 문제의 근원을 정확히 바라볼 수 있게 된다. 그러나 관점을 바꾼다는 것은 자신의 생각 전체를 바꾼다는 것이 아니라, 어떤 상황이나 경험을 다른 각도, 다른 차원, 다른 시각으로 바꾸어 보려고 노력하는 것으로 개인의 주관적 신념을 객관적인 시선으로 다시 바라보는 것이다. 갈등 상황의 문제를 해결하기 위한 의사소통의 방법으로 사용되는 관점 바꾸기는 동일한 상황을 두고 정보를 선택하는 방법에 따라서 다르며 바라보는 시각에 따라 평가와 판단이 달라질 수 있다는 것을 이해하는 것이다. 그러나 자신의 관점이 옳다고 생각하면서도 무조건적으로 타인의 생각을 쫓아가는 것은 갈등을 회피하고자 하는 무의식적 사고가 작동하고 있는 것이므로 이러한 성향은 수정이 필요하다. 그리고 갈등이 서로에게 긍정적 발전을 할 수 있다 요인으로 작동할 수 있으므로 서로 소통을 중단하지 않고 의견을 교환하는 것이 중요하다. 또한 가까운 사이의 가족, 친구, 동료들이 윤리적 관점에서 어긋나는 행동들을 보면서 이것을 해결하지 못할 때 느끼는 갈등은 심각하다. 특히 비밀보장이 원칙인 상담자, 변호사, 의사 등의 겪는 심리적 갈등은 다른 어떤 방법보다도 누군가와의 소통을 통해서 해결할 수 있다.

팀 기반 프로젝트 학습에서 학습자들이 겪는 갈등 경험의 문제점을 해결하기 위한 방법이 무엇이었는지에 대한 연구에서 갈등을 인지적, 행동적, 정서적 갈등의 종류로 분석하였다. 팀 학습활동에서 겪는 인지적 갈등은 대체적으로 창의적 사고의 어려움, 유익한 정보인지에 대한 의견 불일치, 과제 목표의 명확한 인지부족, 실제적 상황에 지식 적용의 어려움, 의견의 불일치 등이 있었으나(전신영, 2024) 그 중에 가장 문제가 되는 것은 의견의 불일치라고 판단된다. 어떤 학습 프로젝트라도 팀원 간의 의사소통이 원활할 경우에는 모든 문제를 단계적으로 해결할 수 있지만 실력이 뛰어난 팀이라도 소통에 문제가 있을 때에는 팀원들 간의 갈등이 일어나서 프로젝트를 완성할 수 없기 때문이다. 그러므로 프로젝트의 성공을 위해서는 우선적으로 팀원들 간의 갈등을 해소하기 위한 사회적, 관계적 의사소통이 필요하다.

2. 사회적 관계와 공감능력

　관계의 형성은 두 사람 이상의 개인들 간에 이루어지는 쌍방향 사회적 관계로, 강요되지 않은 개인의 자유로운 선택에 의해 서로 대등하고 평등한 입장에서 비형식적이며 사회적 공감에 의해 이루어지는 인간관계를 말한다(한정희, 1994). 로저스(Rogers, 1975)에 의해 심리학에서 처음 사용된 공감은 정확성을 가지고 상대방의 감정을 이해하는 것에 그치지 않고 느낀 그 감정을 정확하게 상대방에게 전달할 때 완성된다고 한다. 공감은 지각된 타인의 정서적 경험에 대한 대리적인 정서 반응(Mehrabian & Epstein, 1972)으로, 본인의 감정과 타인이 표현한 감정 사이의 유사성에 대한 지각이며(Decety & Jackson, 2004), 이 감정을 이해하고 자신이 직접적으로 경험하게 되는 능력이라고 한다(Salovey & Mayer, 1990).

　인간이 긍정적 관계를 형성하는 과정에서 공감이 주는 영향은 지대하지만, 공감은 이론적으로 접근하고 배우는 것이 아니라 이미 개인의 무의식 속에 자리하고 있다고 한다(Ferenczi, 1995). 그러므로 공감은 다른 사람이 느끼는 감정을 자신이 직접 경험하지 않았어도 같은 감정으로 느끼는 대리적인 정서반응이며 타인의 내면을 이해하는데 가장 큰 역할을 한다. 무엇보다도 공감은 사회적 상호작용을 촉진시켜 주는 중요한 요소로 다른 사람의 마음을 수용하는 능력뿐만 아니라 타인의 행동이나 관점을 이해하는 조망능력과 그 대안적 관점을 제시하는 능력이다(김해연, 김광수, 2009).

　공감에 대한 최근 연구자들은 기존의 개인적 공감(individual empathy)과 대인관계적 공감(interpersonal empathy)의 분야에서 사회적 공감(social empathy)의 개념이 추가되고 있다(김용석, 송진희, 2018). 사회적 공감이란 사회경제적 구조와 제도적 맥락 안에서 다른 사람들의 생활 상황을 더 깊이 있게 이해하는 능력의 필요성(Segal, 2011; 김용석, 송진희, 2018)과 사회적 약자들의 아픔을 위로하고 공감하며 그들의 문제들을 해결하기 위한 실천적 행동까지도 요구되고 있다. 즉, 사회적 공감은 현재 어려움을 겪고 있는 사람들이 보통의 사람들과 함께 살아갈 수 있도록 그들의 아픔을 공감하는 능력과 함께 현실적인 도움이 무엇인지에 대한 대안을 제시하고 돕겠다는 행동도 함께 요구되는 능력이다. 사회적 공감능력이 높은 사람들은 타인을 위하거나 이롭게 하고자 하는 이타심이 높을 것으로 예측되며, 이타심이 강한 사람들은 보통의 사람들보다 높은 공감능력을 보였으며, 두뇌 영역에서는 측두엽(후상측두피질)이 더 활성화 되어 있었다고 한다(이경남, 2009). 이처럼 사회적 공감은 한 마디의 문장으로 결론 낼 수 없는 깊고 심오한 심리적 역동이다.

공감의 단계를 4단계로 분류해보면, 1단계는 타인의 정서를 인지하고 그 반응을 이해하기 위해 해석하는 인지적 판단(Cognitive Appraisal)의 단계(Mead, 1934), 2단계에서는 다른 사람의 감정 상태를 이해한 후 그 감정과 유사하거나 반대되는 감정을 경험하며 반응하는 정서적 반응(Emotional Response)의 단계, 3단계는 관찰자가 자신의 감정적 반응을 다른 사람과 공유하며, 상대의 마음을 위로하고 지지해주는 지지와 소통의 단계, 그리고 마지막 4단계에서는 관찰자와 대상자가 소통하면서 그 사람의 문제와 상황 대해 동참하고 해결하기 위한 사회적 행동이 일어나는 사회적 상호작용을 포함하는 단계를 거친다.

사회적 공감의 반응 단계

1단계 인지적 판단	타인의 얼굴 표정, 몸짓, 목소리 톤의 비언어적 신호와 언어적 표현을 통해 감정 상태를 파악하는 인지적 인식상태이다.
2단계 정서적 반응	타인의 감정을 자신의 것처럼 느끼고 공감하거나 또는 동정심을 느끼게 된다.
3단계 지지와 소통	관찰자가 자신의 공감을 표현하고 그 상황에 대해 지지하거나 위로하는 방식의 소통이 일어난다.

4단계 사회적 상호작용	타인의 감정을 공유하고, 상호 이해와 협력을 통해 문제를 해결하려고 노력하거나 관계를 발전시키는 실천적 행동이다. 장애우 등 소외계층의 환경적 요인과 상황을 공감하고 그들의 환경을 개선시키고자 하는 사회적 노력이다.

1) 정서적 공감과 인지적 공감

데이비스(Davis, 1983)는 정서적 공감은 다른 사람의 정서를 대리적으로 느끼고 반응하는 능력이며, 그 사람의 고통을 이해하기 위한 정서적 반응을 해석하는 의식적 사고의 과정이 요구된다고 하였다. 의식적 사고 과정이 진행된 후 일어나는 인지적 공감은 그 사람의 관점을 수용하고 추론하는 능력이라고 하였다. 즉, 정서적 공감은 타인의 정서 상태를 공유하고 그 표현에 반응하는 타인지향적 능력이며, 인지적 공감은 타인의 생각, 바람, 믿음, 의도, 인식과 같은 마음 상태를 표상하는 능력으로(박민, 2012) 그 사람의 현재 정서반응에 집중하는 것뿐만 아니라 이 상황 이전의 현상과 함께 지금의 상황에 이른 원인을 분석하려고 하고 이해하려는 것이라고 한다. 이것은 타인의 정서적 단서를 객관적으로 인식하고 그 현상을 판단하려고 하는 인지능력이 작동하는 것으로, 타인의 정서 감정을 아무런 판단 없이 공감하는 것이 아니라 그 정서가 일어난 이유와 현재의 감정이 미치는 영향에 대한 추론을 하는 등의 과정을 거친 후 공감을 하게 된다. 그러나 공감은 자기지향적인 인지적 공감과 타인지향적인 정서적 공감이 적절하게 어우러져 그 사람의 상처와 아픔들을 이해하고 지지하며 함께 문제를 극복하려는 마음과 행동력까지가 완벽한 공감의 단계라고 할 수 있다.

인지적 공감에 대해 마셀과 그의 동료(Marshall et al. 1995)들의 성범죄자들의 인지적 공감능력에 대한 연구에서, 인지적 공감은 정서적 공감이 일어나기 전에 나타나는 현상으로 다른 사람의 감정이나 상황을 이해하고 해석하는 능력이라고 정의하였다. 그들이 연구한 성범죄자들은 일반인에 비해 인지적 공감능력이 부족하다는 것을 발견하였다. 특히 피해자의 입장에 대한 감정을 이해하고 해석하는데 어려움을 겪고 있어서 자신의 행동이 타인에게 미치는 영향을 고려하지 않기 때문에 타인의 정서를 인식하고 그 관점을 수용하는 과정이 일어나지 않는다는 것이다. 인지적 공감의 부족은 또한 정서적 공감 이해의 부족으로 이어지기 때문에 재범 가능성을 높일 수 있다고 한다. 또 다른 인지적 공감 결함과 정서적 공감 결함에 대한 연구에서, 자폐증 환자는 인지적 공감의 결함을 보이고 정서적 공감의 손상은 잘 보이지 않았지만, 반사회적 성격장애 환자는 정서적 공감의 결함이 보였지만, 인지적 공감의 결함은 잘 보이지 않았다고 한다(Blair, 2005; 박민, 2012). 무엇보다도 인지적 공감의 상실이 일어난 대부분의 개인들은 자신이 경험했던 불안, 공포, 슬픔, 행복 등의 감각적 경험에 대한 상황의 관점을 인지적으로 해석하였던 경험이 없거나 이전의 경험에서 주변인들로부터 충분한 공감적 경험을 받은 경우가 없어서 공감에 대한 감각이 상실되어 있을 것이다.

인지적 공감	-타인의 생각을 이해하고 수용하는 능력 -타인의 관점을 수용하는 능력 -현재 겪고 있는 아픔의 원인을 찾아 분석하고 이해하는 공감
정서적 공감	-타인의 정서를 대리적으로 느끼고 반응하는 능력 -공감적 관심, 개인적 고통 -현재 겪고 있는 아픔에 대한 공감

2) 사회적 불안

사회적 불안은 예상외로 크고 복잡하다. 불안을 경험하고 있는 개인은 타인의 감정과 생각, 의도를 과도한 수준으로 추론하기 때문에 타인의 의도를 왜곡하는 부정적 정서 현상의 발생으로 인해 불안을 경험하게 된다. 특히 현재 상황에 대한 과도한 스트레스가 계속되거나, 에너지 고갈, 좌절감, 고립감과 같은 부정적 정서 기능이 과도하게 활성화 할 때 이로 인해 정서조절에 문제를 겪게 되면서 자신과 타인에게 투여할 내적 자원이 고갈될 때 나타난다. 또한 사회적 불안이 과도하게 발현되는 요인은 불확실성에 대한 걱정과 긴장, 부정적인 자기 인식, 자기 검열, 회피 행동, 자존감 저하, 정서적 반응성, 완벽주의 등으로, 이 감정들은 개인의 일상생활과 대인 관계에서 큰 영향을 미칠 수 있다. 특히 지진, 홍수, 땅 꺼짐, 화재, 교통사고 등으로 예측하지 못한 재해에 의해 겪은 육체적 심리적 상처로 인해 경험하게 된 외상 경험이 사람들 스스로 견딜 수 있는 수준을 넘었을 때의 공포감과 불안감은 그 심각성이 강조되고 있다. 이와 같은 상처들은 구체적이고 합당한 대처 방안에 따라 회복되는 과정이 생략되는 경우가 많아서 심리적 불안이 날이 갈수록 더 심해지게 된다. 또한 대인관계에서 나타나는 성폭력, 집단 따돌림, 학대 등의 외상경험은 지속적인 심리 불안으로 이어지게 된다. 무엇보다도 이러한 경험에 대해 이후 충분한 대처가 이루어지지 않거나 부정적 대처를 하였다면 추후 질병으로까지 이어질 수 있다(Aldwin, et al, 1996).

외상에 대한 두뇌영역을 살펴보면, 심리적 불안을 조절하고 통제할 수 있는 전두엽의 기능이 활성화되지 않고 오히려 불안에 관여하는 편도체가 과활성화 되고 있다는 것을 알 수 있다. 전두엽은 주의통제의 집행적 측면과 억제에도 관여를 하고 있다(Gazzaniga & Ivry, 2008). 그리고 위험한 상황에서 자동적으로 나타나는 신체 반응의 정도는 대뇌변연계의 시상하부가 결정한다. 시상하부는 자율신경계와 호르몬계를 통제하고, 투쟁 또는 도피(fight or flight)와 같이 위험한 상황에서의 신체 반응의 활성화 정도를 자동적으로 결정하는데(김광수 외, 2017), 이 때 불안에 대해 투쟁하지 못하고 도피 또는 회피를 선택할 경우 불안에 대한 심리적 신체적 반응이 상승하게 된다. 그러나 편도체와 안와전두피질, 또는 편도체와 시상의 연결성이 강해질수록 외상 후 스트레스장애 증상이 약화되어 회복과정이 순조롭다고 한다(과천: 미래창조과학부, 2016). 스트레스가 약화되는 증상은 편도체의 부정적 감정을 안와전두피질에서 조절하거나 통제하는 기능으로 인한 것이다.

그리고 편도체는 개인이 경험한 정서적 경험의 중요성에 따라 기억의 강도를 조절 하는 기능이 있다. 이것은 편도체가 활성화되면 다른 뇌 영역에 기억이 응고화 되도록 편도체가 조절 한다는 것으로(정지운, 2004), 다른 기억들은 일시적으로 멈추고 현재의 경험 중 위협 공포 등의 중요하거나 긴급한 정서적 경험에 몰두하는 것으로, 전두엽의 간섭 등 모든 피질 영역의 간섭이 멈추고 오로지 편도체만 활성화가 된다는 것이다. 한 가지 예를 들면, 어떤 위협 상황에 닥치면 그 위협의 강도나 시간적 절박성 등을 논리적으로 생각하지 못하고 다만 이 위협에서 도피할 것인지 도전할 것인지를 생각할 여부가 없이 바로 즉시적으로 행동을 수행하게 되는데 이것은 편도체와 뇌 간의 활성화에서 일어나는 현상이라고 볼 수 있다.

사회적 불안에 따른 심리적 신체적 현상

과도한 걱정과 긴장	사회적 상황에 대해 미리 과도하게 걱정하고 긴장하기 때문에 신체적 증상이 나타날 수 있으며 심장 박동 증가, 호흡 곤란, 떨림, 땀 흘림 등이 나타난다.
부정적 자기인식	자신에 대한 부정적 평가나 비판을 과도하게 우려하며, 사회적 상황에서 자신의 성과에 대해 지나치게 인식한다.
자기 검열	자신이 부적절하거나 부정적 인상을 줄 것을 지나치게 의식하기 때문에 의사소통과 행동을 조심스럽게 한다.

회피 행동	새로운 사람을 만나거나 대중 앞에서 말하는 것 등의 상황을 피하려고 한다.
자존감 저하	지속적인 불안감으로 인해 자존감이 저하되고 우울증이나 다른 정신 건강 문제로 진행될 수 있다.
사회적 고립	불안감은 대인 관계가 제한되어 고립을 자초한다.
정서적 반응성	부정적 피드백이나 거절을 경험한 경우, 슬픔, 분노, 실망감들의 강한 정서적 반응을 보일 수 있다.
완벽주의	사회적 상황에서 완벽한 모습을 보이려고 하지만, 현실적으로 달성하기 어려울 때 스트레스와 좌절감이 증가할 수 있다.

3) 두뇌와 공감능력

인간의 두뇌는 정서적 공감과 인지적 공감의 두 공감 능력에 관여하는 뇌의 신경 기제가 서로 다르다(박민, 2012). 인지적 공감은 대뇌 변연계와 전전두엽의 상호 협력 체계에서 일어나기 때문에 인지적 공감의 상실은 변연계에서 발현되는 정서와 감정에 대해서 전전두엽의 간섭을 받는 과정이 생략되었을 가능성이 높다. 인간이 인지적 공감을 할 때는 전두엽에 위치한 전측 중대상 피질의 배측 영역(배측 전방 중전두이랑)이 활성화되는데 이 영역은 주의력, 충동조절, 감정조절 등의 인지기능과 사회적 상호작용과 관련된 역할을 담당하고 있다. 정서적 공감은 인간이 다른 사람을 관찰할 때 그 사람의 감정을 함께 느끼거나 그 사람의 행동을 무의식적으로 모방하게 되는데 이러한 공감 행동은 타인이 느끼고 있는 정서적 혹은 신체적 감정을 유사하게 느끼게 되며 이 감정들은 변연계를 통해 처리된다고 한다(Iacoboni, 2008). 이 이론은 타인의 행동, 감정, 심지어 의도까지 무의식적으로 모방하고 공감하는 신경학적 메커니즘인 거울 뉴런(mirror neurons)이 타인이 특정 행동 또는 감정을 보이는 것을 관찰할 때도 활성화가 되는 것으로 거울 뉴런의 기능이 사회적 상호작용의 기초가 된다는 것을 의미한다(Rizzolatti, & Craighero, 2004).

우반구의 전측 뇌섬엽(the right anterier)은 타인의 불편이나 고통을 감지하는데 관여를 한다. 뇌섬엽(insular cortex)은 뇌의 좌・우 반구 대뇌피질 안쪽에 위치하고 있으며, 일반적으로 의사소통, 정서인식, 항상성 조절에 관여하며, 의식, 감정, 불안, 의사결정 및 학습을 포함한 다양한 기능과, 조건화된 공포와 트라우마 관련 정보를 처리하고 행동을 표현하는데 관여(Sanggeon Park, 2021)하기 때문에 뇌섬엽과 편도체의 연결성이 강화되어 있을 때는 공포와 불안을 조절하는 기능이 더 강화되는 것으로 알려져 있다(미래창조과학부, 2016).

그리고 공감능력은 청각과 시각 정보가 지각한 타인의 얼굴 표정이나 목소리 톤에서 그들의 감정을 이해하는데 도움을 주고 있는 측두엽의 활성화와 함께 감정 조절에 관여하는 대상회가 다른 사람의 감정에 대한 이해와 공감을 돕는 역할을 한다. 그러므로 공감에 관여하는 두뇌의 영역은, 전전두엽, 대뇌 변연계의 편도체, 측두엽, 뇌섬엽, 대상회 등으로 여러 영역의 상호작용에 의해 공감 반응이 일어나고 있다.

결론적으로 공감에 반응하는 뇌신경 경로는 인지적 공감반응을 나타날 때와 성서적 공감 반응을 나타날 때가 서로 다르지만, 근본적으로 공감이 발현될 때는 인지적 처리와 정서적 반응이 함께 병행한다는 것이 밝혀졌다(Kerem, Fishman & Josselson, 2001). 대체적으로 인지 뇌에 관여할 것으로 예상하는 전두엽의 일부 피질이 정서를 주도적으로 담당하는 변연계와도 연결되어 있어서 이성과 정서를 통제하는 것에 관여하고 있어서 공감에 반응하는 두뇌의 영역은 어느 한 부분의 활성화로 이루어지는 것이 아니라 다양한 영역에서 서로 교통하면서 이루어지지만 인지적 공감과 정서적 공감이 일어날 때 어떤 한 부분의 활성화가 높게 일어나거나 적게 일어나는 차이만 있는 것이다.

다음은 류영임(2019)이 분류한 인지적 공감척도인 정서인식, 맥락적 이해, 긍정적 관점수용, 부정적 관점수용을 사용 보완하고 수정한 것이다. 각 항목당 9개의 질문으로 구성되어 있으며, 항목을 체크하고 9개 중 5개 이상이 체크되어 있으면 보통, 7개 이상일 때 매우 높음으로 볼 수 있다. 다른 방법으로는 1-5점 점수로 1. 전혀그렇지 않다에서 5점 매우그렇다로 점수를 주어서 항목 당 총점 45점에서 30점 이상이 나오면 인지적 공감능력이 있다는 것으로 판단할 수 있다.

아래 인지적 공감 척도의 문항을 읽고 자신의 모습을 잘 나타낸다고 생각하는 것을 체크하세요.

정서인식	맥락적 이해	긍정적 관점수용	부정적 관점수용

인지적 공감척도

하위 요인	문항 내용
정서 인식	1. 나는 친구가 화난 것을 빨리 알아차리는 편이다.
	2. 나는 친구의 감정을 무조건 인정해 주는 편이다.
	3. 나는 다른 사람이 말하지 않아도 그 사람의 기분을 헤아릴 수 있다.
	4. 나는 다른 사람이 하고 싶어 하는 말을 금방 알아차린다.

	5. 나는 누가 말하지 않아도 내가 다른 사람에게 참견하고 있는지 알아차릴 수 있다.
	6. 나는 같이 있는 사람이 어색해 할 때 빠르게 알아차리는 편이다.
	7. 나는 내 말에 다른 사람이 흥미로워 하는지 아닌지 알아차릴 수 있다.
	8. 나는 다른 사람이 대화하고 싶어 하는지 아닌지를 구별할 수 있다.
	9. 내 주변 사람들은 내가 자신들의 마음을 이해한다고 말해준다.
맥락적 이해	1. 나는 다른 사람이 자신의 감정을 이야기할 때 왜 그렇게 느끼는지 상황부터 알아보려 한다.
	2. 나는 상황의 세부적인 사항을 고려하여 이해하려고 한다.
	3. 나는 타인의 부정적 언어의 감정, 동기 등의 원인을 생각해 내려고 한다.
	4. 나는 친구를 이해할 수 없을 때 내가 친구에 대해 모르는 부분이 있는지 고민해 본다.
	5. 나는 친구의 문제가 일어나게 된 원인을 분석하려고 한다.
	6. 일단 친구의 말에 집중하면서 잘 경청하려고 한다.
	7. 친구의 상황이 이해가 안되면 반복해서 질문하려고 한다.
	8. 친구의 말 속에 없는 의미가 있는지 탐색한다.
	9. 나는 상대방이 보내는 비언어적 의도를 잘 이해한다.
긍정적 관점 수용	1. 나는 어떤 문제든 양쪽의 입장이 있다는 것을 이해하려고 한다.
	2. 나는 어떤 것이든 여러 사람의 의견을 고려해서 결정한다.
	3. 나는 내 주변 사람들의 기분을 생각하면서 행동한다.
	4. 나는 반대 의견을 가진 사람의 입장도 받아들일 수 있다.
	5. 나는 스트레스나 갈등을 효과적으로 관리하려고 한다.
	6. 나는 내 규범과 달라서 이해하지 못하지만 상대의 입장에서 다시 생각해 본다.
	7. 부정적 판단이 들 때도 일단 중립적인 태도를 유지한다.

	8. 나는 친구가 실수를 하면 이 일을 통해 배운 것이 있다는 것을 알려준다.	
	9. 어려운 문제가 있어도 새로운 대안을 제시하려고 노력한다.	
부정적관점수용	1. 나는 내가 맞다고 생각하면 다른 사람의 말을 귀담아 듣지 않는다.	
	2. 나는 다른 사람이 이해가 안 되는 행동을 할 때 그 이유에 대해 더 알려고 하지 않는다.	
	3. 나는 상대방의 말이 맘에 들지 않아도 논쟁을 하기 싫다.	
	4. 나는 다른 사람의 마음을 이해하려고 노력하는 것이 피곤하다고 느껴진다.	
	5. 나는 친구의 하소연을 듣는 것이 괴로울 때 친구의 이야기에 집중하지 않는다.	
	6. 나는 상대방의 상황을 비판적, 회의적으로 보는 경우가 많다.	
	7. 나는 어떤 도전이 필요할 때 실패의 가능성 때문에 포기하는 경우가 많다.	
	8. 나는 친구에게 내가 싫어하는 것을 정확히 표현하기 힘들다.	
	9. 나는 자주 친구와 의사소통을 할 때 갈등을 유발하는 경우가 많다.	

3. 사회적 기술과 얼굴표정 인식능력

Erikson(에릭슨)은 심리사회적 발달 이론에서 자아는 개인의 욕구를 충족하기 위해서 사회적 요인을 조절하려는 시도는 하지만 이것을 잘 극복할 경우 열등감을 극복하게 되며 사회성의 발달이 잘 이루어진다고 한다. 그럼에도 욕구가 좌절되었을 경우에는 내적 위기를 겪게 되면서 해소되지 못한 욕구로 인해 뇌는 감정의 변화로 인해 급격한 곡선을 그리며 분노와 공포 같은 감정 반응을 보이게 된다. 이 반응은 대뇌피질 안쪽에 자리한 변연계(limbic system) 회로와 시상하부 핵들이 관여한다. 특히 변연계의 편도체와 뇌섬엽 간의 연결성이 강화되었을 때는 불안과 공포 반응이 심해지지만, 변연계의 편도체와 시상의 연결성이 강해지면 불안, 공포 등의 스트레스 증상이 약해진다고 한다(과천: 미래창조과학부, 2016). 시각과 청각 자극에 의해 일어나는 공포와 분노에 대처하기 위해 공격 또는 회피 반응의 명령을 내리는 역할은 시상하부에서 담당한다고 알려져 있다(LeDoux, 2000).

인간의 사회적 뇌와 관련된 두뇌의 네트워크에서는 타인의 얼굴 표정과 행동이 보여주는 의미를 인지할 수 있다. 얼굴표정이 보여주는 의미를 이해한다는 것은 타인의 생각이나 감정, 공감적 반응을 즉각적으로 이해할 수 있는 능력이기 때문에 다음에 할 말과 행동에 대한 예측 그리고 그 내용에 대한 정보 등을 추론할 수 있게 한다. 얼굴표정은 실제 언어로 표현하지 못한 특정 감정들에 대한 생각이 숨기지 못하고 명백하게 나타나는 곳으로, 마음속의 감정, 심리적 상태, 정서적 느낌, 의도 등이 정직하게 표현된다. 사람들의 감정은 순간적으로 얼굴의 미세표정을 통해 나타나는데, 이 감정을 숨기려고 하는 경우에도 미세표정을 통해 진짜 감정을 포착할 수 있다. 그러므로 타인의 얼굴표정에 담긴 정서와 의도를 인식하는 능력은 의사소통을 하는 동안 타인의 정서와 의도를 이해할 수 있어서 효과적인 의사소통을 할 수 있다.

감정의 정의

감정의 생리학적 기능	-생존을 위한 진화적 적응으로, 위협, 회피, 공포, 자원획득(기쁨), 사회적 유대 강화(신뢰) 등에 기여한다. -고유한 신체 반응과 연결되어 있어서 분노 시 심장 박동의 증가 등으로 나타난다.
감정의 사회적 기능	-감정은 사회적 신호로 작용해 타인의 행동을 조절하고 협력을 촉진한다. -공격적 울음은 사회적 유대감을 강화하며, 분노의 표정은 갈등을 해결하는데 도움을 준다.

감정인식과 조절	-자신과 타인의 감정을 정확히 인식하는 능력은 정신건강과 대인관계에 결정적 요인으로 작용한다. -감정 인식 훈련을 통해 스트레스나 갈등을 효과적으로 관리할 수 있다(Ekman)
얼굴 표정과 미세표정	-감정은 얼굴 근육의 미세한 움직임으로 나타나며, 이를 미세표정이라고 부른다. -순간적인 미세표정을 관찰하면 타인의 감정을 이해할 수 있다. -이 기술은 범죄 수사나 심리 상담 등에서 활용된다.

1) 두뇌의 얼굴표정 인식능력

비언어적인 의사소통에서 가장 정직한 얼굴표정에 대한 보편적인 이해는 서로 다른 문화권에서 성장한 사람들끼리도 이해가 가능할 정도로 놀람, 기쁨, 행복, 슬픔, 공포 등의 감정을 표현하는 얼굴표정이 크게 다르지 않고 대동소이하다고 한다. 에크만(Ekman, 2003)은 사람의 얼굴에는 약 44개의 근육이 있어서 다양한 표정을 만들어 낼 수 있다고 한다. 기본적인 움직임은 눈꺼풀의 움직임, 코와 입 주변 움직임, 볼과 턱 주변 움직임, 입술 움직임, 턱 움직임, 머리 움직임이 있다. 특별히 사람의 얼굴표정에 나타나는 정서적 반응 중에 눈에 가까이 위치한 작고 좁은 삼각형의 눈썹주름근(corrugator supercilli muscle; 추미근)의 주름은 부정적 정서상황에서 찌푸릴 때 나타나며, 화난 얼굴과 공포와 관련된 자극이 올 때는 입이 벌어지고 눈이 크게 열린 시선으로 표현된다고 한다(Ekman, 1982). 이 표정들은 두뇌의 복잡한 체계들 간의 상호작용 및 피드백을 하는 동안에, 대뇌피질(cerebral cortex)에 의해 인지된 감각세포에 의해 표현된다.

구체적으로 얼굴을 인식하는 영역은 방추상회(fusiform gyrus)를 포함하는 측두엽과 주변의 피질 영역(corrtical area) 그리고 변연계가 얼굴표정에 관여하는 것으로 밝혀졌다. 방추상회(fusiform)는 얼굴 인식과 얼굴을 기억하는 기능에 관여하는데, 얼굴사진을 제시한 연구에서 방추상회를 비롯하여 선조체(striata), 시각피질, 후방 시각영역, 전두영역, 두정영역, 측두영역에서 활성화가 진행되었다고 한다(Driver, et al. 2001). 특히 하두정소엽은 시각적 인식과 관련되어 있어서 눈과 입을 관찰할 때 활성화되는 영역으로 알려져 있다. 얼굴에서 정서를 인식하는 능력은 비언어적 의사소통에서 중요한 위치를 차지하기 때문에 대인관계와 사회적 의사소통 기능에 필수적인 인식능력이다. 특별히 얼굴 표정에서 나타나는 부정적 정서는 실제 의미보다 과대 추정(overestimation) 한다고 한다(Cole et al, 2013). 상대의 얼굴표정에서 나타나는 부정적 정서가 현재 자신과의 일이 아닌 상대의 내부적 요인에 의해 나타날 수 있지만, 이 것을 이해하지 못하고 자신 때문이라고 생각하는 오해가 쉽게 일어나서 부정적 판단을 과도하게 추측하게 되는 것이다.

두뇌의 인식능력은 행복한 정서를 경험할 때 가장 효과적인 주의집중력(shift of attention)을 활성화시켰다. 행복한 감정과 관련된 뇌의 반응영역은 우반구 측두엽 부분의 방추상회와 소뇌 일부가 관여하며, 좌반구에서는 후두엽 부분의 방추상회가 관여했다. 특히 좌측 변연계는 다른 대뇌피질의 기능보다 더 기본적인 정서적 맥락에 관여하고 있다(MacLean, 1978). 이러한 반응들은 정서적 과제에 반응하는 변연계와 연결되어 있는 측두엽이 기억, 정서, 청각 처리 기능들에 관여하고 있으며 일부 변연계의 한 부분은 정서적 정보처리에 관여하고 일부 전두엽도 함께 정서적 과제에 관여하는 것을 알 수 있다.

특히 사실관계가 모호하거나 높은 수준의 불확실한 상황에서 직관적 판단을 해야 할 때는 뇌섬엽의 신경 반응이 감소되었으나 모호하거나 높은 수준의 불확실한 상황에서 의사결정을 해야 할 때는 오히려 뇌섬엽의 활성화가 관찰되었다(Feinstein, Stein, et al, 2006). 또한 슬픈 기억을 회상할 때는 정서 조건에 반응하는 뇌섬엽의 활성화가 나타났으나 보통의 기억을 회상할 때는 전두엽, 측두엽, 중뇌의 일부 영역에서만 활성화 반응이 나타났다고 한다(김광수, 2015). 또 다른 연구에서는 슬픈 표정의 얼굴을 인지할 때는 좌측 뇌섬엽, 우측 방추상회, 그리고 좌측 하두정소엽에서 유의미한 신경활동의 변화가 발생하였다고 한다. 그러나 긍정적인 감정을 처리하는 동안은 뇌섬엽의 신경반응이 감소하였다(Gu, et al, 2013), 이것은 슬픈 얼굴 표정 또는 슬픈 기억을 회상할 때는 뇌섬엽이 활성화되지만, 긍정적인 얼굴표정과 기억을 회상할 때는 뇌섬엽의 활성화가 감소된다는 것으로 편도체와 뇌섬엽은 불안, 슬픔 등의 부정적 정서에 반응하는 것을 알 수 있다.

얼굴표정의 인식영역

슬픈 표정인식	좌측 뇌섬엽과 하두정소엽, 우측 방추상회
슬픈 기억 회상	전두엽, 측두엽, 중뇌의 일부
행복한 정서경험	우측 측두엽의 방추상회와 소뇌, 좌측 후두엽의 방추상회
정서적 공감	우측 뇌섬엽,
인지적 공감	전두엽에 위치한 전측 중대상 피질의 배측 영역
슬픔정도 중	뇌섬엽, 하두정소엽
슬픔정도 강	뇌섬엽, 하두정소엽, 우측 방추상회
혐오, 분노	전대상피질, 뇌섬피질 혹은 전뇌섬피질
공포와 불안	뇌섬엽과 편도체
정서의 통제	전두엽과 편도체

정서정보 처리	측두엽과 변연계
얼굴인식과 기억	방추상회
눈과 입을 관찰	하두정소엽

2)신체적·정신적 고통의 지각경로

인간이 사회적으로 소외되었을 때 정신적 고통을 느끼는 두뇌의 경로와 신체적 고통을 지각하는 두뇌의 경로와 비슷하다고 한다. 특히 사회적 분리나 사회적 거절(social rejection)을 경험할 때 마음으로 겪는 고통은 신체적 통증을 경험할 때와 동일한 신경학적 경로에 의존하고 있다고 한다(Lieberman, 2013; 최호영 역, 2016). 육체적 고통의 감정은 등쪽 전대상피질과 앞쪽 뇌섬엽에 의해 처리되지만, 사회적 고통은 전대상피질에서는 활성화가 되었지만 파충류의 뇌인 뇌간에서는 발견되지 않았다고 한다(김철구, 2012). 이것은 뇌간은 정서적 감정에 반응하는 것이 아니라 생존 욕구에 반응하고 있기 때문이다. 전대상피질(anterior cingulate cortex)은 전두엽 안에 위치하고 있으며, 감정 조절과 인지기능, 주의 집중 능력에 중요한 역할을 한다.

사회적 고통의 예를 들면, 포유류에서 어미와 새끼를 따로 격리하였을 때 새끼들이 내는 울음소리를 들은 어미들의 전대상피질이 활성화되었다고 한다. 이것은 전대상피질은 모성본능에 관여하고 있다는 것을 알 수 있다. 이와 같이 사회적 고통을 느끼는 신경생물학적 기판(neurobiological substrate)과 육체적 고통을 느끼게 하는 신경생물학적 기판이 일부분 서고 중복된다는 것을 의미 한다. 그러므로 의사소통 과정에서 한 마디 말로 상대편의 가슴에 꽂은 비수에도 고통의 영역이 활성화될 뿐만 아니라 추후 장기기억으로 저장되어 관계 형성에 어려움을 겪게 된다.

3) 사회적 언어능력과 두뇌

　　인간이 건강한 사회인으로 살아가기 위해서는 언어의 사용능력이 가장 큰 도구로 사용되고 있다. 언어의 사용능력에 대한 좌·우뇌의 기능을 보면 일반적으로 좌반구와 우반구는 서로 다른 사고방식으로 접근해서 언어를 생성하기 때문에 생성한 어휘의 표현력과 문장구성에 있어서 서로 다른 특성을 나타낸다. 우반구는 언어의 내용에 대한 정서적 측면에 관여하기 때문에 사회생활에서 필요한 자신과 타인의 감정을 인식하고 다룰 줄 알아서 비판적 시각을 배제한 표현능력에 능숙하다. 특히 비언어적 표현을 하는 능력과 직감이 발달되어 있어서 작은 단어 하나 또는 순간적인 얼굴 표정의 변화로도 연관되는 단서를 종합적으로 판단하고 유추하는 능력이 뛰어나며 새로운 사실에 대한 호기심도 강해서 상상력에 기인하는 언어를 즐겨 생성한다. 그리고 좌반구에는 언어기능을 관할하는 베르니케 영역과 브로카영역이 자리하고 있는 언어뇌라고 할 수 있어서 언어의 유창성이 높으며 객관적, 분석적, 계열적인 언어표현에 능숙하다. 그래서 획득한 지식을 조합하여 현재에 필요한 언어로 생성하는 뛰어난 능력을 발휘한다. 특히 사회적 언어능력을 향상하기 위해서는 사회적 지능이 필요하다. 사회적 지능은 자신과 타인의 내부 상태, 동기, 행동을 인식하고 그 정보에 기초하여 적절하게 행동하는 능력으로(곽윤정, 1997), 이 지능이 높은 사람은 사회적 행동뿐만 아니라 사회적 의사소통의 능력도 우월하다.

3장. 문제해결력과 의사소통

1. 대인 문제해결 능력과 사고능력
    1) 인지적 사고력
    2) 반성적 사고력
   3) 문제해결을 위한 대안적 사고력

2. 창의적 사고와 문제해결능력
    1) 창의적 문제해결력
    2) 수렴적 사고
    3) 확산적 사고

3. 사회적 기술과 문제해결력
   1) 문제해결을 위한 의사소통
   2) 사회적 기술과 문제 대처전략
    3) 갈등의 해소

-참고문헌-

I. 대인 문제해결과 사고능력

　　대인관계의 문제는 사회적 적응과 밀접한 관계가 있어서 문제해결기술이 사회적 적응과 상관관계가 높다고 한다(Spivack & Shure, 1974). 대인관계에서의 문제를 해결하기 위한 대처능력은 개인이 문제 상황이라는 것을 먼저 인식할 수 있는 능력이 필요하다. 문제를 인지했을 때에 이를 해결하기 위해 전략을 수립하고 실행하는 인지적, 정서적, 행동적 요소가 결합된 복합적인 과정이 필요하다. 인지적 실행능력은 문제 인식, 정보 처리, 사고 전략과 함께 추상적 사고의 과정을 거치게 된다. 정서적 실행 능력은 동기 부여, 감정 조절, 공감 능력 등이 필요하며, 행동적 요소는 계획을 수립하고, 이를 실행하며, 그 행동에 대한 피드백을 수집하는 단계적 접근이 필요하다. 그리고 이러한 과정을 거치기 위해서는 문제해결을 위한 인지적 사고와 반성적 사고 그리고 문제를 새로운 시선으로 다시 보는 창의적 사고가 필요하다.

1) 인지적 사고력

　　대인관계에서 실제적인 문제들을 해결하기 위한 인지적 문제해결능력에 대한 대안들을 살펴보면 대인관계에서 나타나는 문제의 존재를 인지하는 민감성(susceptibility)과 문제의 해결을 위해 다양한 해결방법을 산출할 수 있는 대안적 사고력(alternative solution) 그리고 해결방안을 적용하기 위한 실천적 수단이 필요하다. 또한 이 수단들을 단계적으로 계획하는 수단-목적 사고(means-ends thinking)능력과 타인의 행동과 감정, 동기 등의 원인을 생각해 내는 인과적 사고력(causal thinking ability), 그리고 함께 문제의 해결을 위해 수행한 행동들이 가져올 결과를 예측하는 결과적 사고력(consequential thinking)도 필요하다(Spivack, et al, 1976).

인과적 사고력	-원인과 결과의 관계를 파악하고 미래를 예측한다. -논리적 추론을 통해 문제 해결을 위한 방법을 찾는다. -비판적 사고로 정보를 검토하고 그 타당성을 판단한다.
결과적 사고력	-그 결과가 미치는 영향을 고려한다. -자신의 선택에 대한 결과의 책임을 회피하지 않는다. -대안을 선택할 때 윤리적으로 정당한 것인지를 고려한다.
과학적 사고력	-새로운 정보나 아이디어에 대한 열린 마음으로 본다. -주어진 정보나 주장을 사실에 기반 하여 비판적으로 분석하고 평가 한다. -논리적이고 체계적인 접근을 통해 문제를 해결하고자 한다. -반복적 사고를 통해 긍정적 결과를 얻을 수 있는지 판단한다.

2) 반성적 사고력

반성적 사고(reflective thinking)는, 어떤 신념이나 가정된 지식을 결론에 비추어 적극적이고 지속적으로 주의 깊게 살피는 사고 과정으로 학자마다 그 중요성이 조금씩 다르게 정의하며 강조되고 있다. 듀이는 1910년 'How we think' '사고의 방법'이라는 저서에서 비판적 사고와 반성적 사고에 대한 이론을 처음으로 제시하였으며,

그 후 1933년에 대폭 수정하여 다시 개정판을 출간하였다. 그는 반성적 사고는 5단계를 거치면서 발전된다고 한다. 1단계는 문제라고 인식된 경험을 재구성 하며, 2단계 문제를 명확하게 정의하고 그 본질을 이해하기 위한 비판적 사고를 발현시키며, 3단계에서는 문제를 해결하기 위한 대안 제시하며, 4단계는 다시 그 문제를 해결하기 위하여 제시된 대안을 검토하고 수정하는 재검토 과정을 거치며 마지막 5단계에서는 지속적인 성장과 발전을 위한 결론을 도출할 것을 제시하였다(Dewey, 1933). 이 단계들은 문제를 해결하고자 하는 의지로 해결의 과정에만 집중하는 것보다는 이 문제에 대한 자신의 상황과 역할 그리고 자신의 행동에 대해 무조건적인 긍정적 평가보다는 비판적으로 분석하고 평가하는 과정을 거치기 위해서 반성적 사고(Reflection Thinking)의 필요성이 대두된 것이다.

반성적 사고에 대한 또 다른 연구에서 숀(Schön, 1983)은 반성적 사고는 지식과 행위의 상호작용이자 실천이지만 단순히 행위를 돌이켜 검토하는 것이 아니라 행위를 이루는 지식을 비판적으로 재구성하고 이를 다시 행위로 옮겨 검증하는 전문가적인 행위라고 정의하였다. 그는 전문가들이 실제 상황에서 어떻게 생각하고 행동하는지를 탐구하였으며 특히 전문가들이 자신의 경험과 활동을 되돌아보고 그 과정에서 얻은 통찰력을 바탕으로 자신의 지식과 기술을 지속적으로 개선해 나가는 사고방식을 의미한다고 하였다. 즉, 반성적 사고는 문제 상황에 처했을 때 즉각적으로 생각하는 암시적 단계, 문제의 성격을 명료화하는 지성화 단계, 해결책을 세우고 그 가설을 추출하는 단계, 가설의 검증결과를 예견하는 추리 단계, 그리고 가설의 확실성을 검증하는 단계를 거치며(장기완, 2008) 얻은 지식을 통해 자신의 지식과 기술을 지속적으로 발전시켜 나가는 사고방식이라고 할 수 있다.

교육 현장에서의 반성적 사고는 학생들이 스스로 문제를 해결하고 비판적으로 생각하며 창의적인 사고를 할 수 있도록 돕는 필수적 기능으로 교사들이 학생들의 학습을 지도하고 평가하는 것에도 유용한 도구로 사용된다고 한다. 교사는 학생들을 지도

할 때 최선의 해결책을 찾아 자율적으로 행동에 옮기는 반성적 사고의 실천가(reflective Thinking practitioner)로서 다양한 교육 문제에 봉착했을 때 합리적인 의사결정을 내리기 위해 과거의 행위를 되돌아보고 무엇을, 어떻게, 왜 해야 했었는지 그리고 다음에 무엇을 해야 할지를 생각 할 수 있도록 지도해야할 필요가 있다(박영진, 2022).

존 듀이의 반성적 사고

경험의 재구성	모든 지식은 경험에서 비롯되며, 반성적 사고는 경험을 통해 얻은 정보와 지식을 통합하고 재구성해서 이해와 통찰을 얻는 과정이다.
비판적 사고	기존의 지식을 수용하는 것이 아니라, 비판적으로 검토하고 평가하는 과정에서 오류를 수정하는 과정이다.
문제 해결	문제를 인식, 정보를 수집하며, 해결책을 모색하고 평가하는 과정이다.
지속적인 성장과 발전	반성적 사고는 일회성이 아닌 지속적인 과정으로, 개인의 성장과 발전을 촉진하며, 지속적인 학습과 개선을 하는 과정이다.

반성적 사고를 통해 변화될 수 있는 것들을 살펴보면, 첫째, 자기 자신을 정확히 인식할 수 있는 기회를 얻게 될 뿐만 아니라 문제 해결에 대한 다양한 대안을 모색할 수 있어서 학습의 성장을 촉진하는데 매우 유용하다. 둘째, 반성적 사고를 통해 자신의 생각과 감정을 진지하게 탐색할 수 있으며 동시에 상대방의 의견을 경청할 수 있어서 서로의 주장에 대해 접근성을 높일 수 있다. 셋째, 반성직 사고는 자신이 한 행동을 돌아보며 그 행동들이 윤리적 기준에 부합했던 것인지에 대한 성찰을 요구한다. 그리고 반성적 사고의 단계별 과정을 거치는 동안 자신의 경험과 활동을 체계적으로 기록하고 정리하는 습관과 그 내용을 분석하여 자신의 행동과 결과 사이의 관련성을 파악하여 그 결과에서 얻은 성찰을 통해 미래의 행동을 계획하는 지속적인 개선책을 제시할 수 있다.

반성적 사고에 대한 정의는 연구자에 따라 차이가 있었지만 거의 모든 연구자들이 공통적으로 주장하는 주요 요인들과 과정을 살펴보면, 비판적사고의 접근에서 보는 분석과 평가, 상호협력, 문제해결을 위한 설계와 개선책 제시의 단계를 거치게 된다. 이러한 반성적 사고는 평범하고 자발적인 과정이 아니라 의도적인 노력이 필요하다는 것이 중요하다.

반성적 사고의 정의

학자	내용
Van Menon (1977)	개인의 목적에 따라 기술적, 해석적, 비판적 반응으로 위계화 한다.
Schön (1984)	행위를 이루는 지식을 비판적으로 재구성하고 다시 행위로 옮겨 전문가답게 자연스럽게 사고하고 실천하는 방식
Richard (1990)	특정 경험을 되돌아보고 숙고하며 평가하는 과정 및 행위
Dewey (1983)	문제해결 과정에서 어떤 신념이나 가정된 지식의 형태에 대해 능동적이고 주의 깊게 숙고하는 과정
Knowles et al(1994)	교사가 자신에게 요구되는 다양한 역할과 관련된 개인적, 교육학적, 사회적인 맥락을 주의 깊게 지속적으로 고려하는 과정
Pultorak (1996)	기계적 합리화, 실천적 행위, 비판적 반성을 하는 과정
Gosling & Mintzberg (2004)	수업에 대한 의구심을 가지고 탐색하고 분석 및 종합하는 노력의 과정
Korthagen et al.(2007)	어떤 경험, 문제 혹은 이미 알고 있는 지식이나 **통찰**을 구조화 하거나 재구조화하는 정신적 과정

김희정 외(2020); 배송희(2023)에서 보완

3) 문제해결을 위한 대안적 사고력

문제를 해결하기 위해서는 이것이 문제라는 것을 지각하는 문제 인식의 민감성 (Spivack, et al, 1976)이 필요하다. 가장 큰 문제는 문제가 발생하였음에도 불구하고 이를 문제라고 여기지 못하는 둔감한 인지력 때문에 문제의 크기와 발생 빈도가 높아질 뿐만 아니라 사회적 관계의 단절이 생기는 경우가 허다하다. 이러한 둔감성은 소소한 문제가 생겼을 때 큰 문제로 증폭되기 전에 미리 관계를 정립할 수 있는 기회를 놓칠 수 있다. 무엇보다도 대인관계에서 발생하는 소소한 문제나 의견충돌 등의 문제에 대한 민감성이 높은 경우에는 문제가 불필요하게 확대 생산되지 않도록 대안을 제시할 수 있기 때문에 선제적으로 문제를 예방할 수 있다. 그러나 문제의 해결책을 모색하기 위해서는 문제가 발생한 사건의 과정과 결과에 대해서는 비판적 시각에서 평가해야 하지만, 해결을 위한 대안적 사고에서는 모든 가능성을 열어두고 긍정적 결과가 나타날 수 있는 대안을 제시해서 드러난 문제를 해결하도록 해야 한다.

그러므로 문제를 해결하기 위해서는 무조건적인 행동을 취하는 것이 아니라, 원만하고 효율적인 해결을 위해 문제의 원인을 인지할 수 있는 민감성과 문제해결이라는 목표에 도달하기 위해 단계적으로 적용할 수 있는 수단을 계획하는 능력, 그리고 발생한 하나의 사건과 그 사건의 선행사건이 되는 사건에 대한 행동, 생각, 느낌 등을 서로 연결시키고 분석하는 등 문제해결을 위한 대안적 사고를 할 수 있는 능력이 필요하다. 그리고 제시한 대안이 실패하였을 경우에도 포기하지 않고 새로운 전략을 탐색하는 대안적 사고력은 단일 해결책에 매몰되지 않고 다양한 옵션을 고려한다. 특히 의사소통 과정에서 발생한 문제라면 상대를 존중하고 그 마음을 살피는 노력과 함께 자신과 다른 언어 이해력을 가지고 있는지를 살펴보아야 하며, 감정 단어에 민감한지에 대한 분석을 통해 타인의 성향을 존중하며 세심하게 배려하는 노력도 필요하다. 그리고 문제의 상황을 재정의 하고 구체적인 대안을 나열하며, 팀원들과도 자유롭게 생각을 공유하면서 더 효과적인 대안을 제시할 수 있도록 사고하는 유연한 과정을 거친다.

대부분의 사람들은 예기치 않은 문제가 발생했을 때, 자신이 생각한 것이 최선의 방법이라고 생각하고 행동하지만 그것이 최악이 될 수도 있는 것이기 때문에 이 대안이 가져올 결과를 예측하기 위한 대안적 사고가 먼저 명확히 이루어져야 한다. 무엇보다도 상대방의 진심이 무엇인지를 파악해 내고 그에 대처하려는 행동을 계획하는 대안적 사고능력도 중요하지만 더 중요한 것은 문제를 해결하겠다는 의지와 능동적인 노력이다. 그리고 어떤 사건 또는 문제의 발생원인과 그 결과를 이해하고 분석할 수 있는 인과적 사고력과 이 대처행동이나 선택이 가져올 결과를 고려하여 의사결정을 내리는 결과적 사고력 그리고 사용 가능한 정보에 대한 고려와 결론, 도출 등을 위해 사용되는 논리적인 과학적 사고력이 중요하다(김영신, 2000).

문제의 해결을 위한 인과적 사고력(causal thinking)은 문제의 원인이 상대방에게 믿음을 훼손한 경우인지, 언어로 인한 감정의 불편함인지, 문서상으로 해결해야 할 것인지 등의 여러 측면으로 사고하고 판단한 다음 문제의 원인과 결과의 관계를 대조하여 분석할 수 있는 사고력을 말한다. 특히 의사소통 과정에서 부적절한 어휘의 선택, 정서적 차이로 인한 불쾌감, 신념 체계의 차이, 주제의 불일치 등의 관계를 심도 있게 추론하면서 객관적인 판단을 하는 인과적 사고력이 필요하다. 결과적 사고력(consequential thinking)은 문제를 해결하기 위해 선택한 수단과 방법 등을 사용하였을 경우 그 후에 일어나는 2차적인 결과나 상황에 대한 정확한 예측을 할 수 있는 사고력이다. 그리고 과학적 사고력(scientific thinking)은 문제에 집중하며 답을 얻기 위한 노력보다 이 문제를 해결하기 위해 사용 가능한 모든 증거와 정보를 탐색하고 결과에 대한 시뮬레이션(simulation)으로 예측 가능한 결과를 모의해 본 후 실행을 하는 능력이다. 인과적·결과적·과학적 사고력은 의사결정 과정에서 매우 중요한 역할을 하는 인지적 사고능력이다.

결론적으로 문제 상황을 해결하고자 할 때는 해결의지가 분명해야 하며, 예측 또는 추론 능력을 활용하여 결과에 대한 유·불리도 판단하여야 한다. 그리고 대안적 행동을 실행할 대상에 따라 다르게 접근할 수 있는 수단을 계획하여야 하지만, 계획한 대처 방법에도 불구하고 손쉽게 문제를 해결하지 못할 경우의 차선책도 미리 생각하여야 하는 것이다.

문제해결을 위한 대안적 사고력

수단-목적 사고력	해결방안을 적용하기 위한 실천적 수단과 계획 능력
인과적 사고력	타인의 행동과 감정, 동기, 원인을 파악 능력
결과적 사고력	수행한 행동이 가져올 결과를 미리 예측하는 능력
과학적 사고력	모든 증거와 정보를 탐색하고 예측 가능한 결과를 모의한 후 실행하는 능력

2. 창의적 사고와 문제해결능력

문제를 광범위하게 탐색하고 다양한 해결책을 모색하는 확산적 사고(Divergent Thinking)와 수렴적 사고(Convergent Thinking)는 창의적인 사고를 일깨우며, 창의적 사고는 확산적·수렴적 사고의 통합적 협력체계를 필요로 한다.

1) 창의적 문제해결력

창의적 사고의 발현은 선천적으로 타고나서 특별하게 선택된 사람만이 가질 수 있는 것이 아니라 누구든 노력만 한다면 창의적 사고를 가질 수 있다. 창의적 사고는 단순히 지능이 높아야만 가능한 것이 아니며 문제를 이해하는 포괄적이고 체계적인 사고력인 인지적, 정의적, 환경적, 동기적 요인들이 통합적으로 발현되어야 할 필요로 한다(Amabile, 1983). 아미빌레(Amabile)는 그의 논문 "창의성에 대한 사회 심리학적 접근"에서 창의성은 개인의 내적 특성뿐만 아니라 주변 환경과의 상호작용에 의해 영향을 받는다고 주장하였다. 창의성을 촉진하는 요인으로는 자율성, 적절한 피드백, 보상, 팀워크와 집중력 등의 창의성을 높일 수 있는 환경 조성의 필요성과 조직원들의 창의성을 촉진하기 위해 심리적 안정감을 증진시키는 포용적 리더십이 필요하다. 그러나 창의적인 아이디어는 불가피하게 불확실성이나 모호함 그리고 실수를 유발할 가능성을 높여서 그 아이디어를 실행하는데 실패할 가능성이 높다는 점에서(Carmeli, et al. 2010), 그 실수를 바탕으로 다시 도전할 수 있는 환경을 조성하는 것이 무엇보다도 필요하다.

현시대는 지식기반 사회로, 인터넷 웹 사이트에서 무궁무진한 지식과 정보를 제공받을 수 있기 때문에 누구든 노력을 한다면 원하는 지식을 거의 실시간으로 제한 없이 접근할 수 있다. 그러나 이러한 접근성의 손쉬움으로 인해서 인간의 두뇌가 창의적으로 사고하고 문제에 접근하려는 노력이 불필요해지는 취약성에 노출되게 되었다. 그러므로 손쉽게 접근하는 지식을 무비판적으로 받아들이는 행동을 지양하면서, 지식을 통합하여 얼마든지 새로운 가치를 창출할 수 있는 노력을 필요로 한다. 그리고 호기심, 탐구심, 실패를 두려워하지 않는 도전으로 노력을 한다면 얼마든지 창의적 사고를 충족을 얻을 수 있다. 개인에게 현제 주어진 문제를 해결하기 위해서는 확산적 사고와 수렴적 사고 그리고 통합적 사고를 활용할 필요가 있다.

확산적 사고	-문제해결 과정에서 광범위하게 정보를 탐색한다. -상상력을 발휘하여 기본의 방법이 아닌 다양한 해결책을 모색한다. -확산적 사고 시 두뇌의 전전두엽이 활성화 된다.
수렴적 사고	-기존의 지식을 바탕으로 적합하다고 생각하는 답을 찾아낸다.
통합적 사고	-확산적 사고와 수렴적 사고가 결합된 형태로 정보를 종합하여 새로운 결론을 도출한다.

2) 수렴적 사고

　문제를 해결하기 위한 창의적 사고는, 기존에 알고 있던 지식을 바탕으로 가장 적합하다는 방법을 찾아내는 수렴적 사고가 필요하다. 창의적 사고는 아무것도 없는 무에서 유를 창조하는 것이 아니라 기존의 정보를 바탕으로 그것보다 더 새롭고 효율적인 것들을 창출하기 위해서 기존의 사고를 다시 평가하고 새로운 정보와 대입하여 새로운 아이디어를 창출할 때 진정한 창의성이 발휘되기 때문이다. 수렴적 사고는 문제해결 중심의 사고로 논리적이고 분석적인 좌뇌의 인지적 사고력의 발현이 요구된다. 좌뇌는 논리적, 비판적, 분석적 사고로 문제에 접근하려는 특성이 있어서 기본의 정보를 다시 분석한 다음 그 분석틀 위에서 새로운 방향에서 문제를 바라보면서 이 과정에서 나타난 정보들을 결합하여 대안을 제시하는 과정을 거치게 된다. 창의적으로 문제를 해결하기 위한 수렴적 사고는 다양한 접근방법을 통해서 그 가능성을 좁혀가는 논리와 지식을 적용하는 사고방식이다(Guilford, 1956).

　　수렴적 사고는 문제해결 중심적 사고로 문제를 다시 분석하고 가장 적절하다고 생각하는 방법을 찾아내는 것을 목적으로 하기 때문에 논리적이고 분석적이며 체계적인 접근을 하는 수학적 사고와 밀접한 관련이 있다. 이러한 사고능력은 좌측 전두엽의 인지적 기능으로 문제의 근본원인을 분석하고 분석된 문제에 대한 객관적인 평가 그리고 순차적인 접근방법을 모색할 수 있는 수렴적 사고와 동일 한 사고 유형이다. 특히 좌뇌형의 사람들이 많이 사용하며, 반대로 창의적이고 확산적인 사고는 우뇌형의 사람들이 즐겨 사용하는 방법이다. 그러므로 문제를 해결하기 위해서는 수렴적 사고가 먼저 수행되어야 하며 수렴적 사고의 분석을 바탕으로 확산적 사고가 수행되어야 한다.

3) 확산적 사고

　　확산적 사고는 창의적 사고과정을 설명하는 중요한 개념으로, 문제의 해결이나 아이디어 생성 과정에서 보다 자유롭고 자발적인 사고를 통해 많은 아이디어를 생성하는 비선형적인 방식으로 여러 가지 다른 해결책이나 아이디어를 동시에 고려할 수 있다(박천용, 2024). 길포드는 그의 연구에서 SI 모형(Structure Intellect)을 제시하였는데 이 모형에서는 문제해결의 다양한 가능성을 높이기 위해서는 광범위하게 정보를 탐색하고 문제에 대한 유창성, 융통성, 유추성, 독창성 등이 요구 된다고 하였다(Guilford, 1956). 유창성은 주어진 시간 내에 많은 양의 아이디어를 생성하는 능력이고, 융통성은 다양한 관점에서 문제를 바라보고 새로운 방식의 접근방식을 생산하는 능력이며, 독창성은 기존의 것과는 다른 독특하고 새로운 아이디어를 생산하는 능력,

그리고 정교성은 아이디어를 더욱 상세하고 구체적으로 발전시키는 능력을 말한다. 길포드가 제시한 SI 모형은(Structure Intellect) 지능을 측정하고 평가에도 큰 영향을 미쳤으며, 창의성과 문제해결 능력을 평가하는데 중요한 요인으로 활용되고 있다.

확산적 사고 요인

유창성 (fluency)	-주어진 시간 내에 얼마나 많은 아이디어를 떠올릴 수 있는지를 측정 하는 요인 -문제해결의 초기 단계에서 요구되는 기초적 기능 -다양한 아이디어를 빠르게 떠올리고, 많은 양의 결과물을 생산할 수 있는 능력
융통성 (flexibility)	-상황에 따라 다양한 아이디어를 전환할 수 있는지 측정한다. -유연성이 높은 사람은 새로운 상황에 빠르게 적응 능력 -다양한 관점에서 문제를 해결할 수 있는 능력
유추성 (excellence)	-아이디어를 더욱 구체적이고 세부적으로 측정하는 요인 -처음 제안된 아이디어를 잘 다듬어 정교한 상태로 만든다. -치밀하고 정돈된 아이디어로 발전시키는 능력 -아이디어를 깊이 있게 탐구하고, 세부적인 사항을 고려하여 완성도 높은 결과물을 생산할 수 있는 능력
독창성 (originality)	-기존의 것과는 차별화된 새로운 아이디어를 생산하는 능력 -기존의 틀을 깨고, 새로운 시각에서 문제를 접근하여 혁신적인 결과물을 생산할 수 있는 능력 -희귀한 아이디어나 해결책을 산출하는 능력

3. 사회적 기술과 문제해결력

문제를 해결하기 위해 접근하는 사회적 기술(social skills)은 의사소통 기술, 갈등 해결 기술, 공감 능력, 자기조절 능력, 대인관계 기술, 리더십 기술, 문제해결 기술 등이 있다. 그중 의사소통의 기술은 문제해결 과정에서 둘 이상의 구성원들이 문제를 해결하기 위해 구성원들의 지식, 기술 등을 이끌어내어 공유된 문제를 협력적으로 해결하기 위해 참여하는 필수적인 과정이다(OECD, 2013). 이 과정에서는 문제를 해결하기 위해 구성원 개인이 소유하고 있는 지식을 공유할 필요가 있으며, 공유를 요구하기 위해서는 구성원들 간의 신뢰감이 형성되어야한다. 신뢰감은 구성원 상호간에 문제를 해결할 수 있다는 자신감을 부여하기 때문에 서로 토론하고 합의하면서 문제해결을 위한 능력을 공유할 수 있다.

인간은 때때로 여러 가지 예기치 못한 일로 인해 효율적인 대처를 할 수 없는 상황에 처할 때가 많이 있다. 그 때 인간은 문제를 해결하기 위해 다양한 기능과 협력체계를 구성하고 이를 활용하고자 노력한다. 이때 가장 보편적이면서도 필수적으로 사용되는 도구가 바로 의사소통이다. 특히 대인간 문제해결을 위한 방법에서는 문제를 해결하려고 할 때 타인의 권리를 손상시키지 않으면서도 자신의 권리를 성취할 수 있어야 진정한 문제의 해결이라고 볼 수 있다. 즉, 타인의 권리도 인정하면서도 자신의 권리를 인정받기 위해 자신의 요구사항과 생각, 감정을 적절하게 주장할 수 있어야 효율적이고 효과적인 결과를 얻을 수 있는 것이다. 그러므로 진정한 의사소통 기술은 나 혼자만의 권리, 이익을 얻고자 하는 것이 아니라 '너'와 '나' 모두의 권리와 이익을 위해 서로 치열하게 토론하고 협동하며 고민하는 과정을 함께 겪으면서 결과를 도출해서 당면한 문제를 해결하는 사회적 기술이다.

1) 문제해결을 위한 의사소통

　　대인관계에서 발생하는 문제를 해결하기 위한 전략적 접근방법은 개인에 따라 하향식 접근법인 전체를 보며 문제를 이해하려는 방식과, 문제가 된 부분 즉, 세부적인 관점에 관심을 두는 상향식 접근법을 가진 사람에 따라 대처의 방식이 달라진다. 그러나 전략적으로 접근하는 방법은 문제의 핵심을 파악하는 인지적 접근과 더불어 관계를 흐트러뜨리지 않는 정서적 소통방법 그리고 자신이 원하는 바를 적절히 요구할 수 있는 언어 사용능력과 함께 상호작용식 접근법을 사용할 수 있는 힘을 기르는 것이 중요하다. 사람들은 자신의 문제를 해결하기 위해서 자신이 알고 있는 모든 지식과 기능을 동원하지만 이 문제의 주요 쟁점과 논점을 주제에 합당한 어휘로 구성하여 주장할 수 있는 소통능력을 필요로 한다. 특히 문제를 해결하기 위해서 서로의 지혜를 모으고 합당한 대처방안을 얻기 위한 정보의 교류와 조언 등을 사용하는 상호작용식 의사소통 방법의 필요성이 요구된다. 그리고 무엇보다도 서로 당면한 문제를 주요 관점을 이해하고 있는지, 해결을 하고자 하는 공통의 관심사가 있는지를 먼저 탐색하여야 한 다음 현재 상황에서 문제가 된 부분에 대해 관련이 있는 것에만 집중적이고 중점적으로 소통하려고 노력해야 한다. 만약 주제를 벗어난 대화 패턴이 오래 지속될 경우에는 원래의 목적에서 벗어나기 때문에 주제를 벗어난 상대의 의견에 대해서는 유연한 대응을 하면서 다시 본주제로 돌아갈 수 있도록 소통을 이끌어가야 한다. 특히 자신이 상대방에게 관철 또는 이해시키려고 하는 부분에 대해서는 의도적으로 확고한 태도를 보이며 일관성 있고 진실하게 다가가야 할 것이다.

　　그러므로 문제를 해결하기 위한 의사소통의 접근 방법에서, 하향식 접근법은 문제의 전체를 이해할 수 있는 능력이 있지만, 자신이 판단한 합리적이라고 믿는 주관적인 소통을 하려 할 것이고, 상향식 접근법은 문제의 초점을 자신의 목적에 집중하기 때문에 상대를 배려하지 못할 수 있기 때문이다. 그러나 상호작용식 접근법은 문제의 큰 틀을 이해하면서도 상대방을 배려하며 이해시키려는 노력이 가미될 것이므로 자신과 타인의 주장하는 문제의 근접성을 찾아 관계의 개선이 긍정적으로 해결될 수 있을 것이다.

2) 사회적 기술과 문제 대처전략

사회적 기술의 완성은 성인기에 습득되는 것이 아니라, 이미 취학 전 아동의 시기에 형성된다고 한다(Spivack, Platt & Shure, 1976). 아동을 대상으로 한 대인간 문제해결력(Preschool Interpersonal Problem Solving Test; PIPS)에 대한 검사를 한 연구에서 대화하는 능력이 부족한 아동들과 사회적 능력이 낮은 아동들은 그렇지 않은 아동들에 비해 상대적으로 대인간 문제해결을 위한 효율적 대안을 생각해 내는 능력이 부족하다고 하였다(Dodge, 1982; 전정연, 2002). 특히 사회적 기술이 낮은 경우에는 제시된 사회적 단서들을 부적절하게 처리하고 있으며 타인의 마음과 행동의 의도를 제대로 파악하지 못할 뿐만 아니라 가족, 또래, 조직 안에서의 부적응적 행동과 문제해결에 있어서도 공격적이거나 회피적 성향을 보여주게 된다고 한다. 그래서 사회부적응적인 개인은 의사소통에서 명확하고 간결한 정보 전달 또는 설득을 하는 능력의 부재가 나타나며, 사회적 상호작용을 통해 관계를 형성하는 데 필요한 공감, 축하, 유머 등의 능력 부족도 동반된다. 그리고 문제를 해결하고자 하는 대안적 사고와 그 대안에 대한 결과를 예측하고 예측한 결과를 표현할 수 있는 소통능력의 부재가 나타난다. 그러므로 사회적 기술의 완성은 먼저 문제를 문제라고 인지하는 수용력이 필요하며, 그 후 문제를 해결하기 위한 대책을 세우기 위해서 여러 가지 문제점들을 확인하고 평가하고 그 중에서 가장 효과적인 대책을 선택할 수 있는 능력 그리고 그 선택한 행동의 이유를 설명하거나 상대방을 설득할 수 있는 소통능력의 향상이 필요하다. 무엇보다도 개인적 문제해결이 아닌 상대적 문제해결의 경우에는 팀원 또는 상대방의 협력을 이끌어 내야하며, 문제를 문제라고 인식할 수 있는 수용능력과, 해결을 위한 대안제시능력, 그리고 문제를 해결하고자 하는 행동적 수행능력의 단계를 잘 활용하여 한다. 특히 자신에게 융통성이 요구되는 상황을 맞이하게 되었을 때에 적절하게 반응을 하면서 환경 안에서 주어지는 기회를 일반화하고 내·외적 자원을 효과적으로 사용할 수 있는 능력과(Waters & Sroufe, 1983), 그 문제의 특성에 대한 개인(상대방)의 부정적 정서 반응 모두를 고려할 수(D'Zurilla, 1986) 있을 때 비로소 사회적 기술이 완성되었다고 할 수 있다.

사회적 대처전략에서 사용되는 사회적 의사소통은 인간이 사회구성원으로 제대로 기능하기 위해 필요한 사회적 기술로 일상의 문제는 물론이고 사회적 문제들을 해결하기 위해 타인과의 상호작용을 할 수 있는 필요한 전략이다. 사회적 기술은 사회적 능력이라는 개념 속에서 올바른 사회적 규범, 합리적인 인성, 건강한 상호작용과 같은 친사회적 적응력을 포함한다. 현시대의 모든 공교육에서 지향하는 인지적 측면의 성적 위주 삶을 경험하며 살고 있는 학생들에게는 살아가면서 당면하는 문제 또는 위기 상황에 처했을 때 동료와 주변인 등의 사회적 도움이 필요하다는 것을 뒤늦게 깨닫게 된다. 인간은 자신이 원하는 것을 얻고자 할 때 여러 문제들을 겪게 되는데 이때 물리적, 인적 환경을 포함하여 도움을 구할 수 있는 사회적 능력이 필요하다. 이러한 능력을 사회적 전략이라고 하며 개인에게 주어진 상태를 자신이 목적하는 상태로 옮기기 위해 최적의 방법을 찾을 수 있는 능력이다. 사회적 전략을 사용하는 기법 중에 가장 쉽고 친숙하면서도 일상적으로 사용할 수 있는 기법은, 언어를 활용하여 사회적 관계와 문제해결에 뛰어난 효과를 나타내고 있는 친사회적 의사소통 기법이 현 사회에서 요구되고 있다. 친사회적 의사소통 기법이란 타인을 배려하고 이롭게 하며 보상을 기대하지 않지만, 자신에게도 긍정적인 결과가 제공되는 상호작용의 한 방법이다. 이러한 방법을 적용한 의사소통은 의도적으로 이익을 추구하기 위한 소통을 하는 것이 아니라 그 사람을 배려하고 이롭게 하지만, 결과적으로 구성원 모두에게 이익이 될 수 있는 친사회적 의사소통 기법이다.

대인관계에서 발생하는 사회적 문제는 '대인적 문제해결'과 '개인적 문제해결'로 분류할 수 있는데(곽미아, 2021), '개인적 문제해결'은 개인의 내·외적 요구와 관련하여 스스로 해결할 수 있는 상황이며, 대인적 문제해결은 일방적인 개인의 접근이 아니라 개인과 개인이 서로 상호 교류와 이해가 필요한 부분이다. 이러한 상황에서 문제해결을 위한 접근 전략은 '요소적 접근'과 '과정적 접근'으로 구분할 수 있다. 요소적 접근방법은 문제를 인식할 수 있는 민감도, 문제의 현상이나 원인을 숙고해보는 인과적 사고, 문제를 해결하기 위한 대안적 사고, 대안적 해결방법이 가져올 결과를 예측하는 결과적 사고 그리고 어떤 방법을 어떻게 사용할 것인지에 대한 수단-목적적 사고를 다루고 있다(Spivack & Shure, 1976). 과정적 접근은 개인이 일상에서 마주하는 문제 상황에 대처할 수 있는 가장 효율적인 방법을 찾아서 그 일이 진행되는 경로에서 문제를 해결하려는 의지를 갖고 인지적·행동적 초인지적 과정의 접근이다(Brown, 1977).

문제에 대처하는 사회적 기술의 자세가 개인마다 모두 상이한데 긍정적이고 합리적 방법을 사용하는지 아니면 부정적, 충동적, 회피적 방법을 선호하는지에 따라 접근하는 개인의 전략적 대처 행동방법이 다르다. 문제의 해결을 위한 과정은 단순한 의사결정 과정이나 행동뿐만 아니라 효율적인 행동을 형성하고 유지하는데 필요한 대처 행동 모두를 필요로 한다(D'Zurilla & nezu, 1982). 특히 개인이 '문제'라고 느끼는 것은 특정 상황에서 효과적으로 기능하기 위해 즉각적으로 반응하고 개입하는 어떠한 대처행동을 하지 못하는 상태를 말한다. 즉각적인 대처를 할 수 없는 문제 상황의 진단은 자신의 반응에 따라 여러 가지 불리한 상황이 전개되거나, 자신과 주변인에게 불이익이 될 것이라는 예측이 있을 때 또는 예상치 못한 위기상황 등 복잡한 상황이 주는 자극들에 대해서 감정, 사고, 행동의 실행이 즉각적이지 못하고 원활하지 못한 상태일 때 문제 상황이라고 진단한다.

옥스퍼드(Oxford, 1990)는 의사소통을 위한 사회적 전략의 과제유형으로 질문, 정확성, 교감, 협조를 제시하였다. 질문은 확인을 위한 것과 정확하지 않은 부분에 대해 수정을 요청하기위해 필요하며, 문제를 해결하기 위한 협조 요청을 위해서는 우선적으로 서로 문제를 해결하고자 하는 의지가 필요하다는 교감이 이루어져야 하며 특히 문제가 일어난 부분에 대한 정확한 인지가 요구된다는 것이다. 그러나 사회성이 낮은 개인의 경우 대화에 참여하거나 공감하는 능력이 부족하기 때문에 자신이 이해하지 못한 것에 대한 정확한 질문 또는 수정을 요청하는 것이 어려울 뿐만 아니라 타인의 문화적 특성을 이해하지 못하는 경우가 생기기 때문에 상대의 언어에 적용된 문화적 특징도 쉽게 이해하는 것도 힘들다. 그리고 무엇보다도 상호관계에서 서로 정서적 교감을 나누지 못하므로 공감이나 지지를 적극적으로 표현하기 어려우며, 언어의 유창성을 가진 타인에게 협조를 요청하기는 더욱 어렵기 때문에 효과적이고 능률적인 의사소통을 이어가기가 힘들게 된다. 그러므로 타인의 문화적인 이해를 증진하고, 다른 사람들의 사고와 감정을 인식하며 교감하는 것과 과제 또는 문제의 핵심을 이해할 수 있는 능력인 정확성을 갖추는 것이 의사소통의 사회적 전략에서 사용되는 매우 중요한 요인이다.

사회적 기술에 대해서 에덤 그랜트(Adam Grant)는 'give and take'이라는 저서에서 타인을 돕고자 하는 마음을 가진 기부자(Giver)는 성공적인 삶을 살 수 있는 사회적 기술을 갖추고 있다고 하였으며, 존 듀이(John Dewey)는 '경험 이론'을 통해 인간의 성장과 발달은 경험을 통해 이루어지며 이를 위해서는 사회적 상호작용이 필요하다고 하였다. 칼 로저스(Carl Rogers), 하워드 가드너(Howard Gardner)도 그들의 저서를 통해 타인과의 상호작용이 필요성을 주장하였고, 앨빈 토플러(Alvin Toffler)도 '제3의 물결'이라는 저서에서 미래에는 정보화 사회가 도래하기 때문에 사회적 기술의 중요성을 강조하였다.

이처럼 대부분의 유명, 교수, 철학자, 심리학자 등이 타인과의 상호작용이 중요하다는 것을 주장하였는데, 이 모든 것들이 대부분 자신의 성공적인 삶을 살아가기 위한 사회적 기술이었다면, 와튼 스쿨 조직심리학 교수인 애덤 그랜트는 개인이 한 사회인으로서 사회에 협력하는 사회적 기술이 중요하다는 관점을 제시하였다. 에덤 그랜트(Grant, A, 2013)는 타인을 돌보고 돕는 삶이 오히려 성공적인 삶을 살 수 있는 사회적 기술이라고 주장하였다. 결과적으로 사회적 기술의 바탕은 타인과의 상호작용능력이 필수적이며, 성공적인 사회인으로 살아가길 원한다면 상호작용에서 나 자신만의 유익을 구하는 것이 아니라 타인을 돕고 협력하는 과정에서 자신도 필요한 경우 충분히 도움을 받을 수 있으며 이러한 상호 협력 체계야말로 진정한 사회적 기술임을 유의할 필요가 있다.

3) 갈등의 해소

갈등은 둘 이상의 개인, 집단, 조직, 혹은 공동체 간에 일치하지 않은 의견으로 마음속에 동시에 상반되는 욕구가 존재하고 있어서 어느 쪽을 선택해야 할지에 대해 결정하기를 망설이며 괴로워하고 있는 상태를 말한다(Daum 사전). 갈등은 시대와 문화를 초월하여 인간의 대화가 있는 곳에서는 언제든지 발생할 수 있으며, 특히 대인관계에서 나타나는 갈등은 개인의 내적 갈등에서 오는 경우와 자신과는 직접적인 관계가 없는 외부의 사람과 관련된 갈등 때문이기도 하다. 즉, 자신이 추구하는 목표를 성취하기 위한 노력을 방해하는 타인이 있다고 생각할 때도 갈등이 발생한다. 특히 문제에 대처할 수 있는 능력이 부족하다고 느끼며 대처행동에 대한 자신감을 상실하였을 경우에는 불안감이 높아져서 대인기피증을 야기할 수도 있으며 이에 따른 대인관계의 회피와 심리적 불안에 의해 갈등을 경험하기도 한다.

인간이 태어나서 처음으로 맺게 되는 부모와의 상호작용을 통해 사회적 관계에서 필요한 다양한 전략을 배우게 되며 이 행동은 반복된 연습에 의해 사회적 전략으로 정교화 할 수 있는 기회를 갖게 된다. 아동은 가정, 교육기관, 그리고 또래와의 관계를 통해 사회적 기술을 연습하는 과정을 겪지만, 사회화가 이루어지는 시간 속에서 크고 작은 갈등을 경험하게 되며, 이러한 갈등들을 인식하고 현명하게 대처하는 행동의 연습이 사회인으로서의 발달 과정에 필요한 시간들이다. 이 과정을 통해 아동은 자신을 둘러싼 환경 즉, 부모나 또래와 같이 의미 있는 타인과의 상호작용을 통해 갈등을 해결할 수 있는 사회적 기술이 획득된다(Bandura, 1977).

유아들의 갈등 유형을 분석한 연구에서, 이미 다른 유아가 소유하고 있는 장난감을 비롯한 여러 가지 교구나 사물을 획득하고자 하는 과정과 공간 사용에 대한 욕구에서 발생했다고 한다(고인옥, 2001). 이러한 문제들은 유아들만의 것이 아닌 성인들의 사회 속에서도 공존하고 있다는 것을 알 수 있는 대표적인 갈등이다.

대인관계에서의 갈등은 공존할 수 없는 목적을 가진 최소 두 사람 이상의 관계에서 서로간의 관심, 주장, 동기, 태도, 욕구가 서로 일치하지 않아서, 서로에게 영향을 미치려는 의도를 가지고 대립하는 상태를 말한다(Shantz, 1987). 이러한 갈등들을 해소하기 위해 전략적으로 접근을 한다는 것은 자신의 목적을 달성하고자 하는 의도가 있는 것으로, 친밀감, 유대감, 갈등해소, 목적달성 등의 다양한 목적이 있다. 그러므로 대인간 갈등을 해소하기 위해서는 갈등에 대한 인식과 갈등 상황을 해결할 수 있는 대안적 해결책을 기획하여야 하며, 특히 자신이 목표한 주제의 방향성을 설정하고 목표한대로 이끌어가기 위한 전략적 접근이 필요하다. 전략적 접근은 어떠한 방법보다도 유일한 해결책으로 의사소통을 사용하는 접근 방법이 가장 보편적이면서도 효과적이다. 무엇보다도 갈등상황에서 문제의 해결을 위한 대화의 전략은 보편적인 상황에서 사용되는 언어보다 그 갈등을 풀어가는 것에 주안점은 두고 언어를 선택하여야 하기 때문에, 자연스럽고 개방적으로 정보를 교환하는 것이 필요하다. 갈등의 해소를 위한 과정에서 나타나는 가장 큰 문제는 특정 문제에서 서로 상반된 요구를 주장하고 있으나 서로의 요구가 해결될 기미가 보이지 않아서 소통이 불가능하다고 판단되는 불일치 상태가 나타나는 것이다. 불일치 상태라는 것은 자신이 목표하는 바를 성취하려고 하는 욕구를 상대방의 반대에 의해 좌절시키려 한다고 지각할 때 시작된다. 그러나 갈등 상황을 주의 깊게 살펴보면 갈등의 원인 제공자가 상대가 아닌 자신에게도 있을 수 있다는 것을 인지할 필요가 있다. 개인이 무심코 발화한 모든 언어행위는 항상 상대방을 지향하는 관계적 특성을 지니고 있기 때문에, 상대의 발화 내용에 의해 상처를 입거나 갈등을 불러일으키기도 하지만 자신이 언급한 내용 역시 타인에게 영향을 줄 수 있다는 것을 이해할 필요가 있다는 것이다. 그러므로 갈등 상황에서 필요한 대화의 전략이라는 것은 거짓을 말하지 않는 진실성, 상대방의 말에 귀를 기울여주는 수용성, 실수하였을 때 실수를 인정하는 솔직성, 상대의 마음을 들어주는 유연성과 그 감정을 이해하고 표현해주는 공감적 태도 그리고 긍정적 반응을 조성하기 위해 노력하는 등의 사회적 행동을 보이는 것이 어떠한 전략보다 더 효율적인 전략이라고 할 수 있다. 그리고 개인 간의 갈등이 아닌 공동체 또는 조직 안에서 발생하는 사회적 갈등은 정서적 차원과 행위 차원이 복합적으로 작용하는 현상으로 불이익, 감정적 언어선택, 신념의 불일치, 예측 가능하지 않은 목표, 등 여러 가지 이유에 의해서도 발생하게 된다. 갈등의 해소를 위해서 필요한 사회적 기술은 다른 사람과 대화를 시작하고, 칭찬하는 등, 특정한 갈등을 해결하기 위해 사용되는 구체적인 행위이다.

학자	사회적 기술의 정의
Walker(1988)	-다른 사람과의 관계에서 주도적이고 긍정적 관계를 유지한다. -적절한 방법으로 필요한 것을 요구한다. -상호작용 기술, 대화기술, 친구를 사회는 기술이 요구된다. -사회적 환경에 효과적으로 대처하고 적응하는 능력이다.
Greenwood (1981)	-다른 사람의 행동에 반응(리엑션)하는 것이다.
Mcfall (1977)	-타인의 권리, 요구, 의무에 손해를 끼치지 않고 긍정적 또는 부정적 느낌을 표현할 수 있는 능력이다.
Gresham & Eillot(1984)	-협동, 자기주장, 공감, 자기조절이 필요한 능력이다. -긍정적 반응을 조성하고 이를 위해 상호작용할 수 있는 사회적 행동을 배우는 것이다.
Odom 91992)	-타인에 대해 집중하는 행동, 상호작용, 갈등을 이해하고 해결하려는 행동, 비언어적 몸짓에 반응하기, 상호작용 관계를 유지하기가 필요하다.
Phillips (1985)	-타인의 권리, 요구, 만족, 의무에 손해를 끼치지 않으면서도 자신의 권리, 요구, 만족을 수행하는 방식이다.
Kelly (1982)	-인사하기, 사회적 행동 주도하기, 함께 참여하고 놀기, 질문하기, 가까이 접근하기, 칭찬하기, 협동하기와 같은 감정적 반응을 나누는 것이다.
Begun (1996)	-지시 따르기, 주의 깊게 듣기, 생각하고 행동하기, 자기 통제하기, 거짓 소문 중단시키기 등이다.

천숙(2001)에서 수정

4 참고문헌

, 김현주(1995). 커뮤니케이션과 인간. 한나래.
강현주(2013). 한국어 말하기 평가의 구인으로서 상호작용능력 연구. 고려대학교 박사학위논문.
과천: 미래창조과학부(2016). 외상후 스트레스 장애의 뇌신경학적 회복과정 실마리를 찾아: 외상후 스트레스 장애 치료 방법 개발에 기여할 것으로 기대.
곽미아(2021). 청소년 성격특성, 사회적지지, 사회적 문제해결 역량이 긍정심리자본을 매개로 한 학교생활적응에 미치는 영향. 동아대학교 박사학위논문.
고인옥(2001). 사회적 갈등 상황에서 유아들의 갈등해결전략과 교사의 역할. 중앙대학교 박사학위논문.
교육부(2022). 국어과 교육과정. 고시 제2022-22호 [별책 5].
김광수(2015). fMRI 정서 연구의 메타분석. 전북대학교 박사학위논문.
김광수, 한미라, 박병기(2017). 기본정서 뇌 영상 연구의 fMRI 메타분석. 한국감성과학회, 20(4), 15-30.
김규리(2016). 어머니의 언어적 입력 유형이 18-24개월 유아의 의사소통 행동과 언어능력에 미치는 영향. 부산가톨릭대학교 석사학위논문.
김연희(2001). Functional MRI를 이용한 뇌기능 연구. 한국뇌과학지 1(1).
김영신(2000). 과학적 사고력 발달의 인과적 구조 모형에 대한 생태학적 접근. 한국교원대학교 박사학위논문.
김용석, 송진희(2018). 대인관계·사회적 공감 척도의 개발. 한국사회복지행정학, 20(3), 통권 60호, 127-159.
김정남, 김영미, 천성문 (2005). 전개집단놀이치료가 집단 따돌림 피해아동의 자아존중감과 사회성에 미치는 효과. 인문학논총, 10, 97-122.
김정희(2023). 공감소통모형에 기초한 척도 개발 및 프로그램 효과 검증. 대전대학교 박사학위논문.
김지연(2001). 초등 영어 의사소통 과제의 유형별 상호작용 분석. 서울교육대학교 대학원 석사학위논문.
김철구(2012). 사회적 단절의 고통과 그 에 해당하는 뇌신경세포의 반응. 한국과학기술원.
김혜연·김광수(2009). 공감교육 프로그램이 초등학생의 공감능력과 정서지능에 미치는 영향. 초등교육연구, 22(4), 275-3000.
김혜숙(2003). 가족치료 이론과 기법. 학지사.
김혜수(2005). 부모-자녀간 역기능적 의사소통과 완벽주의 및 자아탄력성간의 관계. 한국외국어대학교 석사학위논문.
문은옥, 김혜리, 천영운, 김태화, 최현옥, CHOI HYEON OR(2014). 품행문제 청소년의 공감손상: 인지공감의 손상인가 정서공감의 손상인가?. 한국심리학회지, 27(3), 127-146.
미래창조과학부(2016). 흥분성 시냅스 발달에 관여하는 접착단백질 작동 원리 규명: 자폐 관련 뇌질환 연구의 새로운 실마리 제공.
미래창조과학부(2016). 외상후 스트레스 장애의 뇌신경학적 회복과정 실마리를 찾아: 외상 후 스트레스 장애 치료 방법 개발에 기여할 것으로 기대.
박민(2012). 인지적 공감과 정서적 공감: 정신병리와 심리재활에의 함의. 재활심리연구, 19(3), 387-405.
박영진(2022). 학교 교육과정 변화에서 나타난 교사의 반성적 사고 탐구. 경인교육대학교 박사학위논문.
박은초(2005). 사티어의 성장 의사소통 이론과 그 적용에 관한 연구. 이화여자대학교 석사학위 논문.
박재근(2002). 과학학습 활동 중의 전방전두엽에서의 뇌파 분석에 의한 두뇌의 기능 평가에 대한 연구. 서울대학교 박사학위논문.

(2024). 서번트 리더십이 확산적 사고와 변화지향조직시민행동에 미치는 영향. 성균관대학교 박사학위논문.
세종특별자치시교육청(2019). 역량중심 영재교육 프로그램 개발: 정의적 영역: 중등용.
신자은(2002). 부모-자녀간 의사소통과 완벽주의 및 정서표현성향간의 관계. 홍익대학교 석사학위논문.
이경남(2009). 영역중심 명상활동이 유아 자기조절력 및 조망수용능력에 미치는 요인 분석. 동국대학교 석사학위논문.
임호찬(2005). 좌뇌 우뇌의 기능적 역할. 한국정신과학회 학술대회논문집, 23, 9-23.
장기완(2008). 전면 문제중심학습이 문제해결과정, 메타인지, 내적동기에 미치는 영향-J치의학전문대학원의사례를 중심으로-. 충남대학교 석사학위논문.
전신영(2024). 대학생의 팀 프로젝트 기반 학습에서 인공지능(AI)을 활용한 갈등 분석: ChatGpt 기반의 챗봇 개발을 중심으로. 상명대학교 박사학위논문.
전유경(2018). 초등학생 갈등대화의 대화전략 교육내용연구: 갈등대화의 유형을 중심으로. 서울교육대학교 석사학위논문.
전정연(2002). 유아의 인기도와 사회적 능력 및 대인 문제 해결능력간의 관계. 경희대학교 석사학위논문.
정상섭 (2008). 화법교육에서 사회적 의사소통 기술의 개념과 내용의 수용방안. 학습자중심교과교육학회, 8(2), 357-375.
정지운(2004). 공포학습 후의 편도체 불활성화가 조건공포와 능동회피반응에 미치는 영향. 전남대학교 석사학위논문.
조성은(2009). 조직내 의사결정 집단의 갈등상황인식 및 갈등경험이 공공 갈등관리 커뮤니케이션 유형에 미치는 영향에 관한 연구. 서강대학교 박사학위논문.
천숙(2021). 보드게임을 활용한 사회적 기술 훈련 프로그램이 초등 저학년 아동의 아타성과 통제력에 미치는 효과. 신라대학교 석사학위논문.
(2018). 유아의 인지적 실행기능 및 정서적 실행기능의 구조 및 발달경향연구. 성균관대학교 박사학위논문.
추미례(2006). 역기능적 의사소통 유형의 특성분노, 분노사고 및 분노표현에 대한 관계. 전북대학교 석사학위논문.
추미례, 김정희(2008). 대학생의 역기능적 의사소통 유형과 특성분노, 분노사고 및 분노표현에 대한 관계. 한국심리학회지, 20(4), 1023-1039.
한국직업능력개발원(1999). 한국의 직업교육훈련지표.
한명숙(2023). 매체언어의 기호 특성과 국어교육의 과제. 청람어문교육, 91, 179-211.
한정희(1994). 삼육중학교 남·여 학생들의 교우관계 형성요인 비교 연구. 삼육대학교 교육전문대학원 석사학위논문.
홍기선(1989). 부모와 아동의 관계가 교사와 학생의 상호작용에 미치는 영향. 인천대학교 석사학위논문.

Aldwin, C. M., Sutton, K. J., & Lachman, M. (1996). *The development of coping resources in adulthood.* Journal of Personality, 64(4), 837-871.

American Psychiatric Association(APA). (2013). *DSM-5 Social(pragmatic) communication disorder inclusionary and exclusionary criteria.*

Amabile, T. M. (1983). *The social psychology of creativity.* New York: Springer-Verlag.

Bates, E., Benigni, L., Bretherton, I., Camaioni, L., & Volterra, V. (1977). *From gesture to the first word: On cognitive and social prerequisites.* Interaction, conversation, and development of language, 5, 247.

Bienvenu, M. I., McClain, S. (1970). *Parent-adolescent communication and self-esteem.* Journal of Home Economics, 62(5), 344-345.

Blair, R. J. R. (2005). *Responding to the emotions of others: Dissociating forms of empathy through the study of typical and psychiatric populations.* Consciousness and Cognition, 14(4), 698-718.

Brown (1977). *Knowing when, where, and how to remember: A problem of metacognition.* Instructional Psychology, New York: Erlbaum.

Canale, M. & Swain, M. (1980). *Theoretical bases of communicative approaches to second language teaching and testing.* Applied Linguistic, 1(1).

Carmeli, A., Reiter-Palmon, R., & Ziv, E. (2010). *Inclusive leadership and employee involvement in creative tasks in the workplace: the mediating role of psychological safety.* Creativity Research Journal, 22(3), 250-260.

Coeling, H. V. E., & Cukr, P. L. (2000). *Communication styles that promote perceptions of collaboration, quality, and nurse satisfaction.* Journal of Nursing Care Quality, 14(2), 63-74.

Davis, M. H. (1983). *Measuring individual differences in empathy: Evidence for a multidimensional approach.* Journal of Personality and Social Psychology, 44(1), 113-126.

Cole, S., Balcetis, E. & Dunning, D. (2013). *Affective sinnals of threat increase perceived proximity.* Psychological Science, 24(1), 34-40.

Decety, J., & Jackson, P. L. (2004). *The functional architecture of human empathy.* Behavioral and Cognitive Neuroscience Reviews, 3(2), 71-100.

Dewey, J. (1933). How we think: *A Restatement of the relation of reflective thinking to Educative process.* Boston: D. C. Health.

Dimberg, U. (1986). Facial reactions to facial expressions. Psychophysiology, 19, 643-647.

Driver, J., Baylis, G., Russell, C., Turatto, M., & Freeman, E. (2001). *Segmentation, attention, and phenomenal visual objects.* Cognition, 80, 61-95.

Dodge, K. A. (1983). *Behavioral antecedents of peer social status.* Child Development, 54(1386-1399.

D'Zurilla, T. J & Nezu, A. M. (1990). *Development and Preliminary Evaluation of the Social Problem Solving Inventory.* Psycholgical Assessment Journal of Consulting and Clinical Psychology, 20(1), 156-163,

Eggermont, J. J. (1990). The correlative brain: *Theory and experiment in neural interaction.* Berlin: Springer.

Ekman, P. (1982). *Emotion in the human face, Second Edition.* Cambridge University Press.

Ekman, P. (2003). *Emotion revealed.* New York, Henry Holt and Company.

Feinstein, J. S., Stein, M. B., & Paulus, M. P. (2006). *Anterior insula reactivity during certain decisions is associated with neuroticism.* Social, Cognitive, & Affective Neuroscience, 1, 136-142.

Ferenczi, S. (1995). *Problems and methods of psychoanalysis.* New York: Basic Books.

Frijda, A. J., & Cacioppo, J. T. (1986). *Guidelines for human electromyographic research.* Psychophysiology, 23, 567-589.

Grent, A. (2013). *Give and take: A revolutionary approach to success*. Penguin.
Guilford, J. P. (1956). *The structure of intellect*. Psychological Bulletin, 53(4), 267.
Halliday, M. (1978). *Language as a social semiotic*. London: Edward Arnold.
Hogan, K., Nastasi, B. K., & Pressley, M. (2000). *Discourse pattrens and collaborative scientific reasoning in peer and teacher-guided discussions*. Cognition and Instruction, 17, 397-432.
Iacoboni, M. (2008). *Mirroring people: The new science of how we connect with others*. New York: Farrar, Straus & Giroux.
Incisa, D. R. A. & Milner, B. (1993). *Strategic search and retrieval inhibition : the role of the frontal lobes*. Neuropsychologia, 31, 503-524,
Jakobson, R. (1963). 이론; 권재일 역(1989), 믿음사.
Kerem, E., Fishman, N., & Josselson, R. (2001). *The experience of empathy in everyday relationships: Cognitive and affective elements*. Journal of Social and Personal Relationships, 18(5), 709-729.
Ledoux, J. E. (2000). *Emotion Circuits in the brain*. Annual Revison of Neurosciences, 23, 155-184.
Lieberman, M. D. (2013). 사회적 뇌-인류 성공의 비밀; 최호영 역, 2016, 서울: 시공사).
Littlewood, W. (1981). *Communicative language teaching: An introduction*. Cambridge: Cambridge University Press.
MacLean, P. D. (1978). *A Mind of Three Minds: Educating the Triune Brain*. In J. Chall & Mirsky, (Eds.). *Education and The Brain*. Seventy-seventh yearbook of the National Society of Study of Education, Chicago: University of Chicago Press.
Marshall, W. L., Hudson, S. M., Jones, R., & Fernandez, Y. M. (1995). Empathy in sex offenders. Clinical Psychology Review, 15(2), 99-113.
Mead, G. H. (1934). *Mind self and society*. Chicago: University of Chicago Press.
Norton, R. W. (1978). *Foundation of a communicator style construct*. Human communication research, 4(2), 99-112.
OECD (2013). *PISA 2015 Draft Collaborative problem solving Framework*. Paris: OECD
Oxford (1990). *Language learning strategies: What every teacher should know*. New York: Newbury House/Harper &Row.
Rizzolatti, G. & Craighero, L. (2004). *The mirror-neuron system*. Annu. Rev. Neurosci., 27, 169-192.
Sanggeon Park, (2021). *The function of the anterior insular cortex in fear and trauma*(공포와 외상 에서 전방 뇌섬엽 영역의 기능), 과학기술연합대학원대학교 박사학위논문.
Satir, (1972). *People-making*. CA: Science and Behavior Books.
Satir, V. (1983). *Conjoint family therapy(2nd ed)*. Palo Alto Science & Behavior Books.
Satir, V. (1988). *The new peoplemaking*. Science & Behavior Books.
Schön, D. A. (1983). *Reflective Practitioner.* New York: Basic Books.
Shantz, C. U. (1987). *Conflicts Between children.* Child Development, 58,

283-305.

Skovholt, T. M. Ronestad, M. H., & Jenings, L. (1997). *Searching for Expertise in Counseling, Psychotherapy and Protectoral Psychology.* Educational Psychology Review, (4), 361-369.

Salovery, P., & Mayer, J. F. (1990). *Emotional intelligence. Imagination.* Cognition and Personality, 9(3), 185-211.

Sperry, R. W. (1982). *Some effects of disconnection the cerebral hermispheres.* Science, 217, 1223-1226.

Spivack, C. G, & Shure, M. B. (1974). *Social adjustment of young children: A cognitive approach to solving real life problems.* San Francisco: Josscy-bass.

Spivack, C. Platt, J. & Shure, M. (1976). *The problem-solving approach to adjustment: A guide to research and intervention.* San Francisco: Jossey-Bass Publlsers.

Wegner, D. M. (1987). *Transactive Memory: A contemporary analysis of the group mind.* In B. Mullen & G. R. Goethals(Eds.), Theroies of group behavior, Yne York, Springer-Verlag. 185-208

저자소개

홍춘우
경기대학교 교육학 석사
서울기독대학교 사회복지학 석·박사
국제뇌교육대학원대학교 뇌교육학 박사 수료
전) 서울기독대학교 상담전문 특임교수
현) (주)한국두뇌심리교육연구소 대표
현) (사)한국피해지지원협회 신규교육사업 위원장

김은주
서울기독대학교 기독교 상담학 박사
현) 대한적십자사 심리사회적지지(PSS)강사
현) 부모코칭프로그램:적극적인 부모역할 훈련 지도자
현) MBTI 일반강사

뇌기반 언어학습능력과 의사소통

-두뇌의 사고능력과 언어학습능력을 이해하고 소통방법에 적용하는 기법

초판 1쇄 펴낸 날 | 2025. 8월 13일

지은이 | 홍춘우·김은주
발행인 | 손희윤
발행처 | (주)한국두뇌심리교육연구소
주소 | 경기도 화성시 향남읍 두머리길 162-5
이메일 | bpti@daum.net
블로그 | https://blog.naver.com/kbpti
출판등록 | 제2022-000044호

ISBN: 979-11-979607-1-0

정가 25,000원

*저자와 협의하여 인지는 생략합니다.
*무단 전제와 복제는 저작권법 제136조 권리의 침해죄에 따라 위반자는 6년 이하의 징역, 5천만원 이하의 벌금에 처하거나 이를 병과 할 수 있습니다.